Ein falscher Traum von Liebe

CHRISTINE BIRKHOFF

Ein falscher Traum von Liebe

Der lange Weg aus der Hölle meiner Kindheit

Weltbild

Zum Schutz der Rechte sämtlicher Personen wurden Namen, Orte und Details verändert.

Besuchen Sie uns im Internet:
www.weltbild.de

Genehmigte Lizenzausgabe für Verlagsgruppe Weltbild GmbH,
Steinerne Furt, 86167 Augsburg

Umschlaggestaltung: Studio Höpfner-Thoma, München
Umschlagmotiv: Getty Images, München
Gesamtherstellung: CPI Moravia Books s.r.o., Pohorelice
Printed in the EU

ISBN 978-3-8289-9443-0

2011 2010 2009
Die letzte Jahreszahl gibt die aktuelle Lizenzausgabe an.

INHALT

KAPITEL 1

Kindheit

Meine Mutter war gerade achtzehn Jahre alt geworden, als sie erfuhr, dass sie schwanger war. Ihre »Geburtstagsfeier« war somit ein echter Volltreffer. Bei Bekanntwerden ihrer Schwangerschaft wurde sie aus dem erzkatholischen Elternhaus geworfen, des Mädchengymnasiums verwiesen, und schließlich landete sie in einem Mutter-Kind-Heim im Sauerland. Im Kloster der Barmherzigen Schwestern kam ich am einunddreißigsten Oktober 1965 zur Welt. Da ich das Produkt einer tabuisierten Beziehung meiner Mutter zu einem Araber war, landete ich unmittelbar nach meiner Geburt im Waisenhaus und nicht sofort bei meiner Großmutter. Meine Mutter holte in diesen Jahren ihr Abitur nach und begann im Anschluss in Münster ein Lehramtsstudium. Bis zum heutigen Tag ist sie Grundschullehrerin in Westfalen.

Kurz nach meinem dritten Geburtstag erhielt meine Großmutter mütterlicherseits den Auftrag von meiner Urgroßmutter, »ins Heim zu gehen und nachzuschauen, ob man was sieht«. Als sie zurückkehrte und berichten konnte, dass der orientalische Einschlag optisch offensichtlich an mir vorbeigegangen war, durfte sie mich wenig später ins großelterliche Haus holen.

Über zwei Jahre lebte ich bei den alten Damen und glänzte durch aggressives Verhalten im Kindergarten und ständiges Bettnässen.

Ich sehe noch heute meine Großmutter tränenüberströmt im Kindergarten stehen, wenn die Erzieherinnen ihr mal wieder eines der vielen schrecklichen Vorkommnisse erzählten. Die Fassungslosigkeit und Ohnmacht in ihrem Gesichtsausdruck, der Schmerz in ihren Augen und ihre unendliche Güte haben sich für immer in mein Gedächtnis eingebrannt.

Meine Oma schmierte mir stets leckere Brote mit Leberwurst, die ich stolz in meinem knisternden Butterbrotpapier in den Kindergarten mitnahm. Es gab einen Jungen, der ganz wild auf diese Leberwurststullen war, und irgendwann hatte er unsere Brote heimlich ausgetauscht. So biss ich in großer Vorfreude auf den erwarteten Geschmack in mein Brot. Es schmeckte entsetzlich! Angeekelt spuckte ich alles wieder aus und wurde für dieses Benehmen natürlich scharf ermahnt. Wut kochte in mir hoch. Das kleine Monster war erwacht. Durch hämisches Lachen hatte sich der Junge verraten.

»Was ist das auf dem Brot?«, schrie ich ihn an.

»Schmalz!«, entgegnete er und schob sich den letzten Bissen meines Leberwurstbrotes in den Mund.

Ich bin überzeugt, dass ich keinen blassen Schimmer hatte, was genau eigentlich Schmalz ist, aber schon das Wort genügte, um meine Wut zu schüren. Ich ergriff ein Bauklötzchen und zielte damit außer mir vor Rage auf den Kopf des Jungen. Der brüllte los und blutete entsetzlich. Schon in diesem Moment bereute ich meine eigene Unberechenbarkeit, aber es war zu spät. Das übliche Desaster der wüsten, aber auch berechtigten Beschimpfungen der Kindergärtnerinnen brach über mich herein. Alle kümmerten sich um den blutenden Jungen, und ich schrumpfte innerlich zu einem Häufchen Elend zusammen. Es grenzt an ein Wunder, dass ich diesen Kindergarten bis zum letzten Tag unbeschadet besuchen konnte. Man muss damals wirklich übermenschlich viel Geduld mit mir aufgebracht haben, anders kann ich mir das nicht erklären. Erstaunt hat mich als Kind, dass ich im Kindergarten für solche Aktionen nicht geschlagen wurde. Vielleicht wurde mit mir gesprochen, oder es wurden anderweitige Sanktionen verhängt. Ich weiß es nicht mehr.

Wenn ich von meiner Großmutter spreche, dann denke ich stets an ihre schier unermessliche und unerschöpfliche Güte. Sie sprach immer leise und bedacht mit mir, und ich betete sie an. Meine Oma war mein Heiligtum (meine Uroma ein Mitläufer). Die Male, die ich nach der Schule nicht nach Hause musste, sondern von ihr abgeholt wurde, waren die Highlights im Kindesalter. Sie freute sich auf mich und zeigte diese Freude auch. Ihr war ich nicht lästig, und ich spürte mit jeder Faser meines Körpers und meines kleinen Herzens, dass ich geliebt wurde. Noch heute habe ich ein immenses Bedürfnis nach diesem Gefühl. Es ist wie ein Hunger, den man aus dem Kindesalter mit ins Erwachsenendasein hinübernimmt. Da war dieses Gefühl des Erwartetwerdens. Der Tisch war gedeckt und das Essen gekocht, und Oma gab sich wahnsinnig viel Mühe, meine Lieblingsspeisen zu kochen. Sie panierte auf einzigartige Weise Schnitzel, und ich hätte Stunden zuschauen können, wie sie die Schnitzel liebevoll in Mehlschwitze wendete, den Zwieback rieb und die Schnitzel dick damit umhüllte. In einer alten gusseisernen Pfanne wurden sie dann liebevoll gebrutzelt, und Oma gab stets Acht, dass auch nur ja nichts von der kostbaren Panade verloren ging.

Nie und nimmer hätte ich als kleines Kind daran gedacht, dass sich die Wut und Enttäuschung über mein Elternhaus ausgerechnet gegen diese einzige, mich aufrichtig liebende Person richten würden.

Ich war bereits in der Schule, als ich aus irgendeiner Situation heraus völlig ausflippte und in meinem Tobsuchtsanfall nicht mehr zu bremsen war. Ich erinnere mich nicht mehr genau an jedes Detail, weil ich mir jahrelang alle erdenkliche Mühe gegeben habe, diesen schrecklichen Tag zu vergessen. Ich schrie und tobte, und meine Großmutter wich entsetzt vor mir zurück. Sie starrte mich mit angsterfüllten Augen an und blickte direkt in den Abgrund meiner verletzten Kinderseele.

In meiner Rage riss ich die Küchenschublade auf, ergriff ein Messer und kreischte hysterisch: »Komm mir keinen Schritt näher! Sonst stech ich dich ab!«

Meine Oma wich weiter zurück und murmelte mit Tränen in den Augen: »Oh Gott, oh Gott, oh Gott!« Dann verließ sie fluchtartig die Küche.

Ich sackte in mich zusammen, ließ das Messer fallen und saß erschüttert auf dem Linoleumboden der Küche. Die Hände vors Gesicht geschlagen, erlitt ich einen Heulkrampf und brauchte über eine Stunde, um mich wieder zu erholen. Ich hatte Angst vor mir selbst bekommen. Ich fühlte mich schuldig und spürte, dass eine Grenze überschritten worden war. Es war die Grenze der Zumutbarkeit, nicht aber die Grenze der unerschütterlichen Liebe meiner Oma zu mir. Mit ihrer Liebe schürte sie mein schlechtes Gewissen. Ich stürzte in ihre tröstenden Arme und weinte, was das Zeug hielt.

Die wenigen Besuche meiner Mutter empfand ich jedes Mal als persönliche Katastrophe, waren sie doch geprägt von Hass und Lieblosigkeit mir gegenüber. Meine Mutter war wildentschlossen, meinen leiblichen Vater um jeden Preis zu heiraten und der Welt zu demonstrieren, dass alles prima gelaufen war. Diesen Mann hatte ich bereits im Alter von zwei Jahren als künftigen Schrecken meiner Kindheit kennen lernen dürfen, und ich war sicherlich nicht traurig darüber, dass ihm die Nonnen irgendwann Hausverbot erteilt hatten. Stattdessen wurde ich gelegentlich von meiner Mutter übers Wochenende »nach Hause« geholt, und ich lernte in der kleinen Einzimmerdachgeschosswohnung meines Vaters, was es heißt, ohnmächtig der Gewalt von Erwachsenen ausgesetzt zu sein. Zwei Narben in meinem Gesicht sind unauslöschliche Zeugnisse dieser Gewaltübergriffe meines leiblichen Vaters.

Seine Ausbrüche kannten an Perversität keine Grenzen: So forderte er mich beispielsweise auf, mir eine von den zu Dekorationszwecken an der Wohnzimmerwand aufgehängten Kamelpeitschen auszusuchen. Schwieg ich, ergriff er irgendeine und traktierte mich so lange, bis das Blut floss. Als Kind wusste ich, dass es zwei gute Anzeichen gab: Das erste war, wenn mein Vater seine Schuhe putzte und auf Hochglanz polierte. Innerlich atmete ich jedes Mal auf, weil ich wusste, dass dieser Tyrann nun endlich die Wohnung verlassen würde. Das zweite war der Anblick meines eigenen Blutes. Mein Vater konnte kein Blut sehen, und so fanden seine körperlichen Misshandlungen ein jähes Ende, wenn ich aus Mund oder Nase blutete oder mein Gesicht auf die Tischplatte knallte und die Haut aufriss. Das waren die guten Zeichen, denn sie bedeuteten das vorläufige Ende einer momentanen Qual.

Am Tag, als meine Mutter von ihrem ersten Lehrergehalt eine kleine Wohnung anmieten konnte, erschien sie urplötzlich im Hause meiner Großeltern, und es entbrannte ein heftiger Kampf um mich. Meine Mutter stand auf der einen Seite der Haustür, meine beiden Großmütter auf der anderen. Drei Erwachsene zerrten an meinen Armen und Beinen, und zu guter Letzt hatte meine Mutter ihr Ziel erreicht. Fortan sollte ich bei meinen Eltern leben.

Die Wohnung bot keinen Platz für ein Kinderzimmer. Offensichtlich sollte sie auch keinen Platz dafür bieten. Ein Kinderbett vor dem Gasboiler im Badezimmer war der einzige Beweis für die Existenz eines Kindes in dieser Wohnung. Der Gasboiler, so erzählten mir meine Eltern, sei in Wahrheit eine große Kamera, die alles filmen würde, was ich in Abwesenheit meiner Eltern tat. Als sie mich erstmalig im Badezimmer über Nacht einschlossen, um mit Bekannten zu feiern, war ich jünger, als meine eigene Tochter Mia heute ist. Eine Toilette gab es im Badezimmer nicht. Sie befand sich im Flur.

Eines Nachts wachte ich auf, weil ich dringend zur Toilette musste. Und unglücklicherweise musste ich »groß«. Minutenlang versuchte ich, meinen unbändiger werdenden Stuhldrang zu unterdrücken, in der panischen Hoffnung, dass sich die Tür bald wieder öffnen würde und meine Kerkermeister zurückkehrten. Es war umsonst. In meiner Verzweiflung absolvierte ich mein Geschäft in der Dusche und betete inständig, dass die Strafe milde ausfallen würde.

Das Gebrüll meiner Mutter und meines Vaters riss mich aus dem kindlichen Tiefschlaf.

»Kein normales Kind scheißt nachts!«, schrie meine Mutter wie von Sinnen, und ein höllischer Schmerz zuckte durch meine Kopfhaut. An den Haaren schleifte sie mich aus dem Bett, zerrte mich wutentbrannt zur Dusche und drosch auf mich ein. »Du Miststück! Das hast du extra gemacht! Du bist ein Ekel! Hätte ich gewusst, was aus dir geworden ist, hätte ich dich gleich nach der Geburt wieder reingeschoben!«

Die seelischen Grausamkeiten und der Ideenreichtum meiner Mutter kannten keine Grenzen. Eine bei ihr beliebte abendliche Tradition war es, mich nach dem Duschen aufzufordern, mich nackt auf den Boden des Badezimmers zu legen. Sie kniete sich vor mich hin, riss mir unsanft die dünnen Schenkelchen auseinander, roch in meine Scham und sagte dann entweder: »Zieh den Schlafanzug an!« oder »Du stinkst! Wasch dich, du Sau!« Jeden Abend musste ich diese erniedrigende Prozedur über mich ergehen lassen, und wenn ich heulte und jammerte, schlug sie mir ins Gesicht und drückte mich auf den Boden. Wann immer ich diesen alten muffigen Teppichboden unter meinem Rücken spürte, starb ein Stückchen mehr an Intimität. Mir wird schlecht, wenn ich heute daran denke. Ich habe gelernt, diese Erinnerung zu akzeptieren als ein Manifest, das mir keine Therapie der Welt nehmen kann.

An einem Wintermorgen wachte ich auf und stellte fest, dass an Aufstehen nicht zu denken war. Mir war entsetzlich heiß, und meine Glieder gehorchten mir nicht mehr. Meine Mutter verließ wie gewohnt um halb acht das Haus, um zum Unterricht in die Schule zu gehen. Mich ließ man im Badezimmer liegen, und als eine Besserung meines Zustandes am Mittag nicht festzustellen war, bequemte man sich, einen Arzt zu holen. »Ihre Tochter hat eine schwere Lungenentzündung und bedarf der absoluten Ruhe«, konstatierte er. Über eine Woche lang ließen mich meine Eltern alleine in meinem Bettchen vor dem Gasboiler liegen. Niemand war da, der mir die durchgeschwitzten Hemdchen wechselte oder mir etwas zu trinken brachte. Ich fieberte vor mich hin und wachte auf, wenn meine Mutter schimpfend irgendeine streng riechende Paste auf die kleine Brust schmierte und mit scharfem Ton fragte: »Haste Durst?«

Ach ja, der Gasboiler und die Kamera. Dieser Lüge kam ich übrigens schnell auf die Spur. Nachdem ich mich wochenlang kaum traute, auch nur in der Nase zu bohren, befahl mir eines Tages mein kleines Teufelchen in mir, mich auf einen Hocker zu stellen und Faxen zu machen. Ich steigerte mich immer mehr in dieses Spiel hinein und schnitt Grimassen, von denen ich überzeugt war, dass sie JEDEN Erwachsenen zur absoluten Weißglut bringen würden. Unverschämtheiten, quasi … Als sich nach Tagen des bangen Wartens nichts tat, wusste ich, dass meine Mutter und mein Vater meine ständigen Lügen (die gab es wirklich) mit Prügelaktionen und »Du musst jetzt hundert Mal schreiben: ICH DARF NICHT LÜGEN!« straften, es selbst aber keineswegs mit der Wahrheit so genau nahmen. Von diesem Tag an schloss ich Freundschaft mit dem Gasboiler und genoss die Stunden der Einsamkeit, in denen ich friedlich den Tanz der kleinen Flamme betrachten konnte.

Mein Leben hatte sich nach den kurzen Jahren im großelterlichen Haushalt von Grund auf geändert. Bei Oma gab es einen großen Garten, und geschimpft wurde nur, wenn es Anlass dazu gab. Ich erinnere mich an heiße Sommertage, in denen ich mit meinem roten Frotteehöschen durch den Sommerregen sprang und in geistiger Verzückung die Rufe meiner Oma überhörte. Dass diese Sommerregen zumeist eine Begleiterscheinung von Gewittern war, entzog sich meiner kindlichen Kenntnis. Die Tropfen prickelten auf meiner sonnengebräunten Haut und begannen in kleinen Pfützen auf und ab zu tanzen. Im Garten bauten die beiden alten Damen Obst an. Ich futterte mich durch Erdbeerreihen, stieg auf die Bäume, um die ersten reifen Kirschen zu pflücken, und juchzte vor Freude, wenn Oma mit dem Pflaumenkäscher bewaffnet zum Zwetschgenbaum marschierte. Ich robbte mich abwechselnd von den Stachelbeersträuchern hinüber zu den weißen Johannisbeeren, lag wenig später unter den Büschen üppiger roter Beeren und beendete meine kulinarische Obstreise mit dicken Rhabarberstangen, die ich roh aß. Ich durfte für knapp drei Jahre ein ganz normales, ständig spielendes und bewegungsfreudiges Mädchen sein.

In der Wohnung meiner Eltern war alles anders geworden. Regelmäßig musste mich meine Mutter morgens aus der Bettdecke wickeln, weil ich jede Nacht aus dem Bett fiel und dabei die Decke festhielt. Das Ergebnis war, dass ich zusammengeschnürt gleich einer Kohlroulade auf dem Boden lag und dort ausharrte, bis der Morgen graute. Nie im Leben wäre ich auf die Idee gekommen, nach meinen Eltern zu rufen. Sie zu wecken, wäre der Garant für weitere Übergriffe gewesen, und diese versuchte ich, wie besessen zu vermeiden.

Nach der Schule musste ich in der Klasse, in der meine Mutter unterrichtete, warten und mit den Hausaufgaben beginnen. An einem Tag verschwand ein Junge aus der Klasse und kam nach der üblichen »Ich-muss-mal-aufs-Klo«-Zeit nicht wieder. Meine Mutter fand ihn dann auf der Jungentoilette, wo er verzweifelt versuchte, sich mit nassem Klopapier die roten Striemen auf dem Rücken zu kühlen. Der Junge war der Sohn von Herrn Bürger, einem Lehrerkollegen meiner Mutter. Es gab ein Riesentheater, die restlichen Schüler wurden vorzeitig nach Hause geschickt, und meine Mutter kümmerte sich um den armen Jungen. Vor der Schuldirektorin wetterte sie über ihren Kollegen und verlangte, dass dieser zur Rechenschaft gezogen werden müsse. Was auch immer anschließend besprochen wurde: Tatsache war, dass meine Mutter als zuständige Klassenlehrerin die Aufgabe übernahm, täglich den Rücken des Kindes zu begutachten, um sicherzustellen, dass sich ihr Lehrerkollege an seine Besserungsbeteuerungen auch wirklich hielt.

Als ihre Tochter, der sie täglich die Genitalien begutachtete und während der Prügelaktionen meines Vaters stets so tat, als wäre sie gar nicht anwesend, befremdete mich ihr grandioser Auftritt. Mehr noch, es widerte mich an, und ich beschloss in meiner kindlichen Logik, den kleinen Bürger-Sohn blöd zu finden. Er genoss den Schutz meiner Mutter, den sie mir versagte.

Meine eigene Klassenlehrerin mochte ich eigentlich sehr gern. Sie war eine ältere, etwas korpulente Kollegin und verzweifelte an meinem Ungehorsam. Wann immer sich die Gelegenheit bot, störte ich als selbstberufener Klassenclown den Unterricht. Der Unterricht langweilte mich enorm, da ich noch vor meiner Einschulung mit fünf Jahren lesen und schreiben konnte. Ein nicht aus dem Mund entfernter Kaugummi, der, immer wieder aufs Neue unter die Tischplatte geklebt, überlebte, ließ das Fass schließlich überlaufen. Frau Schliemann packte mich am Arm, schleifte mich in die kleine Pausenhalle und versohlte mir vor versammelter Mannschaft den Hintern. So richtig verstanden habe ich das damals nicht. Ich selbst empfand mich schließlich nicht als so schlimm. Als Frau Schliemann dann nach Unterrichtsschluss meiner Mutter ihr Leid über meinen Ungehorsam klagte, hatte sie für die restlichen drei Schuljahre bei mir verschissen. Ich empfand sie als Denunziantin, der es offensichtlich Spaß machte, Öl ins Feuer zu gießen. Sie musste doch wissen, was mich zu Hause erwarten würde!

Meine Mutter ergriff meinen Arm und zerrte mich nach Hause. Sie drohte: »Du weißt ja, was auf dich zukommt, wenn ich das deinem Vater erzähle!«

Ja, ich wusste es, und ich spürte, dass sie gar nicht darauf aus war, mich vor seinen Übergriffen zu schützen, sondern lieber ihre eigene Tochter opferte, in der Hoffnung, dass nach diesen Prügelattacken ihre eigene Haut sicherer war angesichts der an mir ausgelebten Aggressionen. Mein Vater schlug denn auch, was das Zeug hielt. Immer wieder sausten seine Fäuste auf mich herab, und wenn ich schrie, schlug er noch fester zu, damit ich aufhören sollte zu schreien. Und dann endlich kam wieder das eine von den beiden guten Zeichen. Erleichtert stellte ich fest, dass ich mich bei seinem letzten Schlag nicht mehr auf den Beinen halten konnte. Ich spürte, wie ich das Gleichgewicht verlor, der Boden unter meinen Füßen schwand und wie ich kopfüber in Richtung Küchentischplatte fiel. Mit einem Krachen landete meine linke Augenbraue auf der Tischkante, die Haut platzte auf, und das Blut schoss über den Tisch, über den Boden und über mein Gesicht.

Ich hatte endlich Ruhe. Es war wieder einmal vorbei. Wir fuhren ins Krankenhaus. Meine Mutter brachte mich zum wiederholten Male in die chirurgische Ambulanz. Ich hörte sie reden: »... ein unmögliches Kind ... ständig verletzt ... hört ja einfach nicht ... das hat sie nun davon ... bin es leid ... zum Kotzen ... jaja ... muss sie nun mal durch ... wer nicht hören will, muss fühlen ...« Ich kochte vor Wut und schaute ihr direkt in die Augen. Diesem Blick aus sechsjährigen misshandelten Kinderaugen konnte sie nicht standhalten. Sie verließ den OP-Raum, und der Arzt und die Schwester fassten mich grob an. »Nein, nein! Du bekommst keine Narkose, das machen wir schön so, ohne Betäubung. Wenn ich das genäht habe, wirst du wohl nächstes Mal besser auf deine Mutter hören, stimmt's?«

Jeden einzelnen Stich spürte ich. Der größte und schmerzlichste Stich bohrte sich in meine Seele. Sie lügt doch! Warum glauben die Erwachsenen immer alles, was ihnen Erwachsene erzählen? Warum fragt mich denn keiner? Warum bestraft mich dieser Arzt zusätzlich für die Schläge meines Vaters? Sie alle sind Verräter! Sie sind Verräter an kleinen Kinderseelen …

Im dritten Schuljahr beschloss ich, mit Martina wegzulaufen. Martina fand es zu Hause auch blöd, und ganz in der Nähe ihrer elterlichen Wohnung war eine kleine Koppel, auf der zwei Ponys standen. Wir wollten uns auf diese Ponys setzen und einfach davonreiten. Schlafen würden wir in Scheunen und uns dicht an die Ponys kuscheln. Dann würden alle sehen, was sie davon hätten. Nach der Schule ging ich also nicht in die Klasse meiner Mutter, sondern stiefelte mit Martina in Richtung Ponykoppel. Es war ein gewagtes Unternehmen, und schon allein die Tatsache, dass ich nicht in der Klasse meiner Mutter erschien, bedeutete die sichere Todesstrafe für mich. An Umkehren war also gar nicht mehr zu denken. An der Wiese angekommen, streichelten wir die Ponys, die nichts anderes im Sinn hatten, als nach Leckerlis zu betteln. Als die Tiere dann merkten, dass wir gar keine Leckereien dabeihatten, bissen und schnappten sie nach uns.

»Ich geh dann jetzt lieber nach Hause«, sagte Martina.

»Und unser Plan?«, entgegnete ich entgeistert. »Wir wollten doch abhauen?«

»Och nö, lass mal«, sagte Martina, »meine Mutter wartet bestimmt schon mit dem Essen auf mich. Tschüss, bis morgen«, und Martina war weg.

Ich stand neben diesen bissigen blöden Ponys, und in meinem Kopf spielten sich grauenhafte Szenen ab. Auf die Idee, zu meiner Oma zu gehen, kam ich gar nicht. Ich trottete mit hängendem Kopf zurück in die Schule und stellte mit Schrecken fest, dass die letzte Unterrichtsstunde schon beendet war und meine Mutter vor der Schule stand. Ich konnte nicht anders, ich musste bitterlich weinen. Einen schönen Mist hatte ich mir da eingebrockt. Heulend beichtete ich, dass ich mit den Ponys und Martina abhauen wollte, aber dass alles nicht geklappt hätte. Meine Mutter verpasste mir eine Ohrfeige, bei der ich das Gefühl hatte, ihre Hand käme an der gegenüberliegenden Seite meines Gesichtes wieder heraus. Sie sprach kein einziges Wort mit mir.

Zu Hause berichtete sie meinem Vater brühwarm von meinem Vorhaben abzuhauen. Er legte mich übers Knie und zimmerte wie wild auf meinem Hintern herum. Es hörte und hörte nicht auf. Einsperren müsse man mich. Ich sei ein undankbares Kind und er würde mich totschlagen, so schrie er. Ich riss mich los und rannte ins Badezimmer. Mein Vater rannte hinter mir her, und ich war mir sicher, dass ich diesen Übergriff nicht überleben würde, wenn nicht ein Wunder geschähe. Es geschah kein Wunder, aber das sichere Zeichen des Endes war nicht mehr allzu weit. Ein heftiger Schlag mit seiner Faust gegen meinen Hinterkopf traf mich und schleuderte meinen Kopf in Richtung Bett. Wieder hörte ich das bekannte Krachen und Knirschen, als meine Nasenwurzel auf die Kante krachte. Da war es! Blut! Es hörte auf. Und wieder fuhren wir zum Krankenhaus, und wieder nähte der Arzt die klaffende Wunde ohne Narkose. Ich hatte mit noch nicht einmal acht Jahren mit meinem kleinen Leben abgeschlossen.

Nach der Schule durfte ich die Wohnung grundsätzlich nicht mehr verlassen. Ich saß dann immer auf meiner kleinen Eckbank in der Küche, starrte durch das Fenster in den Hinterhof des Hauses und sah auf dem Nachbargrundstück die Kinder spielen. Ich fühlte mich entsetzlich einsam und meiner Freiheit beraubt. Meine Mutter hatte gelogen. Wir waren keine Familie. Nichts war gut.

Das Radio dudelte den ganzen Nachmittag. An das klingende Geräusch vor der Sendung *Zeitzeichen* werde ich mein ganzes Leben lang denken. Ich zucke noch heute zusammen, wenn ich die Einleitungsmelodie dieser Radiosendung höre. Das sind die Momente, in denen ich völlig losgelöst von meiner Willensbeeinflussung durch einen Zeittunnel zurückrase in die Finsternis meiner Kindheit. Es sind die Momente, in denen ich als erwachsene Frau plötzlich geistesabwesend wirke, weil ich eigentlich gerade wieder an diesem Küchentisch sitze und sechs Jahre alt bin.

Meine Zeit vertrieb ich mir mit Laubsägearbeiten und Lesen. Ich habe alles gelesen, was mir in die Finger kam. Die Bücher von WAS IST WAS haben mir dabei das Leben gerettet. Ich konnte eintauchen in die Welt der Dinosaurier, erlebte die Entstehung der Welt, reiste in das unendliche Universum und kannte sämtliche Hunderassen von A-Z. Damals war es schick, Mitglied im Bertelsmann Club zu sein, und mein Vater schaffte ständig neue Bücher herbei. Wenn es darum ging, mich ruhigzustellen, waren meine Eltern äußerst engagiert. War mir mal wieder ein Sägeblatt durchgeknallt, so brauchte ich nicht lange zu fragen, und es gab Nachschub. Das Wohnzimmer war tabu für mich. Wollte ich zur Toilette gehen, so hatte ich meinen Vater um Erlaubnis zu bitten. Es gab Tage, an denen er schlecht gelaunt war. An diesen Tagen bereitete es ihm ein ungeheuerliches Vergnügen, mir den Toilettengang zu verbieten, und er wartete nur darauf, dass mein Geschäft in die Hose ging. Diese Freude habe ich ihm jedoch nie bereiten können. Auch heute noch bin ich ein Meister im Einhaltenkönnen.

Als ich sieben Jahre alt war, traktierte mich mein Vater urplötzlich mit Vorhaltungen über mein Essverhalten. Rückblickend betrachtet war das, was ich aß, völlig normal. Ich hatte ein Faible für Fleisch entwickelt und mochte das Obst bei meinen Eltern nur dann nicht, wenn es schon vor sich hin schrumpelte. Eine alte Banane, die schon gänzlich schwarz gefärbt war, motivierte meinen Vater urplötzlich, mir einen Vortrag zu halten. »Du bist ein Mensch«, so konstatierte er, »der später einmal alle Menschen um sich herum verhungern lassen wird. Du wirst über Leichen gehen und niemandem etwas abgeben. Schau dir diese Banane an. Nur, weil sie schon ein bisschen schwarz ist, kann man sie trotzdem essen. Du wirst jetzt diese Banane essen!« Er schälte diese abfallreife Banane, brach ein Stückchen ab und hielt es mir direkt vor den Mund. »Iss jetzt sofort diese Banane!«, schnauzte er mich an. Als ich genauer hinschaute, sah ich voller Entsetzen kleine Würmer auf dem Fruchtfleisch krabbeln. Mir wurde speiübel, und ich begann zu würgen. Nie und nimmer würde ich dieses Gewimmel essen, eher ließe ich mich totschlagen. Ein plötzlicher Schlag ins Gesicht zeigte mir eindringlich, dass mein Vater mal wieder auf Frustablassen aus war. Ich presste die Lippen aufeinander und sagte kein Wort. Aus dieser Nummer kam ich sicherlich nicht unbeschadet heraus. Als es unvermittelt an der Tür klopfte und ich zeitgleich das Geld auf dem Küchentisch für die Monatsmiete liegen sah, zählte ich eins und eins zusammen. Das musste unser Vermieter sein, der über uns wohnte und die Miete kassieren wollte.

»Ja! Moment!«, rief mein Vater und starrte mich hasserfüllt an. Er stopfte sich das Stückchen Banane in den Mund, schmiss den Rest in den Abfalleimer und öffnete dem Vermieter die Tür. Mit ungläubigen Augen starrte ich auf meinen schmatzenden Vater, der, während er dem Vermieter das Geld aushändigte, den letzten Bissen herunterschluckte. Wochenlang habe ich darauf gewartet, dass die Maden aus seinen Augen, Ohren oder seiner Nase krabbeln würden. Leider umsonst … Diesem alten Kauz von Vermieter war ich ab diesem Tag in ewiger Dankbarkeit verbunden …

Es erstaunt mich immer wieder, dass niemand im Umfeld misstrauisch wurde angesichts meiner vielen Verletzungen. Es erstaunt mich, obwohl ich immer wieder in meinem Polizeialltag mit jedweder Form der Ignoranz konfrontiert werde und daher gar nicht mehr zu staunen bräuchte. Insbesondere bei Kindesmisshandlung und noch deutlicher bei den Verdachtsmomenten des Kindesmissbrauchs stelle ich fest, dass alle Menschen denken, solche Sachen würden immer nur »woanders« passieren. Selbst der beste Freundes- und Bekanntenkreis beruhigt sich lieber immer wieder selber, als die Augen zu öffnen und eine solche Wahrheit zu akzeptieren. Auf keiner Stirn steht geschrieben »Kinderschläger«. In keinem Gesicht der Welt erkennen wir den »Kinderschänder«. Sie alle können noch so nett, noch so engagiert, noch so »liebevoll« sein ... Das unvorstellbare Leid der Kinder spiegelt sich ausschließlich im Verhalten der kleinen Opfer wider. Und dennoch werden die Eltern dieser Kinder immer begutachtet unter der Prämisse, ob man sich bei »denen« eine solche Tat vorstellen könnte. Ein fataler Irrtum! Und es sind auch nicht immer DIE Kinder, die introvertiert und verschlossen wirken. Und es sind auch nicht immer DIE Kinder, die phallusartige Gebilde malen. Im Leben nicht wäre ich später mit vierzehn Jahren auf die Idee gekommen, kleine Pimmelchen zu malen, weil ich missbraucht wurde.

Im dritten Schuljahr erhielt ich oft den Auftrag, irgendwelche allgemein gültigen Meldungen durch alle Klassen der Grundschule zu tragen. Ich bekam dann einen Zettel in die Hand gedrückt und startete mit meinem Umlauf. Wie Speedy Gonzales spurtete ich durch die Gänge und Flure, stets bemüht, durch die Geschwindigkeit meiner Erledigungen positiv aufzufallen. Obgleich ich der Störenfried der Klasse war, galt ich doch als extrem zuverlässig, wenn es um das Übertragen von Aufgaben ging. An einem dieser Tage fiel mir auf, dass je schneller ich ging, desto schneller flitzten die Bodenfliesen unter meinen Füßen hinweg. Steigerte ich die Geschwindigkeit, so hatte ich das Gefühl, auf einem Laufband zu stehen. Nicht meine Füße flitzten, sondern der Boden ... Im vollen Tempo hatte ich auf einmal das Gefühl für meine örtliche Position verloren. War ich an der 4c schon vorbei, oder kam diese Klassentür noch? Wohl oder übel musste ich mich von den Bodenfliesen trennen und schaute auf. RUMS machte es, und ich torkelte benommen zurück. Ich begriff, dass ich nicht in Höhe der 4c gewesen war, sondern exakt in Höhe der Garderobe. Leider hatte ein Kind vergessen, die Garderobentür zu schließen, und ich war volle Granate vor diese Tür gedonnert. Fontänenartig schoss das Blut in kurzen pulsierenden Abständen aus meiner Nase. In Ordnung war das nicht, das war mir schnell klar. Ich ging vorsichtig vom zweiten Stock durch den Flur zum Treppenhaus und stieg die Stufen zum ersten Stock und anschließend zum Erdgeschoss hinunter. Hinter mir sah es aus, als hätte man ein abgestochenes Schwein durch die Gänge getragen. Die vielleicht fünfundzwanzig Sekunden, die bis zum Öffnen der Hausmeistertür vergingen, reichten völlig aus, um mich in einer Blutlache stehen zu lassen. Als mich der Hausmeister sah, kollabierte er fast. Der Notarzt und RTW wurden alarmiert, und nichts half in der Zeit des Wartens. Die Blutungen waren nicht zu stoppen.

Ich hatte mir das Nasenbein glatt durchgebrochen, und die Region um beide Augen verfärbte sich zusehends. Nach zwei Tagen sah ich aus wie das Phantom der Oper in einer Negativaufnahme. Schwarze, breite Ringe zeichneten sich um beide Augen und Nase, und ich schwoll ballonartig an. Nie wieder habe ich erlebt, dass meine Eltern so eindringlich von Bekannten und Freunden gefragt wurden, was denn um Himmels willen mit mir passiert sei! Das Misstrauen war förmlich zu spüren, und ich feixte innerlich! Dieses eine Mal hatten sie nun wirklich alle zu Unrecht meine Eltern in Verdacht, und obwohl sie nichts, aber auch wirklich gar nichts dafür konnten, weil es tatsächlich ein Unfall war, so freute ich mich doch unbändig über diese Unannehmlichkeiten. Lieber einmal zum falschen Zeitpunkt als keinmal. Genau das habe ich mit meinen sieben Jahren gedacht. Unter diesem Verdacht ließen mich meine Eltern tatsächlich für über einen Monat in Ruhe, denn Gott sei Dank brauchte der Verlauf aller Farbspektren viele Wochen, um gänzlich abzuklingen. Dieses Erlebnis gefiel mir außerordentlich!

KAPITEL 2

Jürgen und Margot

Im Bekanntenkreis meiner Eltern gab es ein Ehepaar, Jürgen und Margot. Jürgen war selbstständiger Unternehmer und besaß eine Firma, die Transformatoren und Batterieladegeräte produzierte. Margot war Mutter und Hausfrau, und dieser Umstand allein veranlasste meine Mutter zu ständigen Hetzereien. Meine Mutter war der Auffassung, dass Nurhausfrauen allesamt faule und geldgeile Weiber seien, die den ganzen Tag nichts anderes täten, als sich die Fingernägel zu polieren. Und Margot? Ja DIE hatte es natürlich NUR auf Jürgens Geld abgesehen, war ohnehin strohdoof und wäre ohne diesen fantastischen Mann niemals auf einen grünen Zweig gekommen. Dass Jürgen und Margot zwei Söhne hatten, die Margot zu erziehen hatte, und dass Margot sich ausschließlich allein um den großen Haushalt kümmerte, waren Gegebenheiten, die meine Mutter verächtlich zur Seite schob.

Jürgen und Margot gehörten zur wohlhabenden Bürgerschaft unserer Kleinstadt. Sie besaßen eine Eigentumswohnung in einem neu erbauten und damals als »chic« geltenden Hochhaus. Ihre Wohnung war auffallend teuer eingerichtet, und eine riesige Couchlandschaft aus cremefarbenem Leder war der Mittelpunkt des Wohnzimmers. Weiche chinesische Teppiche lagen groß und üppig auf dem Parkettboden, und überall funkelte und glitzerte es. Da standen kristallene Gläser und Karaffen in den Regalwänden, das Schlafzimmer war eine einzige Spiegellandschaft, und die Wasserhähne im Bad und dem Gäste-WC leuchteten goldfarben. Jürgen fuhr als Einziger in unserer Stadt einen vornehmen, bordeauxfarbenen Jaguar, und Margot kurvte mit einem wuchtigen Volvo durch die Straßen. Beide waren immer sehr elegant gekleidet: Margot war Stammkundin in der teuersten und elitärsten Boutique der Stadt und fiel mit ihrem extravagant-teuren Stil überall auf. Damals war die Gruppe Baccara populär, und Jürgen legte oft die Platte *Sorry, I'm a lady* auf und schwärmte vor seinen Söhnen, seiner Frau, meinen Eltern und mir, wie sehr »seine Margot« doch Ähnlichkeit mit einer der beiden Sängerinnen habe. Die Ehe schien völlig intakt zu sein.

Jürgen trug immer ganz fein aussehende Stoffhosen und superweiche Rollkragenpullover. Ich fasste diese Pullis gern an und ließ mich auch gern von Jürgen in den Arm nehmen.

»Das ist Kaschmir, eine ganz teure Wolle«, erklärte mir Jürgen mit seiner tiefen und ruhigen Stimme. »Kaschmir ist so teuer, weil die Kaschmirziege im Himalajagebirge wohnt und das Unterfell mit der Hand gezupft wird.«

Mit acht Jahren wollte ich am liebsten auch so einen weichen Pullover, und meinen ersten Schal aus Kaschmir schenkte mir Jürgen wenige Jahre später zu meinem zwölften Geburtstag. Außerdem roch Jürgen sehr gut und besaß unzählige Herrendüfte der erlesensten Marken. Alles an ihm erschien so unglaublich gepflegt und vornehm. Er trug den Schnauzer ganz gerade und korrekt gestutzt, das leicht graumelierte Haar modisch kurz, und er erzählte mir, dass er seine Haare selber schneiden würde, weil er das besser könnte als jeder Friseur.

Wow!, habe ich damals gedacht, gibt es irgendetwas, was dieser Mann nicht kann?

Wann immer ein Elektrogerät kaputtging, schleppten meine Eltern den Föhn oder den Toaster, die Super-8-Kamera oder den Projektor mit zu Jürgen und Margot. Jürgen saß dann in unendlicher Geduld bei Margot und meinen Eltern am Tisch in seinem hellbraunen Ledersessel und reparierte so ganz nebenbei irgendein Gerät. Genauso gab es kein Spielzeug, das Jürgen nicht wieder in Ordnung bringen konnte! Nicht nur uns Kinder, sondern bestimmt auch die Erwachsenen hat Jürgen mit seiner souveränen Art beeindruckt. Er fand für alles eine Lösung.

Im Gegensatz zu Jürgen und Margot besaßen meine Eltern lediglich einen alten Peugeot 404, der jeden Freitag von meiner Mutter und mir gewaschen werden musste und ausschließlich von meinem Vater gefahren wurde. Meine Mutter hatte am Steuer eines Autos nichts zu suchen. Es war Jürgen, der meine Mutter kurz vor ihrem dreißigsten Geburtstag überredete, den Führerschein zu machen. Ihr erstes eigenes Auto, ein grashüpfergrüner Renault mit Revolverschaltung, war sein Geschenk zur bestandenen Prüfung. Als meine Mutter ein knappes Jahr später anlässlich einer Vollbremsung mit dem gesamten Unterboden und den Pedalen auf dem Asphaltboden landete, stellte sich heraus, dass Jürgen in seiner unglaublichen Großzügigkeit wohl doch nicht so spendabel gewesen war. Beim Schrotthändler schaute meine Mutter das erste Mal auf den Kfz-Brief und musste feststellen, dass ihr Vehikel bereits stolze fünfzehn Jahre auf dem Buckel hatte. Jürgen wusste dies natürlich sofort und logisch zu begründen. So habe er doch extra ein altes Auto gekauft und alles neu machen lassen, damit meine Mutter keine Angst bekäme. Sicherlich wäre sie doch gehemmt gefahren, wenn sie einen Neuwagen lenken würde. Ich war zwar erst zwölf Jahre alt, aber diese Erklärung habe selbst ich ihm nicht abgenommen, im Gegensatz zu meiner Mutter, die das natürlich vollkommen nachvollziehbar fand und Jürgen »sooo dankbar« war, dass er sich solche Gedanken machte …

Zwischen meinem sechsten und elften Lebensjahr schleppte ich jeden Freitag unzählige Putzeimer auf die Straße, und obwohl alles besser war, als am Küchentisch zu sitzen, widerte mich diese Aufgabe an. Mein Vater war in diesen Stunden meist zum Pokern in einem verräucherten Hinterzimmer einer Spelunke und tauchte erst am Abend wieder auf, wenn wir gemeinsam zur Sauna fuhren.

Jeden Freitagabend besuchten wir diese Sauna, und fast alle Bekanntschaften, die meine Eltern in diesen Jahren machten, rekrutierten sich aus den Stammgästen der Sauna. Nach der Sauna wurde ich abgefüttert und in meinem Badezimmer eingeschlossen, weil sich meine Eltern noch bei irgendwelchen Leuten trafen.

Mit Jürgen und Margot war das anders. Jürgen regte sich darüber auf, dass mich meine Eltern allein ließen, und wies meine Mutter in meinem Beisein zurecht, wie unverantwortlich er dieses Prozedere fand. Bei den wenigen Besuchen bei uns zu Hause kam Jürgen regelmäßig an meine Eckbank in der Küche, streichelte mir über mein Haar und sagte mit tiefer und dunkler Stimme: »Du bist so ein hübsches und liebes Mädchen. Du hast es nicht gut hier.«

Mir war das damals unheimlich. Denn Jürgen schien neben meinen Großmüttern der einzige Mensch zu sein, dem mein Wohlbefinden am Herzen lag.

Seine tiefe Stimme war ungewohnt für mein Ohr, denn meine Eltern sprachen meist sehr laut und in schrillen Tonlagen mit mir, und von einem Mann war ich liebevolle Worte ganz und gar nicht gewohnt. Und hübsch fand ich mich nun am allerwenigsten.

Als Jürgen damals meiner Mutter unverblümt die Meinung sagte, änderte sich meine Haltung ihm gegenüber schlagartig. Ich fand diesen Mann so ungeheuerlich mutig. Meine Eltern waren damals Götter für mich. Sie waren die Götter meines nicht vorhandenen Kinderzimmers und entschieden minütlich über mein Schicksal. Ihren Entscheidungen stand ich als Kind hilflos und mit grenzenloser Ohnmacht gegenüber. Jürgen musste auch ein Gott sein und noch dazu ein viel mächtigerer Gott als meine eigenen Eltern.

So jedenfalls erschien mir das damals, denn schließlich wurde ER von meinen Eltern nicht bestraft, sondern er erreichte, dass meine Eltern sich nach den Saunabesuchen darauf einließen, mich mitzunehmen.

Ich war gern bei Jürgen und Margot, denn beide gaben mir das Gefühl, in ihrer Wohnung stets willkommen zu sein. Mit Ulf durfte ich gemeinsam Abendbrot essen, und ich genoss den Anblick von Margot, die in der Küche stand, um unsere Brote zu schmieren und uns zu verwöhnen. Nichts schien ihr zu viel zu sein. Ulf und Martin hatten jeder ein eigenes Zimmer, und Ulf und ich durften in seinem Zimmer ungestört spielen. Ulf hatte tolle Spielsachen, und ich konnte mein Glück kaum fassen: So, oder so ähnlich, musste das Kinderparadies aussehen, da war ich mir sicher.

Spätabends, wenn wir dann wieder nach Hause fuhren, lag ich selig schlafend auf der Rückbank des Peugeots. Doch noch auf der Heimfahrt wurde ich jäh mit der Realität konfrontiert: Mein Vater hatte sich sehr oft und ausgiebig dem Alkohol gewidmet, und jedes Mal entbrannte ein heftiger Streit zwischen meinen Eltern. Meine Mutter schrie, er möge doch um Himmels willen langsamer fahren, und mehr als einmal rollte ich bei seinen rasanten Kurvenfahrten von der Rückbank herunter und harrte anschließend unten im Wagenfond liegend aus, was wohl als Nächstes passieren würde. Diese Heimfahrten eskalierten im Laufe der Jahre: Mal fuhr mein Vater entgegengesetzt durch Einbahnstraßen, mal legte er sich mit einem fremden Verkehrsteilnehmer an und brüllte dann provokativ aus dem Fenster: »Du Arschloch! Wo hast du fahren gelernt? Ja komm her! Wir klären das!«

Meine Mutter schrie meinen Vater an: »Abdul! Hör doch auf damit! Fahr bitte weiter!«

»Charab Allah, Gundis! Lass meinen Arm los!« Und KLATSCH, hatte meine Mutter sich die erste von mehreren Ohrfeigen eingehandelt.

Zu Hause angekommen schrien sie mich an: »Sofort ins Bett, Christine!« Und sie stritten und diskutierten weiter wie die Kesselflicker!

Dann folgten die Prügelaktionen, die ich als stumme Zuhörerin in meinem Bett liegend verfolgte, bis ich über den Schreien meiner Mutter schließlich eingeschlafen war.

Ich wusste nicht, was mir lieber war: in meinem Badezimmer eingeschlossen zu sein oder zu Jürgen und Margot mitfahren zu dürfen …

Es gab Freitagabende, an denen lud mein Vater zehn bis fünfzehn Personen zum arabischen Essen zu uns nach Hause ein. An diesen Freitagen ging mein Vater nicht zum Pokern, sondern kochte den ganzen Tag lang. Als Kind hatte ich immer das Gefühl, dass er gern viele Gäste bewirtete. Mein Vater hatte bei diesen Kochgelagen stets gute Laune und freute sich, dass ich bestimmte Speisen aus seiner Heimat sehr gern aß. Diese Momente waren die einzigen, die mir in Erinnerung geblieben sind, in denen ich meinen Vater als Vater erlebte.

»Papa«, fragte ich ihn dann, »machst du auch wieder Kebab?« Oder: »Papa, machst du wieder den Reis mit Mandeln und Rosinen? Und den gelben Reis? Und den roten Reis?«

Mein Vater blickte mich an, hob mich herauf auf die Küchenanrichte, und seine großen braunen Augen schauten mich warm an.

»Christine«, antwortete er, »ich mache dir so viel Kebab, wie in deinen Bauch reinpasst, und das Fleisch, das ich nicht gebrauchen kann, schenke ich dir, damit du die wilden Katzen füttern kannst.«

Wenn mein Vater kiloweise den Reis kochte und mal mit Safran, mal mit Tomaten und mal mit Mandeln und Rosinen abschmeckte, dann war er für einen Bruchteil meines kleinen Lebens wirklich mein Vater. Er investierte viel Liebe und Leidenschaft in seine Kochkünste, und diese positiven Gefühle zogen mich an. Bevor wir in die Sauna fuhren, wurde das Wohnzimmer ausgeräumt. Alle Möbel wurden im Badezimmer vor meinem Bett aufgebaut, und ein kleiner Spalt blieb frei, damit ich in mein Bett krabbeln konnte. Der Wohnzimmerboden wurde mit Teppichen ausgerollt, große lederne Sitzkissen wurden verteilt und die gewaltig aussehenden Kupferteller bereitgestellt. Auf diesen Tellern wurden später die verschiedenen Reissorten, die Fleischspieße, das Bohnenfleisch und das Kebab verteilt. Für alle Gäste lagen die typisch orientalischen Herren-Nachthemden bereit, und der arabische Abend konnte beginnen.

In Scharen strömten nach der Sauna die Gäste ins Wohnzimmer, und obwohl sie an meiner Küchenbank vorbeimussten, ignorierten sie meine Anwesenheit. Selbst Margot stürzte unmittelbar ins Wohnzimmer. Ausschließlich Jürgen hielt an meinem Platz inne. Als er mich an einem dieser Abende ins Bett bringen wollte, begleitete meine Mutter ihn. Das war eine echte Sensation, denn ich erinnere mich an kein einziges Mal, an dem meine Mutter oder mein Vater mich jemals zu Bett gebracht hätten. Vermutlich wollte sie einfach nur gut bei ihm ankommen, und wieder einmal rügte Jürgen meine Mutter, als er sah, dass sich das Badezimmer in eine Abstellkammer verwandelt hatte. Ohnehin, so schimpfte er, seien diese Wohnverhältnisse nun wirklich »unter aller Sau«. Jürgen entwickelte sich in meinem kleinen Kinderköpfchen langsam, aber sicher zu einem »Traumpapa«, um den ich Ulf und Martin ernsthaft beneidete …

Niemals wurde dieser Mann laut, und er schien eine große Begabung zu besitzen, Kinderseelen zu verstehen. Ich hätte ihm bedingungslos mein Herz ausgeschüttet und konnte damals noch nicht ahnen, dass ich dies eines Tages auch tun und später bitter bereuen würde.

In den knapp fünf Jahren dieser Freundschaft verschlechterte sich das Verhältnis zwischen Margot und meiner Mutter zusehends. Zu Hause war ich es ohnehin gewohnt, dass über alles und jeden gelästert wurde, und Margot, die Nurhausfrau, war allein schon aufgrund ihrer privilegierten Stellung meiner Mutter ein Dorn im Auge.

Verglichen mit dem Leben meiner Mutter führte Margot sicherlich das schönere und normalere Leben. Letzteres schien meine Mutter ganz offensichtlich zu verdrängen. Jürgen war kein Mann, der sich im Haushalt engagierte, und der Alltag musste von Margot alleine bewältigt werden. Ich bin sicher, dass sie zwar nicht in Arbeit erstickte und sich regelmäßig den schönen Dingen des Lebens widmete, ihre Mutterrolle jedoch ernst nahm und diese gewissenhaft ausfüllte.

Das Leben dieser beiden Frauen hätte gegensätzlicher nicht sein können. Während bei uns zu Hause meine Mutter allein das Geld verdiente, mein Vater es jedoch allein verwaltete, verdiente im Hause Karnasch Jürgen das Geld. Margot schien nie Geldsorgen gehabt zu haben und bekam offensichtlich alles, was sie brauchte. Regelmäßig fuhr sie mit ihren beiden Söhnen für zwei Wochen auf die Kanarischen Inseln, und die beiden Jungs wurden genauso oft neu eingekleidet, wie sich Margot selbst die neusten Klamotten leistete.

Über Kleidungsstücke wurde bei uns zu Hause nicht gesprochen: Mein Vater ging einkaufen und brachte im Winter die nötigen Strumpfhosen für mich mit, die abscheulich auf der Haut kratzten und für erneute Übergriffe auf mich sorgten, weil ich immer wieder einen Versuch unternahm, diese grässlichen Dinger nicht anziehen zu müssen. Meine Oma fasste sich dann ein Herz und kaufte im Geschäft Hilde Schönbom die weichen Strumpfhosen von Ergee, und überdies gab's dann eine kleine gelbe Gummi-Ente als Geschenk dazu. Meine Mutter rächte sich für diese liebevollen Gesten damit, dass sie stets die Aldi-Strumpfhosen gewaschen und dabei immer die Ergee-Strumpfhosen »vergessen« hatte. Während es bei Jürgen und Margot an modernen Elektrogeräten nicht mangelte, gab es bei uns zu Hause noch nicht einmal eine Waschmaschine. Meine Mutter musste die Wäsche in einem großen Plastikeimer waschen, und der einzige Luxus, den mein Vater ihr gönnte, war eine kleine elektrische Wäscheschleuder, die ständig kaputtging und mit allen Kräften festgehalten werden musste, weil sie quer durch den Keller tanzte, wenn sie denn dann mal funktionierte.

Aus irgendwelchen unergründlichen Quellen bezog mein Vater gebrauchte Kleidung für meine Mutter und mich, und ich erinnere mich an zahlreiche Streitigkeiten, die die beiden ums Geld führten. Mein Vater verspielte offensichtlich große Summen an Bargeld, und meine Mutter warf ihm vor, nichts aus seinem Leben zu machen. Sicherlich hatte sie nicht ganz Unrecht mit ihrer Meinung, aber dieser Lebenswandel war schon vor der Eheschließung abzusehen. Während arabische Freunde meines Vaters erfolgreich studierten oder zumindest eine Lehre absolvierten und beruflich Fuß fassten, verdiente er sich seinen Lebensunterhalt mit dubiosen Geschäften. Seiner arabischen Natur nach wäre er vermutlich ein exzellenter Autohändler geworden, denn zwei bis drei Male im Jahr stopfte er den Peugeot 404 bis oben hin voll, fuhr binnen drei Tagen nach Syrien und verkaufte dort restlos alles. Dann setzte er sich in den nächsten Flieger, kaufte in Frankfurt am Main einen anderen Peugeot 404 und fuhr zurück in unsere Stadt. Das Beste, was diesem Mann passieren konnte, war eine junge Lehrerin, eine Beamtin auf Lebenszeit, die ihn unbedingt heiraten wollte und mit der er seine Rente abgesichert sah.

Bei solch einem Leben war es sicherlich vorprogrammiert, dass meine Mutter ihren Neid auf Margot immer weniger verheimlichen konnte. Und vielleicht hat auch Margot gespürt, wie ihr eigener Ehemann von dieser kurz gehaltenen und unterdrückten Frau angehimmelt wurde. Vielleicht hat sie auch gespürt, dass Jürgen für diese »arme Gundis« der Held und Retter war und Gundis ihrem Mann ein Gefühl vermitteln konnte, das er bei seiner Frau Margot sicherlich nach über zehn Ehejahren nicht mehr fand: das Gefühl, in völliger Kritiklosigkeit auf das Podest der Göttlichkeit gehoben zu werden.

Margot war nach außen hin eine unabhängige und kritische Frau, die sich nicht scheute, klar und offen ihre Meinung zu sagen. Sie kümmerte sich keinen Deut darum, was die Klatschtanten der Stadt alles über sie erzählten, und begegnete diesem Tratsch mit immer selbstbewussteren modischen Outfits. Sie gehörte zu den ersten Frauen, die sich auf der Düsseldorfer Königsallee bei einem Schönheitschirurgen die Reiterhosen entfernen ließen, und propagierte offen den Erfolg dieser Eingriffe. Meine Mutter lästerte mit einer anderen Bekannten darüber, dass Margot »nach dem Essen immer kotzen würde, um nicht zuzunehmen«.

Ich habe mich in den letzten Jahren oft gefragt, ob Margot tatsächlich bulimisch war. Ich könnte es sehr gut verstehen, denn ich möchte nicht wissen, wie viel Einblick sie in die Gedankenwelt ihres Jürgens hatte, die sie im wahrsten Sinne des Wortes »ankotzte«. Als sie sich später trennten, bezahlte ihr Jürgen lebenslang eine unvorstellbar hohe Summe an monatlichem Unterhalt, und heute erscheint mir dieses Geld als »Schweigegeld«.

Jürgen hatte eine Schwester, die mit einem Kripobeamten in Wiesbaden verheiratet war. Aus dieser Ehe entstand eine Tochter, und Jürgen wurde »Simonchens« Patenonkel. Wann immer Jürgen Zeit und Gelegenheit hatte, fuhr er mit seinem Jaguar und unzähligen Päckchen nach Wiesbaden und überhäufte Simone mit diesen Geschenken. Wenn Jürgen von seiner Nichte sprach, verklärte sich sein Blick, und er schwärmte auffällig von seinem »Engelchen«. Damals habe ich mir nichts dabei gedacht, außer, dass sie in meiner Fantasie ein weißes Gewand trug und blonde Locken hatte.

An einem Abend, als wir wieder einmal bei Jürgen und Margot waren, lernten wir Jürgens Mutter kennen. Trude hatte schlesische Weißwürstchen gekocht, und im späteren Verlauf des Abends trafen noch Norbert, Jürgens Bruder, und dessen Frau Irmhild ein. Irmhild war in anderen Umständen und hörte den ganzen Abend mit versteinerter Miene den Gesprächen zwischen Jürgen und seiner Mutter zu. Norbert war ein verschlossen wirkender Mann, der seine Gesichtszüge hinter einem Vollbart verbarg und kein einziges Wort sprach. Er arbeitete in der technischen Abteilung der Firma seines Bruders und war verantwortlich für die Entwicklung von Prototypen für Spezialaufträge, die die Firma aus aller Welt erhielt. Die beiden hatten sich gerade ein Reihenhaus in der Neubausiedlung am katholischen Krankenhaus gekauft und waren im Begriff, das Haus einzurichten, um bald einziehen zu können.

Der Vorteil des Hauses war, dass Jürgens Firma nur einen Steinwurf weit entfernt war und Jürgen seinen Bruder zu jeder Tages- und Nachtzeit ins Büro bestellen konnte, wenn wieder irgendwelche Spezialaufträge eiliger Natur eingegangen waren.

Jürgen wurde von seiner Mutter nur »Jückele« genannt, und er nannte seine Mutter ausschließlich »Muddel«. Alles, was wir von Jürgens Vater erfuhren, war, dass dieser Polizeibeamter in Breslau war. Punkt. Nicht mehr und nicht weniger. Offensichtlich war er verstorben, da aber weder sein Name noch sonst eine Anekdote von seiner Existenz zeugten, geriet diese an dem besagten Abend in Vergessenheit. In all den folgenden Jahren sollte dieses offensichtliche Tabu auch nicht ein einziges Mal gebrochen werden.

»Jückele«, so schwelgte Trude, »weißt du noch, als wir auf der Flucht waren und uns noch nicht einmal mehr Kartoffeln kaufen konnten?«

»Das waren schwere Zeiten, Muddel«, antwortete Jürgen.

»Aber du hattest immer eine Lösung und hast uns gerettet!«, entgegnete Trude.

Wir erfuhren aus dem angeregten Gespräch der beiden, dass Jürgen kleine Kupfergitter aus Hauswänden gekratzt hatte. Diese Kupfergitter waren an den Außenwänden der Häuser als Verdeckung von Abflussrohren angebracht, und es gab sie an fast jedem Haus in Schlesien. Jürgen hatte also nachts diese Gitterchen mit einem kleinen Nagel herausgekratzt und so viele davon an einen Eisenwarenhändler verkauft, dass die Familie wieder einige Wochen über die Runden kam. Trudes Bewunderung für ihren ältesten Sohn war kaum zu übersehen, geschweige denn zu überhören. Das »Jückele« war der Retter der Familie und hatte wohl immer eine passende Idee parat, sich und seine Familie aus jedwedem Schlamassel zu ziehen. In ihrem Verhalten, Jürgen auf ein Podest zu stellen und ihm bedingungslos zu huldigen, waren sich meine Mutter und Trude wesentlich ähnlicher als Schwiegermutter und Ehefrau.

Als sich meine Mutter wenige Monate später an Jürgen wandte, um sich beim Kauf einer Eigentumswohnung beraten zu lassen, vermittelte Jürgen ihr eine Wohnung im Neubaugebiet am katholischen Krankenhaus. Das Reihenhaus seines Bruders und seiner Schwägerin lag direkt gegenüber von unserem Hauseingang. Er hatte uns strategisch klug untergebracht, denn seine zweite Nichte, die Tochter von Irmhild und Norbert, wurde häufig von ihrem Onkel besucht, sodass Jürgen zwei Fliegen mit einer Klappe schlagen konnte.

Als ich sechzehn Jahre alt war, erfuhr ich, dass Irmhild ihrem Schwager Hausverbot erteilt hatte und Jürgen seine zu diesem Zeitpunkt acht Jahre alte Nichte nicht mehr besuchen durfte. Norbert, der sicherlich die Gründe für diesen innerfamiliären Bruch kannte, saß zwischen zwei Stühlen. Schließlich hatte er sein ganzes Leben nichts anderes gemacht, als für seinen Bruder zu arbeiten, und war es gewohnt, von diesem »über Wasser gehalten zu werden«. Die Ehe zerbrach, Norbert zog aus und wurde einige Zeit später zum Mittelpunkt Düsseldorfer Polizeieinsätze. Er spazierte splitterfasernackt über die Düsseldorfer Kö, verteilte Tausendmarkscheine und gab an, der leidende Jesus Christus zu sein. Norbert verbrachte seine letzten Jahre im medikamentösen Delirium und wurde von seiner Mutter Trude bis zu seinem Tod gepflegt. Und natürlich war es Jürgen, der stets bemüht war, die besten Ärzte und die besten Kliniken ausfindig zu machen, wenn Norbert trotz seiner Medikamente wieder einmal ausflippte. Jürgen hatte ja schon immer gern geholfen … Von Irmhild wurden meine Mutter und ich seit der Aussprache des Hausverbots nicht mehr gegrüßt, denn meine Mutter war zu diesem Zeitpunkt schon längst die neue Lebensgefährtin an Jückeles Seite.

KAPITEL 3

Angst und Hoffnung

Meine Mutter beschloss, die Eigentumswohnung zu kaufen. Eine im Erdgeschoss liegende, circa hundert Quadratmeter große Wohnung mit einem eigenen kleinen Garten. Vom Garten aus brauchte man nur über einen Zaun zu steigen, überquerte dann ein kleines brachliegendes Grundstück und gelangte auf das Firmengelände von Jürgen Karnasch. Die Fenster der Versandabteilung konnte man von unserer Terrasse aus gut sehen, und Jürgen parkte seinen Jaguar fortan so, dass meine Mutter erkennen konnte, wann er in der Firma zugegen war. Von alledem hatte ich zum damaligen Zeitpunkt nicht den Hauch einer Ahnung.

Als wir umzogen, war ich gerade elf Jahre alt geworden, und die Tatsache, dass ich nun wirklich ein eigenes Zimmer haben sollte, beschäftigte mich viel mehr als äußere Gegebenheiten. Meine Mutter redete davon, dass nun alles viel schöner werden würde, und ich hoffte inständig, dass dann auch die Streitereien zwischen meinen Eltern ein Ende finden würden. Mein größter Wunsch war es, einen Hund besitzen zu dürfen. Dieser Wunsch blieb mir verwehrt. Dafür aber erhielt ich die Erlaubnis, mir einen Hamster zu halten. Ich war glücklich wie noch nie, als ich in der Zoohandlung Walke meinen kleinen Stups kaufte. Mein Zimmer wurde mit einem alten Bett und einem noch älteren Schrank ausgestattet. Für Dekorationen, Tapeten oder Farbe an den Wänden hatten meine Eltern weder Zeit noch Lust und auch kein Geld übrig. Mich störte das nach den Jahren vor dem Gasboiler jedoch nicht. Oma schenkte mir eine kleine Yucca und bezahlte den Hamsterkäfig mit Zubehör. Während ich abends in meinem

Bett lag, raste Stups Runde für Runde in seinem Laufrad, und über dem monotonen Geratter schlief ich irgendwann ein. Ich war mittlerweile in der siebten Klasse des Mädchengymnasiums, und mit einigen Mädchen verband mich eine innige Freundschaft. Es waren Freundschaften, die bis heute andauern sollten.

Da war Anka, mit der ich im letzten Jahr der Grundschule gelegentlich morgens zur Schule gehen durfte und die, genau wie ich, Mitglied im örtlichen Schwimmverein war. Oma hatte mich im Schwimmverein angemeldet, weil ich ihr erzählt hatte, dass ich panische Angst bei den so genannten Schwimmübungen mit meinem Vater ausgestanden hatte. Er hielt mich derartig ungeschickt unter dem Bauch, dass mein Kopf jedes Mal vornüber ins Wasser platschte und ich zu ertrinken drohte. Mein Vater war extrem ungeduldig, und ich empfand ihn als absolut brutal in seinen Methoden. Irgendwann war er so entnervt, dass er mich einfach losließ und mich anschnauzte: »Wenn du nicht ertrinken willst, musst du schwimmen!«

Bis er mich endlich wieder aus dem Wasser zog, war ich bereits so oft untergegangen, dass ich literweise Wasser geschluckt und Todesängste ausgestanden hatte. Wieder festen Boden unter den Füßen, kotzte ich erst mal das ganze Wasser aus und schwor mir, mich nie wieder mit meinem Vater ins kühle Nass zu begeben. Im Schwimmverein lernte ich hingegen so schnell, dass ich binnen eines Jahres regelmäßig in der Juniorenriege trainieren durfte. Im Schwimmverein lernten wir Dana kennen. Dana war groß und schlank und hatte eine richtige Schwimmerfigur. Mit ihren vollen Lippen und der üppigen Oberweite sah sie bereits mit zwölf Jahren aus wie Brigitte Bardot. Ein Vergleich übrigens, der von den Jungs oft angestellt wurde und Dana regelmäßig in Rage brachte. Als Dana dann zu unserem Glück in der siebten Klasse eine Ehrenrunde drehte, kam sie zu uns in die Klasse, und das Kleeblatt war komplett. Im selben Jahr kamen Gitta und Carla hinzu. Gitta war die Tochter eines stadtbekannten Majors und konnte die Vorstellungen ihres Vaters hinsichtlich Outfit und Lebenseinstellung so gar nicht erfüllen. Sie gehörte der alternativen Szene an und bereicherte unsere Mädchentruppe mit drögen Sprüchen und unglaublicher Coolness. Carla war die Tochter eines Brauereidirektors, und wir alle mussten neidlos anerkennen, dass sie mit ihren glatten, langen, mahagonibraunen Haaren eine echte Schönheit war. Sie war mit ihren Eltern aus Berlin in unsere Kleinstadt gezogen, und ihre Bedenken, dass es bei uns in der Provinz langweilig sein würde, konnten wir relativ schnell ausräumen.

Wir waren mehr als nur Freundinnen, waren innigste Vertraute, und trotz unserer Unterschiedlichkeit fühlten wir uns wie Schwestern verbunden. Ein Gefühl, das wir noch heute zutiefst genießen.

In der Schule hatten die Lehrer keinen blassen Schimmer, was bei uns zu Hause geschah. Meine Leistungen waren konstant gut bis mäßig, und ich war bekannt für meine große Klappe. Oft wurde ich zum Leidwesen der Lehrer zur Klassensprecherin gewählt, und für mich war Schule in erster Linie ein Ort der Erholung und des Spaßhabens. Mein großes Glück war, dass das Gymnasium in derselben Straße war, in der meine Großeltern ihr Haus hatten. So konnte ich mein inniges Verhältnis zu meiner Oma pflegen und brauchte zu Hause nichts davon zu erzählen. Oma kam in der großen Pause regelmäßig zur Schule und brachte mir zwei Pausenbrote und eine Kinder-Milchschnitte vorbei. In den letzten Jahren der Schulzeit wurde sie auch von Gitta sehnsüchtig erwartet, die regelmäßig eines von den Pausenbroten von mir geschenkt bekam. Komischerweise wurde unter uns Mädchen nie darüber gelästert, dass Oma jede Pause an der Schule stand. Sie war beliebt, und offensichtlich spürten alle, wie ungeheuer wichtig Oma für mein Seelenleben war.

Als wir in unsere Eigentumswohnung zogen, erschien ich für die Außenwelt als völlig normales, großschnäuziges Mädchen, das deutlich sichtbar jünger war als der Durchschnitt der Mitschülerinnen.

Zu Hause eskalierte jedoch die Situation. Nichts wurde besser, sondern das Gegenteil traf ein. Die Streitereien zwischen meinen Eltern liefen immer häufiger und lautstärker ab und fanden zumeist am späten Abend ihren Höhepunkt. Mein Vater hatte mit den meisten Hausbewohnern binnen weniger Wochen Streit und pöbelte die Leute auf peinliche Art und Weise an. Über uns wohnte eine Apothekerfamilie. In der Mittagspause, wenn die Apotheke geschlossen war, wurde dort zu Mittag gegessen und anschließend musiziert. Der Herr Apotheker spielte Klavier, seine Frau die Violine, und der Sohn sang dazu. DAS war zu viel für meinen Vater, der sich beim Anhören seiner orientalischen Musik aufs Übelste belästigt fühlte. Mehr noch. Seiner Meinung nach waren diese Aktionen extra geplant und gegen ihn persönlich gerichtet, und er schrie schon im Hausflur, dass niemand, aber auch wirklich niemand, es schaffen würde, ihn aus dem Hause zu ekeln, nur weil er ein Araber sei!

Wutschäumend polterte er dann die Treppe hoch und schlug mit seiner Faust gegen die Wohnungstür der Apothekerfamilie. Gegen den rhetorisch gewieften und gebildeten Apotheker kam mein Vater mit seinem grammatikalisch desaströsen Deutsch nur schwerlich an. Dieser Mann setzte den tobenden Araber verbal schachmatt, und dem blieb nur noch die Flucht in seine arabischen Flüche, in vehementes Gestikulieren und in noch mehr Grammatikfehler. Wenn man dieses wild rumhampelnde Männchen sah, konnte man eigentlich nur lachen. Es war aber Abdul, mein Vater, und ich versank vor Scham im Boden. Warum konnte er sich nicht ganz normal benehmen? Er ging doch ohnehin nicht arbeiten und benötigte wahrlich keine Mittagspause. Alles, was er erreichte, war, dass ihn niemand aus dem Hause grüßte und alle Eigentümer verächtlich die Nase rümpften, wenn sie ihm begegneten. Und dass er nicht gegrüßt wurde, reizte ihn erneut bis aufs Blut. Einer Nachbarin vom Apotheker, die einen Mops besaß, schrie er mitten auf der Straße voller Wut und Hass entgegen, sie sähe im Gesicht genauso zermatscht aus wie ihr Köter. Ich gebe zu, in diesem Punkt hatte er tatsächlich Recht, aber so etwas konnte er gern denken, nicht aber sagen, geschweige denn herausschreien.

Meine Eltern und ich wohnten noch keine vier Wochen in diesem Haus, und schon hatten wir die gesamte Eigentümergemeinschaft gegen uns aufgebracht. Mich wundert unter diesen Umständen rückblickend nicht, dass uns kein einziger Mensch aus dem Haus geholfen hat, als sich die Gewaltausbrüche meines Vaters verschlimmerten und eine Gegenwehr kaum noch möglich war.

Es verging nicht eine Nacht, in der ich nicht aufwachte, weil neben dem üblichen Geschrei meiner Eltern nun auch Möbel umgestoßen wurden. Die Gewalt meines Vaters richtete sich in der neuen Wohnung nicht mehr gegen mich, sondern ausschließlich gegen meine Mutter. Es war, als hätten wir die Rollen getauscht. War sie früher stumme Zuschauerin und blieb relativ verschont, während mein Vater mich blutig schlug, so war ich jetzt die stumme Zuhörerin, und sie musste dran glauben.

»Nein! Abdul! Nein! Nicht! Tu's nicht! Abdul! Bitte!«

»Ich fick dich jetzt so, wie du deinen Jürgen fickst!«, schrie mein Vater. Gläser polterten und klirrten, Stühle fielen um, und am Getrappel der Füße konnte ich erkennen, dass eine regelrechte Hatz stattfand. »Du Nutte! Du Hure! Wer bist du eigentlich, Gundis? Eine Scheißbeamtin auf Lebenszeit? Geh doch zu deinem Jürgen, wenn er besser ist. Margot hatte ich auch. Jawohl! Und sie war besser als du!«, schrie mein Vater wie von Sinnen.

Ich kauerte mich unter meiner Bettdecke zusammen und stellte mir die Frage, warum ich nicht einfach hineinging ins Wohnzimmer und beiden sagte, dass sie aufhören sollten. Ich hatte Angst. Unermesslich große Angst. Wenn er mit ihr fertig war, würde er vielleicht doch noch in mein Zimmer kommen und mich wieder windelweich schlagen. Und wenn er sie totschlug? Ich wusste nicht ein noch aus.

Nach einem gellenden schmerzerfüllten Schrei meiner Mutter war es plötzlich beängstigend still geworden im Wohnzimmer. Ich befürchtete das Schlimmste.

Kurz darauf wurde die Tür meines Kinderzimmers aufgerissen. Meine Mutter stand im Nachthemd vor mir, und in der Dunkelheit konnte ich erkennen, dass sie sich ein Tuch auf den Kopf drückte.

»Komm sofort raus aus deinem Bett!«, zischte sie mich an. »Der dreht durch und schlägt uns tot! Wir müssen weg hier!« Sie zerrte mich an meinem Arm in den Flur.

Plötzlich stand mein Vater vor uns und versperrte uns den Weg. Seine Augen waren blutrot unterlaufen, er stank nach Alkohol, und sein Blick war die Boshaftigkeit in Person.

»Nur über meine Leiche, Gundis!«, schrie er hasserfüllt. In der einen Hand hielt er eine Bierflasche, in der anderen Hand einen schweren Marmoraschenbecher.

»Mein Hamster!«, schrie ich voller Panik. »Mama! Er wird Stups töten! Ich muss ihn holen!«, damit riss ich mich von der Hand meiner Mutter los, rannte zurück in mein Zimmer und klemmte mir den Käfig unter den Arm.

»Deinen Hamster willst du also mitnehmen?«, fragte mein Vater in drohendem Ton. Er warf die Bierflasche in die Ecke und nahm mir den Käfig weg.

»Papa! Bitte! Tu ihm nichts! Lass Stups in Ruhe!«, flehte ich meinen Vater an.

Doch er wühlte den Hamster aus seiner Watte-Ecke. Mit weit aufgerissenen Augen starrte Stups meinen Vater an und biss zu. Aus dem Finger meines Vaters quoll das Blut, und außer sich vor

Raserei schmiss mein Vater den Hamster quer durch die Wohnung. Stups knallte gegen die Wohnzimmerwand, fiel auf den Boden und blieb dort regungslos liegen. An der weißen Wand zeugte ein kleiner Blutfleck von der Tat meines Vaters.

Meine Mutter nahm mich, noch bevor ich einen Ton sagen konnte, erneut an meinem Arm, schubste meinen Vater zur Seite, öffnete die Wohnungstür und lief mit mir durch den Hausflur in die Dunkelheit. Mit einem dumpfen Geräusch landete der Marmoraschenbecher direkt neben uns auf dem Boden im Erdreich. Hinter uns hörten wir meinen Vater grölen und randalieren.

Barfuß rannten wir um unser Leben. Meine Mutter im Nachthemd mit einer stark blutenden Kopfwunde und einem Küchentuch, das sie sich gegen die Kopfwunde presste, in der einen Hand, ich an der anderen Hand, im Schlafanzug und bitterlich um meinen Hamster weinend. Bestimmt, so war ich mir sicher, hatte Stups diesen Schlag gegen die Wand nicht überlebt. Ich sollte Recht behalten.

Wir landeten schließlich völlig erschöpft bei einer Kollegin meiner Mutter. Uta war alleinerziehend, hatte zwei Söhne und wohnte zum Glück nicht weit weg von unserer neuen Eigentumswohnung. Eines stand fest: Zurück konnten wir auf keinen Fall mehr. Mir war alles gleichgültig. Ich fühlte mich apathisch und sah die Welt nur noch durch einen Nebelschleier. Ich hätte starke, tröstende Arme gebraucht, doch niemand war da, der mir diesen Schmerz, diese Wut und diese Hilflosigkeit nehmen konnte. Uta kümmerte sich um meine Mutter, und ich schlief auf dem Sofa in ihrem Wohnzimmer nach nur wenigen Minuten ein. Wir sollten einige Tage bei Uta und ihren Söhnen Unterschlupf finden. Mein Vater wusste nicht, wo wir uns aufhielten, und das war auch gut so. Morgens, auf dem Weg zur Schule, duckten wir uns in Utas Auto. Ich wurde am Gymnasium herausgelassen und rannte so schnell ich konnte auf den Pausenhof zu meinen Freundinnen. Meine Mutter und Uta fuhren dann weiter zur Grundschule.

Uta schien mit ihrem Leben und ihren zwei Söhnen völlig überfordert zu sein. Der Haushalt war entsetzlich chaotisch, und nichts schien organisiert zu sein. Eine Aufgabenverteilung gab es nicht, und niemand fühlte sich für irgendetwas verantwortlich. Es gab kein Toilettenpapier, das Waschpulver ging zur Neige, und Milch war dann eben auch nicht mehr im Kühlschrank. Mir erschien das alles völlig planlos und wirr. Gemeinsame Mahlzeiten fanden nicht statt, und Regelmäßigkeiten gab es nicht. Arndt, der jüngere Sohn, war in meinem Alter. Werner, sein älterer Bruder, war sechzehn Jahre alt, fuhr ein schneidiges Kleinkraftrad von Kreidler und war die meiste Zeit mit Musikhören und seinem Aussehen beschäftigt. Er war ein Fan von Pink Floyd und Queen und verehrte Freddy Mercury. Stundenlang saß er mit mir vor seiner aufwendigen Stereoanlage und spielte mir Stücke aus seiner gigantischen LP-Sammlung vor. Seine Musiksammlung, seine Anlage und sein Moped waren sein ganzer Stolz. In Arndts Zimmer konnte man keinen Fuß auf den Boden setzen, und ständig roch es in seinem Zimmer nach Hamsterpisse und Schmutzwäsche. Ich habe den Hamsterkäfig dann sauber gemacht und festgestellt, dass sich das Tier überhaupt nicht anfassen ließ. Offensichtlich hatte Arndt keine Lust, sich mit dem Hamster zu beschäftigen, und er schien ihm egal zu sein.

Nach zwei Tagen, die ich Uta entweder telefonierend oder hysterisch herumschreiend erlebt hatte, bekam sie von jetzt auf gleich einen Tobsuchtsanfall. Das Chaos in ihrer Wohnung nervte sie plötzlich, und schuld waren natürlich ihre faulen Nichtsnutze von Söhnen. Arndt und Werner schienen diese Anfälle ihrer Mutter bereits zu kennen, denn sie suchten sofort Deckung in ihren Zimmern. Uta war eine sehr große und sehr kräftige Frau vom Typ Walküre. Als sie feststellte, dass Arndts Tür verschlossen war, trat sie diese kurzerhand ein, und das Holz splitterte an allen Ecken und Enden. Arndt warf schützend seine Hände vors Gesicht, und Uta prügelte wie von Sinnen auf ihren jüngsten Sohn ein. Sie beschimpfte ihn dabei aufs Übelste, und zu guter Letzt nahm sie seine Gitarre von der Wand und schmetterte diese mit aller Gewalt auf die Schreibtischkante. Arndt heulte Rotz und Wasser, und ich stand mit weit aufgerissenen Augen im Flur. Ich kannte Uta von meiner Grundschulzeit und wäre nie im Leben darauf gekommen, dass diese Lehrerin, diese Frau Prinz, derartig ausrasten konnte.

Werner saß auf seinem Bett und wartete in seinem Zimmer darauf, dass er an die Reihe kam. Werner war groß und kräftig und stellte sich seiner Mutter in den Weg. Er schrie Uta an, dass sie sich um nichts kümmern würde und es noch nicht einmal fertigbrächte, die Wäsche zu waschen oder zu kochen. Ich fand, dass Werner Recht hatte, und bewunderte seinen Mut. Uta stürzte sich auf ihren Ältesten und schlug mit einem Kleiderbügel auf ihren Sohn ein. Er sei genauso mies wie sein »Erzeuger«, aber er würde sie nicht fertigmachen, so wie sein Vater das getan habe! Der Kleiderbügel zerbrach, und Uta schnappte sich einen Gürtel. Sie prügelte mit der Schnallenseite immer weiter auf Werner ein, bis dieser in sich zusammensackte und nur noch wimmerte. Körperlich war ihr Werner eigentlich locker überlegen, aber eine noch intakte Hemmschwelle in dem Jungen ließ eine Gegenwehr nicht zu. Als Uta ihr Werk vollendet hatte, setzte sie dem Ganzen die Krönung auf: Sie marschierte schnurstracks ins Wohnzimmer und riss, ungeachtet der Kabel, die Stereoanlage auseinander und warf die liebevoll sortierten LPs quer durch den Flur. Dann knallte sie mit einem lauten Krachen die Tür zu und verbarrikadierte sich für den Rest des Tages. Der Orkan war vorbei.

Werner sah übel aus. Sein rechtes Auge war zugeschwollen. Die Gürtelschnalle hatte ihn frontal getroffen. Überall an den Armen hatte er Rötungen und Striemen, und er sah mächtig verheult aus. Arndt schluchzte und hielt seine kaputte Gitarre im Arm. Er streichelte sie und murmelte immer wieder: »Warum macht sie das?«

Ich half den Jungs, so gut ich konnte, beim Aufräumen. Dabei erzählten sie mir, dass Uta in regelmäßigen Abständen ausrasten würde und insbesondere ihr Hass auf Werner grenzenlos sei. Tagelang würde sich ihre Mutter nicht um ihre Söhne kümmern, und aus heiterem Himmel kämen dann diese Wutausbrüche. Zwischen uns dreien herrschte tiefe Betroffenheit. Werner murmelte, dass er so schnell wie möglich abhauen würde und diese Frau ihn mal kreuzweise könnte. Arndt konnte sich kaum beruhigen. Er nannte seine Mutter »Mami« und litt wie ein Tier. Zwei Jahre später ging Arndt für ein Jahr als Austauschschüler nach Amerika. Als er zurückkehrte, war aus dem schüchternen Jungen ein hübscher junger Mann geworden, dem die Zeit in Amerika sichtlich gutgetan hatte. Vielleicht lebt Arndt heute in Amerika, dem Land, das ihm für viele Monate Ruhe vor seiner Mutter geboten hatte. Von Werner weiß ich nur, dass dieser immer nach München wollte. Ich habe von beiden Jungs nie wieder etwas gehört. Als ich zwanzig war, erfuhr ich über Umwege, dass Uta ein schreckliches Schicksal ereilt hatte. Tagelang war sie einfach nicht in der Schule erschienen, und meine Mutter ließ dann im Auftrag der Schule mit einem Schlüsseldienst die Wohnung öffnen. Uta saß kichernd und lachend in ihrem Bett. Sie stank erbärmlich, hatte sich eingenässt und spielte mit ihrem eigenen Kot. Im Krankenhaus stellten die Ärzte dann fest, dass sich ein faustgroßer Tumor in Utas Gehirn breitgemacht hatte. Bei der OP ist Uta gestorben. Meine Mutter muss sich damals fürchterlich aufgeregt haben, dass Utas Söhne weder bei der Beerdigung noch bei der Wohnungsauflösung zugegen waren. Als mir diese Geschichte erzählt wurde, konnte ich Werner und Arndt bestens verstehen. Meine Sympathien gehörten eindeutig ihnen.

Nach ein paar Tagen bei Uta hatte Jürgen für meine Mutter und mich eine kleine möblierte Dachgeschosswohnung in der Nähe der Schule, an der meine Mutter unterrichtete, gefunden. Sooft es ging, durfte ich bei Oma schlafen, und ich war dankbar dafür. In der kleinen Wohnung war absolut kein Platz für uns beide: Sie bestand aus einem Minizimmer mit Schlafcouch und einem Schrank. Ein Kohleofen diente als Heizquelle. Der zweite Raum war vom ersten durch einen Vorhang abgetrennt. Das war die Küche, und hätte nicht unter dem Dachfenster in der Küche eine zweite Couch gestanden, so hätte ich mit meiner Mutter in einem Bett schlafen müssen. Eine Dusche befand sich als kleine Kabine zwei Stockwerke unter uns im Flur, und eine Toilette gab es ein Stockwerk tiefer. Ständig war es abartig kalt dort. Ich hasste diese Behausung.

Wenn ich dort übernachten musste, kam Jürgen am Abend vorbei und brachte mich ins Bett. Dankbar und hungrig nach Liebe und Zärtlichkeit fand ich es wohltuend, von ihm in den Schlaf gekrault zu werden. Jürgen half uns, und Jürgen half gern.

Normalität herrschte in meinem elfjährigen Leben ausschließlich in der Schule und bei meiner Oma. Ich wagte es gar nicht, Lehrern in der Schule von den Vorkommnissen zu Hause zu erzählen, weil mir alles viel zu peinlich und viel zu asozial war. Lieber vertraute ich mich meinen Freundinnen an, und ich war glücklich, wenn diese mich zu sich nach Hause einluden. In den meisten Familien war ich ein gern gesehener Gast, weil ich nicht groß auffiel und keine Ansprüche stellte. Überdies war ich sehr höflich und sagte »bitte« und »danke«, aber nicht, weil ich es sagen musste, sondern weil es mir ein echtes Bedürfnis war. Ich war es einfach nicht gewohnt, etwas zu trinken angeboten zu bekommen, geschweige denn, dass sich irgendjemand für mich Mühe machte und mich gar zum Essen einlud. Wenn Dana sich bei mir ausheulte, dass sie jede Woche die Treppe putzen musste oder ihre Mutter mal wieder verlangte, dass sie ihr Zimmer aufräumen sollte, dann konnte ich eigentlich nur müde lächeln. Verglichen mit meinem Leben waren das alles nur Kinkerlitzchen. Und trotzdem: Wenn es um unsere ureigenen Probleme ging, waren wir Mädchen immer füreinander da und hörten uns stets aufmerksam zu. Ich glaube, die Tatsache, dass wir uns derartig respektierten und in diesem extremen Maße einander ernst nahmen, hat damals das Fundament für eine lebenslange Freundschaft geschaffen. Auch heute noch genießen wir das Gefühl, uns nichts erst langatmig erklären zu müssen, sondern bereits in dem Augenblick, in dem wir den Mund aufmachen und anfangen zu erzählen, verstanden werden. So intolerant viele von uns auch erzogen wurden: Im Miteinander herrschte immer eine einzigartige Toleranz und Offenheit.

Dass wir unsere Eigentumswohnung so plötzlich wieder verlassen mussten, belastete mich nicht weiter. Ich besaß ohnehin keine wertvollen Güter und vermisste meinen Vater verständlicherweise nicht eine Sekunde lang. Da ich bei meiner Oma weitestgehend abgeschirmt von den Alltagssorgen meiner Mutter lebte, bekam ich auch nur am Rande mit, dass sie die Hölle durchmachte. Mein Vater stellte ihr ständig nach und weigerte sich natürlich, die Eigentumswohnung zu verlassen. Mehr noch: Er ließ seinen Lieblingsbruder nach Deutschland kommen und wohnte über vier Monate mit Amir in der Wohnung. Nur aus Erzählungen meiner Mutter weiß ich, dass die beiden Chaoten die Wohnung völlig verwüstet hatten und meine Mutter später eine neue Toilettenschüssel einbauen lassen musste, weil die alte nicht mehr zu reinigen war. Vom Mobiliar blieb nichts mehr übrig, denn nach und nach hatte mein Vater das meiste verkauft oder irgendwelchen Gespielinnen geschenkt. So war es denn auch der Streit um einen Kühlschrank, der zu einem Polizeieinsatz auf offener Straße führte. Mein Vater und Amir wollten den Kühlschrank gerade einer Freundin schenken, als meine Mutter urplötzlich an der Wohnung der Dame erschienen war und ihr Eigentum zurückforderte. Das Ende vom Lied war, dass die beiden Brüder mit einem Messer hinter meiner Mutter herjagten und anschließend versuchten, Jürgens Jaguar (er hatte zwischenzeitlich meine flüchtende Mutter aufgenommen) mittels körperlicher

Gewalt anzuhalten. Sie traten vor das Auto und spuckten auf die Scheiben, und erst die Ordnungshüter konnten sie stoppen.

Ich hingegen genoss die nie gekannte Freiheit bei meiner Großmutter in vollen Zügen, und ich hatte bald sämtliche Hunde der Nachbarschaft in meiner Obhut. War ich mit Wuschel eine Stunde spazieren gegangen, so wartete Stöpsel bereits auf mich, und kehrte ich mit diesem zurück, dann musste ich mit Panja, einer Schäferhündin, los. Dana hatte damals auch einen Hund, einen beleibten Cockerspaniel, und sie war dankbar, dass sie nicht mehr allein durch die Wälder marschieren musste. Mit den Fahrrädern fuhren wir in die umliegenden Dörfer und entdeckten eines Tages einen kleinen Ponyhof. Dessen Besitzer lebte in einem Wohnwagen auf dem Hof, und der alte Mann war froh, wenn wir Kinder die Ständer seiner Ponys regelmäßig misteten und das Sattelzeug in Ordnung hielten. An den Wochenenden kamen bei schönem Wetter die Spaziergänger in Scharen, und für drei Mark fünfzig konnte man sich für dreißig Minuten ein Kinderpony mieten. Wenn die Eltern mit den Ponys nicht zurechtkamen, gingen wir Kinder mit und sorgten dafür, dass alle Beteiligten wieder wohlbehalten am Hof ankamen.

Das gesamte Frühjahr, den Sommer und den größten Teil des Herbstes verbrachte ich meine Freizeit auf diesem Ponyhof. Der alte Mann dankte uns Kindern die freiwillig geleistete Arbeit damit, dass wir unter der Woche und bei schlechterem Wetter umsonst mit den Ponys ausreiten durften. Meine beiden Lieblinge hießen Victor und Hector und waren Grauschimmel-Shetlandponys. Ich konnte mein Glück kaum fassen, wenn ich auf dem blanken Rücken von Victor saß und durch die Wälder ritt. Die Nähe zu diesen Tieren, das Gefühl der Wärme und die Weichheit ihres Fells sowie das immense Vertrauen, das die Ponys mir vermittelten, linderten die Wunden meiner Seele. Victor und Hector wieherten mir fröhlich entgegen, wenn ich verschwitzt mit meinem Fahrrad auf den Hof kurvte, und ich genoss das Gefühl, erwartet zu werden. Es war das Gefühl, das ich in meiner gesamten Kindheit vermisste und noch heute so sehr brauche. Der alte Mann, dem der Ponyhof gehörte, schaffte es in diesen Monaten, mir das Selbstvertrauen zu geben, doch noch irgendwo gebraucht zu werden und nicht »über« zu sein. Würde er heute noch leben, so würde ich ihm gern erzählen, dass auch er zu meinen Lebensrettern gehört. Die unstillbare Liebe zu den Pferden, das Ausleben dieser Passion und die Selbsttherapie mit diesen wundervollen Tieren haben ihren Ursprung auf diesem kleinen Ponyhof.

An einem Tag im Herbst kam ich wieder einmal zum Hof geradelt und vermisste sofort das Wiehern meiner beiden Schützlinge. Als ich in den kleinen Stall kam, blieb ich wie angewurzelt stehen. Fassungslos schaute ich auf die leeren Ständer. Panik kroch in mir hoch. Eine alte knochige Hand legte sich auf meine Schulter.

»Sei nicht traurig, Christine«, murmelte der alte Hofbesitzer, »ich musste sie verkaufen. Der Winter kommt, und da werden wir hier kein Geschäft machen.«

Tränen stiegen in mir hoch. Victor und Hector verkauft? Das konnte und durfte nicht wahr sein! »Wo sind sie?«, fragte ich schluchzend.

»Wandler hat sie gekauft.«

Um Gottes willen, das war eine Katastrophe! Wandler war ein stadtbekannter Kirmesbudenbesitzer, ein Schausteller, der auch Ponyreiten und Fahrten in Ponykutschen anbot. Wandlers Ponykutschen wurden elektrisch betrieben, und die Ponys mussten den ganzen Tag im Kreis laufen, ob sie wollten oder nicht. Ich war mir sicher, dass Victor und Hector erblinden würden, und ich fing bitterlich an zu weinen. Im Geiste sah ich mich mit Victor durch die Wälder reiten. Ich liebte Victor über alles. Er war ein unglaublich braves Pony mit einem Rücken, das einem bequemen Sofa glich, und er liebte es, im rasanten Galopp über die

Wiesen zu preschen. An Victors langer flachsfarbener Mähne konnte man sich hervorragend festhalten, und für mich war Victor der schönste Ponyhengst auf der ganzen Welt. Verkauft. Aus und vorbei … Ich radelte zurück in die Stadt und klagte meiner Oma mein Leid. Auch ihr war der Name Wandler ein Begriff.

Einige Wochen später erzählte mir meine Oma, dass die Weihnachtskirmes aufgebaut sei und sie einen Stand gesehen habe, an dem Ponys Kutschen ziehen würden. Gemeinsam ging ich mit ihr zur Kirmes. Und richtig. Schon aus der Ferne sah ich zwei kleine Grauschimmel-Ponys. Ich lief auf die Kutschen zu und rief: »Victor! Victor!«

Kurz riss Victor sein hübsches Köpfchen hoch, da ertönte auch schon das laute Tuten, die Kutsche ruckte, und die Deichsel versetzte Victor einen Stoß in die Hacken. Runde für Runde trotteten die Ponys mit hängenden Köpfen über das Sägemehl. Es war entsetzlich laut, die Musik dröhnte von allen Seiten, die Menschen johlten, und Kinder quietschten vor Vergnügen. Keiner dieser Besucher konnte erahnen, wie stolz Victor noch vor wenigen Wochen mit mir durch die Natur galoppiert war. Er und Hector hatten aufgegeben. Sie hatten sich dem Schicksal fügen müssen, und ich fühlte mit ihnen.

Schluchzend ging ich mit meiner Oma zurück nach Hause. Sie kochte mir eine heiße Schokolade und hörte sich stundenlang meine Geschichten von Victor und Hector an. In ihren Augen sah ich Tränen des Mitgefühls. Wie gern hätte sie mir geholfen.

In der Schule erzählte mir Anka am nächsten Tag, dass ihre Mutter sie in der Reitschule Körber angemeldet hätte. Ich sollte doch mitkommen, denn dort wären viele große Pferde. Nachmittags gäbe Herr Körber, der Reitlehrer, Unterricht. Oma fand diese Idee großartig, und nach dem Mittagessen radelten Anka und ich durch den Schnee zur Reitschule. Anka hatte bereits ein Lieblingspferd. Larissa war eine hellbraune Stute und ging mit uns Kindern ganz sanft und vorsichtig um. Überall in der Stallgasse wimmelte es nur so von kleinen Reitschülerinnen, und viele waren professionell angezogen. Wir entdeckten zwei weitere Mädchen aus unserer Klasse. Dorothea und Angela. Doro hatte ihr Herz an einen großen, mageren Falben verschenkt.

»Igor bekommt so viel zu fressen, aber er will einfach nicht dicker werden. Herr Körber setzt ihn nur noch die zwei Stunden im Kinderunterricht ein, um Igor zu schonen. Ich habe ihn jetzt als Pflegepferd«, sprudelte es aus Doro heraus.

Ein Pflegepferd! Ich wollte auch unbedingt ein Pflegepferd haben! Angela hantierte an einem riesigen und mächtigen Fuchs herum. »Das ist Amigo«, klärte sie mich auf. »Amigo ist erst fünf, und Herr Körber hat gesagt, dass ich die Einzige bin, die ihn im Kinderunterricht reiten darf, weil er bei mir so gut geht.« Angela platzte vor Stolz, und ich konnte sie gut verstehen. Es musste ein tolles Gefühl sein, ein solch großes Pferd reiten zu können! Und Herr Körber schien eine Autorität zu sein, das konnte man heraushören, wenn die Reitschülerinnen von ihm sprachen.

Ich schlenderte von Box zu Box und bewunderte zwei bildschöne pechschwarze Pferde. »Esprit« und »Siesta« war auf den Boxenschildern zu lesen. Und dann trafen mich zwei große schwarze Augen mitten ins Herz. Ein knubbeliger Grauschimmel schaute mich neugierig an. Mein Herz schlug schneller, und ich war mir sicher, MEIN Pferd gefunden zu haben. Das Pferd hieß Flip, war mittelgroß und kräftig und hatte einen Hals, fast so mächtig wie der eines Hengstes. Vorsichtig öffnete ich die Boxentür, und weiche rosafarbene Nüstern streckten sich mir entgegen. Flip sah aus wie der große Bruder von Victor. Sein breiter Rücken lud förmlich zum Reiten ein, und sein kräftiger Körper zeugte von großer Robustheit.

»Hey! Du da!«, schnauzte mich plötzlich ein blondes Mädchen an. »Lass gefälligst den Flip in Ruhe. In der Box hast du nichts zu suchen. Der Flip ist MEIN Pflegepferd!« Mit diesen Worten schob sie mich couragiert zur Seite und legte einen Sattel auf das Pferd. Ich beschloss umgehend, dieses Mädchen blöd zu finden, und kochte innerlich vor Wut.

»Anmeldung zur Reitstunde!«, ertönte es plötzlich hinter mir. Alle Reitschülerinnen liefen zu einem kleinen älteren Mann, der in abgewetzten Reitstiefeln auf der Stallgasse vor dem Halleneingang stand. Er sah unglaublich streng aus und schien mit seinen scharf blickenden Augen jede Unregelmäßigkeit binnen Sekunden zu erfassen. Sein Blick fiel auf mich. »Na? Wer bist du denn? Du bist neu hier, stimmt's?«, schnarrte er.

»Ja«, hauchte ich kaum hörbar.

»Und? Hast du dir schon unsere Pferde angeschaut?«

»Ja«, hauchte ich ein zweites Mal.

»Welches Pferd gefällt dir denn am besten?«, fragte mich Herr Körber. Mir wurde heiß, und meine Ohren liefen rot an.

»Der Flip, Herr Körber. Den Flip finde ich am besten!«

Die Reitschülerinnen lachten.

»Hört ihr wohl auf zu lachen«, polterte Herr Körber los. Er kam auf mich zu und sah mir tief in die Augen. »So, so, den Flip findest du gut? Na dann kommst du am Donnerstag wieder und ziehst dir gefälligst eine Reithose und Reitstiefel an, hast du verstanden?«

»Ja«, hauchte ich ein drittes Mal.

»Der Flip«, so schnarrte Herr Körber weiter und wandte sich der Gruppe zu, »der Flip ist ein Ostpreuße, und er ist mit Abstand das beste Pferd hier im Stall!«

Niemand wagte zu wiedersprechen. Mein Herz hüpfte vor Freude. Herr Körber und ich mochten dasselbe Pferd. Ich konnte es kaum glauben. Die boshaften Blicke des blonden Mädchens kümmerten mich nicht.

Herr Körber verteilte die Schulpferde an die Reitschülerinnen, und ich stellte fest, dass je freundlicher die Mädchen fragten, ob sie ein bestimmtes Pferd reiten dürften, er umso eher geneigt war, ihnen ihren Wunsch zu erfüllen. Ein großmäuliges

Mädchen mit langen braunen Haaren wurde auf ihr schnippisches »Ich will aber den Esprit reiten!« rüde von Herrn Körber zurechtgewiesen. »Wenn du weiter so mit mir sprichst, reitest du nur noch den Junker!«, polterte er los.

Junker, so begriff ich sofort, war wohl die »Reitgurke« des Stalls. Und tatsächlich, in der Reitstunde wackelte der kleine braune Vollblüter Junker als Letzter hinter der Gruppe her, kürzte die Ecken großzügig ab, und schenkte seinen Reitern keinen einzigen Schritt. Noch ahnte niemand, dass ich nur wenige Wochen später mit Junker vorn an der Spitze, der Tete, reiten und Junker mit stolz gewölbtem Hals nicht wiederzuerkennen sein würde. Er war einfach viel zu intelligent und arbeitete dementsprechend ökonomisch. Über zwanzig Jahre diente er als Schulpferd, und es gab kaum jemanden, dem er seine wahre Leistungsfähigkeit anbot.

Es war offensichtlich eine Ehre, vorn an der Tete reiten zu dürfen. Dafür musste man die einzelnen Figuren, die so genannten Hufschlagfiguren, beherrschen und sein Pferd sicher im Griff haben. In meiner ersten Reitstunde ritt Angela mit Amigo vorn, gefolgt von Doro und Igor. Igor war ein unglaublich eifriges Pferd und kaum zu bremsen. Es wunderte mich nicht, dass Igor nichts auf die Rippen brachte. Das blonde Mädchen saß auf Flip, der völlig gelangweilt durch die Halle schlurfte. Herr Körber raunzte das Mädchen an und schüttelte verächtlich den Kopf. Ich stand am Rand der Halle und freute mich diebisch. Das Mädchen auf Junker sah wirklich unglücklich aus, und ihr schien diese Reitstunde keinen Spaß zu machen.

»Abteilung … Gaaaaalopp!«, kommandierte Herr Körber.

Flip erwachte urplötzlich aus seinem Dornröschenschlaf und schoss buckelnd quer durch die Halle. Noch bevor er seine Ehrenrunde beendete, hatte er sein Werk vollbracht. Das blonde Mädchen lag auf dem Reithallenboden und spuckte den Sand aus dem Mund. Flip trottete gemächlich zu Herrn Körber und stellte sich vor seinen Herrn.

Herr Körber tobte. »Was machst du mit dem Flip?«, schnauzte er das Mädchen an. »Reite gefälligst, dann macht er so einen Quatsch auch nicht! Ihr sitzt alle nur hübsch da oben drauf, anstatt zu REITEN«, wetterte er durch die Halle. Die Schule von Herrn Körber war eine harte Schule.

Das blonde Mädchen schniefte und heulte, packte sich die Zügel von Flip und verließ die Halle.

»Auch noch feige!«, knurrte Herr Körber verächtlich.

Flip hatte erreicht, was er wollte. Ich sollte noch oft erleben, wie er seinem Namen alle Ehre machte und auf seine Art die Reitstunde beendete, wenn ihm der Reiter auf seinem Rücken offensichtlich nicht passte … Hals über Kopf hatte ich mich in diesen ostpreußischen Schimmel verliebt!

Anka und ich radelten nach dem Unterricht nach Hause. Ich rechnete hin und her, aber ich befürchtete, dass Oma nicht allzu oft sieben Mark fünfzig für eine Reitstunde übrig haben würde. Ihre Rente war mehr als mager, und meine Mutter brauchte ich erst gar nicht zu fragen, das wusste ich genau. Ankas Mutter kaufte immer eine Zehnerkarte für siebzig Mark, und Anka war dienstags und donnerstags in der Fünfzehnuhrstunde eingeteilt. Bei Doro und Angela sah es genauso aus. Sie alle wurden von den Eltern großzügig unterstützt und hatten meine Sorgen nicht.

»Ich leihe dir eine Reithose«, sagte Anka. »Ich habe zwei Stück. Bis du eine eigene hast, kannst du meine ruhig tragen.«

Ich war Anka so dankbar.

Beim Abendessen war ich in meinem Redefluss nicht mehr zu bremsen. Ich bettelte und flehte so lange, bis Oma schließlich sagte: »Nun ist gut. Am Donnerstag kannst du zum Reitunterricht fahren!«

Oma kaufte ein Paar Reitstiefelchen aus Gummi, und zu Weihnachten bekam ich von beiden Omas eine Reithose und eine Zehnerreitkarte! Einmal in der Woche nahm ich am Unterricht teil und begnügte mich an den anderen Tagen damit, Anka zu begleiten und Flip zu putzen. Herr Körber hatte zwischenzeitlich mitbekommen, dass ich mir die Reitstunden auf der Karte sehr gewissenhaft einteilen musste. Er mochte mich sehr, und manchmal, wenn nur wenige Schülerinnen zum Unterricht kamen, durfte ich Flip umsonst reiten. Alle paar Wochen schoss ich von dem Schimmel im hohen Bogen herunter und landete im Dreck. Doch nicht ein einziges Mal schimpfte ich, sondern verkniff mir jedes Mal die aufkeimende Wut auf das Pferd. Völlig verdreckt setzte ich mich wieder auf Flip, und weiter ging's. Kurz vor Ostern war es dann so weit: Flip wölbte stolz den Hals und kaute zufrieden auf seinem Gebiss. Es war ein Gefühl, als ob ich mit diesem Pferd verwachsen wäre. Weich schaukelte mich Flip durch die Halle!

Herr Körber nahm mich eines Tages nach dem Unterricht zur Seite. »Das klappt gut mit dem Flip, nicht wahr?«, schnarrte er.

Ich nickte stumm, und mir wurde heiß vor Stolz.

»Du kannst dich für das Reitabzeichen anmelden. Am Ostersonntag ist Prüfung!«

Mir klappte die Kinnlade runter, und ich freute mich wahnsinnig! Aber die Prüfung war teuer. Ich wusste nicht, ob Oma so viel Geld aufbringen konnte.

Zu Hause hörte sich Oma geduldig mein Anliegen an. Dann fing sie auf einmal an zu weinen. Sie schnäuzte sich ihre Nase und wischte sich mit dem Taschentuch die Tränen aus dem Gesicht. Verzweifelt schaute sie mich an. »Du kannst zwar diese Prüfung machen«, sagte sie mit zittriger Stimme, »aber ich weiß nicht mehr, wo ich das Geld für weitere Reitstunden hernehmen soll. Ich habe mit deiner Mutter gesprochen, aber die will nichts von der Reiterei wissen. Es tut mir so schrecklich leid, mein Kind.«

Am nächsten Tag radelte ich wieder zum Reitstall. Mir war schwer ums Herz. Ich weinte und weinte und schüttete Herrn Körber mein Herz aus.

Der Reitlehrer sah mich traurig und mitfühlend an. Er fasste mich an der Schulter. »Schau mich an«, sagte er. »Du wirst diese Prüfung machen und dir diese Chance nicht entgehen lassen, hörst du?«

Ich nickte stumm.

»Wer weiß«, fuhr er fort, »vielleicht geschieht ja doch noch ein Wunder, und du kannst jederzeit zum Unterricht wiederkommen. Und bring deine Großmutter zur Prüfung mit. Einer muss doch stolz sein auf dich. Du musst zwei kleine Hindernisse mit Flip springen und um die Halle reiten. Sei vorsichtig. Flip nutzt schon mal gern diese Gelegenheiten aus. Viel Glück! Wir sehen uns dann Ostern.«

Ich nahm am Prüfungskurs teil, und Oma begleitete mich am Ostersonntag zur Prüfung. Flip sprang die kleinen Hindernisse und benahm sich vorbildlich. Als wir um die Halle ritten, winkte Oma mir mit einer Mischung aus Stolz und Sorge in den Augen zu. In der theoretischen Prüfung glänzte ich vor den Richtern. Als mir einer der Richter am Nachmittag mein »Kleines Hufeisen« mit der Urkunde überreichte, sagte er zu mir: »Wir sehen uns bestimmt bald wieder, Christine. Hier, bei Herrn Körber, wirst du prima gefördert, und du hast sehr viel Talent. Glückwunsch!«

Mein Blick traf Herrn Körber. Er schaute betreten zu Boden. Als Oma und ich uns von Herrn Körber später verabschiedeten, war die Stimmung gedrückt. Herr Körber bedankte sich bei Oma für ihre Unterstützung und hörte gar nicht auf, ihr die Hand zu schütteln. »Kopf hoch, Christine. Wir sehen uns bestimmt bald wieder!« waren seine letzten Worte.

Ich habe Herrn Körber nie wieder gesehen. Als ich sechs Jahre später endlich das Geld hatte, um in der Reitschule Körber wieder Unterricht nehmen zu können, war der alte Reitlehrer gerade gestorben.

Mit meinem Reitabzeichen in der Hand wuchs der Hass gegen meine Mutter unmerklich und stetig. Meine Oma tat mir leid, und gleichzeitig war ich wütend über die Situation. Menschen, die die Möglichkeit hatten, mich zu unterstützen, ließen mich hängen. Und Menschen, die mich unterstützen wollten, hatten die Möglichkeiten nicht. Das Leben war ungerecht.

Zeitgleich hatte meine Mutter die Scheidung durchgesetzt. Mein Vater verzichtete auf das Sorgerecht für mich und erhielt fünfzigtausend Mark als Abfindung, weil meine Mutter sonst meinem Vater Unterhalt hätte zahlen müssen. Er räumte die Wohnung und hinterließ eine Spur der Verwüstung.

Als meine Mutter die Wohnung halbwegs wieder hergerichtet hatte, hieß es für mich, nach über einem Jahr wieder einmal von Oma Abschied zu nehmen. Ich war jetzt zwölf Jahre alt und freute mich ganz und gar nicht auf die Zukunft. Mit meiner Mutter allein zu leben war mir nicht geheuer. Jürgen lebte immer noch bei Margot, und meine Mutter und er hatten heimlich ein Verhältnis.

Als ich kurz nach Ostern mit meiner kleinen Reisetasche in dem spärlich möblierten Kinderzimmer stand, überfielen mich dunkle Vorahnungen. Ich hatte das komische Gefühl, in ein Gefängnis eingezogen zu sein, und alles in mir war auf Flucht programmiert. Wieder einmal sollte ich mit meinen düsteren Prognosen richtigliegen. Mein Leben änderte sich nach dem nun folgenden Sommer schlagartig und von Grund auf. Ich lernte, dass es im Leben zu allem noch eine Steigerung gab …

KAPITEL 4

»Eine für alles«

Die ersten Wochen nach unserem Einzug verliefen noch relativ ungetrübt. Ich konnte mich mit meinen Freundinnen verabreden, ins Kino gehen, beim Eisessen meine ersten Flirtversuche unternehmen, und nach meinem Abschied vom Reitstall Körber hatte ich ein neues Pflegepony bei einem Bauern gefunden. Max war ein großes Pony und sah mit seinen schwarzweißen Flecken im Fell aus wie ein Indianerpferd. Überdies war er noch nicht eingeritten. Der Bauer war froh, dass ich tollkühnes Mädchen diesen kleinen Wildfang einritt, denn seine eigene Tochter war erst sechs Jahre alt. Es würde noch lange dauern, bis sie groß genug war, um Max zu reiten. Mit der für Kinder typischen Unbefangenheit setzte ich mich einfach auf Max drauf, und los ging's! Mehr als einmal flog ich auf der Weide in den Dreck, und der Bauer wunderte sich, dass ich keinen Gedanken ans Aufgeben verschwendete. Von Flip war ich es gewohnt, in regelmäßigen Abständen »den Boden zu küssen«, und alles war besser, als gar nicht mehr zu reiten.

Als Max mich auf seinem Rücken duldete, unternahm ich völlig unbeschwert die ersten Ausflüge mit ihm in den Wald. Im ersten Monat unseres Zusammenseins bescherte mir dieser Wagemut einen Bruch des Handgelenks. Doch meine Freude am Reiten verlor ich dadurch nicht, noch mit dem Gips am Arm saß ich schon bald wieder auf Mäxchen und genoss meine Freiheit in der Natur. Zwei Wochen nachdem der Gips entfernt worden war, galoppierten wir wie die Wilden einen Waldweg entlang. Ein klitzekleiner Stichweg blieb meinen Augen verborgen. Den

Blick stur geradeaus gerichtet, heizte ich mit meinem Indianerpony den Weg entlang und fühlte mich wie Kara Ben Nemsi auf seinem Rih. Wenn er »Rih« in das Ohr seines Pferdes flüsterte, dann preschte der Gaul los.

DAS musste ich ausprobieren!

»Max« flüsterte ich in das Ohr des Ponys. Plötzlich war Max unter mir verschwunden. Eine solche Szene gab es bei Karl May nicht, das wusste ich genau. Noch während meiner Flugphase realisierte ich, dass Max sich für den kleinen Stichweg entschieden und in einer rasanten Rechtskurve instinktiv den Weg zurück zum heimatlichen Stall eingeschlagen hatte. Ich krachte mit meinem Oberarm auf einen Baumstamm und blieb für Sekunden regungslos liegen. »Schöner Mist«, dachte ich. »Jetzt liegst du hier mitten im Wald, und das blöde Vieh ist auf dem Weg nach Hause.«

Ich traute meinen Ohren nicht, als es im Unterholz knirschte und knackte und Max hervorgetrabt kam. Langsam schritt er auf mich zu und schaute mich völlig erstaunt an. »Du hier auf dem Boden und nicht auf meinem Rücken?«, schien er zu fragen.

Ich rappelte mich hoch, um wieder auf mein Mäxchen zu krabbeln, und versuchte den linken Arm in Richtung Mähne anzuheben. Komischerweise hob sich mein Arm jedoch nicht. Schlaff hing er an meinem Körper herunter, und ich wurde wütend. »Das Pony gehorcht, und jetzt will dieser blöde Arm nicht«, fluchte ich vor mich hin. Ich schob Max neben einen Baumstamm und wurschtelte mich mit meinem rechten gesunden Arm auf den Rücken. Im Zockelschritt ging es zurück zum Stall.

Der Bauer war entsetzt, als er meinen Arm sah. Ich beruhigte ihn. »Bestimmt ist nur die Schulter ausgerenkt. Ich fahr gleich beim Arzt vorbei, und morgen bin ich wieder da. Tschüss!« Danach radelte ich die knapp zehn Kilometer zurück zur Stadt.

Langsam wurde der Schmerz in meinem Arm unerträglich. Es war brüllend heiß, und mein Fahrrad verfügte über keine Gangschaltung. Da war das Reiten angenehmer, und belustigt stellte ich mir vor, wie ich mit Max durch den Straßenverkehr der Stadt bis zur Arztpraxis traben würde. Ich parkte meinen Drahtesel vor der Praxis des Unfallchirurgen, der schon mein Handgelenk vor zwei Wochen eingegipst hatte. Den fragenden Blick der Arzthelferin quittierte ich mit demonstrativem Schlenkern meines linken Arms. »Ich wollte nur fragen, ob Sie mir den Arm wieder einrenken können. Ich bin mal wieder von Max geflogen«, sagte ich betont lässig.

Eine Stunde später saßen drei Arzthelferinnen und der Doktor vor mir und wickelten mit eingeweichten Gipsstreifen akribisch meinen Oberkörper ein. Das Röntgenbild hatte einen glatten Durchbruch des Oberarms zu Tage befördert. Der Arzt war völlig sprachlos und konnte kaum glauben, dass ich zartes Mädchen nach diesem Bruch zum Stall zurückgeritten und anschließend den weiten Weg vom Dorf in die Stadt mit dem Fahrrad gefahren war.

Ich musste den linken Arm wie Napoleon vor dem Oberkörper kreuzen, damit der Oberarm in einer geraden Stellung fixiert werden konnte. Dann wurde ich mit reichlich Schwefelpulver eingestäubt, und das Eingipsen konnte beginnen. Als die vier ihr Werk beendet hatten, wurde mir bewusst, wie peinlich ich aussah: Damals gab es die Ninjaturtles noch nicht, aber ich war ihr Vorreiter! Vom Hals bis zum Bauchnabel war ich rundherum in einen dicken weißen Panzer gehüllt, und ich fühlte mich wie in einer Ritterrüstung. Bei herrlichstem Sommerwetter hatte ich den Eindruck, dass man mir in der Praxis wohl zusätzlich noch Heizkissen eingearbeitet haben musste. Es war entsetzlich.

Ich stieg wieder auf mein Fahrrad und radelte nach Hause. Meine Mutter erlitt einen mittelschweren Tobsuchtsanfall, und selbst ich konnte dieses Mal verstehen, dass sie den Namen »Max« und den Begriff »Reiten« nie wieder hören wollte. Trotzdem war ich wütend auf meine Mutter, weil die ganze Sache mit Max aus

Verzweiflung entstanden war. Wäre es nach mir gegangen, dann hätte ich den Reitstall Körber niemals verlassen, und mein Hobby Reiten wäre wesentlich kultivierter abgelaufen. Meine Mutter interessierten jedoch meine sportlichen Neigungen nicht. Das war mir schon klar geworden, als mein Schwimmtrainer sie darauf angesprochen hatte, mich in der Leistungsriege aufzunehmen. Ich war ehrgeizig und fleißig, und er sah eine Chance, bei intensiverem Training eine gute Wettkampfschwimmerin aus mir zu machen. Weil Dana auch in dieser Riege war und im Herbst zu einem Trainingslager ins Ausland durfte, wollte ich natürlich diese Gelegenheit nicht versäumen. Meine Mutter zeigte meinem Trainer als Antwort auf seine Frage charmant einen Vogel, und Dana gewann im Winter die Europameisterschaften in Luxemburg. Wer weiß, ob ich jemals so weit gekommen wäre? Aber zumindest hätte ich es gern ausprobiert ... Und noch viel lieber wäre ich im Reitsport unterstützt worden. Wenn man einer solchen Passion auch noch später im Erwachsenenalter frönen kann, dann bedeutet das stets einen Lichtblick im Alltag. Und mag der Job noch so stressig und die Partnerschaft noch so frustrierend sein: Durch ein Hobby verschafft man sich immer eine kleine Portion Lebensglück, die einem Kraft zum Weitermachen gibt. Von solchen Lebensweisheiten war meine Mutter jedoch weit entfernt ...

Zwei Wochen später fuhr ich gemeinsam mit Arndt und Anka zu einer Jugendfreizeit der evangelischen Kirche nach Domburg in Holland. Einige Monate zuvor hatte eine Freundin meiner Mutter, die als Sozialarbeiterin für die evangelische Kirche arbeitete, ihr diesen Urlaub nahegelegt, und in einer Art geistiger Umnachtung hatte meine Mutter das Anmeldeformular unterschrieben. Ich wiederum hatte Anka davon erzählt. Ihre Mutter meldete sie dann auch an, und meine Mutter wiederum hatte Uta vorgeschlagen, Arndt mitzuschicken. Vielleicht wollten alle drei Mütter damals endlich einmal drei Wochen der Sommerferien ohne uns genießen. Wir drei waren jedenfalls völlig begeistert, und für mich sollte es der erste und letzte unbeschwerte Urlaub vor meiner Volljährigkeit sein.

Anka und ich interessierten uns bereits für Jungs, und die mitgereisten Erzieher machten allesamt einen lockeren Eindruck. Als Anka und ich beim Rauchen einer Zigarette am zweiten Tag der Freizeit ein ganzes Weizenfeld abfackelten und mehrere Löschzüge der holländischen Feuerwehr anrücken mussten, um diesen Großbrand unter Kontrolle zu bekommen, waren die Erzieher gar nicht mehr so locker! Gerettet hat uns damals nur, dass wir eisern schwiegen und die völlig Erstaunten mimten. »Nein!«, riefen wir empört. Weder rauchten wir, noch wären wir so unvernünftig, eine brennende Zigarette in ein staubtrockenes Getreidefeld zu werfen. Genau genommen hatten wir das ja auch nicht. Um beim Rauchen nicht erwischt zu werden, hatten wir uns mitten in eine der aufgeschichteten Garben gehockt und waren schleunigst abgehauen, als diese dann über unseren Köpfen zu lodern begann.

In der ersten Woche verliebte ich mich in Manni. Manni hieß eigentlich Manfred und kam aus Hagen. Wenn ich mir heute das Bild von Manni ins Gedächtnis zurückrufe, dann muss ich lachend den Kopf schütteln. Manni hatte dünne, strähnige schulterlange Haare und war ein massiger, stämmiger Junge, der für seine vierzehn Jahre viel zu weit entwickelt war. Den Stimmbruch hatte er längst hinter sich, und er rauchte wie ein Schlot, was wir Mädels natürlich endcool fanden. Er spielte ausgezeichnet Tischtennis, und wir fighteten ein Match nach dem anderen aus.

Ich war mächtig stolz, dass ich mit meinem Gipspanzer die Aufmerksamkeit eines Jungen auf mich gezogen hatte, und knutschte das erste Mal so richtig. »So richtig« hieß bei uns »mit Zungenschlag«, und ich weiß noch genau, dass Manni zwar alles andere als attraktiv aussah, aber vorzüglich küssen konnte.

Eines Abends besuchte ich ihn heimlich im Jungenzimmer, und wir knutschten wie die Besessenen in seinem Bett. Ob nun mit oder ohne Gipspanzer ... »obenrum« zu fummeln gab es bei mir ohnehin nichts. Ich war flach wie ein Brett, hatte noch einige wenige Milchzähne, und meine Menstruation sollte noch weitere drei Jahre auf sich warten lassen. Egal. Mit Manni regte sich auch zum ersten Mal so etwas wie Lust in mir. Irgendwann führte Manni dann meine Hand weiter nach unten, und ich berührte seinen harten Penis. Das war jedoch zu viel für mich, und tatsächlich hatte ich Angst bekommen. Ich stürzte aus seinem Bett und lief zurück in unser Mädchenzimmer. In mein Tagebuch habe ich damals geschrieben, dass ich »es mir nicht verzeihen könne, Manni an seinem Penis berührt zu haben«. Er war mir da doch ein wenig zu forsch gewesen ... Fortan war Manni Luft für mich, und ich sprach beleidigt kein Wort mehr mit ihm.

Umso erstaunter war ich dann, als ich Anka eines Tages mit Manni knutschend im Tischtennisraum antraf. Unglaublich! Kaum hatte ich Schluss gemacht mit ihm, warf sich Anka diesem Lüstling an den Hals. Anka und ich stritten uns wie zickige Weiber, und ich prophezeite Anka den moralischen Verfall, würde sie mit diesem Wüstling zusammenbleiben. Anka gab nichts auf meine Prophezeiungen und genoss ihre erste Verliebtheit, so wie es sich auch gehörte. Als ich in der zweiten Woche dann Ralf kennen lernte, vertrugen wir uns natürlich wieder. Ralf war das krasse Gegenteil von Manni. Dünn und schmächtig war er und total schüchtern. Ich genoss die restliche Freizeit in seinen Armen und hatte die sichere Gewissheit, dass Ralf niemals meine Grenzen überschreiten würde. Er war ein richtig netter Junge und ungemein zärtlich. Ich hatte für meine damaligen Bedürfnisse die optimale Wahl getroffen. Nach der Jugendfreizeit haben wir uns noch einige Briefchen geschrieben, und dann plätscherte diese Sommerbekanntschaft langsam, aber sicher aus.

In der letzten Woche durften die Erzieher dann endlich meinen Gips abmachen. Mit viel Mühe versuchten sie den harten Panzer mit einer Schere aufzuschneiden. Unglaubliche Wolken des Gestanks umhüllten die Erzieher und mich. Ich versank im Boden vor Scham. Vier Wochen war mein gesamter Oberkörper hermetisch von der Luft und vom Wasser abgeriegelt worden, und diese Mischung zusammen mit dem pfundweise auf mich verstreuten Schwefelpulver stank bestialisch. Anka schrie hysterisch: »Ich kotz gleich!«, und rannte theatralisch aus dem Zimmer. Blöde Kuh, dachte ich nur und ärgerte mich über ihre Illoyalität. Als die Erzieher dann endlich dieses Ding durchgeschnitten hatten und von beiden Seiten an den Gipsplatten zogen, entfaltete sich der Geruch endgültig und mit aller Macht. Es war, als hätte man literweise den Inhalt tausender Stinkbomben auf uns herabgeschmissen, und einer der Erzieher entschuldigte sich noch bei mir, bevor er sich dann aus dem weit geöffneten Fenster heraus erbrach. So schnell wie ich konnte flitzte ich zum Badezimmer und stürzte mich unter die Dusche. Ich musste feststellen, dass mein linker Arm dünn wie eine Spaghetti-Nudel war und der Bruch offensichtlich gar nicht verheilt war. Ich konnte den Arm immer noch nicht bewegen. Betroffen cremte ich meine schrumpelige Haut so gut es ging ein. Mein rechter Arm war straff und schokoladenbraun; der Oberkörper mit dem linken Arm war hellgrau und völlig eingefallen. Ein T-Shirt verschaffte optische Linderung, und zumindest stank ich jetzt nicht mehr. Sicherheitshalber hatte ich mich mit My Melody einparfümiert. Die Erzieher saßen beim Kaffee zusammen in der Küche, und ihr Gespräch verstummte, als ich eintrat. Bestimmt hatten sie sich gerade über dieses außergewöhnliche »sinnliche Erlebnis« ausgelassen, und ganz sicher tat ich ihnen auch leid. Freundlich und fröhlich schauten sie mich an. Als ich erzählte, dass der Bruch gar nicht verheilt sei, beruhigten sie mich.

»Das braucht Zeit, Christine. Die Muskeln sind ja komplett abgebaut, und der Arm muss erst mal trainiert werden, damit er wieder zu Kräften kommt.«

Das leuchtete mir ein.

Als wir nachmittags eine Fahrradtour zum Strand unternahmen, mieteten die Erzieher extra ein Tandem, damit ich hinten mitfahren konnte. Ich fand sie alle unheimlich nett. Sie waren witzig, offen und tolerant, stets um uns bemüht und voller Ideen. Ich schätze ihr Alter aus heutiger Sicht betrachtet auf ungefähr Mitte bis Ende zwanzig. Sie leisteten eine fantastische Arbeit und ließen uns Kids so viel Freiheit wie möglich. Wenn die Erzieher eingreifen mussten, dann taten sie dies immer mit Respekt und großer partnerschaftlicher Verbundenheit.

Am Strand angekommen, bauten wir die Windschutzmatten auf und drapierten unsere Handtücher auf dem Sand. Aus den Kühltaschen wanderten die Sprudelflaschen von Mund zu Mund, und Obstsalate und Kuchen machten die Runde. Anschließend liefen wir schreiend und johlend ins Meer. Kaum war ich im Wasser angekommen, erfasste eine Welle meinen linken Arm und riss ihn nach hinten. Ein heftiger Schmerz durchzog meine Schulter. Ich hatte nicht daran gedacht, dass mein geschwächter Arm keiner Welle standhalten konnte, und ging mit schmerzverzerrtem Gesicht an den Strand zurück. Hoffentlich war meinem Arm nichts Schlimmes passiert! Zwei Erzieherinnen massierten vorsichtig die Schulter, und glücklicherweise waren die Schmerzen bald verschwunden. Ich hatte ein Riesenglück gehabt und versprach meinem Arm, die nächsten Tage pfleglicher mit ihm umzugehen.

Als wir eine Woche später nach insgesamt drei Wochen zurück nach Hause fuhren, war von meinem dünnen Ärmchen nichts mehr zu sehen. Ich war knackig braun und strotzte nur so vor Gesundheit und Lebenslust. Wir hatten uns wunderbar erholt, und insbesondere Arndt und ich hatten die Wochen der Unbeschwertheit genießen können. Im Gegensatz zu Ankas Laune verschlechterte sich unsere Laune mit jedem Kilometer, den wir unserer Heimatstadt näher kamen. Ein Gefühl von Heimweh war uns vollkommen fremd. Die unerschütterliche Liebe zu meinen Eltern, das bedingungslose Vertrauen und die innere, tiefe Verbundenheit waren nachhaltig aus mir herausgeprügelt worden. Mit dem Monat September verabschiedete sich der Sommer und mit ihm eine relativ unbeschwerte, aber auch kurze Zeit.

Ende September stand Jürgen eines Abends mit gepackten Koffern vor unserer Wohnungstür. Margot hatte ihn rausgeschmissen. Beim ersten gemeinsamen Frühstück am nächsten Morgen betonte Jürgen immer wieder, dass er keine Umstände machen wolle und wir, also meine Mutter und ich, unser Leben so weiterführen sollten, wie wir das bislang getan hätten. Auf der einen Seite freute ich mich, dass wir nun auf dem besten Wege waren, eine richtige Familie zu werden. Jürgen war mir sympathisch, und wenn er mit meiner Mutter zusammen war, hielten sich ihre Hasstiraden auf mich in Grenzen. Ich hatte das Gefühl, dass er beruhigend auf sie einwirkte, und sah seine Anwesenheit als große Chance, das angespannte Verhältnis zwischen mir und meiner Mutter wieder zu kitten. Andererseits war Jürgen noch nicht ganz eingezogen und hielt nun, keine vierundzwanzig Stunden später, einen Monolog, der mir und meiner Mutter verdeutlichte, dass er weit davon entfernt war, ein gemeinsames Familienleben mit uns zu führen. Wenn wir keine Verpflichtungen ihm gegenüber eingehen sollten, dann konnte es mit seinen Verpflichtungen auch nicht weit her sein, dachte ich so im Stillen. Meiner Mutter schien diese Widersprüchlichkeit überhaupt nicht aufzufallen. Sie strahlte ihren Jürgen verklärt an, und Themen wie »Wann kommst du denn zum Mittagessen?« oder »Soll ich dir zum Kaffee Plätzchen besorgen?« lagen ihr deutlich mehr am Herzen.

Als ich nach der Schule nach Hause kam, rotierte meine Mutter bereits hektisch in der Küche.

»Lauf schnell zum Lädchen, und hol die Plätzchen mit den Schokostückchen drin«, keifte sie mir entgegen, noch bevor ich die Wohnungstür geschlossen hatte.

Kaum zurück ertönte ihre Stimme: »Los! Räum den Frühstückstisch ab! Und dann kannst du auch gleich den Tisch fürs Mittagessen decken! Da drüben habe ich Servietten hingelegt!«

SERVIETTEN? Noch nie gab es in unserem Haushalt etwas so Vornehmes wie Servietten! Ich dachte an den Rosenmontagszug, den ich mir mit Dana in Köln angeschaut hatte: Alle Narren und Jecken gerieten auf einmal in Aufruhr, und plötzlich löste sich die Anspannung, und die Menschen riefen: »Alaaf! De Prinz kütt!« Vielleicht würden auch wir gleich beim Erscheinen von Jürgen Kamelle werfen und Strüssje durch die Luft schleudern …

Ich tat, wie mir befohlen. Irgendwie war es auch rührend, wie meine Mutter sich ungeschickt und völlig planlos bemühte, ihrem Jürgen die perfekte Hausfrau vorzuspielen. Von »Ich möchte euch keine Umstände bereiten« war nichts mehr übrig geblieben. »Sie wird sich schon wieder beruhigen«, dachte ich bei mir und bemühte mich, den Tisch so schön wie möglich zu decken, um Streitereien von vornherein aus dem Weg zu gehen. Wenn meine Mutter derart hektisch war, dann konnte sie die kleinste Kleinigkeit zum Explodieren bringen. Der Tisch war gedeckt, und die Bratwürstchen brutzelten in der Pfanne, als sich im Gesicht meiner Mutter ein neues Drama abzuzeichnen schien.

»Christine! Lauf noch mal ins Lädchen! Ich habe den Nachtisch vergessen!«

Ich dackelte ein zweites Mal los und brachte drei Dany+Sahne-Töpfchen mit.

»Ach, übrigens«, sagte meine Mutter, als ich zur Tür hereinkam, »bevor Jürgen kommt, möchte ich, dass du schon mal staubsaugst!«

Na klar. Der rote Teppich war's zwar nicht, den wir zu bieten hatten, aber auch auf lindgrünem Teppichboden sahen Brötchenkrümel blöd aus, und was um Gottes willen sollte Jürgen bloß denken, wenn der Boden nicht gesaugt war? Ich schüttelte unmerklich den Kopf. So langsam, aber sicher hatte ich die Nase voll von diesem »Jürgen-Gehampel«, und ich wollte nur noch meine Ruhe haben. Ich saugte die Wohnung, stellte den Staubsauger zurück und verzog mich in mein Zimmer. Es war mittlerweile halb drei, und um vier war ich mit den Mädels in der Eisdiele verabredet.

»Christine!«, gellte es durch die Räume. »Verdammt noch mal, was machst du da eigentlich?«, schrie meine Mutter von Weitem.

Ich verstand die Welt nicht mehr. Ich saß an meinem Schreibtisch, packte gerade meine Schultasche aus und überlegte verzweifelt, wie ich binnen einer Stunde das Englischreferat hinbekommen sollte.

»Und lass deine Tür gefälligst auf, oder hast du etwas zu verbergen?«, schrie sie und riss gleichzeitig die Kinderzimmertür heftig auf.

Alarmstufe ROT war angesagt. Alles in mir war auf der Hut.

»Ich reiß mir hier den Arsch auf, und du hockst in deinem Zimmer. Tickst du noch ganz richtig?«

Ich dachte schon, aber offensichtlich war etwas Gravierendes mit mir nicht in Ordnung.

»Los! Das Bad muss noch geputzt werden, und vergiss nicht, auch unter der Lokusbrille zu putzen!«

Während ich die Urinspritzer von Jürgen unter der Brille wegwischte, kochte die Wut in mir hoch. Ich putzte und schrubbte und ließ den Zorn an den Kalkflecken auf den Armaturen aus. Meine Seele rebellierte. Konnte ich mich gerade noch damit abfinden, dass ums Jückele binnen zwei Stunden mehr Gehabe gemacht wurde als um mich während meiner gesamten zwölfjährigen Existenz, dann war das Gefühl, die Putzfrau der Nation zu sein, schier unerträglich für mich.

Jürgen kam um halb vier und entschuldigte sich überschwänglich für seine Verspätung. Er habe noch Termine gehabt und hätte noch schnell nach Bergkamen gemusst.

»Ach Jürgen«, sülzte meine völlig entspannt wirkende Mutter, »das ist doch überhaupt kein Problem. Setz dich erst mal, damit du zur Ruhe kommst.«

Ich hielt den Zeitpunkt für geeignet, mich diskret zu verabschieden und schleunigst aus dem Staub zu machen. »Ich bin mit Dana und Gitta im Dolomiti verabredet. Ich muss los. Bis später dann«, sagte ich betont fröhlich.

Jürgen und meine Mutter starrten mich entgeistert an.

»Aber Christine«, säuselte Jürgen, »du hast doch noch gar nichts gegessen. Lass uns doch wenigstens gemeinsam zu Mittag essen. Deine Mami hat sich doch solche Mühe gemacht!«

MAMI? Ich hatte keine »Mami«, und mir war der Appetit wahrlich vergangen. Ich war verabredet, verdammt noch mal, und Jürgen war gerade in Begriff, meinen Tag völlig zu ruinieren. »Ich bin verabredet«, brach es in vorwurfsvollem Ton aus mir heraus.

Jürgen sah mich erschüttert an, und meine Mutter warf mir böse Blicke zu.

»Ich glaube«, fuhr Jürgen fort, »wir müssen uns mal unterhalten.«

In mir tobte ein gewaltiger Sturm. Wenn mein Vater auf mich eindrosch, dann wusste ich wenigstens, dass irgendwann der Zeitpunkt gekommen war, wo es hieß: Ende der Vorstellung. Jetzt, so spürte ich, war es eine Never-Ending-Story geworden. Ich setzte mich wütend an den Tisch.

Jürgen erzählte mit übertrieben besorgter Stimme, dass er Gitta heute morgen gesehen habe und wirklich entsetzt gewesen sei, wie schlampig sie ausgesehen habe. Den Blick auf den

Boden gerichtet, sei sie zur Schule geschlichen, und er sei der festen Überzeugung, dass Gitta Drogen nehmen würde. Überhaupt sei der Umgang mit diesem Mädchen nicht gut für mich. Fortan nannte er Gitta nur noch »die Hasch-Gitta«, und Jürgen ließ auch in Zukunft keine Gelegenheit aus, sämtliche Freundinnen von mir in den Dreck zu ziehen. Meiner Mutter hielt Jürgen dann eine Predigt: Es würde Zeit, so sinnierte er, dass sie sich endlich um mich kümmern solle, sonst sei der Weg ins sichere Verderben vorprogrammiert. Und bestimmt fände auch ich es toll, wenn Mami mich sinnvoll beschäftigen würde. Dieses Rumgehänge in der Stadt würde doch ohnehin nur dazu führen, dass wir »den Jungs auf die Hose schauten«, und diese Kerle seien doch alle vom selben Schlag und warteten nur darauf, eine von uns zu »knallen«.

Mir wurde speiübel.

Meine Mutter nickte beifällig. »Hol den Nachtisch, Christine, und nimm auf dem Weg gleich unsere Teller mit in die Küche«, sagte sie betont freundlich.

Als ich die Dany+Sahne-Pöttchen auf den Tisch stellte, verzog Jürgen das Gesicht. »Gundis«, fing er an, »Gundis, es tut mir schrecklich leid, aber ich mag keine Fertigpuddings. Meine Mutter macht immer Pudding, der gekocht wird, weißt du, dieser Pudding, der hinterher eine so schöne Haut obendrauf hat.«

Meine Mutter schien vor Scham im Boden zu versinken.

Mir wurde schon wieder übel.

Schon als Kind hasste ich es, wenn meine Mutter es nicht fertigbrachte, eine heiße Schokolade zuzubereiten, OHNE dass diese widerliche Haut obendrauf war. Und jetzt würden wir in Zukunft wohl täglich den Jückele-Pudding kochen …

»Machst du morgen wieder das Frühstück?«, fragte Jürgen mit tiefer, ruhiger Stimme und riss mich aus meinen Schoko-Haut-Erinnerungen. »Wenn ja, würdest du mir einen Riesengefallen tun, wenn du mir ein Ei kochen könntest. Genau drei

Minuten lang, damit das Ei nicht fest wird, ja? Ich verlasse mich da auf dich. Du bist ja ein cleveres Mädchen, stimmt's?«

Mir reichte es endgültig. Ich hatte wirklich genug gehört. Es war mittlerweile halb fünf, und wenn ich mich beeilen würde, dann erwischte ich die Mädels vielleicht noch im Dolomiti.

»Ne, ne, ne, ne, ne«, rief meine Mutter, »wo willst du denn jetzt hin? Wir müssen noch einkaufen, Jürgens Hose in die Reinigung bringen, die Küche muss noch aufgeräumt werden, und außerdem wollte ich mit dir noch zum Herrenausstatter, weil Jürgen neue Pullover braucht.« Mit diesen Worten drückte sie mir die gebrauchten Servietten in die Hand, schob mich in die Küche und schloss mit dem Hinweis »Jürgen legt sich 'ne halbe Stunde hin. Sei bitte leise« die Küchentür.

Ich starrte aus dem Küchenfenster direkt auf Jürgens Versandabteilung, und in mir entwickelte sich das brennende Bedürfnis, einen Molotow-Cocktail direkt in diese blöde Firma zu werfen. Tränen liefen mir über die Wangen, und wie in Trance begann ich, die Pfannen und Töpfe zu spülen, das Geschirr in die Maschine zu stellen und den Herd und die Anrichte zu säubern. Ich schaute auf die Uhr. Fünf Uhr. Dana, Gitta, Anka und Carla saßen jetzt sicherlich im Eiscafé und hatten wie immer einen Riesenspaß miteinander. »Hasch-Gitta« … Was bildete sich dieser Fatzke eigentlich ein?

Meine Mutter steckte den Kopf zur Tür herein. »Ach, und koch doch bitte schon mal den Kaffee. Die Plätzchen kannst du auf einen Teller legen, das sieht schöner aus.«

Auch diesen Auftrag erledigte ich. Ich betete innerlich, dass dieser Albtraum bald beendet sein würde.

Ich ging leise in mein Zimmer und setzte mich an meinen Schreibtisch. Zu diesem Englischreferat hatte ich absolut keinen Nerv mehr. Ich kramte mein Tagebuch hervor und schrieb mir den Frust von der Seele. Mit einem Ohr horchte ich angespannt zum Flur. Bestimmt würde Jürgen gleich aufwachen, und bestimmt hatte diese Reise ins Nirwana noch kein Ende gefunden. Und richtig. Punkt halb sechs hörte ich Jürgens dunkle Stimme. Dreiundzwanzig Sekunden später stand er schon an der Wohnungstür und balsamierte meine Mutter verbal ein.

»Es ist schon so spät, Gundis, ich muss los. Und mach dich nicht so verrückt. Ich will dir keine Umstände bereiten. Tschüss Christine! Bis später!« Und weg war er.

Ich spürte das gleiche Gefühl der Erleichterung wie damals, wenn mein Vater sich die Schuhe polierte und die Haustür ins Schloss fiel.

»Beeil dich«, gellte der Ruf meiner Mutter in meine Richtung. »Du kannst den Kaffee wegschütten, und pack die Plätzchen vernünftig ein, sonst werden sie trocken.«

Ich funktionierte kommentarlos, kippte den Kaffee weg, spülte die Kanne aus, räumte den Filterbeutel aus der Maschine und verpackte die Plätzchen in ihrer alten Verpackung, die ich heimlich wieder aus dem Müll gefischt hatte. Hoffentlich war die Packung verseucht mit Milliarden von Bakterien, dachte ich bei mir.

Meine Mutter und ich düsten in die Stadt und eilten zum Herrenausstatter. »Du musst dann morgen einkaufen, das schaffen wir heute nicht mehr«, meinte meine Mutter lapidar. Von sechs bis halb sieben stand ich beim Herrenausstatter im Geschäft und beobachtete, wie meine Mutter völlig verzückt Pullover für Pullover in die Hände nahm, sorgfältig prüfte, ob sie auch weich genug waren, und ich beantwortete alle zweieinhalb Minuten die Frage »Wie findste den hier?« mit einem gleichgültigen »Auch schön«. Direkt gegenüber von diesem Geschäft war Hilde Schönbom, und ich träumte von den schönen Momenten, in denen ich mit Oma in diesem Wäschegeschäft stand, mir die Farbe meiner neuen Strumpfhose aussuchen durfte und die Verkäuferin dann den von mir sehnsüchtig erwarteten Griff unter die Ladentheke machte, um die kleine Ergee-Gummi-Ente hervorzuzaubern. Oma schaute sich bei diesen Gelegenheiten auch gern bei der

Kinder-Unterwäsche um, und ich sah es ihr förmlich an, dass sie die sündhaft teuren Schiesser-Kombinationen gern für mich gekauft hätte. »Ach Oma«, seufzte ich leise vor mich hin, »ich hab dich so schrecklich lieb. Du fehlst mir!« Ich beschloss, gleich morgen die letzte Stunde Englisch zu schwänzen und stattdessen lieber bei Oma am Küchentisch zu sitzen und ihr mein Herz auszuschütten. Ich würde ganz einfach die Unterschrift meiner Mutter nachmachen, und vielleicht würde Frau Bergmann auch vergessen, dass ich eigentlich mit meinem Referat an der Reihe war. Ich schöpfte wieder Mut. Genau so würde ich es morgen machen.

»Bitte packen Sie ALLE Pullover ein. Ich nehme sie zur Auswahl mit und komme dann morgen wieder!« Der geschniegelte Verkäufer packte beflissentlich die zwölf Pullover in große Tüten, notierte den Namen meiner Mutter, und als er hörte, dass die Ware für ihren Freund Jürgen Karnasch sei, näselte er entrüstet: »Aber Gnädigste! Warum haben Sie denn nicht gleich gesagt, dass die Pullover für Herrn Karnasch sind? Da brauche ich mir doch keinen Namen aufzuschreiben. Bestellen Sie ihm unseren herzlichsten Gruß, ja?«

Um fünf vor sieben, als alle anderen Geschäfte schon längst geschlossen hatten, stiefelten wir mit den Riesentüten zurück zum Auto. Zu Hause entdeckte ich dann, dass keiner dieser Pullover unter hundertfünfzig Mark kostete und sie von Marken wie Lacoste, Boss oder Aigner waren. Meine Ergee-Strumpfhosen kosteten damals stolze acht Mark, und schnell hatte ich ausgerechnet, dass ein einziger dieser Pullover den Gegenwert von siebzehneinhalb Strumpfhosen hatte. Ich staunte nicht schlecht über meine Entdeckung. Oma sparte sich alles vom Munde ab, weil ich unbedingt eine Wrangler haben wollte, die schlappe neununddreißig Mark kosten sollte. Ein Pullover gleich dreieinhalb Jeans … Auch das, so beschloss ich, würde ich Oma morgen erzählen.

Als ich am Ende dieses unglaublich mies gelaufenen Tages in meinem Bett lag, fühlte ich mich hundeelend. Ich hatte so sehr gehofft, dass sich mein Leben zum Guten wenden würde, und ich hatte beim besten Willen keine Lösung für mein sich abzeichnendes Problem parat. Wenn schon dieser erste Tag mit unserem neuen Mitbewohner Jürgen Karnasch ein solches Desaster war, was würde mich dann erst in Zukunft erwarten?

Auch Oma wusste sich, als ich am nächsten Mittag an ihrem Küchentisch saß, keinen Rat. »Kind«, seufzte sie schwer, »deine Mutter beruhigt sich hoffentlich bald wieder. Und diesem Jürgen kann das doch so auch nicht recht sein.«

Es tat so gut, bei Oma zu sitzen und einfach nichts tun zu müssen. Schweren Herzens machte ich mich auf den Weg zur Südstraße. Ich sah noch einmal die ungläubigen Gesichter meiner Freundinnen vor mir. Die Mädels hatten in der Pause auf dem Schulhof den Mund nicht mehr zugekriegt. Sie starrten mich bei meinen Erzählungen an, als sei ich von einem anderen Stern. Gitta fragte mich entgeistert: »Und das hast du alles mitgemacht?«

»Was soll ich denn sonst machen?«, hatte ich weinerlich geantwortet.

»Ich würde einfach streiken und mich weigern, das Hausmädchen zu spielen«, riet mir Dana, und Anka fügte hinzu: »Meine Mutter hat eine Putzfrau, die hat nämlich selber auch keine Lust, den ganzen Tag das Haus zu schrubben!«

Der Mädchenrat hatte beschlossen, es mit einer glatten Arbeitsverweigerung zu versuchen, um dann irgendwie einen Kompromiss herauszuhandeln. Unsere Logik war einfach: Würde ich fortan keinen einzigen Finger mehr krumm machen, würde meine Mutter sicherlich schnell begreifen, dass sie auf meine Hilfe angewiesen sei, und sich dann ganz bestimmt auf einen Deal einlassen. Mein Ziel sollte sein, bestimmte festgeschriebene Aufgaben zu übernehmen und dafür ein bestimmtes

Freizeitkontingent zur Verfügung zu haben. Hörte sich alles ziemlich einfach an. Ich musste es nur noch in die Praxis umsetzen …

Ich fasste meinen ganzen Mut zusammen, steckte den Schlüssel ins Schloss und öffnete die Wohnungstür. Tag zwei würde nun anders laufen. Meine Mutter saß auf dem Sofa und strickte an einem gelben Angorapulli. Der Frühstückstisch war noch nicht abgeräumt, und Eigelbreste von Jürgens matschigem Frühstücksei klebten an seinem Teller und seiner Kaffeetasse.

»Mach voran«, raunzte mich meine Mutter zur Begrüßung an. »Jürgen ist in einer Stunde zum Mittagessen hier!«

Ich warf meine Schultasche auf mein Bett und machte mich daran, den Tisch abzuräumen. Vielleicht war ja der gestrige Tag nur ein anfänglicher Ausrutscher gewesen, und ich beschloss, erst einmal nichts zu sagen und abzuwarten. Nachdem ich fertig war, deckte ich den Tisch fürs Mittagessen. Gleichzeitig versorgte ich den Mülleimer mit einem frischen Müllbeutel, brachte den vollen zur Mülltonne und bereitete die Kaffeemaschine vor, sodass man später nur noch auf den Knopf zu drücken brauchte. Ich legte einen kleinen Teller bereit und die Plätzchenpackung direkt daneben. Mein Blick wanderte durch die Räume. Alles schien bestens zu sein. Ich verzog mich in mein Zimmer und packte meine Schulsachen auf den Schreibtisch. Nichts könnte doch normaler sein, als bis zum Mittagessen mit den Schulaufgaben zu beginnen. Anka machte das so, Carla machte das so, Dana machte das so, und Gitta machte das auch so. Warum also nicht auch ich, Christine Al-Farziz?

»Christine!«, ertönte es aus dem Wohnzimmer. »Christine, verdammt noch mal!«

»Jaaaa!«, rief ich entnervt zurück.

»Ja sag mal, hast du sie noch alle? Komm gefälligst ins Wohnzimmer, wenn ich mit dir reden will!«, brüllte meine Mutter gereizt.

Ich ging ins Wohnzimmer und hörte mir an, wie meine Mutter sich meinen heutigen Marschplan vorstellte. Ich war der kleine Schütze, und sie kommandierte mich herum wie ein Generalstabsoffizier. Ich würde also zunächst das Gulasch anbraten, das meine Mutter auf dem Heimweg von der Schule beim Metzger gekauft hatte. Zu würzen hatte ich das Fleisch mit Salz, Pfeffer und Paprika, und anzubraten hatte ich das Ganze in einem Topf, nicht in der Pfanne. Dann möglichst viele Zwiebeln hinzutun, den Speck würfeln und die Kartoffeln schälen. Im Lädchen sollte ich dann ein Päckchen Pudding zum Kochen besorgen und einen Kopfsalat. Und bitte schnell, ich hätte nur noch vierzig Minuten Zeit. Wenn Jürgen dann seine Ruhe bräuchte, könnte ich mit dem Fahrrad zum Supermarkt fahren und die Einkäufe erledigen. Der Zettel und das Geld lägen auf dem Wohnzimmertisch schon bereit. Auf dem Hinweg müsste ich dann die Hose von Jürgen zur Reinigung bringen und, ach ja, da drüben sei der Abholzettel für die andere Hose, die bei der Schneiderin wäre. Im Übrigen sähen die Fenster katastrophal aus und müssten dringend mal wieder geputzt werden. Jürgen hätte das auch schon bemerkt. Und ob mir noch nicht aufgefallen sei, dass auf dem schönen lindgrünen Teppichboden im Esstischbereich überall Flecken zu sehen seien. Das sei ja ekelig, und am besten bekäme ich diese Flecken mit einem Schwamm und Rei-in-der-Tube wieder raus. Außerdem sei es nun an der Zeit, dass ich mich um meine Wäsche alleine kümmern solle, alt genug wäre ich ja jetzt. Ich solle aber auch höllisch aufpassen, dass keine Buntsachen in der Weißwäsche seien. Wie die Waschmaschine funktioniere, wüsste ich ja bereits. Und ich möge doch bitte an das Bad denken, das sei jetzt jeden Tag an der Reihe, weil wir ja nun zu dritt seien.

Ich schluckte. Mir kam das alles ungeheuerlich viel vor, und ich fragte mich, ob meine Mutter diese Aufzählungen für den heutigen Tag wirklich ernst meinen konnte.

»Und was machst du?«, fragte ich schnippisch.

Meine Mutter legte ihr Strickzeug auf das Sofa, erhob sich und baute sich drohend vor mir auf. Giftig und mit Verachtung in den Augen schaute sie mich an.

»Ich habe mit DIR wahrlich genug zu tun«, zischte sie mir entgegen.

»Und ich?«, schrie ich. »Was kann ich dafür? GAR nichts mache ich mehr! Mach deinen Scheiß doch alleine!«

Meine Mutter holte zu einem kräftigen Schlag aus und schmetterte mir ihre rechte Hand mit roher Gewalt auf die Wange.

»Ich wusste es«, tobte sie los, »ich wusste es schon immer! Du bist genau so eine faule Drecksau wie dein Alter! Dein Gesicht ist zum Reinschlagen, und ich sag dir was: DICH krieg ich klein! Und wenn ich dich windelweich schlage!«

Sie spuckte mich angewidert an, und ich spürte, wie ihr Speichel in meinen Wimpern hängen blieb. Wie eine Furie schlug sie immer wieder mit ihren Händen gezielt in mein Gesicht. Ich flüchtete in mein Zimmer. Ich schlug die Tür zu und hockte mich in eine Ecke meines Betts. Die Tür flog auf, und meine Mutter stürzte sich auf mich.

»Du sollst antworten, habe ich gesagt! Antworte mir gefälligst«, keifte sie hysterisch.

Ich hatte keine Ahnung, worum es ging, denn eine Frage hatte ich nun wirklich nicht gehört. Wütend beschloss ich, gar nichts mehr zu sagen, nicht ein einziges Sterbenswörtchen. Ich wusste, dass meine Mutter dann vollends durchdrehen würde, aber es war mir mehr als egal. Ich verachtete sie zutiefst, wenn sie sich dermaßen vergaß. Sie war keinen Deut besser als mein Vater!

»Raus aus dem Bett«, schrie sie, »raus! Sofort raus, habe ich gesagt!«

Ich schlang meine Arme um meine angewinkelten Beine und sah sie böse an. Ich hasste diese Frau, weil sie mich hasste. Ich war nicht wie mein Vater, und ich hatte auch nicht danach gefragt, auf diese Welt zu kommen. Und schon gar nicht in diese Familie. Hasserfüllt starrte ich sie weiter an und sagte kein Wort.

Plötzlich griff sie in meine Haare und riss mit unglaublicher Kraft daran. Vornüber kippte ich aus meinem Bett und schlug mit der Stirn auf dem Boden auf. Meine Mutter hatte ein dickes Haarbüschel in der Hand. Dann packte sie mein Bein und zog mich ins Wohnzimmer. Weil ich liegen blieb, wo ich lag, trat sie auf mich ein und schrie hysterisch weiter: »Ich schlag dich krankenhausreif! Du Miststück! Ich mach dich fertig! Ich zeig dir, wer hier das Sagen hat!« Meine Mutter flippte total aus und schlug und prügelte mit ihren Händen endlose Minuten lang wahllos auf mich ein.

Irgendwann waren ihre Kräfte am Ende. Ich hatte sie geschafft. In meinen Augen hatte sie verloren. Sie ließ sich in den Sessel fallen und blickte auf mich herunter. »So ein ekelhaftes Weib«, sagte sie zu mir, »hätte ich gewusst, was aus dir einmal wird, hätte ich dich nach der Geburt gleich wieder reingeschoben!« Mich ließen diese Sätze kalt, denn ich kannte sie bereits zur Genüge und war abgestumpft dagegen. Ich hatte diesen Streit nicht gewollt. Ich hatte dieses Leben nicht gewollt. Ich konnte machen, was auch immer in meinen Kräften stand, ich würde nie genug tun, nie etwas richtig machen und nie erwünscht sein. Ich hasste meine Mutter abgrundtief, und mein größtes Ziel mit meinen noch nicht einmal dreizehn Jahren war es, diese Frau eines Tages STUMM zu erleben. Ein Mal, so wünschte ich es mir, wenigstens ein Mal in meinem Leben sollte sie einfach mal still sein! Eins wusste ich schon zu diesem Zeitpunkt ganz genau: Würde ich irgendwann meine Hemmschwelle überschreiten, würde es nicht bei einer Gegenwehr bleiben.

Plötzlich stand Jürgen im Wohnzimmer. Schweigend und prüfend schaute er uns an. Er setzte sich auf einen Esszimmerstuhl und schüttelte den Kopf. Er sei fassungslos, so begann er, fassungslos, dass es zwischen uns beiden wieder einmal derartig eskaliert sei.

»Gundis«, sagte er, »wir haben uns nun schon so oft darüber unterhalten. Musste das wieder sein?«

Ich traute meinen Ohren nicht. Jürgen ergriff Partei für mich!

»Dieses Blag ist ein Albtraum«, antwortete meine Mutter.

Jürgen schüttelte unaufhörlich den Kopf. »Geht das denn nicht in Ruhe?«, fragte er. »Das ist ja vollkommen asozial hier. Ich will so etwas nie wieder erleben. Mit solchen Zuständen will ich mich gar nicht erst auseinandersetzen. Wenn das das Ergebnis meiner Anwesenheit hier ist, dann muss ich eine andere Lösung finden.«

In den Augen meiner Mutter flackerte Panik auf. »Nein, Jürgen. So was darfst du nicht sagen. Es wird nie wieder vorkommen, das verspreche ich dir«, wimmerte sie.

Ich hatte begriffen.

Für ihren heiligen Jürgen würde meine Mutter sich eher auf links krempeln, als Gefahr zu laufen, diesen Mann zu verlieren. Und Jürgen? Jürgen schien offensichtlich auf meiner Seite zu sein, also galt es, diesen Mann unter keinen Umständen zu enttäuschen. Jürgen war meine einzige Hoffnung, die letzten fünf Jahre bis zu meinem achtzehnten Geburtstag zu überleben.

Jürgen packte meine Mutter und mich in seinen Jaguar und fuhr mit uns in ein Restaurant. Meine Mutter schien so beglückt darüber zu sein, dass Jürgen eine räumliche Trennung mit keinem Wort mehr erwähnte, dass sie dadurch in einen Zustand der Euphorie geriet. Sie scherzte und lachte und tat so, als seien wir die besten Kumpel. Es gab wirklich Momente, in denen ich meine Mutter bei diesem Mittagessen wieder nett fand.

Meine Strategie stand fest.

Jürgen erzählte beim Essen, dass Margot seinem jüngsten Sohn Martin kurz vor Jürgens Rausschmiss einen kleinen Zwergpudel geschenkt habe. Martin sei aber mit seinen acht Jahren noch viel zu jung für eine solche Verantwortung, und nun sei der Hund genauso uninteressant für Martin wie sein altes Spielzeug. Es würde ihm wirklich schwerfallen, aber er würde heute Nachmittag den Hund wieder zurück zur Züchterin bringen müssen. Und das sei wirklich sehr schade, weil Bobby ein ganz putziges Tierchen sei. Mir kamen die Tränen, und ich fing an zu weinen.

»Ich finde das ungerecht«, sagte ich schniefend. »Ich möchte seit Jahren einen Hund haben, und ich würde mich wirklich um das Tier kümmern. Mama, sag doch was! Ich habe mich immer um die Pflegehunde gekümmert, aber ich durfte nie einen eigenen Hund haben.« Flehentlich schaute ich Jürgen an. »Bitte Jürgen«, bettelte ich. »Ich kümmere mich ganz bestimmt um Bobby!«

Jürgen fragte meine Mutter nach ihrer Meinung. Die wiederum fragte Jürgen zurück: »Meinst du, Jürgen, Christine wäre verantwortungsvoll genug, sich alleine um einen Hund zu kümmern?«

Und wieder begriff ich. Solche Entscheidungen würden fortan von Jürgen getroffen werden. Das spürte und hörte ich.

»Ich glaube schon, dass Christine diese Verantwortung tragen kann. Und bestimmt wirst du mich nicht enttäuschen, oder?«

Ich beteuerte meine große Zuverlässigkeit und versprach Jürgen unter tausend Ehrenworten, ihn niemals zu enttäuschen. Er könne sich hundertprozentig auf mich verlassen, und Bobby würde es richtig gut haben bei mir.

»In Ordnung«, schloss Jürgen das Gespräch ab, »heute Abend bringe ich Bobby mit, okay?«

Ich flog Jürgen um den Hals, und er drückte mich fest. Es tat so gut, in den Arm genommen zu werden, und mir wurde richtig warm ums Herz. Ich lehnte meinen Kopf an Jürgens weichen Kaschmirpulli und genoss das Gefühl von Wärme und Liebe. »Danke«, hauchte ich voller Glückseligkeit in Jürgens Ohr.

Jürgen bezahlte die Rechnung und setzte uns vor der Haustür ab. »Und keinen Zoff, verstanden?«, ermahnte er meine Mutter und mich. Wir gingen in die Wohnung, und meine Mutter drückte mir sogleich den Einkaufszettel und das Geld in die Hand. Ich radelte ohne Widerworte Richtung Supermarkt und schob das Fahrrad auf dem Rückweg mit vier schweren Einkaufstüten, zwei an jedem Lenker, zurück durch den strömenden Regen nach Hause. Ohne Aufforderung räumte ich wie selbstverständlich alles an seinen Platz, legte den Abholzettel für die Reinigung zusammen mit der Hose von der Schneiderin und dem Restgeld auf den Esszimmertisch. Als ich das Bad geputzt hatte, brachte ich meine Wäsche in die Waschküche und startete die erste Maschine. Als ich meine Kleidungsstücke später auf der Wäscheleine drapierte, war der Teppichboden im Esszimmerbereich bereits geschrubbt. Auf Knien hatte ich auf dem Boden gehockt und mit der warmen Rei-in-der-Tube-Lauge jeden Millimeter bearbeitet und erst aufgehört, als ich mir sicher war, auch wirklich kein einziges Fleckchen vergessen zu haben. Zum Glück regnete es immer noch, sodass die Fenster warten konnten. Ich würde sie mir am nächsten Tag vornehmen, denn ich hatte Jürgen versprochen, keinen Anlass zu Streitigkeiten mit meiner Mutter zu geben. Also schaute ich mich mit suchenden Augen in der Wohnung um, um meiner Mutter zuvorzukommen und vielleicht auf diese Weise meine Ruhe zu haben. Zumindest, so war ich mir sicher, konnte sie sich dann nicht mehr bei Jürgen beklagen.

Meine Mutter war in der Zwischenzeit in die Stadt gefahren, um von den zwölf Pullovern sieben zurückzubringen und die anderen fünf Pullis zu bezahlen. Als sie zurückkehrte, setzte sie sich stumm vor den Fernseher und tat so, als gäbe es mich gar nicht. Ich hatte ihr eigentlich zeigen wollen, dass ich Arbeit nicht scheute. Während der Schufterei stellte ich mir innerlich vor, wie sie die Küche, das Bad, die Wäsche und die Einkäufe begutachtete und mich dann anlächelte. Aber es war nur eine Fantasie, ein

Traum, ein Wunschdenken … Meine Mutter würde mich nicht anlächeln. Sie würde mir nicht die Hand zur Versöhnung reichen. Sie würde mich nicht in den Arm nehmen. Es gab keine Gemeinsamkeit. Es würde alles nur eine Fassade bleiben, und es war nur eine Frage der Zeit, wann diese Fassade wieder zu bröckeln begann.

Als ich auf die Uhr schaute, war es Viertel nach sechs, ich war fix und fertig, und ich stellte fest, dass meine Verabredung mit den Mädels wieder einmal geplatzt war. Für Hausaufgaben war ich nun wirklich zu müde. Ich würde sie morgen in der ersten Stunde bei Doro oder Anka abschreiben. Ich setzte mich an meinen Schreibtisch, schrieb noch einige Zeilen in mein Tagebuch und wartete dann auf Jürgen und unser neues Familienmitglied Bobby.

Als Jürgen abends nach Hause kam, war es bereits nach acht. Er hielt eine kleine blaue Plastikhalbkugel in der Hand, und in dieser Halbkugel, die sich später als eine Art Hundehöhle entpuppte, hockte ein klitzekleines schwarzes Wollknäuel mit dunkelbraunen Knopfaugen. Bobby!

KAPITEL 5

Die Schlinge zieht sich zu

Bobby war ein außergewöhnlich niedlicher Hund. Er sollte bei mir im Zimmer schlafen, und daher hatte ich vor der Heizung eine flauschige Decke bereitgelegt. In der ersten Nacht jammerte der kleine Kerl so laut, dass ich vom Bett aus mit meiner Hand nach unten griff und ihn kurz entschlossen zu mir unter die Bettdecke steckte. Nun fühlten wir uns beide nicht mehr einsam, und Bobby und ich konnten endlich einschlafen.

Am nächsten Morgen war mein Teppichboden mit lauter kleinen Pfützen eingeweicht, und um ein Haar wäre ich in ein Häufchen getreten. Da ich so sehr damit beschäftigt war, den Fußboden wieder sauber zu machen, war der Frühstückstisch natürlich nicht gedeckt, als Jürgen und meine Mutter im Bad fertig waren.

»Noch kein Kaffee fertig?«, murmelte Jürgen, als er in das Wohnzimmer kam.

Bobby pinkelte gerade vor den Esstisch.

»Nein, tut mir leid«, antwortete ich und hatte sogleich ein schlechtes Gewissen.

Meine Mutter schoss mit roten Hektikflecken am Hals an Jürgen und mir vorbei und meinte mit spitzer Stimme: »Ich mach das schnell! Bin sofort fertig!«

»Lass mal, Gundis«, sagte Jürgen. »Ich habe einen Termin in Wuppertal und bin spät dran. Wir sehen uns dann heute Mittag!« Er zwinkerte mir zu, und ich lächelte verschwörerisch zurück.

Als Jürgen die Wohnung verlassen hatte, bekam ich sogleich die Quittung präsentiert. Meine Mutter wetterte los, dass Bobby schließlich MEIN Hund sei, ICH sei schließlich für ihn verantwortlich, und ICH hätte den Hund schließlich gewollt. Daher solle ICH mir auch bitte unverzüglich Gedanken um eine »Lösung des Problems« machen. Sie sei stinksauer, so zeterte sie weiter, dass ich Jürgen und ihr durch meine »Lahmarschigkeit« das Frühstück vermasselt hätte, und ich solle bloß nicht glauben, dass das jetzt als »neue Sitte« eingeführt werden würde. Mit dem vorwurfsvollen Satz »Jetzt muss ich in der Schule Kaffee trinken, und die brühen den immer so widerlich stark« schlug sie wenig später die Haustür zu.

Ich würde wieder zu spät zur Schule kommen, das war klar. Mit meiner Mutter im Auto sollte ich wohl offensichtlich nicht mitfahren, diese Botschaft war deutlich angekommen. Selbst mit dem Fahrrad könnte ich die Zeit nicht mehr einholen, und Bobby hatte schon wieder auf den Teppich gepinkelt. Sei's drum, so dachte ich mir, dann beginnt meine erste Stunde eben zur zweiten. Ich machte Bobbys Pfütze weg, nahm den kleinen Welpen in meinen Arm und setzte mich mit ihm aufs Sofa. Es war ein herrliches Gefühl, ganz in Ruhe auf »Mamas Sofa« sitzen zu dürfen und dabei die Gewissheit zu genießen, dass niemand da war, der meinen Namen quer durch die Wohnung hätte schreien können. Es war »Mamas Sofa«, weil sie die Einzige von uns beiden war, die sich die Zeit nehmen konnte, es zu benutzen. Sie saß auf dem Sofa, wenn sie telefonierte, wenn sie strickte, wenn sie sich die Nägel feilte, wenn sie die *Brigitte* durchblätterte, und sie saß dort jeden Dienstagabend, wenn sie ihre Lieblingssendung *Dallas* sah. Jedes Mal, wenn ich mich dazusetzte, schob sie ihr Oberteil hoch, machte den Rücken frei, rutschte näher an meine Seite und sagte: »Mach dich wenigstens nützlich, wenn du hier schon herumhockst. Krabbel mir den Rücken.«

Es widerte mich maßlos an, und so vermied ich es, mich in ihrer Anwesenheit auf das Sofa zu setzen.

Meine Gedanken kreisten um Bobby und »die Lösung des Problems«. Den Vorwurf, es mit meinem Hund nicht geregelt zu bekommen, wollte ich mir nicht anhören. Bestimmt würde mir das Tier dann wieder weggenommen, und Jürgen brächte mit seinem »Da-bin-ich-aber-enttäuscht-von-dir«-Blick Bobby zurück zur Züchterin. Meine Mutter hätte wieder eine Bestätigung mehr, dass ich charakterlich die reinste Zumutung war, und sie würde sich vermutlich über meine Tränen der Verzweiflung abgöttisch freuen. Bobby war auf meinem Schoß eingeschlafen und hatte nicht die geringste Ahnung von meinen Sorgen. Es tat so gut, dieses kleine, schutzbedürftige Hündchen im Arm zu haben. Wenn er im Bett neben mir lag, spürte ich seine Körperwärme und lauschte seinen schnellen Atemzügen. Der Hund war der Einzige, der meine Anwesenheit genoss, und ich wollte wenigstens von ihm in Zukunft freudig begrüßt werden. Ich nahm mir vor, meinen Wecker eine halbe Stunde früher zu stellen und bereits um Viertel vor sechs aufzustehen. Um halb sieben machte der Bäcker auf, und wenn ich die Morgenrunde mit Bobby nutzen würde, um gleichzeitig frische Brötchen mitzubringen, wäre diese Annehmlichkeit für meine Mutter Grund genug, mir den Hund zu lassen.

Tatsächlich setzten sich Jürgen und meine Mutter ganze fünf Jahre lang tagaus, tagein an den gedeckten Frühstückstisch, stopften die frischen Brötchen in sich hinein und brauchten keinen Finger krumm zu machen.

Am Wochenende, so hatte Jürgen am Abend zuvor angekündigt, würden Ulf und Martin zu uns kommen, und ich war gespannt, wie meine Mutter die Anwesenheit von drei Kindern ertragen würde. Sie war eine ausgesprochene Kinderhasserin und in ihrem Job als Grundschullehrerin völlig deplatziert. Wenn ich während meiner Gymnasialzeit zu ihr in die Schule musste, dann brauchte ich gar nicht lange nach dem jeweiligen Klassenraum zu suchen. Man hörte sie quer durch die Flure schreien und schimpfen, und ich bedauerte die Kinder in ihrer Klasse zutiefst. Morgens saß sie am Frühstückstisch, hatte eine grottenschlechte

Laune und beklagte sich dann darüber, dass sie wieder zu diesen »kleinen Arschlöchern« müsse. Ihr Gesicht war dabei von Widerwillen und Abscheu gezeichnet, und es war nichts, aber auch wirklich gar nichts Liebenswertes in ihrer Mimik zu erkennen.

Das Wetter war immer noch eine Katastrophe, und Ulf und Martin fand ich zwar nett, aber auch nicht derartig unterhaltsam, dass ich mir mit ihnen achtundvierzig Stunden geistreiche Gemeinsamkeit in der Wohnung vorstellen konnte. Die Mädels wollten am Sonntagnachmittag zur Tanzschule gehen, denn dort fand eine Schnupperstunde statt, und wir wollten als geschlossene Truppe zusammen den Tanzkurs belegen. Schon jetzt machte ich mir Gedanken, wie ich meiner Mutter beibringen sollte, dass ich zum einen den Kursus machen wollte, und zum anderen, wie unvorstellbar teuer das Ganze werden würde. Wenn sie schon nichts zur Reitkarte bei Herrn Körber hinzugesteuert hatte, dann sah ich nun für mein neues Anliegen schwarz; und Oma konnte ich auf gar keinen Fall fragen, denn ihr finanzieller Rahmen war schon durch den Reitunterricht gesprengt worden. Wenn es wirklich am Geld scheitern sollte, dann müsste ich Oma fragen, ob ich einmalig etwas von meinem Sparbuch abheben dürfte. Bestimmt würde sie nicht nein sagen …

Die letzten zwei Tage bis zum Wochenende waren gefüllt mit den täglichen Erledigungen und Bobby. Ein einziges Mal hatte ich mich für eine knappe Stunde mit dem Hund davonmachen können und mich mit Dana und Anka getroffen. Beim Schwimmen hatte ich die ganze Woche durch Abwesenheit geglänzt, und in der Schule waren in dieser einen Woche bereits drei Fehlstunden vermerkt worden. Ich freute mich auf Sonntagnachmittag und ein paar unbeschwerte Stunden mit meinen Freundinnen.

Am Samstagmorgen fuhr Jürgen los und holte Ulf und Martin bei Margot ab. Ich radelte unterdessen mal wieder zum Supermarkt, um Großpackungen von Brötchen, Würstchen, Chips und Limonade zu besorgen. Meine Mutter veranstaltete denselben Affentanz wie vor einer Woche, als Jürgen eingezogen war. Mach dies, mach das, erledige dieses noch und jenes noch, sorge hierfür und sorge dafür … ich war es so unendlich leid und fühlte mich wie Kunta Kinte aus *Roots*.

Ulf freute sich sichtlich, mich wiederzusehen, und begrüßte mich herzlich. Martin schaute mich nur beleidigt an, und ich begriff sofort, was mit ihm los war.

»Jetzt sei doch nicht traurig, Martin«, sagte ich zu ihm. »Sei doch froh, dass Bobby hier ist, bei der Züchterin hättest du ihn nie wieder gesehen, und wenn du mit ihm spielen willst, kannst du das gern tun.«

Martins Miene hellte sich auf.

»Kommt mal alle mit zur Garage!«, rief Jürgen plötzlich. »Ich habe eine Riesenüberraschung für euch!« Als er das Garagentor öffnete, sahen wir ein Motorrad.

»Boah!«, rief Ulf entzückt, »'ne Yamaha Cross Maschine! Irre!«

Ich verstand nur Bahnhof. Ulf war im Sommer dreizehn geworden, ich würde in zwei Wochen meinen dreizehnten Geburtstag haben, und Martin würde im Winter neun Jahre alt werden. Was zum Teufel sollten wir mit einem Motorrad anfangen? Jürgen strahlte über das ganze Gesicht und war von seiner eigenen Überraschung völlig hingerissen.

»Na? Ist das was?«, fragte er uns euphorisch und fuhr sogleich fort: »Das ist eine Trial-Maschine, fünfzig Kubikzentimeter, Yamaha TY 50, ein tolles Teil und ihr, jaja, ganz richtig, IHR dürft damit fahren. Morgen nach dem Frühstück geht's ab ins Panzerübungsgelände. Ist das was?«

Die Jungs waren tatsächlich außer sich vor Freude und wären am liebsten sofort losgefahren.

»Wie kriegen wir die Karre denn überhaupt ins Panzerübungsgelände?«, fragte Ulf fachmännisch.

»Du bist der Größte von euch dreien, und wenn du einen Helm aufhast und in Motorradklamotten steckst, fällt das doch gar nicht auf«, antwortete Jürgen.

Ich staunte, und Ulf schien immer noch nichts begriffen zu haben.

»Mensch, Ulf! Wenn du einfach ganz normal fährst und die Verkehrsregeln beachtest, kann doch gar nichts passieren. Du fährst einfach hinter unserem Auto her und benimmst dich schön unauffällig, kapiert«, erklärte Jürgen.

»*Ich* soll fahren?«, fragte Ulf und riss entsetzt die Augen auf.

»Aber das ist doch verboten«, platzte es aus mir raus.

Jürgen grinste uns an und zwinkerte uns zu. »Natürlich ist es verboten, aber es erfährt doch keiner. Sollte Ulf von der Polizei angehalten werden, dann fahren wir im Auto einfach weiter, so als ob wir nicht dazugehören würden. Ulf muss dann nur sagen, dass ich nichts davon wusste, sonst bin ich dran, tja … und schon sind wir aus dem Schneider. Aber Ulf wird nicht erwischt, das verspreche ich euch. Das wird eine ganz aufregende Sache, und es bleibt unser großes Geheimnis. Versprecht mir alle, dass ihr niemals unser Geheimnis preisgebt, ja?« Theatralisch hob Jürgen die linke Hand hoch, legte seine rechte Hand aufs Herz, und so standen wir auf dem Garagenhof und schworen feierlich das große Indianerehrenwort.

»So! Jetzt geht's aber erst mal los zu Hein Gerricke. Da werde ich euch alle einkleiden, damit ihr ausseht wie richtige Crossfahrer! Gundis, du kommst auch mit.«

Im Geschäft zeigte sich Jürgen von seiner spendabelsten Seite. »Nein, nein, aus Leder sollten die Stiefel schon sein … ruhig mit Schienbeinschutz, na klar … haben Sie nicht diese mit Wachs beschichteten Jacken … die dahinten, mit dem breiten Koppelgürtel, die sieht klasse aus … der Helm ist zu langweilig, der muss rasant aussehen … so ein breiter Kinnschutz … das sieht gut aus … nimm die Hose mit den Rallyestreifen an der Seite …

schau mal, Gundis, diese Lederjacke mit den Fransen … scharfes Teilchen … klar kannst du die anziehen … Nierengurt … sicher mit Lammfell … muss doch warm sein …«

Bis Ladenschluss hatte Jürgen uns drei Kinder komplett eingekleidet. Wir alle hatten Motocrosshosen, Motocrossstiefel, Wachsjacken, Nierengurte, Handschuhe und Helme, und für meine Mutter hatte er tatsächlich die schwarze Fransenlederjacke gekauft. Jürgen bezahlte ein Vermögen in bar an der Kasse, und der Verkäufer ging vor Ehrfurcht fast in die Knie. Ulf und Martin hatten einen Teil ihrer Ausrüstung gleich angelassen. Ich trug meine Sachen in drei Tüten gepackt in der Hand, der Helm baumelte lässig am Arm.

Eine Reitausrüstung wäre billiger gewesen, und lieber hätte ich drei Zehnerkarten für die Reitschule Körber bekommen. Ich dachte an den ausstehenden Tanzkurs …

Wieder zu Hause erklärte uns Jürgen stundenlang die technischen Details: »… keine Crossmaschine … hat oben Schutzblech … Schutzblech unten … Trial … nicht mit Füßen den Boden berühren … Bremszug … erster Gang runter … andere Gänge hoch … Vergaser … Benzinhebel …«

Ulf hing gebannt an den Lippen seines Vaters, und Martin und ich kämpften mit der Müdigkeit. Als Jürgen mit Martin zur Pommesbude fuhr, war es bereits Abend. Meine Mutter scheuchte mich von links nach rechts, weil Bettenlager aufgebaut werden mussten, Handtücher bereitgelegt wurden, Chips und Flips in Glasschüsseln geschüttet werden sollten, der Tisch noch nicht fertig war und und und … Ulf spielte derweil mit Bobby, und meine Mutter gesellte sich freundschaftlich zu ihm.

»Toll ist es hier«, sagte Ulf.

Als wir alle *Die Kanonen von Navarrone* guckten, schlief ich fast ein. Ich schlich mich mit Bobby in mein Bett und freute mich auf meine Verabredung mit Dana, Anka, Carla und Gitta.

Wenn schon nicht heute, dann würde ich wenigstens morgen meinen Spaß haben.

Alle waren bester Laune am Sonntagmorgen. Jürgen alberte mit meiner Mutter und seinen Söhnen herum, und ich deckte den Frühstückstisch.

»Lass die Brötchen nicht zu lange im Ofen!«, rief Jürgen zur Küche herüber. »Ulf! Martin! Wie wär's mit einem Frühstücksei? Christine! Machst du uns bitte drei Eier? Lass die Eier für Ulf und Martin aber etwas länger drin, ja? Du bist ein Schatz! Danke!«

Da war es wieder: das Kunta-Kinte-Gefühl. Es klebte an mir wie eine Schmeißfliege. Ich hielt den Moment, als wir alle am Tisch saßen, für geeignet, das Thema Tanzkurs anzuschneiden.

»Mama«, begann ich kauend, »Dana und Anka (Gitta ließ ich besser weg) wollen einen Tanzkurs machen, und aus unserer Klasse gehen ganz viele da hin. Heute Nachmittag ist Schnupperstunde. Ich wollte da auch gern hin und mal schauen, was so ein Tanzkursus kostet. Ich würde mir den gern zum Geburtstag wünschen.«

Entsetzte Blicke von Jürgen und meiner Mutter trafen mich.

»Taaaanzschuuuule?«, fragte Jürgen völlig entgeistert. »Du bist zwölf Jahre alt und willst zur Taaaanzschuuule? Das macht man doch erst mit fünfzehn oder sechzehn, aber doch nicht mit zwöööölf!«

»Mit vierzehn machen alle den Tanzkurs, und ich werde übernächste Woche dreizehn. Die sind doch alle ein Jahr älter als ich. Ich bin doch mit fünf in die Schule gekommen«, erklärte ich betont ruhig und freundlich. »Dana ist schon vierzehn, Anka wird im Dezember vierzehn, da kann ich doch auch nichts für, dass ich erst dreizehn werde«, schob ich noch nach. Meine Schlacht schien jedoch verloren, bevor ich mein Pulver verschießen konnte.

»Also ich finde das viel zu früh«, konterte Jürgen. »Da wird dann Klammerblues getanzt und womöglich noch Alkohol getrunken, und außerdem habe ich gehört, dass der Tanzlehrer den Mädels unter die Röcke schaut. Aber ich will mich da gar nicht einmischen, Christine. Da habe ich gar nichts zu sagen, denn diese Entscheidung muss die Mami ganz alleine treffen!«

Aus. Vorbei. Meine MAMI würde mit Sicherheit keine Entscheidung treffen, von der sie bereits im Vorfeld wusste, dass Jürgen sie missbilligte, und Jürgen hatte das geschickt eingefädelt, schon mal gleich seinen Senf dazuzutun, bevor MAMI überhaupt den Mund aufmachen konnte. Mir wurde schon wieder schlecht. Das halbe Brötchen kam mir hoch.

»Ich schließe mich dem Jürgen voll und ganz an«, meinte meine Mutter lapidar. »Und es ist mir auch vollkommen egal, WER da alles zur Tanzschule geht, DU jedenfalls nicht. Und komm mir bitte nicht noch einmal mit diesem Quatsch!«

Es war zwecklos. Selbst die Frage nach meiner heutigen Verabredung hatte sich hiermit erledigt. Warum konnte bei mir nicht ein einziges Mal irgendetwas normal ablaufen? Und warum wurde ich das Gefühl nicht los, immer noch vor dem Gasboiler zu liegen und auf meiner schäbigen Eckbank zu sitzen?

Wir verbrachten den gesamten Tag im Panzerübungsgelände: Ulf war leider nicht von der Polizei erwischt worden, Jürgen bei der Probefahrt im schlammigen Gelände leider nicht vom Moped gestürzt, und meine Mutter war auch leider nicht in einem dieser riesigen Schlammlöcher versunken. Bobby sah aus wie ein Erdklumpen und bedurfte einer dringenden Dusche. Mir war elendig kalt, ich war von der Warterei (»Ihr müsst euch natürlich abwechseln mit dem Fahren.«) völlig durchgefroren, und ich wollte nur noch nach Hause. Vorher musste diese tolle Yamaha TY 50 noch dampfgestrahlt und geölt werden, die Klamotten waren völlig versifft, und ich dachte an meine Freundinnen, die vermutlich jetzt das Tanzbein schwangen. Jürgen war mittlerweile stinksauer auf mich, weil ich nicht mit ihm um die Wette strahlte, und beschimpfte mich als »Weichei« und »Mimöschen«. Außerdem, so hatte er im Gelände gewettert, sei ich höchst undankbar, und er wäre doch so großzügig gewesen, wir hätten doch alle bekommen, was wir wollten (ach ja?), und meine Laune, ja meine Laune, sei nun der Dank dafür!

Ich vergrub mich in meine Gedanken und stellte innerlich fest, dass alles genauso lief wie immer: Ob diese Schlammschlacht im Panzerübungsgelände bei nieseligen drei Grad Celsius MEINEN Vorstellungen von »Spaßhaben« entsprach, war doch nie gefragt worden. Ich fand es eigentlich ganz spannend, auf diesem Trial-Gerät mit größter Geschicklichkeit durch das zerklüftete Gelände zu düsen, aber doch nicht bei diesem Sauwetter. Insbesondere nervte mich, dass ich genau diese Wochenendbeschäftigung gefälligst supertoll zu finden hatte und mir gar keine andere Wahl blieb. Im Sommer hätte ich mich vielleicht gern den Jungs angeschlossen, aber verdammt noch mal, ich war kein Junge. Ich war ein Mädchen. Ich hatte Freundinnen, und ich hatte eigene Interessen, um die sich niemand scherte. Ich sollte dankbar sein, weil Jürgen mich für hunderte von Mark in diese Motorradkluft gesteckt hatte und dabei den grässlich Spendablen heraushängen ließ. Die Szene, als Oma im Frühjahr weinend vor mir saß und wirklich verzweifelt war, weil sie gern den Reitunterricht finanziert hätte, aber vor ihren bescheidenen Möglichkeiten kapitulieren musste, lief immer wieder wie ein Film vor mir ab. Ich fragte mich, wie gelangweilt und schlecht gelaunt Ulf, Martin, Jürgen und meine Mutter gewesen wären, wenn ich sie einen ganzen Tag lang gezwungen hätte, im Reitstall Körber bei drei Grad und Nieselregen herumzustehen …?

Ich befürchtete, dass diese Art der Wochenendbelustigung nun jedes Wochenende auf mich zukommen würde. Und tatsächlich! Wieder einmal verfügte ich über seherische Fähigkeiten, denn die kommenden drei Jahre waren wir wirklich jeden Samstag und jeden Sonntag im Panzerübungsgelände. Ulf und Martin brachten abwechselnd ihre Freunde mit (was die Wartezeit natürlich verlängerte), und als ich meine Freundinnen fragte, ob sie mich nicht wenigstens mir zum Gefallen begleiten würden, erntete ich nur verständnislose Blicke. Im Sommer waren die Mädels im Freibad, im Reitstall und im Eiscafé, im Winter trafen sie sich zu Hause, probierten neue Teesorten aus, strickten Pullover, quatschten, hörten Musik, gingen eislaufen oder ins Kino. Ich verbrachte meine Wochenenden von meinem dreizehnten bis zu meinem sechzehnten Lebensjahr im Panzerübungsgelände. Als Ulf und Martin ihrem Vater irgendwann mitteilten, dass er das Motorrad nun endlich verkaufen könnte, weil sie nun wirklich keine Lust mehr auf das Herumgurken im Schlamm hätten und außerdem mit Freunden anderweitig verabredet seien, fand Jürgen das vollkommen normal und hatte allergrößtes Verständnis für die »sich verändernden Interessen« seiner Söhne.

Die Sache mit der Tanzschule ließ mir keine Ruhe. Ich heulte mich montags bei Oma aus, und als ich das Sparbuch erwähnte und die Möglichkeit, den Tanzkurs ausnahmsweise von diesem Geld zu bezahlen, schloss sich Oma meinen Tränenausbrüchen an. Ich erfuhr, dass meine Mutter das Sparbuch vor einigen Monaten an sich genommen und die knapp eintausendfünfhundert Mark komplett abgehoben hatte. Jahrelang hatte Oma jeden Monat zehn Mark für mich zur Sparkasse gebracht, und nun war das ganze Geld futsch. »Deine Mutter wollte das Geld wieder aufs Sparbuch tun«, jammerte Oma, »aber ich habe sie bereits darauf angesprochen und traue mich gar nicht mehr, sie noch einmal zu fragen, weil sie sofort laut und ausfallend wird. Es tut mir so leid, Christine!«

Als ich am Nachmittag eine Hose von Jürgen zur Reinigung brachte, radelte ich bei Dana vorbei. Ich zerfloss vor Tränen und klagte ihr mein Leid. Danas Mutter schaltete sich auf einmal ein. Es tat mir gut, dass eine erwachsene Frau ihren Unmut über meine Mutter offen zeigte. Danas Mutter regte sich auf und meinte, es sei doch ganz normal, dass ALLE Mädchen gemeinsam zur

Tanzschule gingen, über so etwas müsste doch wohl nicht lange diskutiert werden, dieser Jürgen habe doch offensichtlich genug Geld, wozu also das ganze Theater sei, und das mit dem Sparbuch wäre ja wohl das Letzte, eher würde sie als Mutter putzen gehen!

Ich bin den Müttern meiner Freundinnen bis heute dankbar, dass sie mir durch ihr Verhalten und ihre klaren Meinungsäußerungen den Rücken gestärkt und mir immer wieder die Augen geöffnet haben für die Normalität im Leben. Dadurch, dass ich sah, wie und was in anderen Haushalten ablief, konnte ich stets Parallelen ziehen und lernte so, das Normale vom Unnormalen zu unterscheiden. Diese Frauen hatten zwar allesamt keinen Einfluss auf meine Mutter, aber darum ging es auch gar nicht. Sie waren ehrlich und bezogen eine klare Position. So etwas kann auch Kinderseelen retten.

Zwei Tage später, ich war gerade dabei, auf Befehl meiner Mutter hin die Türrahmen abzuwaschen, klingelte es unerwartet an unserer Haustür. Ich traute meinen Augen nicht, als Oma mit versteinerter Miene zur Tür hereinspazierte, und selbst meiner Mutter fiel die Kinnlade herunter. In all den Jahren war Oma nur zwei Mal bei uns zu Hause gewesen: Einmal, als ich mir das Nasenbein gebrochen hatte, und das zweite Mal an diesem Tag. Oma bat mich, in mein Kinderzimmer zu gehen und die Tür zu schließen. Bis ins Kinderzimmer hörte ich meine Großmutter schreien! Niemals zuvor war sie so laut geworden. Sie war außer sich vor Wut und Entrüstung und ließ ihre Tochter strammstehen. Ich hockte in meinem Zimmer, lauschte gebannt, und die pure Schadenfreude kroch in mir hoch. Omas Ansage musste gewirkt haben, denn von meiner Mutter hörte ich kein Wort der Gegenwehr. Als Oma eine Viertelstunde später ging, tätschelte sie mir die Wange und flüsterte mir ins Ohr: »Mach dir keine Sorgen! DU gehst mit Sicherheit mit deinen Freundinnen in die Tanzschule!«

Und tatsächlich: Ohne ein Wort der Klage drückte mir meine Mutter einige Tage später das Geld für den Tanzkurs in die Hand. Ihre versteinerte Miene ignorierte ich gelassen.

Jürgen versuchte mich zwar immer wieder auszuquetschen, welchen Jungen ich denn gut finden würde oder mit welchem »Knäblein« ich denn dieses Mal getanzt hätte, aber letztlich ging er mir mit seinem scheinheiligen Gefrage eher auf die Nerven, als dass ich mir die Freude am Tanzkurs hätte nehmen lassen. Ich ärgerte mich nach wie vor darüber, dass ich an den Wochenenden nicht mit den Mädchen zum Tanztee gehen konnte, aber die bis ins Detail ausgeschmückten Erzählungen meiner Freundinnen versöhnten mich etwas. Niemals gaben sie mir das Gefühl, nicht dazuzugehören, und sie tuschelten und lachten mit mir, als wäre ich bei all diesen Anekdötchen dabei gewesen.

Mit den Jungs in der Tanzschule war es meistens so, dass ich bestimmte von ihnen ganz toll fand und genau diese mich keines Blickes würdigten. Einer von ihnen war Hajo van Basten. Hajo war schon fünfzehn und knapp ein Meter neunzig groß. Er hatte dunkle glatte Haare und trug eine Nickelbrille, mit der er aussah wie ein Oxford-Student. Hajo kam aus so genanntem »guten Hause« und wohnte in einer feudalen Villa aus der Gründerzeit in einem der besten Viertel meiner Heimatstadt. Wenn Hajo lachte, dann schmolz ich dahin. Er hatte ein so ungemein charmantes und offenes Lachen. Auf einem meiner Jugendfotos gibt es ein Bild vom Mittelball, wo Hajo mir die Ehre erwies, einen Jive mit mir zu tanzen. Einige Jahre lang dachte ich wirklich, mit Hajo van Basten sei die große Chance meines Lebens an mir vorbeigegangen. Im April 1984, direkt nach unserem Abi, hatte ich jedoch ein einprägsames Erlebnis, und ich war danach heilfroh, dass ich in Hajo van Bastens Leben keine Rolle gespielt hatte. Dana und ich waren auf einer Party im Hause von Hajos Eltern eingeladen, und über das Datum der Einladung, den neunzehnten April, hatten wir uns nun wahrlich keine Gedanken gemacht. Punkt Mitternacht schlossen sich die elektrischen Rollladen wie von Geisterhand, das Licht wurde gedämpft, und von der Decke glitt eine riesige Hakenkreuzfahne herunter. Die Partygäste stellten sich stramm vor dieser Fahne auf, streckten die Arme zum Hitlergruß aus und sangen gemeinsam die deutsche Nationalhymne in ihrer alten Textversion. Dana und ich starrten uns nur noch entsetzt an, nickten uns kurz zu und verschwanden unauffällig aus diesem hochherrschaftlichen Haus. Das also war Hajo van Basten …

Mit dem Jungen, den ich zu guter Letzt für den Abschlussball abbekommen hatte, konnte ich wahrhaftig kaum angeben. Ich fand Heinrich supernett und superlieb, aber er hatte quietschrote Haare und noch dazu eine Wangenröte, als würde er täglich literweise Rotbäckchensaft inhalieren. Seine Ähnlichkeit mit Pumuckl war frappierend. Als er am Abend des Abschlussballs in einem richtig schicken Anzug mit einem Blumenstrauß und mächtig verlegen bei uns an der Haustür stand, brach meine Mutter in schallendes Gelächter aus und erzählte noch Jahre später von diesem »schreiend komischen Kerl«.

Heinrich muss schon damals sehr viel Stil und Zurückhaltung gehabt haben: Jeder andere Junge hätte mich in meinem Abschlussballfummel vermutlich glatt im Hausflur stehen gelassen. Weil meine Mutter kein Geld für ein angemessenes Kleid ausgeben wollte, kramte und wühlte sie auf dem Dachboden meiner Großmutter herum und fand ein uraltes Kleid mit Puffärmeln aus dunkelblauem Taft. Dieses Kleid nähte sie dann in der Taille enger, kaufte eine breite Rolle hellrosafarbenes Geschenkband, wickelte dieses Band oberhalb meiner Hüfte zusammen und beendete ihr Werk mit einer propellerartigen Schleife auf meinem Bauch. Ich fühlte mich entsetzlich billig, und dieses Kleid passte weder zu mir noch zu der Mode, die Ende der Siebziger in war. Jahrzehnte später entdeckte ich genau dieses Kleid auf dem Hochzeitsbild meiner Großmutter aus dem Jahre 1944 wieder: Es war das Kleid ihrer Zwillingsschwester und Trauzeugin, die sich noch im Jahr der Eheschließung meiner Großeltern mit Rattengift das Leben genommen hatte und über Wochen hinweg jämmerlich zugrunde ging. Oma hatte es nicht übers Herz gebracht, das Kleid ihrer Schwester wegzuwerfen, und es daher in einem alten Schrank auf dem Dachboden verstaut. Als sie damals erfuhr, in welchem Aufzug ich meinen Abschlussball hatte verbringen müssen, sagte sie kein einziges Wort dazu. Ich vermute, dass sie der Perversität meiner Mutter nicht viel entgegenzusetzen hatte, und was geschehen war, war geschehen. Taktvoll wie sie war, hat sie mich im Alter von dreizehn Jahren zum Glück nicht über die Geschichte meines Abschlussballkleides aufgeklärt.

Es war nicht so, dass meine Mutter und ich in ärmlichen Verhältnissen lebten. Als Grundschullehrerin verdiente sie damals mit ihren einunddreißig Jahren sicherlich nicht schlecht. Selbstverständlich war der Kauf der Eigentumswohnung und die Abfindung meines Vaters anlässlich der Scheidung ein harter finanzieller Brocken für sie.

Eines Abends fragte ich meine Mutter, ob wir uns nicht auf ein monatliches Taschengeld einigen könnten. Ständig musste ich sie um Geld anbetteln, und in den meisten Fällen erhielt ich eine Abfuhr, was mich immer wieder kränkte.

»Christine«, erhob Jürgen seine Stimme ermahnend. »Du bist doch alt genug, um selbst Geld zu verdienen, oder?« Er hielt mir eine seiner berühmten Jürgen-Predigten über den Umgang mit Geld, wie wichtig es doch sei, dass man sich dieses selbst erarbeiten würde, dann könne man schließlich für tolle Sachen sparen, sei doch dann auch unabhängig und so weiter ... Völlig außer Acht ließ er, dass seine Söhne ein großzügiges Taschengeld von Margot erhielten, die wiederum ihr Geld von Jürgen bekam. Seine Moralpredigt strotzte, wie so oft, vor lauter Widersprüchlichkeiten. Bei Jürgen war es genauso ergiebig, dagegen zu argumentieren, wie die berühmten Eulen nach Athen zu tragen, und ich empfand seine Vorträge überflüssig wie ein Heizdeckchen auf den Seychellen. Mit seinen großen Worten hatte er jedenfalls binnen weniger Minuten erreicht, was er wollte. Als er die Sätze »Aber ich will mich da um Gottes willen nicht einmischen. Letztlich hat die MAMI das Sagen« ausgesprochen hatte, wusste ich, noch bevor MAMI den Mund überhaupt öffnete, dass Christine Al-Farziz kein Taschengeld erhalten würde. Nicht heute und auch in Zukunft nicht.

Einige Tage später, ich war mal wieder im Lädchen am Krankenhaus, fragte ich den Ladenbesitzer, ob ich nicht stundenweise aushelfen könnte. Er sagte zu, und für vier Mark fünfzig die Stunde hatte ich mit dreizehn meinen ersten Job. Zunächst beschränkte sich die Arbeit auf das Putzen der Kühltheke, das Einräumen der Milchprodukte und das gelegentliche Bedienen der Kundschaft. Als mein Chef merkte, dass ich gewissenhaft und zuverlässig meine Aufgaben erledigte, bestellte er mich jeden Samstagmorgen für fünf Uhr in der Frühe. Die frische Ware wurde dann angeliefert, und ich hatte dafür zu sorgen, dass alle Kisten mit Gemüse und alle Stiegen mit Obst ordnungsgemäß und in einwandfreiem Zustand angeliefert und in den großen Kühlräumen gelagert wurden. Wenn diese Arbeit getan war, bepackte ich den kleinen LKW mit den Bestellungen für Gaststätten, Hotels und Privatkunden. Mein Chef brauchte mir nicht zu sagen, dass ich die Bestellungen von vorne nach hinten zu packen hatte, denn das schaffte mein Verstand von alleine. Bei den Privatkunden handelte es sich vorwiegend um ältere Leute, die den Weg zum Lädchen alleine nicht mehr schafften. Die meisten waren alte, alkoholabhängige Frauen. Ich bekam stinkende und düstere Absteigen zu Gesicht, in denen desolate hygienische Verhältnisse herrschten. Viele von diesen »vergessenen Alten« hatten ausschließlich meinen Chef einmal pro Woche als Ansprechpartner. Ich schleppte unzählige Kästen Bier und ebenso viele Flaschen Korn die Treppen rauf und war erschüttert, wie der Alkohol die Menschen dahinvegetieren ließ. Verglichen mit meiner Oma waren diese Leute schon zu Lebzeiten tot. In Verbindung mit den Horrorszenarien, die sich bei uns zu Hause abspielten, wenn mein Vater zu viel getrunken hatte, sorgten diese Eindrücke bei mir für eine regelrechte Aversion gegen den Geruch von Alkohol. Niemals, so schwor ich mir, würde ich mich von diesem Zeug abhängig machen.

Die Arbeit im Lädchen war für mich dünnes Mädchen sehr kräftezehrend. Da ich dort aber im Schnitt mindestens zehn Stunden pro Woche arbeitete, standen mir im Monat einhundertachtzig Mark zur Verfügung. Verglichen mit den Mädchen aus unserer Klasse gehörte ich damit zu den Spitzenverdienern. Ich sparte und sparte und kaufte mir von meinem ersten Geld eine Stereoanlage. Jürgen bot sich großzügig an, seine geschäftlichen Kontakte spielen zu lassen. Auf diese Weise, so erklärte er mir, könnte ich eine Anlage zum Einkaufspreis erwerben, die im Geschäft sicherlich das Doppelte kosten würde. Als Jürgen dann eine Woche später zwei Riesenkartons anschleppte, war eine von den beiden identischen Stereo-Anlagen für seinen Sohn Ulf bestimmt. Ulf bekam die Anlage geschenkt, und Jürgen kassierte von mir fünfhundert Mark. Wieder einmal fraß ich meine Wut über diese Ungerechtigkeit in mich hinein und heulte am Abend Bobbys Fell in meinem Bett nass. Als mir nach zwei Monaten beim Einschalten der Musikanlage urplötzlich die Endstufe durchknallte, musste ich von meinen Ersparnissen weitere zweihundert Mark berappen, denn die Endstufe war so ziemlich das Teuerste an diesem Gerät. Ich werde heute noch wütend, wenn ich an die Selbstverständlichkeit denke, mit der Jürgen bei mir das Geld kassierte …

Immerhin konnte ich mir nun endlich richtig schöne Klamotten kaufen. Wrangler waren absolut trendy, und eine solche Jeans wurde erst dann für passend befunden, wenn man quer über der Ladentheke hing und mindestens zwei Verkäuferinnen an beiden Seiten des Hosenbundes zogen und zerrten, bis man dann endlich unter Einhalten der Luft mühsam den Knopf schließen konnte. Allein aufstehen konnte man mit diesen engen Jeans kaum noch, und in der Schule war gar nicht daran zu denken, ordentlich auf dem Stuhl Platz zu nehmen. Wir mussten längs in den Stühlen hängen, so sehr wurde das Becken eingequetscht. Aber egal. Mit Oma, die angesichts ihrer gesundheitlichen Bedenken nur noch den Kopf schüttelte, kaufte ich meine allererste Wrangler von meinem eigenen Geld. Oma, die kräftig für eine solche Jeans gespart hatte, spendierte mir stattdessen den passenden Bundeswehrparka. Im Geschäft meinte sie zu mir: »Eigentlich finde ich beide Sachen schrecklich, aber mit diesem komischen Parka hast du wenigstens eine warme Jacke.« Ich war nun auch endlich »in« und füllte meinen Kleiderschrank nach und nach mit modischen Sachen.

Meine Mutter beobachtete meine Einkäufe stillschweigend. Sie hatte keine Hemmungen, während meiner Abwesenheit meinen Schrank zu durchwühlen und sich fleißig zu bedienen.

Dass sie meine Kleidungsstücke getragen hatte, habe ich oft erst gemerkt, wenn sie mir diese schmutzig und zerknüllt einfach auf den Fußboden meines Zimmers warf. Für das Waschen MEINER Wäsche sei ich doch schließlich selbst verantwortlich, meinte sie gleichgültig. Leider bekam meine Mutter an einem Abend mit, dass ich verdammt schnell bügeln konnte, und so beschloss sie, auch das Bügeln ihrer eigenen Wäsche mit in meinen Aufgabenbereich zu übertragen. Wäre ich schlau gewesen, dann hätte ich zwei oder drei ihrer Lieblingsblusen zu heiß gebügelt, und schon wäre ich diese Arbeit losgeworden. In dieser Beziehung war ich aber nicht schlau, sondern dummerweise viel zu ehrlich.

Meine Mutter ärgerte es unglaublich, dass Jürgen immer noch regen Kontakt zu seiner Margot hielt. Margot war ihr ein rotes Tuch, und als sie eines Tages erfuhr, dass Margot Jürgens ständige Begleiterin bei allen möglichen Geschäftsessen geblieben war und Jürgen sie bei seinen neuen Geschäftspartnern als »seine Frau« vorstellte, platzte bei uns die Bombe. Sie stritten sich stundenlang, und Jürgen redete auf meine Mutter ein wie auf ein krankes Kind. Ich hörte ihn mit seiner tiefen und immer ruhigen Stimme argumentieren, dass es doch geschäftsschädigend sei, wenn seine Geschäftspartner erfahren würden, dass er sich von seiner Frau getrennt habe. Immerhin könnten die ja dann denken, dass Jürgens Ehefrau im Zuge einer möglichen Scheidung die Hälfte des Vermögens beanspruchen würde, und somit sei die Zukunft seiner Firma dann ja ungewiss. Jürgen argumentierte weiter, dass diese Geschäftspartner ihm dann keine Aufträge mehr erteilen würden, weil das alles logischerweise eine »unsichere Kiste« sei. Meine Mutter schien das zu überzeugen. Wenig später muss sie dann erfahren haben, dass einer der größten Auftraggeber von Jürgen seine neue Lebensgefährtin in aller Selbstverständlichkeit vorgestellt hatte und aus seiner gescheiterten Ehe kein Geheimnis machte. Wieder hing bei uns der Haussegen schief, und die beiden diskutierten laut und heftig die ganze Nacht hindurch. Am nächsten Morgen war meine Mutter das heulende Elend. Um ein Haar hätte ich mir zu allem Überfluss noch eine Ohrfeige eingehandelt, weil ich meiner Mutter mitfühlend sagte, dass ich niemals mit einem Mann zusammen sein könnte, der nicht voll und ganz hinter mir stünde. Ich hatte das Ende der Diskussion nicht mitbekommen, die wie immer zugunsten von Jürgen beendet worden war, und meine Mutter schrie mich daher an, ich solle mich mit meinen blöden Kommentaren gefälligst zurückhalten, sonst würde es knallen.

Der Hass auf Margot ließ meiner Mutter keine Ruhe. Sie beauftragte mich, Ulf anzurufen und mich mit Ulf bei ihm zu Hause zu treffen. »Nimm auf jeden Fall den Donnerstagnachmittag«, instruierte sie mich, »da ist die Olle nämlich beim Friseur!« Ich verabredete mich scheinheilig mit Ulf, der nicht ahnen konnte, mit welchem Auftrag ich bei ihm aufkreuzte. Und weil diese Besuche in den kommenden Monaten häufiger stattfinden sollten, fiel selbst Jürgen auf diese Finte meiner Mutter herein und dachte ernsthaft, ich würde mich mit Ulf so gut verstehen, dass diese Besuche mir über die gemeinsamen Wochenenden hinaus ein echtes Bedürfnis seien.

Jedes Mal, wenn Ulf zur Toilette ging, schlich ich in Margots Schlafzimmer und durchwühlte ihre Schränke. Peinlich genau notierte ich die Markennamen ihrer Kleidung, die Preise, wenn vorhanden, und die Beträge der Boutiquenquittungen, die ich fand. Mindestens zweimal pro Besuch ging ich ins Bad und schrieb ebenso sorgfältig die Markennamen ihrer Tages- und Nachtcremes auf, die aktuellen Düfte und Essenzen, die Margot benutzte, bis hin zur Bodylotion und dem Toilettenpapier. Ich fand mich einerseits ganz toll in meiner Rolle, weil ich wusste, dass ich meiner Mutter mehr Informationen liefern konnte, als sie erwartet hatte, und ihr so beweisen wollte, dass auf mich Verlass war. Andererseits war Margot, wenn sie zurück nach Hause kam, unglaublich nett und gastfreundlich zu mir. Ständig bekochte sie Ulf und mich und fragte nach unserem Wohlergehen. Wenn Margot mich dann auch noch in ihrem Volvo nach Hause kutschierte und völlig souverän mit dieser Situation umging, dann schämte ich mich in Grund und Boden für die kleinen Zettel in meiner Hosentasche. Jedes Mal nahm ich mir fest vor, mich nicht noch einmal vor diesen schäbigen Karren meiner Mutter spannen zu lassen, aber meine Vorsätze scheiterten kläglich. Meine Mutter wurde mit ihrer Spionageaktion immer dreister, und so musste ich selbst die Markennamen der Bettwäsche, der Unterwäsche und der Schuhe von Margot herausfinden. Es war eine Zeit, in der ich mich elender denn je fühlte. Nach Monaten der Hoffnung auf ein einziges freundliches Wort von meiner Mutter begriff ich irgendwann, dass sich an meiner Situation trotz meiner »Hilfeleistung« nichts geändert hatte. Meine Mutter behandelte mich immer noch wie den letzten Putzlappen, und wir waren keine Verbündeten geworden. Endlich rebellierte ich. Aber es war zu spät. Meine Mutter hatte schon längst die Boutiquen von Margot und ihre bevorzugten Schuhgeschäfte aufgesucht, und weil meine Mutter sich als unterhaltsame Kundin präsentierte, erzählten ihr die Verkäuferinnen freimütig, was Frau Karnasch denn dieses Mal wieder aktuell und chic gefunden hatte. Unsummen hat meine Mutter in diesen Geschäften ausgegeben, und lief sie auch tagsüber immer noch mit Jeans und Turnschuhen herum, so schmiss sie sich abends in sündhaft teure Dessous, cremte sich mit den teuersten Duftlotionen ein und erwartete ihren Jürgen in einer Montur, in der Margot vermutlich zu einem Geschäftsessen gegangen wäre, nie im Leben aber ihren Ehemann zum Fernsehabend begrüßt hätte.

Dieser einseitig betriebene Konkurrenzkampf erschien selbst mir im Alter zwischen dreizehn und vierzehn Jahren als dermaßen lächerlich, dass ich meine Mutter fortan als kranke Person betrachtete. Auch meine Freundinnen teilten diese Auffassung, und mehr als einmal sagten sie: »Diese Frau ist einfach krank. So etwas ist nicht normal.«

Im Gegensatz zu Margot passte dieser Stil auch nicht zu meiner eher sportlich wirkenden Mutter. Margot hatte im Laufe der Jahre, sicherlich auch durch ihre finanziellen Möglichkeiten, einen Stil gefunden, der ihren eleganten und etwas extravaganten Typ unterstrich. Alles, was meine Mutter erreichte, war eine Maskerade, eine oberflächliche und billige Kopie, und das Geld für diesen elitären Geschmack hatte sie nun wirklich nicht. Sie lief mit unrasierten Haaren an den Beinen und unter den Achseln durch die Gegend, entfernte sich den deutlich sichtbaren Oberlippenbart nicht und meinte später zu mir, die ich diese ganzen Haare mit siebzehn Jahren auf einmal ekelig fand, ihre Behaarung sei ein Zeichen von Rasse. Ich konnte nichts Rassiges daran finden.

Noch weniger konnte ich verstehen, dass Jürgen, der doch das nötige Kleingeld besaß, meiner zutiefst verunsicherten Mutter nicht ein wenig Hilfe leistete und ihrem Bedürfnis, sich für ihn in Schale zu werfen, nicht mit gemeinsamen Einkaufsbummeln entgegenkam. Niemals habe ich erlebt, dass dieses Paar zusammen in die Stadt fuhr. Auch ich habe einige Jahre gebraucht, um mir mit meinem Kleidungsstil sicher zu werden, und es waren oft Männer, die mir die Augen geöffnet haben, welche Klamotten richtig gut an mir aussehen.

Meine Mutter entwickelte selbst ihrer Tochter gegenüber einen Konkurrenzneid, den ich mit meinen fast vierzehn Jahren nicht verstehen konnte. Mit Dana hatte ich mir in der Stadt beim Juwelier Ohrlöcher stechen lassen und kam voller Stolz mit meinen goldenen Steifftier-Knöpfen nach Hause.

»Du bist ja völlig durchgedreht!«, schrie meine Mutter los und bezeichnete mich als »Zumutung« und »Flittchen«. Aus diesem Streit entwickelte sich wieder ein filmreifer Kampf, der erst von Jürgen beendet wurde, als er nach Hause kam.

»Aber Gundis«, säuselte er, »die sind doch niedlich, die Ohrringe von Christine.« Innerlich triumphierte ich über diesen unerwarteten Rückhalt, und ich wusste, dass meine Ohrringe fortan kein Thema mehr sein würden.

Einige Tage später besuchte ich mit Carla und ihrer Mutter einen italienischen Friseur in unserer Stadt. Meine Mutter hatte mich losgeschickt, weil ihr mein immer zotteliger werdender Wuschelkopf nicht passte. Seit ich denken konnte, hatte ich einen Jungenhaarschnitt, der von einem Herrenfriseur regelmäßig kurz gehalten wurde. So hatte meine Mutter auch keine Ahnung, dass ich nicht wie gewohnt zu dem üblichen Friseur ging, sondern stattdessen Il Figaro aufsuchte. Carla hatte wunderschöne lange Haare und wurde von Raphael, dem Ladeninhaber, stets persönlich beraten. Raphael war ein Meister seines Fachs, das sah man bei Carla und ihrer Mutter deutlich. So fuhr er mit seinen Fingern durch meine schwarzbraunen Haare und fragte dann: »Willst du wirklich einen Kurzhaarschnitt haben? Du hast doch wunderschöne Haare und solltest sie länger wachsen lassen. Mit einem Kurzhaarschnitt siehst du doch aus wie ein Junge!«

Raphael trat offene Türen bei mir ein. Seit Jahren nervte es mich, dass ich ständig für einen Jungen gehalten wurde, und seit Ewigkeiten träumte ich von langen Locken. Raphael versprach, mir einen Übergangshaarschnitt zu verpassen, damit ich nicht allzu verboten aussehen würde. Meine Haare neigten dazu, zunächst in die Breite zu wachsen, und Raphael erläuterte, dass die Locken eine gewisse Länge benötigten, um später »mein Gesicht zu umspielen«. Als ich nach der Vollendung seines Werks in den Spiegel schaute, war von der ursprünglichen Länge kaum ein Zentimeter gewichen. Dennoch fand ich mich ganz passabel und sah wieder einigermaßen gepflegt aus. Ich zahlte dreimal so viel wie beim Herrenfriseur und verließ überglücklich mit Carla und ihrer Mutter den Salon.

Zu Hause war die Stimmung bereits gereizt. Meine Mutter hatte mich früher zurückerwartet und sich daher eine lange Liste meiner Erledigungen in ihrem Kopf zurechtgelegt. Sie schaute mich nur kurz an, und ich wusste genau, was nun auf mich zukommen würde. Wie eine Furie stürzte sie sich auf mich und riss an meinen sorgsam gestylten Haaren.

»Wer hat dir denn diesen Mist verpasst?«, keifte sie los, und als sie erfuhr, dass ich mit Carla und ihrer Mutter bei Il Figaro gewesen sei und auch Raphael gesagt hatte, ich solle mir die Haare doch lieber lang wachsen lassen, geriet sie in einen Zustand rasender Wut. Wieder einmal ließ ich alle Beschimpfungen und Schläge über mich ergehen, und wieder einmal verstand ich dieses Theater ganz und gar nicht.

Als ich später im Bett lag, weckte mich Jürgen, der von einer Geschäftsreise zurückgekehrt war. Heulend und aufgelöst erzählte ich ihm von dem Streit mit meiner Mutter, und Jürgen bat mich, am nächsten Tag zum Herrenfriseur zu gehen und mit dem alten Kurzhaarschnitt zurückzukommen. Er verstünde meinen Wunsch, so sagte er mitfühlend, aber ich wolle doch auch nicht aussehen wie ein altes Zigeunerweib, und schließlich hätte ich ihm doch versprochen, alles mir Mögliche zum Familienfrieden beizutragen. Das Bild von der Zigeunerfrau beschrieb er an diesem Abend so plastisch, dass ich ihm glaubte und nach dem Gespräch tatsächlich überzeugt war, dass lange dunkle Locken nichts für mich seien. Jürgen nahm mich in den Arm und streichelte mir über meinen Rücken. »Du bist ein wunderhübsches Mädchen, und wenn andere denken, du seiest ein Junge, dann finde ich dich trotzdem hübsch. Merk dir das, ja?« Ich nickte stumm und genoss einfach nur die menschliche und körperliche Wärme. Sosehr mir Jürgen in der Vergangenheit mit seinen Predigten auf den Nerv gegangen war, jetzt war er bei mir, und er war einfach nur lieb. Ihm zum Gefallen, so hatte ich bereits beschlossen, würde ich natürlich gleich morgen zum Friseur gehen und dafür sorgen, dass meine Mutter sich wieder beruhigte. Hauptsache war, dass dieses Theater mit meiner Mutter aufhörte und wenigstens Jürgen mich lieb hatte. So konnte ich mein Leben halbwegs erträglich finden. Mit einem »Schau mal, du hast doch jetzt den Bobby und mich. Das ist doch schön, oder?« gab mir Jürgen einen Gutenachtkuss auf die Stirn und verließ das Zimmer. Er hatte Recht. Jürgen war derjenige, der durchgesetzt hatte, dass ich einen Hund haben durfte, und Jürgen beschützte mich immer wieder vor meiner Mutter. Jürgen war ein Schatz und vielleicht doch nicht so blöd, wie ich ihn die letzten Monate teilweise gefunden hatte. Er wurde nicht so unerträglich laut wie meine Mutter, und er verurteilte ihren schnöden Tonfall als »Gassenjargon«. Vielleicht waren seine Ansichten manchmal etwas merkwürdig und veraltet, aber mit ihm, so hatte ich das Gefühl, konnte ich wenigstens auch mal über meine Probleme reden. Beruhigt schlief ich ein.

KAPITEL 6

Ein Leopardenbett im Mädchenzimmer

Es war gerade Frühlingsbeginn, als unser Klassenlehrer mit strahlender Miene in unsere Klasse kam und uns erzählte, dass er nach langem Suchen nun endlich eine vertrauenswürdige Institution gefunden habe, über die er uns Brieffreunde aus aller Welt vermitteln könne. Er händigte uns Fragebögen aus, in denen man alle wichtigen Angaben machen konnte, wie zum Beispiel Geschlecht und Nationalität des zukünftigen Briefpartners, Alterswunsch, Hobbys und Interessen. Ich wählte aus den angebotenen Ländern die Vereinigten Staaten von Amerika aus und trug ein: »*... boy, age thirteen to fifteen years, must love dogs and horses.*« Dann wartete ich mit meinen Freundinnen gespannt auf die Antwortbriefe, die da kommen sollten.

Noch vor den Osterferien trudelten die ersten Briefe aus Kanada, Irland, Großbritannien und vielen anderen Ländern ein. Die meisten von uns hatten Jungs als Briefpartner, was nicht verwunderte, waren wir doch bis zur Reformierten Oberstufe ein reines Mädchengymnasium. Das Interesse am anderen Geschlecht war schon lange erwacht, und daher hatten die meisten von uns »*boy*« angekreuzt. Die Fotos flatterten nur so aus den knisternden Luftpostumschlägen, und wir bogen uns vor Lachen, wenn die zunächst erwartungsvoll angespannten Mienen der Mädchen sich grimassenhaft verzogen, so als hätten sie gerade in eine Zitrone gebissen und nicht auf ein Foto geschaut. Was uns da so an Konterfeis entgegenblickte, war nicht unbedingt das, was wir erwartet hatten. Fairerweise muss man an dieser Stelle anmerken, dass wir alle relativ überzogene Vorstellungen hatten, wie nun ein kanadischer Junge oder ein britischer *boy* aussehen sollte. Diese Vorstellungen wurden von den Bay City Rollers oder den Teens geprägt, und Zeitschriften wie *Bravo* oder *Mädchen* sorgten fleißig für solche Träumereien.

Meine Enttäuschung, keinen Brief erhalten zu haben, war groß, und ich hatte schon fast die Hoffnung aufgegeben, als eines Morgens in den Ferien meine Mutter rief: »Wieso kriegst DUUUU Post aus Amerikaaaaa?«

Ich rannte ins Wohnzimmer, schnappte mir den blauen Umschlag und antwortete auf dem Weg in mein Zimmer: »Ist von so 'ner Brieffreunde-Gesellschaft. Das lief über die Schule.« Mit klopfendem Herzen öffnete ich den Umschlag und lugte vorsichtig hinein. Fotos! Gott sei Dank! Vorsichtig fischte ich die drei Fotos heraus und erstarrte zur Salzsäule. Ein absolut umwerfend aussehender Junge blickte mir direkt in die Augen, und Christine Al-Farziz schmolz das erste Mal in ihrem Leben dahin. Er hieß Greg, war vierzehn Jahre alt und kam aus Louisiana. In seinem Brief erzählte er von seiner Familie, seinen Geschwistern, seinem Collie und von American Football usw. ... Vier ganze Seiten auf dünnem blauen Luftpostpapier hatte Greg geschrieben, und noch vor dem Lesen der letzten Zeilen war ich hoffnungslos verliebt in ihn. Greg hatte weizenblondes, schulterlanges Haar, strahlend blaue Augen, die hinreißend lieb schauten, volle sinnliche Lippen und eine sportlich durchtrainierte Figur. Damals waren alle Mädchen verrückt nach David Cassidy, und ich hielt ein Foto in meinen Händen mit einem Jungen, gegen den David Cassidy nicht im Geringsten anstinken konnte. Mir war vollkommen klar, dass die Mädels allesamt vor Neid platzen würden, und ich freute mich wahnsinnig über so viel Glück!

Schon bald stellte sich heraus, dass Greg genauso schreibverrückt war wie ich und wir uns wunderbar verstanden. Keiner meiner Briefe blieb jemals unbeantwortet, und wenn ich »jemals« sage, dann meine ich das tatsächlich so.

Greg wurde fünfzehn, und ich war gerade dreizehn geworden, als unsere Brieffreundschaft begann. Tempotaschentücher, vollgesprüht mit My Melody, gingen auf die Reise in die Staaten und wurden mit Tempotaschentüchern, vollgesprüht mit Old Spice, beantwortet. Als ich damals in der Parfümerie unserer Stadt nach dem Herrenduft fragte, belächelten mich die eleganten Grazien nur müde und schickten mich mit einem mitleidigen Lächeln in die Drogerieabteilung von Karstadt. Dort wurde ich wenigstens fündig und schnüffelte begeistert an der Probeflasche.

Mein Tagebuch war gefüllt mit Träumen von Greg. Ich schwärmte davon, eines Tages nach Amerika zu fliegen, Greg kennen zu lernen und (natürlich) eine wundervolle Liebe zu entdecken, eine Familie mit ihm zu gründen und bis ans Ende meiner Tage glücklich als Mrs Greg Fremin verheiratet zu sein. Greg hatte mich auf den Fotos, die ich ihm im Laufe unserer Brieffreundschaft pfundweise zugeschickt hatte, als »*wonderful … most beautiful girl … my dearest Christine*« angehimmelt und beantwortete meine Luftschlösser mit ebensolchen großen. Gleichzeitig war Greg ein wundervoller Zuhörer, und in meinen Briefen schüttete ich ihm mein Herz aus, wie unerträglich mein Leben mit meiner Mutter und ihrem Freund sei. In seinen Antwortzeilen fand ich Trost und Zuspruch, aber auch Worte, die mir Mut machten und mich durchhalten ließen.

Greg ist heute verheiratet, hat zwei superniedliche Söhne und verdient seine Brötchen als Polizist auf der anderen Seite der Erdkugel. Er versieht seinen Dienst in Houston/Texas, und aus der einstigen Jugendliebe ist eine Freundschaft geworden, die nun seit siebenundzwanzig Jahren besteht und von beiden Seiten gehegt und gepflegt wird. Dank E-Mail und Internet brauchen wir nun nicht mehr lange auf Post zu warten, aber ein Treffen haben wir bis zum heutigen Tag nicht zustande gebracht. Ein jeder ist so verflochten in seiner Bewältigung des Alltags, und niemand weiß, wann wir einmal voreinander stehen und endlich auch miteinander REDEN können.

Die Brieffreundschaft wurde jedoch nicht lange geduldet. Jürgen und meine Mutter hatten sich eines Abends offensichtlich gegen mich verschworen und rückten aus heiterem Himmel mit einer »Offenbarung« heraus. Dieser Briefkontakt sei schädlich für mich, so begann Jürgen mit seiner typischen »Ich-mach-mir-ja-solche-Sorgen-um-dich«-Stimme. Natürlich hatte er auch flugs eine Begründung parat.

»Du hast dich sehr zum Nachteil verändert, Christine«, meinte er. »Du läufst herum wie eine aufgeblasene Gans. Dieser Greg ist doch nur ein Schmalzbubi. Schau ihn dir doch mal an. Der ›knackt‹ doch eine nach der anderen, und du fällst auf sein Gesülze herein. Ich hatte dich wirklich für schlauer gehalten und bin ein wenig enttäuscht von dir!«

Ich war mal wieder in einer ausweglosen Situation: Jürgens Gerede ging mir furchtbar auf die Nerven, und noch bevor er seine Moralpredigt beendet hatte, wusste ich bereits, dass es für die Zukunft ratsamer war, Greg die Adresse von Dana zu geben und ihn zu bitten, seine Briefe zu ihr zu schicken. Egal, was Jürgen und meine Mutter auch erzählten, ich würde diesen Kontakt mit Sicherheit nicht abbrechen.

Ich schwieg, während die Worte an mir vorbeiflogen. Ich dachte nach. Wenn die beiden schon derartig hysterisch auf eine Brieffreundschaft reagierten, was erst würden sie sagen, wenn sie mit einem viel präsenteren »Problem« konfrontiert würden? Einem Jungen, der nicht in Amerika wohnte und dem ich nicht nur Briefe schreiben wollte?

Zeitgleich mit dem ersten Brief von Greg hatte ich einen Jungen aus der Nachbarschaft entdeckt, der wahnsinnig schüchtern war und sich bislang nur traute, mich winkend zu grüßen, wenn er mit seiner blauen Kreidler-Flory an mir vorbeifuhr. Ich wusste von einer Freundin, dass er Peter hieß, fünfzehn Jahre alt war und jetzt nach den Sommerferien eine Lehre beginnen sollte. Peter war blond wie Greg und hatte ebenfalls ein ganz liebes Gesicht. Ich wollte mich unbedingt mit ihm treffen und ihn kennenlernen und fühlte mich geschmeichelt, wie er mir auf eine nette und zurückhaltende Art zeigte, dass er mich interessant fand.

»Christine! Wiederhol gefälligst, was ich dir gerade gesagt habe!«, schrie meine Mutter mich an und riss mich aus meinen Gedanken.

»Ja klar«, murmelte ich und hatte nicht den leisesten Schimmer. Bestimmt sollte ich den Kontakt abbrechen, was anderes kam gar nicht in Frage. »Du hast gesagt, ich solle den Kontakt zu Greg abbrechen«, probierte ich mein Glück.

»Richtig«, antwortete meine Mutter mit leichtem Erstaunen im Gesicht. »Wir warten auf eine Antwort!«

»Was soll ich sagen?«, begann ich. »Wenn ich ihm weiter schreibe, gibt's wieder Theater, und vermutlich schmeißt du seine Briefe dann sowieso weg, noch bevor ich sie lesen kann. Dann kann ich gleich aufhören, ihm zu schreiben.«

»Christine!«, rief Jürgen mit freudiger Stimme. »Das ist ja mal eine Überraschung, dass es jetzt keine langen Diskussionen gibt, sondern du einsiehst, dass wir nur nicht zusehen wollen, wie du in der Gosse landest. Man merkt ja doch, dass du langsam älter wirst.«

Es war vorbei. Jürgen und meine Mutter schienen sich ihrer Sache sicher zu sein und hielten die Überprüfbarkeit meiner Zusage zu diesem idiotischen Verbot für todsicher. Schließlich brauchten sie nur in den Briefkasten zu schauen. Als ich im Bett lag, kreisten meine Gedanken unermüdlich. Es gab keinen Grund, mir wegen einer Brieffreundschaft mit einem Amerikaner die moralische Apokalypse vorauszusagen. Keineswegs, so fand ich, benahm ich mich wie eine aufgeblasene Gans, sondern ich empfand mich eher als völlig verunsichert. Gregs Worte »*you are the most beautiful girl I've ever seen*« hatten wie Hohn in meinen Ohren geklungen, und in meinem Antwortbrief hatte ich ihn mehrmals gefragt, ob er sich einen schlechten Scherz mit mir erlaube. Erst weitere Beteuerungen in nachfolgenden Briefen hatten mich versöhnlich gestimmt. Warum also, so grübelte ich, empfanden Jürgen und meine Mutter Greg als Gefahr für meine »moralische Wertigkeit«? Plötzlich durchzuckte mich ein Gedanke: Sie hatten mein Tagebuch gelesen. Sie MUSSTEN mein Tagebuch gelesen haben, denn erst vorgestern hatte ich darin geschrieben, dass ich davon geträumt hatte, mit Greg zu schlafen. Mein Gott, wie peinlich! Ich fuhr aus meinem Bett hoch und kramte mein Tagebuch hervor. Zwar lag es an derselben Stelle wie immer, doch ich hatte den Eindruck, dass ich es genau umgekehrt in die Schublade gelegt hatte.

Als ich dann merkte, dass das Lesezeichen nicht auf der letzten beschriebenen Seite war, sondern das rote Bändchen genau eine Seite zu weit eingelegt worden war, wusste ich, dass ich Recht hatte. Jürgen und meine Mutter hatten tatsächlich mein Tagebuch gelesen.

Mir wurde schlecht. Die Übelkeit war schier unerträglich, und immer wieder presste ich die Lippen aufeinander und bemühte mich darum, tief und regelmäßig einzuatmen. Ich war außer mir vor Wut. Ich hasste sie beide, und im Geiste lag ich auf dem feuchten Teppichboden im Badezimmer unserer alten Wohnung und spürte den harten Griff meiner Mutter auf meinen Oberschenkeln. »Du stinkst«, hörte ich sie sagen, und als ich mein Tagebuch zurück in meine Schublade legte, war das Gefühl der Nacktheit so präsent, dass ich mich nur noch in meine Decke einrollen wollte. Sterben wäre jetzt schön, dachte ich und schlief über diesen Hoffnungsschimmer ein.

In mein Tagebuch schrieb ich am nächsten Tag einen Brief an Greg.

Lieber Greg,
ich fühle mich total beschissen. Ich habe eine richtige Depression. Wenn ich könnte, würde ich mich jetzt glatt umbringen. Wenn mir jetzt jemand Schlaftabletten geben würde, ich würde sie bestimmt nehmen. Ich weiß nur nicht, wo dann Bobby bleiben sollte. Wenn er nicht wäre … Ich sehe einfach keinen Sinn mehr darin, noch weiterzuleben. Nur um mich dauernd von allen Seiten anscheißen zu lassen? Nein! Hätte ich das vor meiner Geburt gewusst, ich hätte mich gehütet, ein Leben überhaupt erst anzufangen! Ich weiß nicht, was ich machen soll.

Deine Christine

In der Schule erzählte ich meinen Freundinnen von dem gestrigen Abend. Sie schimpften und wetterten, und Gitta hatte die rettende Idee. »Du packst dein Tagebuch gleich morgen früh ein und bringst es mit in die Schule. Du kannst ja im Reli-Unterricht oder in Geschichte da reinschreiben, und einer von uns nimmt es dann mit nach Hause. Wir bringen dir dein Tagebuch jeden Morgen wieder mit, und verlass dich drauf, DANN wird es bestimmt von niemandem gelesen. Versprochen!«

Meine Freundinnen taten mir so gut. Ich liebte sie wie Schwestern und wusste, dass auf alle Verlass war. Ich schüttete mein Herz aus wegen der Sache mit Peter und erklärte, dass ich panische Angst hätte, dass Peter grüßen könnte, wenn meine Mutter dabei sei. Das wäre natürlich die Katastrophe schlechthin.

»Schreib ihm einen Brief«, schlug Anka vor. »Schreib ihm, dass du ihn gern kennen lernen würdest, er dich aber bloß nicht grüßen soll, wenn deine Mutter dabei ist.«

Als ich auf dem Heimweg von der Schule nach Hause meinen Brief bei Peters Eltern in den Briefkasten warf, fühlte ich mich mächtig erleichtert. Gleichzeitig hatte ich ihm vorgeschlagen, sich mit mir zu treffen, wenn ich mit dem Hund Gassi gehen musste. Peter und ich trafen uns zwei, drei Male heimlich und schafften es bis zum romantischen Händchenhalten. Bei diesem letzten Treffen hatte mir Peter eine kleine silberne Kette mit dem Schriftzug »*I love you*« geschenkt und einen zaghaften Kuss auf die Wange gedrückt. Noch bevor ich mich in Peter verlieben konnte, flog die ganze Geschichte auf, weil ich mein Tagebuch in meiner Schultasche vergessen hatte und Dana und ich an die Übergabe nicht mehr gedacht hatten. Der Streit zwischen mir und meiner Mutter tobte wie üblich, und ich hatte wieder den Verlust einiger Haarbüschel zu beklagen. Meine Mutter setzte in diesem Streit eine Drohung ein, die meinen Hass auf sie nur noch weiter schürte. Sie hatte mir zunächst angedroht, mich in ein Internat zu schicken. Sie schien offensichtlich überfordert gewesen zu sein, als ich sie glaubwürdig völlig begeistert anschrie, dass ich GERN ins Internat gehen würde und sie mir den größten Gefallen damit erweisen könnte. Ich war in meiner Wut so grenzenlos ehrlich, dass ich keinen Hehl daraus machte, dass ein Internat für mich die totale Befreiung sei und ich froh wäre, wenn ich wenigstens einmal am Tag meine völlige Ruhe hätte, denn in den Internaten gäbe es das so genannte »Silencio«.

»Tu's doch endlich!«, schrie ich sie an, und meine Mutter stürzte sich als Antwort wieder wütend auf mich und drosch auf meinen Kopf ein.

»Ich sage dir, was ich tun werde«, giftete sie. »Ich werde deinen Vater anrufen und ihm mitteilen, dass du ab sofort bei ihm wohnen wirst. Such dir schon mal einen guten Chirurgen.«

Jürgen schlichtete am Abend unseren Streit. »Das war aber schäbig von dir, Gundis, so etwas zu deiner Tochter zu sagen«, kritisierte er meine Mutter. Zu mir gewandt fragte er ausführlich, was für ein Typ denn dieser Peter sei, und beteuerte zugleich, dass weder er noch meine Mutter jemals mein Tagebuch angefasst hätten, denn einen solchen Vertrauensbruch könne er bestimmt nicht dulden. »Wenn, dann erfahren wir solche Sachen immer von anderer Seite, niemals aber aus deinem Tagebuch, Christine. Das schwöre ich, so wahr ich hier stehe!« Ich wusste nicht mehr, was und wem ich glauben sollte. Eine innere Stimme sagte mir, dass er gerade gelogen hatte, aber ein Beweis fehlte mir. Wieder einmal schlug er sich auf meine Seite, und statt weiter auf das Thema Peter einzugehen, erzählte mir Jürgen urplötzlich, dass er dringend Hilfe in seiner Fabrik bräuchte und bereit wäre, mir das Doppelte an Stundenlohn zu zahlen, als das im Lädchen der Fall war.

»Gundis«, redete er auf meine Mutter ein, »Gundis, du kannst dir nicht vorstellen, wie dämlich diese Arbeiterinnen sind. Außerdem arbeiten die alle unglaublich langsam, und Christine ist fleißig und hat eine schnelle Auffassungsgabe. Ich brauche sie dringend in meiner Firma für die Herstellung von Prototypen. Wenn Christine ein paar von diesen Spulen gewickelt hat, dann kann ich den Arbeiterinnen ordentliche Zeitvorgaben machen, verstehst du das denn nicht?«

Meine Mutter nickte devot.

»Christine, was sagst du dazu? Neun Mark pro Stunde, und du kannst dir die Zeit frei einteilen. Am besten kommst du nach fünf Uhr, wenn die Arbeiterinnen Feierabend machen, dann kannst du der Mami ein bisschen im Haushalt helfen, dich um Bobby kümmern und kommst danach zu mir in die Firma, ja?«

Ich nickte. Neun Mark pro Stunde waren ein kleines Vermögen, und ich wollte mir unbedingt ein Mofa kaufen, weil ich es leid war, ständig mit dem Fahrrad die Einkäufe durch die Gegend zu schaukeln. Bis zu meinem fünfzehnten Geburtstag hatte ich noch über ein Jahr, und bis dahin hätte ich mit Sicherheit das Geld zusammen.

»Außerdem«, so setzte Jürgen noch nach, »außerdem weißt du dann, Gundis, wo Christine ist, und musst nicht mehr befürchten, dass sie durch die Gegend flippt!«

Meine Mutter nickte noch einmal und schien gänzlich überzeugt zu sein. Ich war gespannt, was auf mich zukommen würde, und wild entschlossen, mein Bestes zu geben. Mit diesem Job brauchte ich keine Bierkästen mehr zu schleppen und den ollen Joghurt im Kühlregal zu stapeln. Außerdem könnte ich dann an den Samstagen endlich mal länger schlafen und bräuchte nicht mehr um halb fünf in der Frühe aufzustehen. Das Angebot von Jürgen war einfach perfekt.

Das Schützenfest in unserer Stadt war immer der Vorbote der bevorstehenden großen Sommerferien und stellte eines der wenigen Highlights des Jahres dar. In diesem Jahr hatte ich es noch im letzten Moment geschafft, mich mittels Ausreden und Notlügen für einige Stunden von zu Hause loszumachen und mich mit meinen Freundinnen auf der Kirmes zu treffen. Jürgen drängte darauf, dass ich in seiner Firma arbeiten sollte, und ich schob die Sache hinaus und begründete es mit Schulstress und dem bevorstehenden Versetzungszeugnis. Offiziell war ich bei meiner Großmutter, und Oma hatte versprochen, für die nächsten drei Stunden nicht ans Telefon zu gehen. Die Sorge, dass meine Mutter bei Oma aufkreuzen würde, brauchten wir nicht zu haben, denn das Verhältnis zwischen den beiden war auf den Gefrierpunkt gesunken.

Mit Dana, Anka und Carla traf ich mich am Autoskooter. Nachdem wir das Hula-Hoop und den Affenkäfig als neueste Kirmesattraktion ausprobiert und für gut befunden hatten, zogen wir weiter zum Zelt des Schützenpaares. Carlas Eltern waren als Ehrengäste dort, und Carlas Vater musste als Brauereidirektor die gute Qualität seines Bieres fleißig demonstrieren. Carla bekam noch flugs einen Schein zugesteckt, und ihre Mutter bedachte uns alle mit überschwänglichen Küsschen auf unsere Wangen. Wenn Carlas Mutter etwas getrunken hatte, wurde sie immer herzlicher und lustiger, aber sie war bei uns Mädels aufgrund ihrer frischen Art sowieso sehr beliebt.

Beim Verlassen des Zeltes wurde ich auf einmal von einem der zahlreichen Motorradfahrer, die dort ihren Treffpunkt hatten, angesprochen. Ich sei aber eine sympathische Maus, sagte der

Typ und lächelte mich freundlich an. Meine Freundinnen kicherten, und ich grinste verlegen. Da ich keine Antwort parat hatte, ging ich einfach weiter und wurde dementsprechend mit Vorwürfen bombardiert.

»Der sah doch supernett aus!«, rief Carla entgeistert, und Anka pflichtete bei: »Und das Motorrad war spitze!«

»Der ist doch viel zu alt«, entgegnete ich entrüstet und setzte nach: »Mindestens achtzehn, wenn ihr mich fragt!«

Meine Freundinnen verstanden die Welt nicht mehr. Ein volljähriger Motorradfahrer war doch »ein echter Knaller«, und für meine Freundinnen bestand der Altersunterschied lediglich aus zwei bis drei Jahren. Alle waren bereits fünfzehn und Dana und Gitta schon sechzehn, und ich war mit meinen Noch-Dreizehn das Küken der Truppe.

»Was möchtest du trinken?«, fragte eine liebenswerte Stimme direkt neben mir, als wir am Bierstand standen.

Oh Gott! Mir wurde heiß und kalt!

Der Motorradfahrer blickte mir direkt in die Augen und sagte: »Keine Angst! Ich wollte nur wissen, wie du heißt und ob ich dir auch eine Cola bestellen soll?«

Die Mädels tuschelten und kicherten unentwegt, und es war mir alles schrecklich peinlich.

Der Nachmittag mit Werner verging im Nu. Werner war nett, unterhaltsam und witzig, und mein Herz schmolz dahin. Irgendwie hatte der Typ Ähnlichkeit mit Pierre Brice, und in seinem linken Ohrläppchen steckte ein kleiner Brilli, was ihm ausgesprochen gut stand. Wir vereinbarten für den nächsten Tag ein Treffen, und meine Freundinnen schlugen vor, durch einen Anruf bei meiner Mutter meine Abwesenheit möglich zu machen.

»Mach dir keine Sorgen!«, rief mir Carla fröhlich nach, »Punkt halb drei rufe ich bei euch an und frage deine Mutter, ob du mir für die Englischarbeit die if-Sätze erklären kannst, okay?«

Und ob das okay war!

Unser Plan ging auf, und mit dem Fahrrad und Bobby im Körbchen strampelte ich am nächsten Tag um kurz nach halb drei in Richtung Treffpunkt. Meine Mutter hatte die Angewohnheit, mir ständig und überall den Hund aufs Auge zu drücken, so als ob Bobby verhindern könnte, dass ihre Christine Blödsinn machte. Es gab praktisch niemanden, der Bobby nicht kannte, und ich mutierte zu »dem Mädchen mit dem kleinen schwarzen Hund«. Der Nachmittag mit Werner war wunderschön. Die Sonne lachte, und mit Bobby auf dem Arm saß ich hinten auf Werners Suzuki und kurvte mit ihm durch die Serpentinen der Waldburg. An einer Lichtung hielten wir an, setzten uns auf eine Bank und schwatzten, was das Zeug hielt. Werner hatte gerade seine Lehre als Zweiradmechaniker beendet und arbeitete in seinem Lehrbetrieb nun als Geselle. Er war begeistert, als er hörte, dass ich selbst Motorrad fuhr, und lud mich ein, zusammen mit seiner Motorradtruppe am Wochenende einen Ausflug zu machen. Ich wiegelte entsetzt ab und erläuterte ihm meine Situation. Werner schaute mich mitfühlend an und fragte, ob es nutzen würde, wenn er mit meiner Mutter sprechen würde, und an seiner lieb gemeinten Frage stellte ich fest, dass Werner nicht wirklich begriffen hatte, was bei uns Standard war.

Als ich am späten Nachmittag nach Hause kam, begrüßte mich meine Mutter mit den Worten: »Was glotzt du eigentlich so dämlich, Christine? Ist irgendwas?«

Ich muss meine Mimik besser unter Kontrolle halten, schoss es mir durch den Kopf. Offensichtlich sah man mir meilenweit an, wenn ich verliebt war, und künftig trainierte ich vor unserer Wohnungstür, ein gleichgültig gelangweiltes Gesicht aufzusetzen.

»Jürgen und ich fahren heute Abend nach Bad Neuenahr ins Spielcasino. Wir haben unseren Jahrestag, und du schläfst gefälligst bei deiner Großmutter«, gellte die Stimme meiner Mutter durch die Wohnung. »Pack schon mal deine Sachen, und verschwinde dann!«

Überglücklich stopfte ich alles Nötige in meine Schultasche und radelte mit Bobby zu meiner Oma. Ich war extrem aufgeregt, denn in meinem Kopf schmiedete ich bereits einen Plan. Oma und Uroma gingen zeitig ins Bett, und bestimmt würde sich eine Gelegenheit bieten, irgendwie aus dem Haus zu gelangen und zu Werner zu laufen. Er hatte mir erzählt, dass er sich am Abend noch mit seinen Freunden in einer Kneipe treffen wollte, und ich fand, dass ich ihm mit meiner Überraschung zeigen konnte, dass ich immer Mittel und Wege finden würde, mich mit ihm zu treffen. Ich war schrecklich verliebt und hatte Angst, dass Werner sich von mir abwenden könnte, wenn er erkennen musste, mit wie vielen Schwierigkeiten eine Freundschaft verbunden sein würde.

Als meine Großeltern im Bett lagen, war es bereits einundzwanzig Uhr. Die beiden alten Damen hatten einen leichten Schlaf, und ich hatte die knarrenden Dielen im Flur nicht bedacht. Das Zimmer, in dem ich schlief, war eigentlich das Esszimmer von Oma, aber sie hatte schon vor Jahren eine Schlafcouch hineingestellt, damit ich dort übernachten konnte. Das Zimmer hatte einen Balkon zur Straße hin, und die Höhe war nicht besonders beängstigend. Die letzten Zweige der hohen Rhododendronbüsche stießen an die Regenrinne am unteren Ende des Balkons, und die Mieter im Erdgeschoss hatten die Rollläden bis unten hin heruntergelassen. Runterzukommen, war nicht das eigentliche Problem, sondern die Frage, wie ich wieder ins Haus gelangen sollte, beschäftigte mich sehr. Mein Entschluss stand fest. Ich zog das Bett ab und verknotete das Bettlaken mit dem Bettbezug. Beides zurrte ich am Balkongeländer fest und begann den Abstieg. Es war ein Kinderspiel. Außer mir vor Freude lief ich durch die Straßen und rannte, so schnell ich konnte, zu der Kneipe in der Stadtmitte. Als Werner mich sah, strahlte er über das ganze Gesicht. Er schloss mich in seine Arme, bestellte mir etwas zu trinken und schüttelte grinsend den Kopf, als ich ihm erzählte, wie ich das Haus meiner Großeltern verlassen hatte. »Du wildes Mädchen«, sagte er zärtlich zu mir und küsste mich behutsam auf die Stirn. Mein Gesicht lag in seinen Händen, und ich fühlte mich wohl und geborgen. Werner war ein lieber Mensch, das spürte ich. Es war Mitternacht, als wir die Kneipe verließen. Werner fuhr mit seiner Maschine nur bis zum Anfang der Straße, in der meine Oma wohnte. Das letzte Stück gingen wir lieber zu Fuß, denn die Suzuki machte einen Höllenlärm, und wir wollten verständlicherweise niemanden wecken.

»Sei bloß vorsichtig, Christine«, wisperte Werner und schaute mit besorgtem Blick zu, wie ich mich an dem Bettlakenseil an der Hauswand hochhangelte.

Als ich oben war, lachte er leise und sagte: »Du bist nicht nur ein wildes Mädchen, du bist auch noch ein Äffchen!« Er warf mir einen Luftkuss zu und machte sich auf den Weg zu seiner Maschine.

In der Dunkelheit hörte ich das laute Brummen seines Motorrades, und ich ging erst wieder ins Zimmer, als das Brummen in der Ferne verstummt war. Alles schien gut gegangen zu sein, und im Haus herrschte absolute Stille. Ich bezog das Bett wieder und schrieb meine Gefühle für Werner auf über vier Seiten in meinem Tagebuch nieder. Erst dann konnte ich einschlafen, und meine Gedanken waren bei »meinem« Werner.

Als ich am nächsten Morgen zur Schule ging und die Hauswand unterhalb des Balkons sah, durchfuhr mich ein Riesenschreck! An alles hatte ich gedacht, nicht aber daran, dass der nächtliche Bodentau meine Schuhe verdreckt hatte und drei deutlich zu erkennende Fußabdruckspuren an der blütenweißen Hauswand zu sehen waren. Das war mein Todesurteil. Ich war mir sicher, dass Oma mich nicht verraten würde, aber das Haus meiner Großeltern lag direkt in der »Einflugschneise« von der Schule meiner Mutter zu unserer Wohnung! Meine Mutter, davon war ich felsenfest überzeugt, würde eins und eins sofort zusammenzählen, und dann gäbe es ein Riesentheater bei uns zu Hause. Und natürlich. Es kam, wie es kommen musste. Zwar war meine Mutter mittags nicht diese Strecke gefahren, wohl aber am frühen Abend, als sie mit Bobby auf dem Weg zu einer Freundin war, mit der sie neuerdings abends immer spazieren ging. Mitten in dem sich wieder einmal eskalierenden Streit rief Jürgen plötzlich an und hörte, dass zwischen meiner Mutter und mir das Kriegsbeil ausgegraben worden war. Ich bekam mit, dass er unverzüglich zur Wohnung kommen wollte, und meine Mutter stand mit hasserfüllten Augen und außer sich vor Wut vor mir. Ich blutete heftig aus der Nase und bemühte mich, mit unzähligen Taschentüchern den Teppichboden mit meinen Blutspuren zu verschonen, weil mir nun gar nicht nach Putzen zumute war.

Endlich! Die Haustür öffnete sich, und Jürgen trat ein. Er blieb wie angewurzelt im Flur stehen und sah meine Mutter mit tiefer Verachtung an. »Ist es denn nicht möglich, Gundis, dass ich mich ein Mal, nur ein einziges Mal, auf dich verlassen kann? Wir hatten doch ausführlich am Telefon darüber gesprochen«, schnauzte Jürgen meine Mutter an.

Ich verstand. Jürgen wusste bereits von meinem nächtlichen Ausflug und hatte meine Mutter offensichtlich gebeten, ihre Emotionen im Zaume zu halten und zu warten, bis er dieses Gespräch mit mir führen konnte. »Lass mich mit Christine alleine! Du machst alles nur noch schlimmer! Verstehst du das nicht?«

Mit hängendem Kopf ging meine Mutter ins Wohnzimmer. Jürgen setzte sich auf meinen Schreibtischstuhl und deutete mir mit einer Geste an, dass ich mich auf mein Bett setzen sollte. Ich heulte und schniefte. Es war besser, sofort ehrlich zu Jürgen zu sein, und so erzählte ich ihm ausführlich, warum ich mich in Werner verliebt hatte und wer dieser junge Mann war. Jürgen schüttelte besorgt den Kopf. »Christine! Dieser Werner gehört zu einer Rockergang und ist vorbestraft. Außerdem ist er bekannt dafür, dass er nichts anderes im Sinn hat, als die jungen Mädchen zu ›knallen‹! Hast du mit ihm geschlafen?«

Entgeistert starrte ich Jürgen an. »Wie kommst du denn darauf?«, stieß ich entsetzt hervor und beteuerte meine Unschuld im wahrsten Sinne des Wortes.

»Wenn du deine Mami beruhigen willst, dann musst du morgen mit ihr zum Frauenarzt und dich untersuchen lassen. Sie wird dir erst dann glauben, wenn der Dr. Kappenstein ihr bestätigt, dass du noch Jungfrau bist. Eine andere Möglichkeit sehe ich nicht. Du weißt doch, wie sie ist, und wenn ich dir helfen soll, dann musst du ihr beweisen, dass du mir gegenüber nicht gelogen hast. Ist doch logisch, oder?«

Ich nickte stumm, und Verzweiflung machte sich in mir breit. Ich fand es entsetzlich erniedrigend, mit meiner Mutter zu Dr. Kappenstein zu gehen und mir anhören zu müssen, wie sie ihn bitten würde, mich verkommenes Mädchen auf meine Jungfräulichkeit hin zu untersuchen. Ich kannte Dr. Kappenstein, weil ich durch das Schwimmtraining gelegentlich mit Pilzinfektionen zu kämpfen gehabt hatte, aber eine richtige gynäkologische Untersuchung hatte der Arzt noch nicht bei mir durchgeführt, sondern lediglich mit einem Wattestäbchen vorsichtig einen Abstrich entnommen.

»Und hör genau zu, Christine! Du versprichst mir, ab sofort nicht mehr mit Jungs herumzumachen, ist das klar?«

Wieder nickte ich. Meine Situation war chancenlos, und ich würde Carla bitten müssen, mit Werner zu sprechen und ihm alles zu erklären. Die Tränen flossen unaufhaltsam, und Jürgen legte seine Hand auf meine Schulter.

»Es wird alles gut, Christine. Ab morgen kommst du zu mir in die Firma, und ich verspreche dir, dass ich deine Mutter in Schach halte, okay?«

Ich nickte ein drittes Mal und drückte Bobby fest an mich. Der kleine Hund schien es immer zu spüren, wenn es mir schlecht ging, und leckte mit stoischer Ruhe meine salzigen Tränen von meinen Händen.

Nach der Schule musste ich mich mit meiner Mutter in der gynäkologischen Praxis von Dr. Kappenstein treffen. Meine Freundinnen waren entsetzt und erschrocken gewesen und hatten in den Unterrichtspausen am Morgen immer wieder versucht, mir Mut und Trost zuzusprechen. Gitta und Dana als die Ältesten regten sich unglaublich über meine Mutter auf, und für alle war klar, dass diese perverse Idee nur von ihr kommen konnte. Jürgen, das sahen auch meine Freundinnen so, schien der einzig Normale in unserer Familie zu sein, und nur er, so waren wir uns sicher, konnte diese Frau von mir fernhalten. »Ich hab's schon immer gesagt«, schimpfte Gitta, »deine Mutter ist krank. Die ist wirklich verrückt und hat eine echte Vollmeise.«

Nichtsdestotrotz, ich musste zur Praxis.

Mit versteinerter Miene erklärte meine Mutter Dr. Kappenstein ihr Anliegen und übersah in ihrer selbstherrlichen Überzeugung seinen skeptischen Blick.

Die warmen Augen, die über die Goldrandbrille lugten, schauten mich an, und unmerklich nickte mir der Arzt zu. »Dann kommen Sie mal, junges Fräulein«, sagte er mit bestimmtem Ton und schob mich in den Untersuchungsraum. Als er die Tür geschlossen hatte, setzte er sich auf einen kleinen runden Hocker und bat mich, auf dem Untersuchungsstuhl Platz zu nehmen. »Was ist denn bei euch los?«, fragte er kopfschüttelnd, und heulend berichtete ich ihm davon, dass es jedes Mal ein unglaubliches Theater gäbe, wenn ich mich mit einem Jungen verabreden würde. Ich erklärte ihm, dass Werner zwar schon achtzehn Jahre alt sei, aber mich noch nicht einmal geküsst hätte. Der Arzt hörte geduldig zu und sagte kein Wort. Bei der Untersuchung gab er sich große Mühe, mir nicht wehzutun. Vorsichtig führte er die Instrumente ein und fragte mich, ob ich Sport treiben würde. Ich erzählte ihm, dass ich bei Körber geritten sei, und Dr. Kappenstein schien erfreut zu sein. »Ich habe mein Pferd bei Körbers stehen. Eine wunderschöne Fuchsstute. Sie heißt Sissy. Wenn du Zeit und Lust hast, rufst du einfach hier in der Praxis an, und dann kannst du Sissy gerne mal putzen!«

»Wenn wir jetzt gleich mit deiner Mutter sprechen, dann möchte ich, dass du einfach den Mund hältst, hast du verstanden?«

»Warum?«, fragte ich, und der Arzt antwortete lächelnd: »Weil du kein Jungfernhäutchen mehr hast und das oft vorkommt, dass gerade bei den Mädchen, die reiten oder die sehr viel Sport treiben, das Hymen, so nennt man das Jungfernhäutchen, reißt, ohne dass das zu spüren ist. Wenn ich DAS deiner Mutter sage, dann hast du schlechte Karten, oder?«

Im Gespräch mit meiner Mutter erklärte Dr. Kappenstein mit fachlich kompetenter Stimme, dass er mich sehr sorgfältig untersucht habe und keine Anzeichen habe feststellen können, dass ich bereits mit einem Mann Verkehr gehabt hätte. Er drückte mir zum Abschied fest die Hand, und die Prozedur hatte ein Ende. Dr. Kappenstein schien einer der normalen Menschen in meinem Umfeld zu sein, und ich war ihm sehr dankbar für seine diskrete Art der Formulierung. Er hatte es geschafft, mir trotz der gynäkologischen Untersuchung ein Stück meiner Ehre und Intimität zu belassen und gleichzeitig meiner Mutter eine befriedigende Antwort zu geben. Geblieben ist jedoch die Erinnerung an das Gefühl der Scham und Hilflosigkeit bei dieser Untersuchung und ihr beabsichtigter Zweck. Jedes Mal, wenn ich heute zum Frauenarzt gehe, muss ich unwillkürlich an Dr. Kappenstein und meine Mutter denken und mich konzentrieren, um bei den Untersuchungen nicht zu verkrampfen.

Am Nachmittag fand ich mich entsprechend meiner Zusage in Jürgens Firma an meinem neuen Arbeitsplatz ein. Der stark übergewichtige und ewig schwitzende Betriebsleiter, Erwin Pluger, musterte mich mit gierigem Blick. Ich stand neben einer der großen Wickelmaschinen und sehnte Jürgens Eintreffen herbei. Erwin starrte mich unentwegt an und glotzte auf meine braunen schlanken Beine. Es war Juli und mächtig heiß, und so trug ich lediglich knappe Shorts und ein T-Shirt.

»Erwin«, ertönte die dunkle Stimme von Jürgen aus den großen Fluren. »Du kannst Feierabend machen. Ich erkläre Christine selber, wie sie die Spulen zu wickeln hat. Und grüß Maria von mir! Habt ihr nicht bald Hochzeitstag?«

»Ja, nächstes Wochenende«, antwortete Erwin mit verächtlicher Stimme. Es war nicht zu überhören, dass ihn die Ehe mit seiner Maria anwiderte.

Ich fand diesen Kerl einfach nur ekelhaft. Als Erwin weg war, stöhnte ich laut auf und sagte lachend zu Jürgen: »Bin ich froh, dass der weg ist! Mit diesem Mann fühle ich mich absolut nicht wohl.«

»Ich hoffe, dass das bei mir nicht so ist.« Jürgen lachte mich an und streichelte meine Schulter. »Ich habe übrigens noch nie jemanden hier sitzen gehabt, der so schnell begriffen hat, wie die Spulen zu wickeln sind. Diese hier haben nämlich vier verschiedene Kupferdrahtstärken, und die meisten anderen haben nur zwei, maximal drei unterschiedliche Lagen. Ich bin beeindruckt, Christine.«

Stolz saß ich an diesem Monstrum von Maschine und wickelte eine Spule nach der anderen. Zum Schutz der Finger hatte mir Jürgen gezeigt, wie man mit Isolierband das jeweils mittlere Gelenk an den Zeige- und Mittelfingern umwickelte, damit man sich nicht an den Drähten schnitt. Für meinen Geschmack saß er zu eng neben mir, aber weil Jürgen so vertieft in seine Aufgabe war, akzeptierte ich die Nähe und verwarf jeden weiteren Gedanken.

Am Ende meines ersten Arbeitstages hatte ich von siebzehn bis zwanzig Uhr gearbeitet und eine akzeptable Anzahl von Spulen gewickelt.

»Die Frauen werden aber sparsam aus der Wäsche schauen, wenn ich Ihnen morgen die Zeitvorgaben mache«, scherzte Jürgen. Er strahlte mich an und sagte: »Weißt du eigentlich, WIE wichtig das ist? Die sollen sich ja schließlich nicht ausruhen, sondern arbeiten, oder?«

Ich nickte beifällig. Das Gefühl, etwas so Wichtiges hier in Jürgens Firma zu machen, war ein tolles Gefühl! Es war eine angenehme Arbeit, weil man sich konzentrieren musste und die verschiedenen Arbeitsabläufe immer schneller beherrschte, je mehr Spulen man wickelte. Die Zeit war verflogen, und ich fühlte mich nicht so, als ob ich drei Stunden gearbeitet hätte.

»Ich bringe dich schnell nach Hause«, sagte Jürgen.

Ich protestierte. »Ich brauch doch nur über das Gelände hinter dem Versand zu gehen, und schon bin ich am Gartenzaun!«

Jürgen hob den Telefonhörer ab und wählte, ohne zu antworten, eine Nummer. »Gundis«, begann er eine Spur zu freundlich, »Gundis, das klappt super mit Christine. Wir haben noch kurz zu tun und sind in einer halben Stunde zu Hause. Ich mache dann auch Feierabend. Bis gleich.«

»So!« Jürgen grinste. »Wir beide fahren jetzt nach Hagen in die Eisdiele, da gibt es das weltbeste Eis!«

Nach Hagen? Nie im Leben würden wir in einer halben Stunde zu Hause sein, wenn wir jetzt nach Hagen führen, schoss es mir durch den Kopf.

»Möchtest du ein Spaghettieis oder Vanilleeis mit heißen Himbeeren?«, fragte Jürgen euphorisch.

Ich aß beides furchtbar gern und musste tatsächlich überlegen.

»Jetzt pass auf, Christine! Der Jaguar fährt über zweihundert Sachen, aber mit der Mami kann ich nicht so schnell fahren, die macht sich vor Angst immer in die Hosen. Sag mir jetzt nicht, dass du auch so ein Schisser bist!«

Entrüstet verneinte ich. Ich fuhr tatsächlich gern schnell, und sehr viel rasanter als die Fahrten im Peugeot mit meinem alkoholisierten Vater konnte diese Fahrt auch nicht werden. »Boah, ist das stark!«, rief ich begeistert, als Jürgen mit dem Jaguar über die Autobahn schoss. »Man merkt ja gar nicht, dass man so schnell fährt.«

»Hier! Schau selber nach«, erwiderte Jürgen. »Wir sind schon über zweihundert!«

Ich beugte mich zu ihm hinüber, um einen Blick auf den Tacho zu werfen. Es stimmte tatsächlich. Zweihundertzehn und noch kein Ende in Sicht. Was für ein tolles Auto!

Als Jürgen auf dem kurzen Fußweg zur Eisdiele seine Hände um meine schmalen Hüften legte, tuschelte er mir ins Ohr: »Guck mal, wie die alle glotzen. Die denken wahrscheinlich ›Was will der alte Bock mit so einem Kind?‹!«

Ich protestierte. Erstens, so argumentierte ich, sei ich nun wahrlich kein Kind mehr, sondern würde in wenigen Wochen schon vierzehn, und zweitens, so fände ich, wäre er doch nun wirklich kein »alter Bock«!

Jürgen war in ausgelassener Stimmung, und selten hatte ich ihn so unbeschwert erlebt. Ich verschlang mein Spaghettieis in den weichen Lederpolstern des Jaguars, der bereits in Richtung Heimat schnurrte. Ich war für wenige Momente ein glückliches Mädchen, denn Jürgen unternahm etwas Aufregendes mit mir, und meine Mutter konnte diese Freude endlich einmal nicht schmälern. Im Gegensatz zu ihr genoss ich die Geschwindigkeit, und ich fand, dass sie selbst schuld war, wenn sie ständig an allem und jedem herummäkelte und Jürgen es daher wohl lustiger fand, mit mir loszudüsen.

»Das müssen wir bald wieder machen und großes Ehrenwort, ich sag nix, okay?«, sagte ich zu Jürgen, bevor wir ausstiegen.

»Logisch«, antwortete er und grinste zufrieden. »Das bleibt unser Geheimnis. Im Übrigen: Tut mir leid mit deinem Tagebuch! Die Mami hat es gefunden und gelesen, und ich habe ihr strikt verboten, so etwas noch einmal zu machen. Sei ganz beruhigt. Ich werde dafür sorgen, dass das nie wieder passiert, verstanden?«

Ich hatte verstanden. Der Feind war gar nicht Jürgen. Er war nie mein Feind gewesen. Meiner Mutter schien jedes Mittel recht zu sein, und wenn mich überhaupt irgendjemand vor dieser Frau beschützen konnte, dann nur Jürgen. »Ich hab's geahnt, dass sie in meinen Sachen herumgewühlt hat. Aber danke, dass du es mir gesagt hast. Du bist wenigstens ehrlich zu mir!«

In den Sommerferien arbeitete ich viel bei Jürgen in der Firma. Von seinem Betriebsleiter bekam ich während dieser Wochen mit, dass dieser zwei Söhne hatte, von denen der jüngere der augenscheinlich beliebtere war. Erwin schwärmte in höchsten Tönen von ihm und erzählte immer wieder, dass der »Kleine« so toll Orgel spielen könne. Für seinen ältesten Sohn Michael hingegen hatte er nicht viel übrig.

Michael besuchte seinen Vater eines Tages in der Firma, und ich sah einen mageren, blassen Jungen mit Pickeln, der in meinem Alter sein musste. Ständig schaute Michael auf den Boden, und als er mir die Hand zum Gruß reichte, stellte ich fest, dass die Haut auf der Handinnenseite hart und krustig war. Roter Schorf zog sich über den Handrücken und kroch unter die Ärmel seines langärmeligen T-Shirts. Wann immer sich die Gelegenheit bot, murmelte Michael etwas von »... muss mal eben Hände waschen ...« und verschwand in der Herrentoilette. Erst Jahre später, als ich einen Bericht über Waschzwänge gelesen hatte, wusste ich dieses Verhalten von Erwins Sohn richtig einzuschätzen. Der arme Junge muss unter einer heftigen Neurodermitis und unter einem Waschzwang gelitten haben, und ich frage mich bis heute, was Michael sich von der Seele waschen wollte ...

Jürgen war nicht gut auf Erwin zu sprechen. Er machte sich oft lustig über ihn und bestätigte mich in meinem Gefühl, dass der Kerl irgendwie ekelig war. Wenn Erwin die Firma verlassen hatte, saß Jürgen oft neben mir an der Wickelmaschine und lästerte mit mir über ihn. Er erzählte mir, dass Erwin wirklich pervers sei und seine Maria mit allen möglichen Sexspielchen drangsalieren würde. Erwin würde ein ganzes Arsenal an Sexspielzeug besitzen und Maria zwingen, es in alle möglichen Körperöffnungen zu schieben, und sei es noch so groß.

Ich schüttelte mich vor Unbehagen und war froh, dass Jürgen dieselbe Meinung von Erwin hatte wie ich. Jürgen war eben normal und Erwin nicht.

Ich genoss die Stunden in der Firma in vollen Zügen. Obwohl draußen herrlichster Sonnenschein war und meine Freundinnen entweder im Urlaub waren oder sich im Freibad räkelten, bereute ich es keine Sekunde lang, meine Sommerferien in den kalten Gemäuern der Fabrik inmitten von Wickelmaschinen zu verbringen. Um meiner Mutter und ihren nicht enden wollenden Erledigungsbefehlen zu entgehen, arbeitete ich bereits ab Mittag. So brauchte ich lediglich für das Frühstück und das Mittagessen zu sorgen und hatte den restlichen Tag über meine Ruhe vor ihr. Jürgen schien meine Strategie erahnt zu haben, denn er diskutierte immer wieder mit meiner Mutter, wie wichtig bestimmte Aufträge und somit meine Arbeit seien und dass diese Tätigkeit doch viel besser sei, als wenn ich unkontrolliert in der Stadt mit meinen Freundinnen umherziehen würde. Sie schluckte es ohne Widerworte, und die gemeinsamen Abstecher nach Hagen in die Eisdiele blieben weiterhin ein gut gehütetes Geheimnis zwischen Jürgen und mir.

Eines Abends überraschte uns Jürgen mit einer aufregenden Neuigkeit: Er hatte ein großes Haus gekauft und schwärmte von der Einrichtung und dem großen Garten. Wir müssten uns unbedingt dieses Haus anschauen, denn dort sei nun endlich Platz für uns alle. An diesem Abend schwebte ich mal wieder auf Wolke sieben. Zwar war die Aussicht, mit Ulf und Martin eine große Familie zu bilden, nicht gerade prickelnd, und eigentlich reichten mir die gemeinsamen Wochenenden voll und ganz, weil diese sich ausschließlich um das Thema Motorrad und Technik drehten. Vielleicht aber war die Konstellation zu fünft auch eine Chance für mich. Ich hoffte, dass sich meine Mutter etwas beherrschen würde und ich in der Masse quasi untergehen würde, weil sie sich dann schließlich auch um Ulf und Martin kümmern müsste. Außerdem, so dachte ich, könnte mir zumindest Ulf beim Einkaufen oder anderen Aufgaben helfen.

Am Samstag war es dann so weit: Jürgen packte uns alle ins Auto und fuhr mit uns in sein neues Haus. Wir standen vor einem großen Bungalow in einer schicken Wohngegend am Ortsrand der Stadt, und schon allein die Hauseingangstür aus bronzefarbenem Metall war imponierend genug. Gespannt warteten wir darauf, wie Jürgen die beiden Schlösser mit modern anmutenden Schlüsseln öffnete und uns in sein neues Reich hereinließ.

»Hier oben«, begann Jürgen mit seiner Besichtigungstour, »hier ist das Wohnzimmer. Riesig, ne? So, und hier ist die Küche, hier noch mal extra ein WC. Ulf, da kannst du dann so lange deine Sitzungen abhalten, wie du willst.«

Ulf grinste verschämt.

»Kommt mit! Hier durch den Flur geht's zum Bad. Toll, oder? Und hier … Achtung! Aufgepasst! Ulf, hier wird dein Zimmer sein. Martin, du bekommst das Zimmer gleich nebenan, und das Zimmer dazwischen wird das Schlafzimmer von Gundis und mir sein. Naaaa? Was sagt ihr?«

Ulf und Martin standen in ihren Zimmern und waren völlig aus dem Häuschen. Beide Zimmer hatten große Fenster und machten auch ohne Möbel einen behaglichen Eindruck.

Während sich alle in »ihren« Zimmern umschauten, bildete sich auf meiner Stirn ein riesiges Fragezeichen. Alle hatten ihr persönliches Reich, nur von mir war nicht die Rede. Erleichtert stellte ich fest, dass es im Badezimmer keinen Gasboiler gab und das Bad aufgrund der Badewanne keinen Platz für ein Bett bot.

»Soooo«, wandte sich Jürgen auf einmal an mich und lächelte mich freundlich an. »Christine! Du bist doch sicherlich schon gespannt, wo du dein Zimmer haben wirst, oder?«

Ich nickte, und gleichzeitig fiel mir ein Riesenstein vom Herzen. Auf Jürgen war zum Glück Verlass.

Jürgen rief alle zusammen. »Christine wird bald vierzehn, und ich bin der Meinung, dass sie als junges Mädchen sicherlich gern mal ungestört sein möchte, habe ich Recht?«

Und ob dieser Mann Recht hatte, dachte ich. Endlich mal Ruhe und nicht ständig meinen Namen hören, das wäre klasse!

»Dein ganz privater Bereich ist unten im Haus. Da hast du dein eigenes Bad, und niemand nervt dich. Kommt alle mit runter! Das schauen wir uns gemeinsam an.«

Wie die Lemminge liefen wir hinter Jürgen die schmale geflieste Treppe in den Keller hinunter. Vor einer Tür blieb er stehen. »Im Gegensatz zu euren Zimmern, Jungs, ist das Zimmer von Christine bereits vollständig eingerichtet. Ich habe es für viel, viel Geld dem Vorbesitzer des Hauses abgekauft, und er hat sich nur schweren Herzens von dem Inventar getrennt. Das war wirklich ein hartes Stück Arbeit, aber ich habe ihn doch überzeugt. Jetzt hoffe ich natürlich, dass es dir gefällt, Christine.«

»Ich bin sicher, dass es mir gefallen wird«, antwortete ich voller Überzeugung und bettelte: »Jetzt mach doch endlich die Tür auf, Jürgen, ich bin doch sooo gespannt!«

Mit einer galanten Geste öffnete Jürgen die Tür, und für Sekunden waren wir alle sprachlos. Der Raum war mit schwarzem Holz vertäfelt, und der dichte, weiche Teppichboden war blutrot. Schwere dunkelrote Samtvorhänge verdeckten die Sicht auf das eher kläglich wirkende Kellerfenster. Das Größte und Imposanteste in diesem Zimmer stellte jedoch das Bett dar. Mit einer Breite von über zwei Metern war es mit Sicherheit das größte Bett, das ich jemals zuvor gesehen hatte. Es war vollständig aus Plüsch mit Leopardenmuster, verfügte über ein eingebautes

Radio im Kopfteil und eine elektrische Fernbedienung, mit der man das Kopf- und Fußteil verstellen konnte. Sämtliche Lichtquellen im Raum bestanden aus Messing, und an den Wänden hingen Mittelseiten aus einem *Playboy*, von denen mich lüstern dunkelhaarige junge Frauen anschauten.

Mir blieb die Spucke weg. Gedanken und Gefühle wirbelten in mir hin und her, und ich wusste nicht, ob ich weinen oder mich freuen sollte. Sicherlich, das Zimmer war mit Abstand das Auffallendste im gesamten Haus, aber die Vorstellung, in diesem Raum meine zukünftigen Nächte zu verbringen, beängstigte mich. Ich vermisste meine kleine Yucca und überlegte krampfhaft, wo Bobbys Decke Platz finden könnte.

»Die Bilder an den Wänden kannst du natürlich abhängen«, riss mich Jürgen aus meinen Gedanken. »Der Vorbesitzer hat sie aufgehängt, und ich fand sie eigentlich sehr schön, weil sie so ästhetisch sind. Na ja … aber MEIN Geschmack muss ja nicht DEIN Geschmack sein, stimmt's? Was ist Christine? Bist du etwa enttäuscht? Oje, und ich dachte, ich hätte dir eine Freude gemacht!«

»Doch, doch«, stammelte ich unbeholfen, und meine Mutter zischte mir ins Ohr: »Verdammt noch mal, Christine! Du wolltest doch wohl nicht meckern, oder? Jetzt sei doch dankbar, dass Jürgen dir dieses wunderschöne Zimmer gibt.«

Jürgen starrte mich mit seinem »Oh-jetzt-bin-ich-aber-enttäuscht«-Blick an, und irgendetwas bewog mich, meine Lippen endlich zu bewegen.

»Doch, doch, Jürgen. Ich finde es auch wunderschön. Ich bin nur … so beeindruckt.«

Jürgens Miene erhellte sich. »Dann wirst du erst recht staunen, wenn ich dir dein eigenes Badezimmer zeige. Komm!«

Das Badezimmer war in einem fröhlichen Gelb gekachelt und mit einer Dusche und zwei Waschbecken, einem Bidet und einer Toilette ausgestattet. Die Armaturen funkelten in einem wertvoll aussehenden Gold, und die hochflorigen Badematten mit ihren Goldbiesen strahlten eine vornehme Eleganz aus.

»Das ist ja viel größer als unser Bad«, protestierte meine Mutter lauthals.

»Tja, aber es ist MEIN Badezimmer«, entgegnete ich zickig und stellte mich demonstrativ neben Jürgen.

Jürgen schien mit dem Ergebnis seiner Vorführung sichtlich zufrieden zu sein.

Er lud uns zum Essen ein und erzählte uns beim Griechen, wie er sich das zukünftige Zusammenleben vorstellte. Nach seinen umfangreichen Erläuterungen und Erklärungen war es für uns alle vollkommen nachvollziehbar, dass Ulf und Martin während der Woche bei Margot bleiben sollten, da die Schule in der Nähe war und die Jungs ihre Mutter bräuchten. Was meine Mutter und mich anbelangte, war Jürgen der Meinung, besser kein Öl ins Feuer zu gießen und vorerst in der Eigentumswohnung meiner Mutter zu bleiben. Er befürchtete, dass Margot es zu sehr verärgern könnte, wenn meine Mutter und ich in dieses Haus ziehen würden, und wollte stattdessen abwarten, bis Margot mit einem neuen Lebenspartner ihr eigenes Glück gefunden hatte.

Im Laufe der nächsten Tage sorgte insbesondere diese Entscheidung für ständige Streitgespräche und lange Diskussionen zwischen meiner Mutter und Jürgen. Sie machte ihm eine Szene nach der anderen und wollte nicht einsehen, dass Jürgen es vorzog, taktisch vorzugehen und dafür zu sorgen, dass Margot nicht wütend die Scheidung einreichte. In der Firma beklagte sich Jürgen bei mir, dass meine Mutter dumm sei und einfach nicht begreifen würde, dass er im Falle einer Scheidung bankrott sei. Meine Mutter würde sich an Äußerlichkeiten »aufhängen« und dabei übersehen, dass er diese finanziellen Strapazen mit dem Hauskauf doch nur auf sich genommen hätte, um das Beste aus der Situation zu machen. Jürgen schwatzte mir so lange die Ohren voll, bis ich mich irgendwann in der Position der Tröstenden wiederfand. Ich sprach ihm Mut zu und sagte ihm, dass es schwer sei, mit meiner Mutter in Ruhe zu sprechen, weil sie sofort aus der Haut fuhr und Argumenten gegenüber nicht mehr zugänglich war. Ganz so Unrecht hatte ich damit sicherlich nicht …

Meine Mutter hatte den Kampf nach einiger Zeit aufgegeben. Stattdessen badete sie fortan abends bei uns zu Hause, instruierte mich, danach unverzüglich die Badewanne zu putzen, weil das Badeöl einen Schmierfilm hinterließ, packte ihre Siebensachen zusammen und verschwand nach Jürgens Telefonanruf gegen einundzwanzig Uhr in Richtung Haus. Bis zu meinem Auszug sollte dieses Ritual bestehen bleiben, sodass ich von meinem vierzehnten bis achtzehnten Lebensjahr während der Woche in der Nacht allein war. Mich störte dieser Umstand nicht im Geringsten. Ich wartete immer sehnsüchtig auf Jürgens Anruf und freute mich, wenn dieser Anruf schon vor zwanzig Uhr kam. Wenn Jürgen rief, war meine Mutter nicht mehr zu halten, und die kurze Zeit der absoluten Ruhe in der Wohnung stellte für mich Urlaub vom Alltag dar. Im Laufe der Jahre entwickelten sich merkwürdige Verhaltensweisen: So musste ich abends, wenn ich nicht bei Jürgen in der Firma arbeitete, frische Erbsensuppe oder Gulaschsuppe zubereiten, damit meine Mutter den Topf mit ins Haus nehmen konnte, um Jürgen zu beköstigen. In seinem Haus sollte nicht gekocht werden, weil er die Küche peinlich sauber hielt und es hasste, wenn der Essensgeruch bis ins Schlafzimmer gezogen war. In seinem Haus gab es keinen Hinweis auf die Existenz meiner Mutter oder von mir. Sämtliche Toilettenartikel und Kleidungsstücke mussten am Morgen wieder mitgenommen und am Abend wieder hingebracht werden, sodass meine Mutter jeden Abend mit einem riesigen Korb am Arm zu Jürgen fuhr.

Das Frühstück nahmen die beiden fortan auch nicht mehr gemeinsam bei uns zu Hause ein, sondern meine Mutter erschien alleine um zwanzig nach sieben, stürzte sich an den gedeckten

Frühstückstisch, schlang hastig ein Brötchen in sich hinein und fuhr fünfzehn Minuten später zur Schule. Wir wechselten in dieser kurzen Zeit praktisch kein Wort miteinander, und ich spürte deutlich, dass es meiner Mutter wirklich zuwider war, mit mir allein an einem Tisch zu sitzen. Ihre Aversion war verletzend, denn oft genug hörte ich, wie sie Jürgen entrüstet am Telefon sagte: »Ich werde doch hier nicht den Abend mit meinem pubertierenden Töchterchen verbringen!« Selbst wenn Jürgen auf Geschäftsreisen war und erst mitten in der Nacht zurückkehrte, zog meine Mutter mit ihrem Korb in sein Haus. Ihr großes Schlafzimmer stand leer und glich nach einigen Wochen eher einer Abstell- und Bügelkammer denn einem gemütlichen Schlafraum. Die Kluft zwischen uns beiden war mittlerweile unüberbrückbar. Viel zu sehr war meine Mutter mit ihrem merkwürdigen Leben beschäftigt, und ich zählte die Tage bis zu meiner Volljährigkeit. Das Verhältnis zu Jürgen hingegen gestaltete sich zunehmend angenehmer für mich. Im Gegensatz zu meiner Mutter schien Jürgen die Nähe zu mir zu suchen und gern Zeit mit mir alleine zu verbringen. Dafür liebte ich ihn aufrichtig und war voller Dankbarkeit für ihn. Es gab Vorfälle, die mir Anlass gaben, über seine Sympathien für mich genauer nachzudenken.

Es war Herbst, und wir hatten mal wieder den Samstagnachmittag im Panzerübungsgelände verbracht. Ulf und Martin waren müde, und meine Mutter war wie immer völlig entnervt von dem Herumstehen im Nieselregen. Jürgen und ich fuhren los, um vom Chinesen Essen abzuholen. An den Wochenenden wurde in Jürgens Haus nur zusammen gefrühstückt. Gekocht wurde prinzipiell nicht, was ich natürlich völlig genial fand. Jürgen war in bester Laune. Er scherzte mit mir, und lachend kamen wir mit dem Essen zurück. Die gute Stimmung übertrug sich während des Essens auf die anderen, und plötzlich alberten alle miteinander herum. Es war ein sehr schöner und spaßiger Abend, und so staunten wir nicht schlecht, dass Jürgen sich relativ früh verabschiedete, um ins Bett zu gehen. Normalerweise war er meist noch länger als meine Mutter auf und ging lange nach uns Kindern schlafen. Er habe eine anstrengende Woche gehabt, entschuldigte er sich und zog sich ins Schlafzimmer zurück. Auffällig war, dass meiner Mutter nicht die Kinnlade herunterklappte, weil sie doch nun mit drei albernen Kindern allein war.

Mir selbst war es erst aufgefallen, als Martin plötzlich sagte: »Gundis, du kannst ja richtig lustig sein.« Martin und meine Mutter hatten eigentlich ein sehr gespanntes Verhältnis, weil Martin tierisch eifersüchtig auf sie war und mit seinen zehn Jahren die Trennung seiner Eltern schlecht verkraftet hatte.

»Ja natürlich«, konterte meine Mutter und schlug vor: »Wir ärgern Jürgen jetzt ein bisschen! Habt Ihr Lust?«

»Klaro«, kam es einhellig aus unseren Mündern. Jürgen ärgern war doch eine prima Idee.

Meine Mutter erklärte uns den Schlachtplan. Ich sollte mich an ihrer Stelle ins Bett legen und so tun, als sei ich meine Mutter. Sie erklärte mir, dass ich mich grunzend in die Decke rollen sollte, an Jürgen heranrobben müsste, um dann mit meinen Füßen unter seiner Decke an seinen Beinen entlangzustreichen. Auf diese Weise würde er bestimmt darauf reinfallen. Ulf und Martin sollten sich derweil mit nassem Klopapier »bewaffnen«, und in genau dem Moment, in dem Jürgen entdecken würde, dass gar nicht seine Gundis, sondern ich im Bett läge, ihren Vater mit den Klopapierbällchen bewerfen. Ulf und Martin waren begeistert und ich aufgeregt und gespannt, ob der Plan funktionieren würde.

Wir versteckten uns an der Schlafzimmertür, und ich ging wie selbstverständlich hinein und legte mich auf die Bettseite meiner Mutter. Als ich dort lag, wurde mir auf einmal mulmig zumute. Aber egal. Ich wollte die anderen schließlich nicht enttäuschen, und so grunzte ich laut und deutlich und robbte mich an den offensichtlich schlafenden Jürgen heran. Als Jürgen dann aufwachte, weil ich mit meinen Füßen an seinen stacheligen Beinen herumwurschtelte, rief er: »Ach Gundis! Was willst du denn schon wieder von mir? Lass mich doch schlafen.«

Unterdrücktes Gekicher war von der Tür her zu hören. Ich schien mit meiner Aktion die anderen zu belustigen und fühlte mich angespornt. Ich hielt meine Füße nicht still und fuhr unbeirrt fort, als Jürgen sich auf einmal zu mir herüberdrehte und stöhnte: »Gundis, bist du denn nie zufrieden? Was willst du denn jetzt?« Er rollte sich fast auf mich, begrapschte mich zwischen den Beinen und schickte sich an, mich zu küssen.

Panik ergriff mich. Jetzt ging mir das Ganze deutlich zu weit, und ich versuchte, Jürgen von mir wegzuschieben.

»Christine! Das bist ja DUUU!«, rief Jürgen überrascht, und kreischendes Gelächter war von der Tür zu hören. Jürgen warf sich auf seine Seite zurück, und schon ging das Licht an, und Ulf und Martin schmissen mit dem nassen Klopapier nach Jürgen. Alle lachten und juchzten, und mein Herz pochte. Ich fand die Situation gar nicht mehr komisch und wollte nur noch raus aus dem Bett. Trotzdem lachte ich mit. Wenn alle die Komik an dieser Situation sahen, dann wäre ich ein Spielverderber gewesen. Schließlich wollte ich dazugehören und nicht aus der Reihe tanzen.

Als ich später in dem riesigen Leopardenbett lag, rasten meine Gedanken gleich einer Achterbahn durch meinen Kopf. Hatte Jürgen wirklich nicht gemerkt, dass ICH da gelegen hatte? Fand ich das alles so schrecklich, weil Jürgen der Freund meiner Mutter war? Ich mochte Jürgen doch, und ich stellte mir vor, wie ich mich in seinem Bett gefühlt hätte, wenn er nicht der Freund meiner Mutter gewesen wäre. Ich fragte mich, ob ich Jürgen als MANN gut fand, und war völlig verwirrt.

Am nächsten Morgen erzählten alle von diesem tollen Streich, und ich beschloss beim Frühstück, jeden Gedanken, dass Jürgen mich eventuell reizvoll gefunden hatte, weit beiseitezuschieben. Ich bildete mir wirklich zu viel ein und hatte bestimmt Hirngespinste.

Der Winter kam unaufhaltsam, und schon bald stand Weihnachten vor der Tür. Meine Mutter war allerübelster Laune, weil Jürgen Heiligabend zunächst bei Margot und den Kindern verbringen wollte, um dann am späteren Abend mit Ulf und Martin ins Haus zu kommen und eine zweite Bescherung zu veranstalten. Mit angespannter Miene saß meine Mutter den Nachmittag vor dem Fernseher und strickte sich die Wut vom Leib. Als der Anruf von Jürgen dann endlich kam, packten wir die Päckchen und Pakete ins Auto, fuhren zum Haus und schleppten die Töpfe mit Knödeln, Rotkohl und Sauerbraten in die Küche. Der Hals meiner Mutter war schon wieder übersät mit ihren berühmten roten Hektikflecken, und ich hätte sonst etwas darum gegeben, den Abend bei meinen Großeltern verbringen zu können, so wie ich es in den letzten Jahren so gern getan hatte. Die Bescherung und den Abend mit Ulf und Martin empfand ich als reine Farce. Alle drei waren satt bis über beide Ohren, und meine Mutter platzte innerlich vor Wut, weil ich die Einzige war, die kräftig zulangte. Außer dem Sauerbraten hatte sie ohnehin nicht viel zubereitet, und ich verstand ihre finstere Miene nicht. Sobald es ging, verabschiedete ich mich und ging zu Bett.

Am nächsten Nachmittag holte Margot ihre Söhne ab. Mit einer Freundin und den Kindern fuhr sie nach Zermatt zum Skilaufen, und ich beneidete Ulf und Martin. Bestimmt würden sie eine Menge Spaß miteinander haben, denn Margot unternahm viel mit ihnen, und das gern. Der erste und zweite Weihnachtsfeiertag konnten nur Ärger bringen, denn meine Mutter war in absoluter Kampfstimmung. So gut es ging, versuchte ich Jürgen und meiner Mutter aus dem Weg zu gehen, was schwierig war, denn in »meinem Zimmer« gab es nichts, womit ich mich hätte beschäftigen können, und tagsüber hielt ich mich nie in diesem Raum auf, weil vom Tageslicht nicht viel zu sehen war. Ulf und Martins Zimmer waren durch die großen Fenster hell und freundlich und quollen vor Spielzeug nur so über, aber diese Räume waren tabu für mich. DAS hatten mir beide in der Vergangenheit deutlich zu verstehen gegeben. Zu allem Unglück hatte ich mein Buch *Wir Kinder vom Bahnhof Zoo* in der Wohnung liegen gelassen, und so blieb mir nur noch Bobby, dem ich mich ausgiebig an diesem ersten Weihnachtsfeiertag widmete.

Am Abend schlug Jürgen versöhnliche Töne an. Er machte den Vorschlag, einen Glühwein für uns alle zuzubereiten und langsam Gemütlichkeit einkehren zu lassen. Murrend stimmte meine Mutter zu und nahm das Sofa in Beschlag. Ich setzte mich in einen der Sessel und guckte Fernsehen.

»Der Glühwein ist fertig«, ertönte Jürgens Stimme aus der Küche. »Achtung, hier kommt er!«, und schon brachte Jürgen drei Becher von dem heißen Gebräu auf einem Tablett ins Wohnzimmer. »Prost!«, rief er uns zu und schmatzte mir und meiner Mutter ein Küsschen auf die Wange. Irgendwie tat er mir furchtbar leid, wie er verzweifelt bemüht war, die düstere Stimmung zu heben, und ich verachtete meine Mutter, wie sie selbstgefällig auf dem Sofa lag und kein bisschen freundlicher wurde. Zumindest hätte sie versuchen können, dachte ich abfällig, das Beste aus diesem Tag zu machen. Die Leidtragenden ihrer miesen Laune waren schließlich Jürgen und ich, und ich fühlte mich mächtig solidarisch mit Jürgen. ICH würde ihm eine solche Szene nicht machen, und ICH würde auch nicht einen ganzen Tag lang alles kaputtmachen. Diese Gedanken gingen mir durch den Kopf, während ich auf meinem Sessel saß und Jürgen und meine Mutter beobachtete.

Der Glühwein schmeckte köstlich und ließ auf einmal alles so leicht und unbeschwert erscheinen. Ich kicherte und gluckste vor mich hin, und Jürgen schenkte mir den Becher noch einmal nach. »Gundis, was ist los mit dir? Pennst du schon wieder? Sei doch mal ein bisschen lustig!« Jürgen stieß meine Mutter unsanft an den Schultern.

Meine Mutter, die anscheinend tief und fest schlief, war nicht wach zu bekommen. Ich wunderte mich und schlürfte weiter an meinem Glühwein. Als mir plötzlich schlecht wurde und sich alles zu drehen begann, setzte ich den Becher ab und lallte Jürgen entgegen: »Mir is so schlecht. Isch geh dann mal ins Bett.« Als ich aufstehen wollte, fiel ich wieder zurück auf den Sessel. Ich nahm die Umgebung wie durch einen Nebelschleier wahr, und dankbar lehnte ich mich an Jürgen an, der mir auf die Füße geholfen hatte und mich aus dem Wohnzimmer führte.

»Wir müssen da entlang«, sagte ich albern, weil Jürgen nicht in Richtung Kellertreppe ging, sondern mich auf direktem Wege in sein Schlafzimmer führte. Er setzte mich auf sein Bett, kniete sich vor mich hin und streichelte meine Oberschenkel. »Hast du denn gar nicht gemerkt, Christine, dass ich mich hoffnungslos in dich verliebt habe?«, flüsterte Jürgen.

Ich starrte ihn durch die nebelige Wand an und dachte belustigt darüber nach, was diese Aktion jetzt sollte. Jürgen konnte nur Spaß machen und wollte mich bestimmt auf den Arm nehmen.

Jürgen stöhnte und wisperte: »Du bist meine Göttin, Christine. Verstehst du nicht? DU gehörst in dieses Bett und nicht die Mami!« Er setzte sich neben mich auf das Bett, zog mich mit einem festen Griff herunter, bis ich auf dem Rücken lag, und begann, sanft mein Gesicht zu streicheln.

Im dunklen Licht konnte ich Jürgens Gesicht kaum erkennen, und ich war einfach nur schrecklich müde. Meine Glieder hingen schlaff auf dem Bettzeug, und fast wäre ich eingeschlafen, als Jürgen mich plötzlich gierig küsste und wie wild mit seiner Zunge in meinem Mund herumwühlte. Seine Hände streichelten meinen mageren Körper, und er knetete die Stelle, an der sich langsam so etwas wie eine Brust entwickelte. Mit meinen vierzehn Jahren war ich noch ziemlich unentwickelt und die Einzige aus meiner Klasse, die noch nicht ihre Periode hatte. Ich wollte sprechen und aufbegehren, dass das doch alles nicht ginge, weil Jürgen doch der Freund meiner Mutter war. Mit seinen einundvierzig Jahren war er ein erwachsener Mann und spielte in einer Liga, in der ich absolut nicht zu Hause war. Jürgen küsste mich weiter und weiter, und ich hatte Mühe, Luft zu bekommen, geschweige denn, irgendetwas sagen zu können. Als er mit seiner Hand zwischen meine Schenkel fuhr und sich am Slip vorbeizwängte, um meine Genitalien zu berühren, presste ich mit aller Gewalt die Beine zusammen. Jürgen unterbrach einen Moment das Küssen, und sofort stammelte ich panisch: »Mama … Wenn Mama kommt … Das geht nicht! Ich will sofort raus hier!« Benommen taumelte ich von dem Bett herunter und versuchte, in den Flur zur Kellertreppe zu laufen. Auf den glatten Fliesen rutschte ich aus, fiel unsanft hin und fluchte, weil ich mir am Knie wehgetan hatte. Jürgen folgte mir nicht. Erleichtert schlich ich die Kellertreppe hinunter und betete, dass dieses Erlebnis nur ein schlechter Traum gewesen war.

Kaum lag ich in meinem Leopardenbett, war ich auch schon tief und fest wie bewusstlos eingeschlafen.

Als ich mitten in der Nacht wach wurde, lag Jürgen auf mir und stöhnte leise. »Christine«, seufzte er, »Christine, Christine. Ach, was ist das schön. Das ist so schön. Das ist noch viel schöner, als ich gedacht hatte.«

Ich spürte etwas Hartes zwischen meinen Beinen und fühlte, wie Jürgen mit seinem Penis immer weiter in mich eindrang.

»Sag sofort, wenn's dir wehtut, Christine. Ich will nicht, dass es dir wehtut. Ahhhhh! Ich bin in dir drin, oh Gott, oh Gott!«

Wie gelähmt lag ich unter diesem Mann, der der Freund meiner Mutter und siebenundzwanzig Jahre älter war als ich. Ich lag in diesem Bett, war regungslos vor Angst und starrte verzweifelt an Jürgens Oberkörper vorbei und beobachtete unentwegt die Tür. Ich wartete nur darauf, dass sie plötzlich aufgerissen werden würde, und meine Mutter sich schreiend auf mich stürzen würde. Die Tür blieb zu, aber meine Angst blieb. Es war einfach zu unglaublich, was hier gerade passierte. Jürgen stöhnte immer heftiger, seine Bewegungen wurden immer schneller, und er schien den Verstand zu verlieren.

»Aaaaahhhhh!«, fuhr es aus seinem Mund, und mit einem weiteren »Aaaaaaahhhhh!« hörte er auf einmal auf und lag schlaff wie ein Schlenkerpüppchen schwer auf meinem Brustkorb. »Christine, mein Engel«, sagte er leise zu mir. »Habe ich dir wehgetan?« Besorgnis war aus seiner Stimme zu hören. »Christine, so sag doch etwas. Mein Gott! Das war soo unglaublich schön! Ich weiß gar nicht, wie ich dir danken soll!« Jürgen weinte. Er weinte tatsächlich, und mir war speiübel.

»Geh jetzt, bevor Mama kommt«, sagte ich und tauchte kurz darauf weg in ein dunkles Nirwana.

Als ich am Morgen aufwachte, schoss mir umgehend das Erlebnis der Nacht durch den Kopf. Es war unmöglich, dachte ich. Das konnte nicht sein, und bestimmt war ich kurz davor, völlig den Verstand zu verlieren. Es konnte einfach nicht wahr sein. Es musste ein schlechter Traum gewesen sein, nichts weiter. Völlig verwirrt stand ich auf und ging zum Bad. Mein Slip? Wo war mein Slip? Ich ging zurück und suchte nach meiner Unterhose. In einer Ecke des Betts lag sie zerknüllt. War es doch Wirklichkeit gewesen? Langsam, aber sicher geriet ich in Verzweiflung. Flüssigkeit lief aus meiner Scheide an meinen dünnen Beinchen herunter. Ich fasste dieses komische Zeug an und stellte fest, dass es klebrig war und scheußlich roch. Wie widerlich, dachte ich und beschloss, eine Dusche zu nehmen. Während das warme Wasser auf mich niederprasselte, überlegte ich. Diese Flüssigkeit, das war kein Ausfluss, wie ich ihn kannte, wenn ich eine

Infektion hatte. Es juckte zwar, aber das Jucken ließ sich abwaschen, was auch nicht normal war. War es Sperma? Wie zum Teufel noch mal sollte ich wissen, wie Sperma aussah oder roch? Ich verstand die Welt nicht mehr und hatte panische Angst, die Kellertreppe hinaufzugehen. Was würde mich oben beim Frühstück erwarten? Sah man nicht deutlich, was in der Nacht passiert war? War denn etwas passiert? Das Chaos hatte meine Seele mit voller Macht ergriffen, und zitternd zog ich mich an.

Als ich ins Wohnzimmer kam, saßen Jürgen und meine Mutter bereits am Frühstückstisch.

»Du hast so tief und fest geschlafen, da habe ich mir gedacht, dass ich das Frühstück heute mache«, begrüßte mich Jürgen freundlich.

»Lass das nur nicht zur Gewohnheit werden«, nuschelte meine Mutter und setzte nach: »Was glotzt du denn wieder so dämlich? Setz dich endlich hin, und iss ein Brötchen!«

Alles schien wie immer zu sein. Nur ich nicht. Nachdenklich setzte ich mich hin und trainierte meine »Nix-ist-los«-Miene, während ich mein Brötchen schmierte. Ich musste verrückt geworden sein. Die Prophezeiungen meiner Mutter, dass ich völlig »neben der Spur« und »verhaltensgestört« sei, hatten sich heute bewahrheitet.

Aber wenn die Erlebnisse dieser Nacht der Wirklichkeit entsprachen, dann war es Jürgen, der nicht so normal sein konnte, wie ich immer angenommen hatte.

Ich musste dringend mit meinen Freundinnen sprechen! Christine Al-Farziz war vollkommen übergeschnappt und hatte am zweiten Weihnachtsfeiertag mit vierzehn Jahren endgültig den Verstand verloren. Ich machte mir ernsthafte Sorgen über meine Psyche, und das Weihnachtsfest 1979 war für mich gelaufen!

KAPITEL 7

Bulimie und Todeswunsch

Nach den Weihnachtsfeiertagen ging alles seinen gewohnten Gang, und praktisch nichts schien sich verändert zu haben. Meine Mutter und ich waren wieder in der Wohnung, die Hausarbeit beanspruchte mich wie immer, und bis zum Ende der Weihnachtsferien arbeitete ich bei Jürgen in der Firma. Jürgen war geschäftlich viel unterwegs, und ich sah ihn, wenn überhaupt, nur nachmittags, wenn die Arbeiterinnen noch da waren. Er war bei unseren Begegnungen stets freundlich und vielleicht ein wenig wortkarger als sonst. Noch immer rätselte ich über die Geschehnisse vom zweiten Weihnachtsfeiertag und hoffte auf ein Gespräch mit Jürgen, das mir Klarheit verschaffen würde.

Als die Schule wieder begann, traute ich mich nicht, meinen Freundinnen von Jürgen zu erzählen. Ich wusste ja selbst nicht, wie ich meine Erinnerungen einzuschätzen hatte, und geriet regelrecht in Panik, dass ich schizophren werden könnte. Jürgens Bruder war hochgradig schizophren, und oft genug hatte ich aus den Gesprächen zwischen Jürgen und meiner Mutter entnehmen können, dass schizophrene Menschen davon überzeugt seien, dass bestimmte Dinge reell geschahen, die tatsächlich aber nur einer krankhaften Fantasie entstammten. Ich war zutiefst verunsichert, und die gehässigen Sprüche meiner Mutter, ich hätte »eine Macke« oder tickte »nicht ganz sauber«, nährten meine Sorgen und meine Unsicherheit. Wochenlang harrte ich aus, und erst im Februar warf ich mein Herz über Bord und ging am Abend mit Bobby zu Jürgen in die Firma. Erwin war gerade vom Betriebshof gefahren, und so wusste ich, dass Jürgen allein war.

Bevor ich ins Büro ging, hörte ich noch, wie Jürgen mit meiner Mutter telefonierte und ihr sagte, dass er nicht mehr lange zu tun hätte und bald Feierabend machen würde. Es war eine merkwürdige Situation: Die Tochter seiner Gesprächspartnerin am anderen Ende der Leitung stand vor der Bürotür und fragte sich gerade, ob der Freund ihrer Mutter tatsächlich mit ihr geschlafen hatte. Es war verrückt. Als ich hörte, wie Jürgen das Gespräch beendete und den Hörer auflegte, trat ich ein. Mit freudigem Gesicht erhob sich Jürgen von seinem großen Ledersessel, ging um den Schreibtisch herum und nahm mich wortlos in die Arme.

Ich schob ihn von mir weg, schaute ihn ernst an und fragte: »Jürgen, was ist da Weihnachten passiert?«

Wieder wollte mich Jürgen in den Arm nehmen, und ich wich zurück.

»Was ist passiert?«, rief ich mit lauter und zittriger Stimme.

Jürgen lächelte mich an. »Etwas Wunderschönes ist passiert, und ich kann dir gar nicht sagen, wie dankbar ich dir bin, dass du mir dieses Geschenk gewährt hast! Warum bist du nicht schon viel früher zu mir gekommen? Ich habe auf dich gewartet!«

»Ich wusste nicht mehr, was Wirklichkeit und was Fantasie ist«, sagte ich, »und ich hatte Angst!«

»Komm, wir fahren ein Stück, dann können wir in Ruhe reden.« Jürgen nahm seine Schlüssel, seine Jacke und seine braune, lederne Handgelenkstasche und schob mich zur Tür hinaus.

Der Jaguar flog über die Straßen, und die Sitzheizung der Ledersitze arbeitete auf Hochtouren. Ich entspannte mich ein wenig. Jürgen legte seine Hand auf meinen Oberschenkel und lächelte mich an.

»Ich habe dich so unglaublich lieb, Christine, das kannst du dir gar nicht vorstellen. Hast du mich denn gar nicht lieb? Nicht wenigstens ein klitzekleines bisschen?«

»Natürlich habe ich dich lieb, Jürgen, aber was ist mit Mama? Du bist ihr Freund! Das geht doch alles gar nicht.«

Jürgen schaute mich an. »Mach dir doch darüber keine Sorgen, Christine. Ich freue mich soo sehr, dass du mich auch lieb hast, da spielt doch alles andere keine Rolle, oder?«

Ich wusste nicht mehr, was ich sagen sollte. Sicher, klar hatte ich Jürgen lieb, aber eben anders. Ich hatte ihn lieb, weil er mir Bobby geschenkt hatte. Ich hatte ihn lieb, weil er ab und zu Partei für mich ergriff. Und ich hatte ihn lieb, weil er mir das Gefühl vermittelte, gern mit mir zusammen zu sein. »Ich hab dich lieb, Jürgen, weil du viel lieber mit mir zusammen bist als Mama«, sagte ich und war überzeugt, dass ich nun hinreichend erklärt hatte, was genau ICH meinte, wenn ich von »lieb haben« sprach.

Jürgen hielt auf einem Parkplatz an und zog mich in seine Arme. »Christine«, flüsterte er »alles, wirklich alles würde ich für dich tun, und wenn ich könnte, wie ich wollte, würde ich den ganzen Tag mit dir zusammen sein. Die Mami erinnert sich immer an deinen Vater, wenn sie dich sieht, und das ist unfair. Weißt du, was ICH in dir sehe?«

Tränen liefen mir über die Wangen. Ich wusste gar nicht so genau, warum ich jetzt heulte, aber eine unendliche Traurigkeit überfiel mich. »Ich fühle mich so alleine, Jürgen. Mama meckert ständig an mir herum, und dauernd erzählt sie mir, dass ich genauso ein Arschloch sei wie mein Vater. Ich mach doch schon alles, was sie will, aber nie sagt sie etwas Liebes zu mir.« Ich heulte wie ein Schlosshund, und Jürgen drückte mich fest an sich.

»Meine arme, wundervolle Christine! Du bist so ein hübsches Mädchen! Nun wein doch nicht.«

»Bin ich gar nicht!«, schrie ich Jürgen an. »Mama sagt, ich würde gehen wie ein Elefant, ich hätte Wurstfinger, ein Gesicht zum Reinschlagen, und wenn sie gewusst hätte, was aus mir geworden ist, hätte sie mich gleich nach der Geburt wieder reingeschoben! DAS sagt Mama!«

Jürgen streichelte mir das Haar. »Ich weiß, mein Mädchen. Ich weiß. Ich kann auch nur immer wieder mit ihr sprechen und versuchen, sie zur Vernunft zu bringen. Du weißt ja, wie sie ist. Ich kann dir aber eines ganz sicher garantieren: Ich werde immer, hörst du, immer für dich da sein! Du kannst jederzeit zu mir kommen! Wir sind doch jetzt ein Team! Und jetzt hör auf zu weinen. Sonst merkt die Mami noch was, und das wollen wir doch nicht, oder? Ich lass dich gleich oben an der Ecke raus und dreh dann noch mal 'ne Runde, ja? Bitte Christine! Reiß dich zusammen, sonst fliegen wir auf!«

Ich schluckte und wischte mir mit Jürgens Taschentuch die Tränen aus dem Gesicht. Ich musste mich konzentrieren und das passende Gesicht aufsetzen. Wenn meine Mutter erfahren würde, dass ich mich mit Jürgen getroffen hatte, dann wäre die Hölle los!

Es war Frühling geworden. Ich hatte in der Zwischenzeit eine feste Zahnspange bekommen und fand mich damit einfach schrecklich! Meine Mutter witzelte darüber und verglich mich mit dem Beißer aus *Moonraker*, was meine Stimmung nicht gerade hob.

Meine Freundinnen kannten derzeit nur ein einziges Thema: Das erste Mal! Ständig unterhielten sie sich darüber, und die eine fand es superschön, die andere nur ätzend, weil es ihr richtig wehgetan hatte. Alle waren sie ganz erpicht darauf gewesen und wollten das unbekannte Terrain betreten. Und alle hatten sie einen richtigen Freund. Ich stand wie blöd daneben und gab vor, von alledem noch gar keine Ahnung zu haben. Was hätte ich auch sagen sollen? »Hey Mädels, übrigens, ich schlafe mit dem Freund meiner Mutter? Tja, und leider kann ich zu ›meinem ersten Mal‹ nur sagen, dass es zwar nicht wehtat, ich das aber alles nicht richtig mitbekommen habe und gar nicht wollte.«

Zu den speziellen intimen Themen konnte ich ohnehin nichts sagen, denn mir waren Kusstechniken, Streicheltechniken, Selbstbefriedigung und das gesamte Petting-Repertoire ein völlig unbekanntes Territorium. Es war an den Wochenenden mittlerweile Usus geworden, dass Jürgen irgendwann in der Nacht von Samstag auf Sonntag im Leopardenzimmer auftauchte und sich wie selbstverständlich auf mich legte, seine Zunge ständig in mir kreisen ließ, damit von mir kein Laut zu hören war, und mich dann so lange penetrierte, bis er zum Höhepunkt kam. Jürgen stellte keine Fragen, sondern erzählte mir danach in völliger Verklärtheit, wie toll und schön das doch alles mit uns beiden sei. Dass Ulf und Martin mit im Haus waren, schien ihn absolut nicht zu stören, aber warum auch? Wenn ihn schon nicht störte, dass meine Mutter direkt über uns im Bett lag und schlief, dann konnten seine Söhne erst recht kein Hindernis für ihn sein. Ich versuchte einige Male, mit Jürgen darüber zu reden, wie ich mich fühlte, doch stets wickelte er mich in seinen euphorischen Schwärmereien ein, sodass ich entweder nicht zu Wort kam oder vergessen hatte, was ich ihm eigentlich hatte erklären wollen. Ich war vierzehn und konnte vieles von dem, was ich fühlte, nur sehr sehr schwer in Worte fassen. Ich wünschte mir, dass Jürgen einfach wieder der Kumpel, der Mitstreiter, der gute Freund und der Vaterersatz geworden wäre. Er schlief mit einer derartigen Selbstverständlichkeit mit mir, dass ich mich völlig überfordert und auch völlig überrumpelt fühlte. Ich konnte in diesem Alter noch nicht begreifen, dass ich meiner natürlichen spontanen Sexualität vollkommen beraubt worden war. Ich konnte es lediglich empfinden, und dieses Gefühl war ein Gefühl des Benutztwerdens, das Gefühl, dass sich in Wahrheit niemand im meinem Umfeld für MEINE Bedürfnisse interessierte. Wenn ich in der Firma arbeitete, überschüttete mich Jürgen mit Komplimenten und Nettigkeiten. Immer wieder betonte er, dass es ein schrecklicher Gedanke für ihn gewesen wäre, »wenn irgend so ein dummer Bengel einfach über mich rübergerutscht wäre«.

Wenn ich meinen Freundinnen zuhörte, dann ergriff mich die schier unendliche Sehnsucht, einen netten Jungen als festen Freund an meiner Seite zu haben. Carla hatte sich in Andreas verliebt, einen meiner großen Jugendschwärme. Andreas hatte sich auch für mich interessiert, aber bei den wichtigsten Partys, die in meiner Klasse gefeiert wurden, war ich nicht dabei, weil mir meine Mutter ständig einen Strich durch die Rechnung machte. Wenn es dann zu Hause wieder Zoff gab, dann konnte nur Jürgen wieder für Ruhe sorgen, und teilweise handelte er Kompromisse aus, die mich aber nicht wirklich nach vorn brachten. Ich erhielt zum Beispiel die Erlaubnis, auf eine Feier im Vereinsheim des Freibades zu gehen, die um achtzehn Uhr begann. Bis ich alle Aufträge meiner Mutter erledigt hatte, war es dann schon fast neunzehn Uhr, und ich spürte, dass es ihr Freude bereitete, mein langes Gesicht zu betrachten, wenn sie, kurz bevor ich das Haus verließ, noch »schnell« eine Erledigung von mir erwartete. Hätte ich rebelliert, wäre das Ergebnis ihr Verbot gewesen, zu der Party zu gehen. Da ich andererseits aber schon um zwanzig Uhr wieder zu Hause sein musste, war ich nur eine halbe Stunde auf der Fete im Vereinsheim. Und so lief es eigentlich immer. Die Unternehmungen meiner Freundinnen am Wochenende waren für mich ohnehin gestorben. Ich war mit Ulf und Martin auf dem Panzerübungsgelände, und somit war mir die Chance, einen netten Jungen kennen zu lernen, fast gänzlich verbaut.

Wenn meine Mutter abends zu Jürgen ins Haus fuhr, dann schnappte ich mir alles Mögliche aus dem Vorratsschrank, bereitete mir zehn, fünfzehn Pfannkuchen zu und stopfte diese mit Apfelmus, Nutella oder Käse und Schinken so lange in mich hinein, bis ich das Gefühl hatte, zu platzen. Ich hörte erst auf zu essen, wenn nichts mehr in mich hineinging und wenn ich vor lauter Völlegefühl ob der schweren Kost meine Übelkeit nicht mehr unterdrücken konnte. Dann stürzte ich zur Toilette und erbrach mich, dass es mich schüttelte und der kalte Schweiß auf meiner Stirn den drohenden Kreislaufkollaps ankündigte. Jedes Mal, wenn sich der gigantische Speisebrei zurück durch die Speiseröhre wälzte und in der Toilettenschüssel landete, hatte ich das Gefühl, mich von dieser Last, dieser Schwere in mir und in meinem Bauch befreien zu können. Ich allein bestimmte darüber, was in meinem Körper bleiben durfte und was nicht. Wenn ich aber danach leer und ausgepumpt, keuchend und schwitzend vor der Toilette stand, dann zog es mich wieder hinab in die dunklen, kalten und leeren Höhlen der Einsamkeit und Hoffnungslosigkeit. Jedes Mal schrubbte ich die Toilette, um bloß keine verräterischen Spuren zu hinterlassen, wusch mir die Hände und putzte mir die Zähne, bis alles so sauber war, als ob niemals etwas derartig Widerliches passiert sei.

Ganz besonders erniedrigend war es für mich, wenn mich die bulimischen Attacken in der Stadt überfielen. Zwischen den Besorgungen für meine Mutter stopfte ich mich dann wie hypnotisiert mit Pizza und Eis voll und fraß mich systematisch bis Karstadt durch, um dort dann die öffentlichen Toiletten aufzusuchen. Ich hatte die »Kunst, geräuschlos zu erbrechen« inzwischen perfektioniert, und der abartige Geruch in den zumeist verdreckten, engen und stickigen Kabinen machte es mir leicht, mich schnellstens wieder zu entleeren. Wie verzweifelt muss man sein, wenn man seinen Kopf über eine öffentliche, mit Fäkalien vollgespritzte Toilettenschüssel hängt und dabei nicht vom Alkohol benebelt, sondern glasklar im Kopf ist?

Ich habe damals ernsthaft geglaubt, dass ich das einzige Mädchen auf der ganzen Welt war, das eine derart ekelige »Angewohnheit« hatte. Eine Mitschülerin hatte Magersucht, was 1980 zwar schon als Krankheit bekannt war, jedoch in der Öffentlichkeit noch als Tabuthema behandelt wurde. Meine Fress- und Brechattacken sah man mir lange Zeit nicht an, da ich weder magerer wurde noch sonst irgendwelche Auffälligkeiten zeigte. Mit sechzehn, nach zwei Jahren der Bulimie, waren meine Mundwinkel beidseitig aufgerissen und verkrustet, die Gesichtshaut blass und pickelig, und die natürliche Verdauung hatte gelitten. Oft hatte ich eine ganze Woche lang keinen Stuhlgang, und ich half mir mit Abführtees, Neda-Früchtewürfeln und Entwässerungstees. Da mich meine immer schlimmer werdende Bulimie in den Wahnsinn trieb, schrieb ich mein Tagebuch voll und versuchte, durch peinlich genaues Notieren der konsumierten Nahrungsmittel mit Angabe der jeweiligen Kalorienanzahl mein Essverhalten wieder unter Kontrolle zu bringen. Es half nichts, und meine Verzweiflung wuchs und wuchs. Ich verabscheute mich selber und empfand mich als totale Versagerin, weil ich ständig rückfällig wurde und es Tage gab, an denen ich erst nach sechs bis acht Attacken ausgelaugt und ausgepumpt zur Ruhe kam. Es war ein Teufelskreis, aus dem ich genauso wenig herauskam wie aus dem Teufelskreis mit Jürgen. Ich wusste mit vierzehn Jahren nicht, dass beide Teufelskreise, von der richtigen Seite aus betrachtet, eine Krankheit sind …

Monatelang schluckte ich jeden Tag ein bis zwei Appetitzügler, und mit siebzehn brach mein Körper zusammen. Während eines Eishockeyspiels war ich urplötzlich auf der Besuchertribüne in mich zusammengesackt und mit dem Rettungswagen ins Krankenhaus verbracht worden. Die Ärzte untersuchten mich und entschieden dann, die Nieren zu röntgen. Hierzu spritzten sie intravenös ein Kontrastmittel, das mich fast in den Himmel gebracht hätte. Ich schwebte durchs Nichts und betrachtete mich auf einmal aus der Vogelperspektive. Fast hatte ich den Eindruck, mich in einer Ecke unter der Zimmerdecke zu befinden, und von dort schaute ich auf das Treiben unter mir. Als es richtig spannend wurde, weil weitere Ärzte völlig hektisch in den Untersuchungsraum gerannt kamen, mir weitere Spritzen verabreichten und auf meinem Brustkorb herumdrückten, war ich genauso plötzlich wieder in meinem Körper, wie ich zuvor unter die Decke geraten war. Im Gespräch mit einem Arzt wurde ich dann darüber aufgeklärt, dass ich eine Kontrastmittelallergie hätte und zeitlebens daran denken müsse, diese Allergie in der Anamnese zu erwähnen.

»Und was war das für ein Theater im Untersuchungsraum?«, fragte ich den Arzt.

Der starrte mich nur an und schwenkte dann über auf die Untersuchungsergebnisse, die als Ursache meines Zusammenbruchs eigentlich gar nichts ergeben hatten. Ich hütete das Geheimnis meiner Bulimie, weil ich mich viel zu sehr schämte und befürchtete, dass meine Mutter dann mit ihrer Theorie, dass ich verhaltensgestört sei, von den Ärzten Unterstützung erhalten hätte.

Tief im Inneren fehlte mir meine Mutter. Häufig träumte ich davon, mich einfach in ihre Arme zu werfen und losheulen zu dürfen. Ich wollte ihr erzählen, wie gern ich sie lieben wollte, dass ich sie brauchte, dass ich Probleme hatte, mit denen ich alleine nicht fertig werden konnte, und dass ich beschützt werden wollte. Wenn sie dann ihre Lobeshymnen auf Jürgen herausposaunte und in seinem Beisein erzählte, dass sie ihren Lehrerkolleginnen heute mal wieder erzählt hatte, dass ihr dieses oder jenes mit ihrem Lebensgefährten niemals passieren könnte, weil »den Jürgen, den könnte man auch in einen Waggon voller Frauen sperren, der würde nur an seine Gundis denken«, dann wusste ich, dass meine Träume immer Träume bleiben würden. Wenn ich mir vorstellte, dass ich meiner Mutter erzählen würde, dass Jürgen mindestens einmal pro Woche ihre Tochter beschlief, dann entwickelte sich die Geschichte in zwei Variationen in meinem Kopf weiter:

Entweder sie glaubte mir, dann wäre natürlich ich wieder einmal schuld gewesen. Vermutlich hätte ich den armen Jürgen gleich einer Lolita verführt, und die Gründe wären offensichtlich: Eifersucht. Natürlich. Ich hätte bestimmt ganz gezielt Jürgen »scharf gemacht«, weil ich diesen fantastischen Mann meiner Mutter nicht gönnte und ohnehin nur darauf aus war, alles kaputtzumachen. Das Ende vom Lied wäre vermutlich gewesen, dass auch Jürgen seine gänzliche Ohnmacht propagiert hätte und meiner Mutter mit seinen rhetorischen Fähigkeiten plausibel erklären würde, was für ein Früchtchen ich doch sei, wenn ich es sogar hinbekommen hätte, ihn, den standhaften und moralischen Jürgen, um meine vorpubertären Fingerchen zu wickeln. Und wie würden beide das Problem lösen? Auch klar. Christine frisst und kotzt, Christine spannt frühreif, wie sie ist, den zweiundvierzig Jahre alten Freund der zweiunddreißig Jahre alten Mutter aus, Christine war schon immer verhaltensgestört, also müsste Christine vermutlich in die geschlossene Abteilung einer Kinder- und Jugendpsychiatrie. Und niemand, wirklich niemand, würde bei einer pädagogisch geschulten Grundschullehrerin und bei einem honorigen Geschäftsmann auch nur im Geringsten daran zweifeln, dass es NUR SO und nicht anders sein konnte.

Variante zwei war eigentlich dasselbe Spielchen wie Variante eins. Meine Mutter würde mir nicht glauben, Jürgen alles abstreiten und entrüstet rufen: »Aber Christine! JETZT bin ich aber wirklich enttäuscht von dir! Warum erzählst du denn so einen Unfug? Wo ich immer zu dir gehalten habe? Aber ich wusste es ja schon immer …« Und das Ergebnis wäre inklusive der Begründung für mein abstruses Verhalten exakt dasselbe wie in der Geschichte der Variation eins.

Ich schloss meine Überlegungen, ob ich mich meiner Mutter anvertrauen sollte, mit der festen Annahme ab, dass mir keinesfalls geglaubt werden würde, was realistisch und typisch für meine Mutter war. Wenn ich mein achtzehntes Lebensjahr würde erleben wollen, dann durfte auf gar keinen Fall ein Sterbenswörtchen an die Ohren meiner Mutter dringen. Oma schied damit als Gesprächspartnerin und Mitwisserin aus, und abgesehen davon erachtete ich meine Großmutter als völlig überfordert und eher herzinfarktgefährdet angesichts der Tatsache, dass sie mir in jedem Fall meine abenteuerlichen Erzählungen von dem feinen Jürgen glauben würde.

Und wieder einmal hatte auch Jürgen mit seinen mahnenden Worten Recht: »Wenn die Mami das von uns erfährt, dann ist hier für dich die Hölle los.« Für mich wohlgemerkt …

Im Sommer 1980 war ich in der neunten Klasse und liebäugelte damit, nach Beendigung der zehnten Klasse im darauf folgenden Jahr das Gymnasium mit Realschulabschluss zu verlassen. Ich wollte Fremdsprachenkorrespondentin werden und hatte herausgefunden, dass es in Hamburg eine Privatschule gab, an der man nach dreijähriger Ausbildung die staatlich anerkannte Prüfung unter Aufsicht der örtlichen Handelskammer ablegen konnte.

Eines Tages, wir saßen gerade auf der Terrasse, und Jürgen ergoss sich in huldvollen Lobeshymnen über meine Früchtekaltschale, fragte er urplötzlich, was ich denn beruflich machen wolle. Freimütig erzählte ich von meiner Idee, möglichst frühzeitig ins Berufsleben einsteigen und niemandem auf der Tasche liegen zu wollen, bis ich bemerkte, dass Jürgens Miene zeigte, dass ich mal wieder die falsche Antwort gegeben hatte.

Umständlich wischte sich Jürgen Mund und Schnauzer mit der Serviette ab, schaute mich lange und prüfend an und holte tief Luft. »Du hast doch hier zu Hause alle Voraussetzungen, die man braucht, um in Ruhe das Abitur zu machen, oder passt dir hier irgendetwas nicht?« Jürgen schaute mir in die Augen, und ich war zutiefst beunruhigt.

Alles in mir war auf der Hut, und ich geriet in völlige Anspannung. Sein Gesicht hatte denselben bedrohlichen Ausdruck wie bei den Themen Greg oder den anderen Jungs.

»Alles prima«, antwortete ich und wartete ab. Bloß keinen Fehler machen, schoss es mir durch den Kopf.

»Wenn ich damals so ein schönes Zuhause gehabt hätte, wäre das Abitur für mich keine Frage gewesen«, konstatierte Jürgen. »Wir hingegen mussten unsere Heimat Breslau wegen der Russen verlassen. Wir hatten alles verloren, und Muddel war mit uns drei Kindern auf sich alleine gestellt. Wenn ich ihr damals nicht so geholfen hätte, dann hätten wir damals in Werl als Flüchtlinge nie Fuß fassen können!«

In mir krampfte sich alles zusammen. Diese Art der Selbstbeweihräucherung kannte ich zur Genüge. Ich wusste, was jetzt kam. Er, der tolle, pfiffige und einfallsreiche Jürgen, hatte die ganze Familie gerettet und aus dem Nichts die Firma aufgebaut. Seinen schizophrenen Bruder Norbert, der, so hatte ich Irmhild mal wütend reden gehört, offensichtlich der technisch überlegenere der beiden Brüder war und als der kreative Kopf der Firma galt, erwähnte Jürgen in seinen geschwungenen Reden nie.

»Wenn ich also«, fuhr Jürgen fort und riss mich aus fernen Gedanken zurück in die Realität, »an deiner Stelle wäre, würde ich angesichts aller Vorzüge selbstverständlich das Abitur machen. Alles andere ist nur ein Zeichen von Undankbarkeit und überdies großer Dummheit. Du hast hier dein Zimmer, verdienst nebenbei gutes Geld und überhaupt, was willst du denn mit Bobby machen? Du willst doch wohl den Hund nicht im Stich lassen, oder?«

Ich schüttelte den Kopf. »Nein«, sagte ich, »eigentlich wollte ich Bobby mit nach Hamburg nehmen, weil ich gehört habe, dass es da oben im Norden sehr schön sein soll.«

Jürgen schnaubte verächtlich und moralisierte über die Reeperbahn, die Davidswache und die Huren und Zuhälter, schob die enorme Kriminalität und das verkommene Nachtleben nach und beendete seine Andacht mit den Worten: »Das fehlte mir noch, Christine, dass du auf die schiefe Bahn gerätst und in Hamburg unkontrolliert durch die Nächte flippst!«

Meine Mutter, die in ihrem ganzen Leben noch nicht in Hamburg gewesen war, nickte mal wieder devot und warf mir hasserfüllte Blicke zu. Meine Mutter, das leuchtete mir ein, würde freiwillig niemals auf ihre Putzfrau Christine verzichten wollen.

In den darauf folgenden Wochen quetschte ich jeden Tag meine dünnen Finger von außen durch den Briefkastenschlitz und kontrollierte die Post. Irgendwann hatte ich dann endlich das Schreiben herausgefischt, auf das ich gewartet hatte und von dem Jürgen und meine Mutter nichts erfahren durften. Es war das Antwortschreiben vom Max-Reinhard-Seminar in Österreich, und als ich las, dass ich tatsächlich einen Termin im Herbst bekommen hatte, um dort vorstellig zu werden, brach innerlich meine kleine Welt zusammen. Wenn schon die bloße Idee, Fremdsprachenkorrespondentin in Hamburg zu werden, bei Jürgen und meiner Mutter auf völlige Verständnislosigkeit stieß, dann konnte eine bereits abgeschickte Bewerbung zur Schauspielschule nach Wien nur den völligen GAU bedeuten. Wie sollte ich mit knapp fünfzehn Jahren heimlich nach Wien fahren, ohne dem sicheren Krankenhausaufenthalt nach meiner Rückkehr zu entgehen? Es lag auf der Hand, dass meine Mutter vollkommen durchdrehen würde, wenn ich dann nach Hause zurückkäme. Ich war schließlich minderjährig, und, Schauspielschule hin oder her, die nächsten drei Jahre würde mich jede Polizei dieser Welt wieder zurückschleifen, wo ich hergekommen war. Die Hoffnung, vorzeitig aus meinem Gefängnis entkommen zu können, bröckelte mehr und mehr.

Ich wollte weg von Jürgen, weg von meiner Mutter und weg aus dieser Stadt. Die Sommerferien standen bevor, und Jürgen hatte dieses Jahr vor, mit Ulf, Martin, meiner Mutter und mir nach Spanien zu fahren. Mir graute es vor diesem Urlaub, und ich wäre gern mit Dana und ihren Eltern nach Korsika gefahren. Auch Anka hatte mich angesprochen, ob ich die Sommerferien nicht mit ihr verbringen wollte, denn ihre Mutter hatte ihr Reiterferien auf einem Bauernhof in der Lüneburger Heide für zwei Wochen gebucht. Ich schwärmte von der Lüneburger Heide und stellte mir die mit Heidekraut üppig bewachsenen weiten Flächen in meinem Geiste vor. Die tiefen, dunklen Tannenwälder meiner Heimatregion machten mir Angst. Nie konnte man nach vorne schauen, ohne dass nicht große Berge vor einem auftauchten, und alles erschien mir so unsicher. Hinter jedem Baum vermutete ich Bedrohliches, und ich wünschte mir eine Landschaft, in der man schauen konnte, so weit das Auge reichte. Es musste traumhaft schön sein in der Lüneburger Heide, und in mein Tagebuch schrieb ich damals: »Wenn ich später groß bin und mein eigenes Geld verdiene, dann möchte ich in der Lüneburger Heide wohnen, einen schwarzen Hengst besitzen und mit meinem Hund über die Felder laufen.«

Was mir damals als Traum erschien, war zwölf Jahre später Realität geworden, aber das konnte ich zu diesem Zeitpunkt noch nicht ahnen.

Es war völlig aussichtslos, Jürgen und meine Mutter zu fragen, ob ich meine Ferien mit Dana oder Anka verbringen durfte. Ulf und Martin fanden es unglaublich spannend, mit dem Auto in den Süden zu fahren, und Jürgen schwärmte uns vor, wie toll und romantisch es werden würde, in Südfrankreich zu zelten und am Lagerfeuer zu sitzen.

Diese Reise nach Spanien war die reinste Katastrophe. Zusammengepfercht saßen wir zu dritt hinten im neuen Lada-Niva, den Jürgen ursprünglich für die Geländefahrten gekauft hatte. Meine Mutter hatte sich schon gleich auf dem ersten Rastplatz mit Martin angelegt, der ihr wie so oft einen seiner berühmten Eifersuchtsauftritte hingelegt hatte. Mich quälten ständige Darmkrämpfe, weil die Abführmittel nicht wie erwartet einen Tag vor der Abreise gewirkt hatten, sondern genau am Tag, als wir losfuhren. Es war spät in der Nacht, als wir in Südfrankreich angekommen waren, und der Aufbau der beiden kleinen Zelte dauerte länger, als wir gedacht hatten. Die Luftmatratzen verloren ständig die Luft, und zu allem Übel begann es in der Nacht in Strömen zu regnen. Ulf und Martin hatten das kleinere Zelt in Beschlag genommen, und ich lag neben Jürgen. Neben ihm auf der anderen Seite lag meine Mutter. Für die Nacht hatte ich mir eine Jogginghose angezogen, und weil ich fror wie ein Schneider, hatte ich über dem Pulli noch eine dicke Jacke an. Nicht ein Auge habe ich in dieser Nacht zubekommen, weil Jürgen immer wieder mit seinen Händen nach mir grapschte und unter allen Umständen versuchte, seine Finger an meinem Slip vorbeizuzwängen. Ich litt in dieser Nacht Qualen, denn keinen Meter entfernt von mir lag meine Mutter und schlief, jedenfalls rührte sie sich nicht. Jürgen benahm sich schlimmer als eine Schmeißfliege, und ich fühlte mich schmutzig und benutzt. In unmittelbarer Nähe meiner Mutter von ihm bedrängt zu werden war schier unerträglich. Jürgen war mein Zuhälter und Freier zugleich. Am nächsten Morgen saß ich missmutig und übernächtigt vor dem Campingkocher und versuchte aus dem Mineralwasser und dem Pulverkaffee ein halbwegs annehmbares Gebräu zu zaubern.

Es war Jürgen, der den ersten Streit anzettelte, indem er sich vor meiner Mutter, Ulf und Martin über mein zerknirschtes Gesicht lustig machte. Vergleiche vom zerknautschten Mopsgesicht bis hin zur Frage, was ich denn die Nacht über bloß gemacht hätte, dass ich nun eine solche Laune verbreiten würde, musste ich über mich ergehen lassen. Jürgen provozierte und stichelte, bis er mich endlich so weit hatte, dass ich ihn ärgerlich anschrie, er solle mich endlich in Ruhe lassen. Sofort kehrte er den Spieß um und baute sich in erzieherischer Funktion vor mir auf. Ich hatte diese Taktik schon lange durchschaut und spürte, dass seine Provokationen in unmittelbarem Zusammenhang mit seiner unbefriedigten Lust auf mich standen. Aber jedes Mal tappte ich in seine Falle. Ich schaffte es einfach nicht, seine blöden Sprüche zu ignorieren, und viel lieber hätte ich Jürgen deutlich gesagt, dass er sich angesichts einer so ätzenden Nacht nicht zu wundern bräuchte, dass ich eine solche Scheißlaune hatte. Jürgen wusste offensichtlich genau, dass ich es nicht wagen würde, ihn offen vor meiner Mutter und seinen Söhnen zu brüskieren und mich selbst damit bloßzustellen. Er konnte folglich getrost und beruhigt sein Spiel mit mir spielen und war stets der Gewinner.

Seinen Erfolg verbuchte Jürgen damit, dass er mich von den anderen und insbesondere von meiner Mutter vollkommen separierte und mich zum Störenfried der Gemeinschaft deklarierte. Drei Wochen lang war ich seinen Machtspielchen ausgesetzt, und Jürgen ließ dabei keine Situation aus. Am Strand von unserem Urlaubsort in Spanien bekam ich eines Tages meine Menstruation. Kurz vor den Sommerferien hatte meine Periode eingesetzt, und als ich etwas hilflos meine Mutter gefragt hatte, was ich denn nun machen solle, hatte sie mir den nützlichen und wenig aufklärenden Tipp gegeben: »Mach ein Kreuzchen in deinen Kalender!«

Als mir nun am Strand vor aller Leute Augen dieses Malheur ausgerechnet mit meinem neuen, selbst genähten weißen Bikini passierte, nahm ich mir fest vor, nach den Ferien mit Carla ausgiebig über diese Blutungen zu sprechen und mich gründlich aufklären zu lassen. Jürgen nutzte auch diese Peinlichkeit schamlos aus. Ich schlang mir ein Handtuch um die Hüften, versuchte, das hysterische Gelächter meiner Mutter zu ignorieren, und stapfte wütend durch den Sand in Richtung Hotelzimmer. Als ich gerade unter der Dusche hervorkam, stand Jürgen vor mir und reichte mir mit süffisantem Lächeln das Handtuch.

»Während du deine Tage hast, kannst du nicht schwanger werden«, sagte er lächelnd und kniff verschwörerisch ein Auge zu. »Komm, wir gehen aufs Sofa und legen das Handtuch drunter. Du weißt ja gar nicht, wie sehr du mir gefehlt hast, Christine. Du machst mich langsam verrückt und scheinst es zu genießen, mich hinzuhalten, ne?« Jürgen begrapschte meine größer gewordenen Brüste und knetete sie unangenehm mit seinen Fingern.

»Hau ab!«, schnauzte ich ihn an und schob ihn unsanft zur Seite.

»Jetzt stell dich doch nicht so zickig an«, raunzte Jürgen.

»Ich habe Angst! Verstehst du das nicht?«, schrie ich los. »Ich habe Angst, dass Mama reinkommt oder Ulf oder Martin! Bist du verrückt, Jürgen?«

»Meine Liebe«, säuselte Jürgen und packte mich an den nackten Hüften. »Du hast ja so Recht, Christine. Es ist in der Tat zu gefährlich, und ich bin dir so dankbar, dass wenigstens einer von uns beiden einen kühlen Kopf bewahrt. Ich weiß nur nicht mehr, wo ich mit mir hin soll. Ständig habe ich einen Steifen, wenn ich dich sehe. Dass ich fast den Verstand verliere, ist nur deine Schuld, du machst mich ja den ganzen Tag wild, wenn du da so am Strand liegst. Komm, lass uns wenigstens ein kleines bisschen bumsen, ja?« Mit diesen Worten versuchte mich Jürgen auf das Sofa zu ziehen.

Ich riss mein Handgelenk aus seiner Hand und flüchtete auf den Balkon, der direkt zum Strand gerichtet war. Die blanke Wut stieg in mir hoch, und ein unbändiges Gefühl von Hass erfüllte mich. Nicht hier im Urlaub, das hatte ich mir geschworen!

Jürgen stand auf, nickte boshaft und verließ das Hotelzimmer ohne weitere Kommentare.

Die Streitigkeiten, die Jürgen und ich in diesem Urlaub hatten, gerieten fast so außer Kontrolle wie die Streitigkeiten zwischen mir und meiner Mutter. Jürgen drohte mir eines Abends beim Essen: »Noch so ein Satz, Christine, und du hast gleich einen Aschenbecher im Gesicht!«

Meine Mutter grinste voller Häme. Sie hatte sich nach all den Jahren mit meinem Vater Abdul nicht im Geringsten geändert!

Als wir aus dem Urlaub zurückkehrten, erhielt ich für die Wochenenden Hausverbot bei Jürgen. Er habe sich sooo sehr über mein Benehmen aufgeregt, erläuterte er, dass er sich erst mal erholen müsse von mir. Innerlich triumphierte ich. Als meine Mutter mit ihren gepackten Sachen am Freitagabend ins Haus fuhr, atmete ich erleichtert auf. Dieses Wochenende würde ich nicht durchs Panzerübungsgelände fahren müssen, und diese Nacht von Samstag auf Sonntag würde ich nicht durch Jürgens Besuch geweckt werden. Ich schlief so gut wie noch nie. Am Sonntagmorgen rief meine Mutter mit ernster Stimme an und erteilte mir die Anweisung, die Wohnung weiterhin nicht zu verlassen und die Bügelwäsche nicht zu vergessen. Meine Güte. Mir war die Bügelwäsche herzlich gleichgültig. Die Wäsche lag bereits fertig in den Schränken, die Wohnung blitzte bis in die hintersten Ecken, und ich fühlte mich regelrecht arbeitslos. Ich wagte es, nach dem Gespräch mit meiner Mutter, Carla anzurufen.

»Ja klar«, rief meine Freundin begeistert, »komm zu mir, meine Mutter macht gerade Frühstück, und danach können wir uns auf die Terrasse setzen und schwatzen. Ich freu mich, bis gleich.«

Schnell wie der Wind sauste ich mit meinem Fahrrad zu Carla und genoss das herrliche Gefühl, mich an einen gedeckten Frühstückstisch setzen zu können. Carlas Mutter verwöhnte uns nach Strich und Faden und wurde es nicht leid, immer wieder Orangensaft und Tee nachzugießen.

Als Carla und ich später allein waren, erzählte ich ihr die ganze Geschichte von Jürgen und mir. Carlas Augen wurden zwar größer und größer, aber sie hörte so lange zu, bis ich ihr, angefangen vom zweiten Weihnachtsfeiertag bis hin zu meiner Bulimie, alles erzählt hatte. Carla saß betroffen vor mir, und die Erschütterung war deutlich in ihren Augen zu sehen. Gleichzeitig schien sie genauso hilflos zu sein wie ich.

»Und ich habe mich immer gewundert, dass du nie etwas mit uns unternimmst«, begann sie nachdenklich. »Ständig hattest du keine Zeit, nie warst du sonntags mit beim Tanztee … was willst du denn jetzt machen?«

Ich zuckte mit den Schultern. »Was soll ich machen, Carla? Sag du es mir!«

»Keine Ahnung«, antwortete sie. »Deine Mutter ist für mich gestorben! Und wenn die etwas erfährt, bringt sie dich um. Diese Frau hasst dich, und es sind noch über zwei Jahre, bis du achtzehn bist.«

Es war eine blöde Situation. Carla musste mir schwören, niemandem, aber auch wirklich niemandem ein Sterbenswörtchen zu erzählen. Sie umarmte mich und drückte mich fest.

»Was auch immer ist, Christine, du kannst jederzeit zu uns kommen, klar?«

Ich nickte und verließ mit hängendem Kopf dieses schöne Zuhause. Carlas Zuhause. Ich radelte zurück und ahnte bereits, dass mein Besuch bei Carla nicht ohne Folgen bleiben würde. Und richtig! Jürgens Auto parkte bei uns, und ich wusste genau, was kommen würde.

Als ich die Tür aufschloss, stand meine Mutter wutentbrannt vor mir. »Wo warst du Arschloch?«, brüllte sie mich an. Ich war es gewohnt, so von ihr beschimpft zu werden.

»Bei Carla. Frühstücken.«

Ein wütender Schwall übelster Anfeindungen ergoss sich jetzt auf mein Haupt. Natürlich war das nicht nach ihrem Plan gewesen, dass ich böses Mädchen mir das Hausverbot bei Jürgen zunutze machte, um gemütlich mit meiner Freundin zu frühstücken.

Jürgen schaltete sich ein und teilte mit sonorer und beschwichtigender Stimme mit, dass das Hausverbot nun aufgehoben sei und ich in den »Schoß der Familie« zurückkehren dürfe.

Wir fuhren, wie üblich, mit Ulf und Martin zum Panzerübungsgelände, und ich fragte mich, wie lange ich diesen Wahnsinn noch würde ertragen müssen …

Mein Leben verlief wie in Trance. Es war wie im Film *Und täglich grüßt das Murmeltier*. Jürgen schwankte zwischen Liebhaber, Verbündetem, Feind und Diktator hin und her, und ich fühlte mich mehr und mehr wie eine Hülle, die schutzlos durch das Leben wandert. Kurz vor Weihnachten nahm er Ulf und mich mit zu einem Motorradhändler. Jürgen kaufte zwei identische Mofas, zwei silberfarbene Puch Maxi N. Ulf bekam das Mofa zu Weihnachten geschenkt, und mit mir handelte Jürgen einen Deal aus: Würde ich die gesamten Weihnachtsferien in seiner Firma arbeiten, wäre das Mofa abbezahlt, und ich könnte es dann mein Eigen nennen. Natürlich willigte ich ein. Und natürlich verging kaum ein Tag in den Weihnachtsferien, an dem Jürgen mich nicht bedrängte oder gar in seiner Firma beschlief. Irgendwie erschien mir aber alles erträglicher, als zu Hause bei meiner Mutter zu sein. Also flüchtete ich mich in Jürgens Firma und nahm die Übergriffe in Kauf. Es schien der Preis zu sein, den ich für ein halbwegs erträgliches Leben zu bezahlen hatte. Ganz besonders pervers empfand ich es, wenn Jürgen sich die Hose wieder anzog, mich in sein Büro zitierte und ich dort einen gelben »Aushilfsschein« unterschreiben musste. Ich wusste, dass dieser Schein ein Beleg war, mit dem Jürgen beim Finanzamt Kosten für meine »Arbeitskraft« geltend machen konnte. Es war, als würde dieser Mann aus allem und jedem seinen Vorteil ziehen. Zurück blieben praktisch nur wir, die Verlierer.

Ostern hatte ich die Gelegenheit, zu einer Austauschfamilie nach England reisen zu dürfen. Ich hatte keine Ahnung, aus welchem Grund mir eine derartige Fahrt überhaupt gestattet wurde, aber wer hinterfragt schon in einer solchen Situation gewährte Privilegien? England war für mich, für meine Seele keineswegs eine Erholung. Alle aus meiner Gruppe schienen so unbeschwert zu sein, und ich fühlte mich bleiern und schwer. Meine Bulimie hatte meinen Körper vollständig erobert, und meine Gedankenwelt kreiste unentwegt um das Essen. Nachts schlich ich mich heimlich in die Küche meiner Gasteltern und stopfte unzählige Toasts mit Erdnussbutter in mich hinein. Nach drei Tagen und Nächten hatten meine Gasteltern die Nase voll und sperrten die Küchentür ab. In der Familie wurde ich nur *the wastebox* genannt, weil ich sämtliche Essensreste in mich hineinstopfte. Ich war ein Außenseiter und spürte dies.

Jeden Abend terrorisierte meine Mutter mich und die Gastfamilie zudem mit Anrufen. Meine Gastmutter verlor irgendwann angesichts der zunehmenden Auflagen, die meine Mutter telefonisch erteilte, die Nerven und legte den Hörer einfach auf. »*She's completely crazy!*«, schrie sie und fragte mich dann: »*What the hell is going on with your mother? I cannot stand that woman any more! She's got a real problem!*« Damit sagte meine Gastmutter nichts Neues. Mir war das alles nur schrecklich peinlich, und meine Bulimie wurde dadurch auch nicht besser.

Eines Abends waren wir mit unserer Jugendgruppe in einem Center namens Arndale-Youth-Club. Man hatte eine Party für uns arrangiert und eine Menge junger englischer Männer eingeladen. Einer davon beobachtete mich zunächst einige Zeit und kam dann auf mich zu. Er hatte sehr liebe Augen und fragte mich freundlich, ob ich mit ihm tanzen würde. Ein Blues wurde gespielt, und bis zum heutigen Tag erinnere ich mich gern an diesen Tanz. Eine Welle gleich einer Flut von Wärme und Geborgenheit überströmte mich, und ich versank in den Armen von Chris, der mir zärtlich über den Rücken streichelte. Wir tanzten und tanzten, und seine überaus zärtlichen Küsse ließen mich alles um mich herum vergessen. Es war eine wortlose Kommunikation, die aus Blicken, Händchenhalten, Kuscheln und Sichdrücken bestand. Als ich mich von Chris verabschieden musste, war mir schwer ums Herz. Er gab mir einen Zettel mit seiner Anschrift und hauchte mir einen letzten Kuss auf die Lippen. Viele, viele Jahre später freundete ich mich in Hannover mit dem englischen Au-pair-Mädchen einer Bekannten an. Ich erzählte ihr, dass ich als Jugendliche in England gewesen war, und schwärmte ihr von meiner damaligen Bekanntschaft vor. »Chris

Wardle aus Liverpool«, seufzte ich hingebungsvoll und lachte sogleich.

»*Chris Wardle?*«, schrie sie völlig enthusiastisch auf, »*Chris Wardle from Liverpool? Oh my God! He was a football player of the British Nationalteam!*«

Der zärtliche junge Mann damals im Arndale-Center sollte das spätere Mitglied der englischen Fußballnationalmannschaft gewesen sein? Zehn Jahre nach dieser Begegnung amüsierte mich diese Vorstellung köstlich! Noch lieber jedoch hätte ich David Beckham geküsst…

Als ich aus England zurückkehrte, war ich schier aus allen Nähten geplatzt. Mein Gesicht war aufgedunsen und aufgeschwemmt, und ich fühlte mich wie ein Mastschwein. Meine Mutter begrüßte mich mit den Worten: »Boah, was bist du eine fette Sau geworden!« Als sie dann abends im Bad Schwangerschaftsstreifen an meiner Hüfte entdeckte, spottete sie voller Häme über mein Äußeres, und meine Verzweiflung wuchs.

Wenig später eröffnete in unserer Stadt das erste Fitness-Studio. Ich wollte auch stählerne Muskeln haben, und so meldete ich mich dort an. Ich trainierte in jeder freien Minute, kotzte noch mehr als zuvor und nahm innerhalb kürzester Zeit fast fünfzehn Kilogramm ab. Der Studiobesitzer fragte mich eines Tages, ob ich nicht stundenweise bei ihm arbeiten wolle, und ich nahm dankend an. Die Arbeit bei Jürgen versuchte ich, so gut ich konnte, auf ein Minimum zu reduzieren. Ihm schien das gleichgültig zu sein, denn mittlerweile war er so dreist geworden, dass er mich morgens vor der Schule zu Hause abfing, wenn meine Mutter vor mir das Haus verlassen hatte. Mit einem siegessicheren Grinsen stand er dann plötzlich bei uns im Hausflur und säuselte mir zu: »Ich weiß, dass du eine Freistunde hast und mit deinen Freundinnen verabredet bist. Wenn du sie nicht warten lassen willst, lass uns schnell ein bisschen bumsen, ja?«

Ob im Bett meiner Mutter oder auf dem Sofa im Wohnzimmer … es war Jürgen egal. Und mir war ohnehin alles gleichgültig geworden. Diese »Angelegenheit« war eine notwendige Pflichtübung, und ich ertrug sie mit scheinbarer Fassung. Einen Zusammenhang mit meiner Bulimie konnte ich in diesem Alter ohnehin nicht erkennen. Ich empfand mich als unattraktiv, ungeliebt und war ergriffen von der Angst, verrückt zu werden.

Die Stunden im Fitnesscenter taten mir gut. Reinhold, der Studiobesitzer, hielt mir Vorträge über Ernährung und körperliche Fitness, und nur dort beim Training hatte ich das Gefühl, meinen Körper zu spüren. Ich spürte, wie die Kraft der Gewichte an meinen Muskeln zerrte, und konnte praktisch zusehen, wie sich mein Körper durch das regelmäßige Training vorteilhaft formte. Rückblickend betrachtet muss ich damals tatsächlich eine fantastische Figur gehabt haben. Regelmäßig trainierte ich fortan die Frauen und erklärte die einzelnen Geräte und die notwendigen Trainingsfrequenzen für die einzelnen Muskelpartien. Reinhold war zufrieden mit meiner Arbeit und bezahlte sehr gut. Das Fitnessstudio wurde zu einem Ort der Erholung für mich: Die hartgesottenen Männer dort mochten mich sehr und schätzten mich als eine, die fleißig trainierte und zuverlässig war. Stets wurde ich mit einem freudigen Lächeln begrüßt, es herrschte eine Atmosphäre wie in einem Trucker-Lokal. Sätze wie »Unsere Kleine ist Gold wert« und »Pack unser Mädchen nicht an« waren zu hören. Ich fühlte mich beschützt und geachtet. Ich galt als jemand, und dieser Ort voller Eisen und Schweiß war tabu für Jürgen und mein restliches Leben.

Es war kurz vor meinem siebzehnten Geburtstag, als ich urplötzlich bei einem Telefonat einen Bandscheibenvorfall erlitt. Ich musste niesen und konnte mich dann nicht mehr bewegen. Meine Mutter musste mich wohl oder übel zu einem Arzt fahren, der mich mit Spritzen und künstlich erzeugten Blutergüssen

(Schröpfen) wieder auf die Beine stellte. Heute glaube ich, dass nicht das Training im Studio der Grund für diesen Bandscheibenvorfall war, sondern dass mir der Druck, der psychisch auf meinen Schultern lastete, förmlich die Beine wegriss. Hinzu kam erschwerend, dass mein Bett keinen Lattenrost hatte, sondern die Matratze lediglich durch ein bereits in der Mitte gebrochenes Holzbrett gehalten wurde. Trotzdem bin ich überzeugt, dass Rückenschmerzen eine psychosomatische Erscheinung sein können, denn bis zum heutigen Tag kündigen Rückenschmerzen bei mir eine Verschlechterung meiner psychischen Verfassung an. In derselben Zeit blieb meine Periode aus. Ich erzählte Jürgen davon, und Jürgen reagierte mit unglaublichen Worten darauf.

»Christine«, säuselte er, »meine allerliebste Christine! Nichts wäre schöner für mich, als ein Kind von dir zu bekommen. Glaub mir. Mein Gott, was wäre das schön, so ein Kindlein in den Armen zu halten. Schuld ist nur diese Gesellschaft. Diese Scheißgesellschaft toleriert eine Beziehung zwischen uns beiden nicht. Das ist alles so schrecklich. Wenn ich könnte, wie ich wollte, würde ich mich auf der Stelle zu dir bekennen, und es würde dir und dem Kind an nichts fehlen. Mach dir keine Sorgen, Christine. Wir stehen das zusammen durch. Ich kenne da eine Adresse in Holland, und dann regeln wir das. Ich bin immer bei dir.« Jürgen nahm mich in den Arm, und ich betete inständig, dass dieser Kelch bitte an mir vorüberziehen würde.

Zwei Tage später bekam ich heftige Bauchschmerzen, und meine Blutungen setzten ein. Ich war erleichtert, aber auch völlig geschafft von der Anspannung der letzten Tage. Jürgen schien ebenfalls ein Stein vom Herzen gefallen zu sein, und er kommentierte dies mit den Worten: »Dann müssen wir aber in Zukunft doch besser aufpassen, nicht wahr? Ich muss dann leider eher rausziehen!«

Meine Stimmungslage wurde in den Monaten des Jahres 1982 immer düsterer. Heulkrämpfe ergriffen mich plötzlich, und mein Schlaf wurde durch wiederkehrende und grauenvolle Träume gestört. Mir war, als käme ich in keiner Lebenslage mehr zur Ruhe, und ich geriet zusehends in Panik. Ein Tiger in einem Käfig, der irgendwann realisiert, dass die Käfigstangen unüberwindbar sind, muss ähnlich fühlen … Am zweiundzwanzigsten Januar 1982 habe ich einen dieser Träume in mein Tagebuch geschrieben:

Mama hat fürchterlich mit einem Messer auf mich eingestochen und mir die Hände zerschnitten. Dann hat sie mich blutüberströmt liegen gelassen und hämisch gegrinst. Jürgen war zuerst erschrocken, regte sich dann aber schnell wieder ab und war ziemlich gleichgültig. Ich wollte, dass sie jemand dafür bestraft, aber in dem Moment, wo ich als Beweis meine Wunden zeigen wollte, waren sie fast alle weg, bis auf ein paar harmlose und geringfügige Narben.

Das Gefühl, als Hülle durch das Leben zu laufen, wurde immer schlimmer. Es war, als könnte ich nichts mehr richtig fühlen, nichts mehr richtig empfinden. Wenn meine Freundinnen lachten, dann lachte ich mit, aber es kam in meinem Inneren nicht mehr an. Ich zählte die Tage bis zu meiner Volljährigkeit und kotzte mir immer wieder die Seele aus dem Leib. Mein Tagebuch ist voll von seitenlangen Abhandlungen, die die Frage behandeln, ob ich wirklich ein schlechter Mensch war und warum mich meine Mutter derartig hasste.

Am Nachmittag des neunzehnten Februars 1983 ergab sich wieder ein Streit, der mir buchstäblich jeden Halt unter den Füßen entzog. Ich hatte insgeheim beschlossen, nach meinem Abitur nach Australien auszuwandern, da die Eltern meiner Freundin Dana nach Sydney ausgewandert waren. An diesem Tag fragte mich meine Mutter schon zum wiederholten Male, was ich denn nun beruflich vorhätte und ob ich mir denn endlich mal Gedanken über meine Zukunft gemacht hätte.

War es Provokation, Resignation oder Ehrlichkeit, die mich die Wahrheit erzählen ließen? Freimütig teilte ich Jürgen und meiner Mutter mit, dass ich mit Dana nach dem Abi nach Australien zu ihren Eltern fliegen würde, und ich hatte den Satz noch nicht ganz zu Ende gesprochen, als der Sturm der verbalen Beschimpfungen über mich hereinbrach. Meine Mutter erlitt einen bühnenreifen Tobsuchtsanfall und schrie mich an, ich sei eine Zumutung für sie und meine bloße Existenz würde sie krank machen. Jürgen trug seinen Sermon bei und betonte, wie wichtig es sei, dass man nach der Schule unverzüglich ins Berufsleben einzutreten hätte und dass das, was ich hier vortragen würde, völlig aus dem Rahmen fallen würde. Im Übrigen sei Australien ein beschissenes Land, ich hätte ja gar keine Ahnung und ich wäre tatsächlich auf dem besten Wege, völlig zu entgleisen. Am Abend erklärte mir meine Mutter dann, dass sie meinen Vater anrufen würde, damit er sich meiner annehmen solle. »Dann kann er sich mit dir rumschlagen. Besorg dir schon mal einen guten Chirurgen!« Lachend verließ sie mit diesen Worten mein Zimmer.

Ich habe in dieser Zeit rein gar nichts mehr verstanden. Ich nahm keine Drogen, wies durchschnittlich gute Leistungen in der Schule auf, arbeitete im Fitnesscenter und in Jürgens Firma, erledigte den kompletten Haushalt und verbrachte meine Zeit an den Wochenenden immer noch brav mit Ulf und Martin auf dem Panzerübungsgelände. Ich war siebzehn Jahre alt und hatte noch exakt acht Monate bis zu meiner Volljährigkeit und noch genau ein Jahr bis zu meinem Abitur. Das Gefühl, diese Monate nicht mehr ertragen zu können und am Ende meiner Kräfte zu sein, siegte letztlich.

Am zwanzigsten Februar 1983 brannten die Sicherungen durch. Als meine Mutter die Wohnung abends verlassen hatte, kramte ich sämtliche Medikamente zusammen, zerstampfte die Tabletten und kippte diesen widerlich bitteren Brei mit einer Flasche Gin herunter.

Ich wollte nicht mehr, und ich konnte nicht mehr. Mir war alles gleichgültig geworden.

Drei oder vier Stunden später kehrte meine Mutter zurück zur Wohnung. Sie hatte irgendetwas vergessen. Als sie feststellte, dass die Tür zu meinem Zimmer von innen verschlossen war, holte sie sich den Nachbarn zur Hilfe, der die Tür beherzt eintrat. Polizei und Rettungskräfte trafen ein, und man verfrachtete mich ins nächstgelegene Krankenhaus. Es war genau dasselbe Krankenhaus, das schon in meinen Kindheitsjahren meine Verletzungen behandelt hatte, und heute glaube ich, dass der behandelnde Arzt meine Akte sehr genau studiert hatte. Nachdem mir der Magen ausgepumpt worden war, verlegte man mich auf die Intensivstation. Das Erste, was ich nach meinem Aufwachen mitbekam, war die Frau neben mir hinter einem Vorhang, die sich ständig irgendwelche Kanülen aus der Vene zog. Es war das Letzte, was sie tat, denn in der gleichen Nacht starb sie.

Am Morgen dann wachte ich erneut auf und sah meine Mutter und Jürgen neben mir am Bett sitzen. Meine Mutter heulte, und Jürgen sah aus, als wäre er um zwanzig Jahre gealtert. Als der Arzt kam, wechselten die Mienen der beiden. Meine Mutter setzte ihr versteinertes Gesicht auf, und Jürgen mutierte wieder zum honorigen Geschäftsmann. Der Arzt war höchstens Anfang bis Mitte dreißig und setzte sich zu mir auf die Bettkante.

»Na mein Mädchen? Wie geht es dir denn jetzt?«, fragte er.

»Gut«, antwortete ich und empfand diesen Arzt als unglaublich vertrauenerweckend. Gern hätte ich diesem Arzt mein Herz ausgeschüttet. Die Blicke von Jürgen und meiner Mutter verhießen nichts Gutes. Mir war, als hätte man mir den Mund ad hoc zugeklebt. Es war egal, was dieser nette Arzt fragte, ich antwortete nicht. Tränen stiegen in mir hoch, und meine Blicke flehten ihn an, dieses Gespräch bitte nicht im Beisein meiner Mutter und Jürgens zu führen. Vielleicht war der Arzt noch unerfahren. Ganz sicher jedoch wusste er, dass irgendetwas in dieser »Familie« nicht stimmte.

Meiner Mutter wurden seine Fragen plötzlich zu bunt. Energisch erhob sie sich und baute sich vor dem jungen Arzt auf: »Jetzt passen Sie mal gut auf, Herr Doktor«, begann sie, »der beste Therapeut für meine Tochter bin ich. Haben Sie das verstanden? So, und jetzt möchte ich meine Tochter mit nach Hause nehmen. Los, steh auf und komm«, herrschte sie mich an.

Jeglicher Protest des Arztes war zwecklos. Die Schwester musste den Tropf abnehmen, meine Mutter warf schmissig ihre Unterschrift unter die Entlassungspapiere, und der Arzt drückte mir einen kleinen Augenblick zu lange meine Hand zum Abschied. »Du kannst jederzeit zu mir kommen«, flüsterte er leise.

Wütend zog mich meine Mutter am Arm mit sich.

Bis zum Ende des Flures schaute ich zu dem Arzt zurück. Wie gern hätte ich mit ihm gesprochen. Wie gern.

Nach meinem Selbstmordversuch hatte sich praktisch nichts verändert. Niemand fragte nach den Gründen, und lediglich meine Freundinnen bemühten sich redlich, meine Verzweiflung nachzuempfinden. Selbst wenn sie das Gefühl hatten, mir nicht helfen zu können, so waren doch zumindest die Gespräche mit ihnen Balsam für meine Seele.

Jürgen schien sich seit diesem Vorfall von mir abgewendet zu haben. Zwar war ich ständig auf der Lauer und erwartete förmlich seine Übergriffe, aber offensichtlich distanzierte er sich von mir. Zugleich sparte er nicht mit Kritik und ließ keine Gelegenheit aus, mir ständig und überall und ungefragt seine Meinung kundzutun. In seinen Augen war ich genauso ein verdorbenes Flittchen wie in den Augen meiner Mutter. Seine Taktik war für mich durchschaubar. Die Menschen, mit denen ich zusammenlebte, waren meine Gegner, und die letzten Monate vor meinem achtzehnten Geburtstag glichen einem Überlebenskampf. Ich hatte nur eine Chance: mich zu entziehen, dem täglichen Psychoterror gegenüber abzustumpfen und mein Leben in Freiheit vorzubereiten.

Nach außen hin schien ich meine Aufgaben weiterhin wahrzunehmen. Ich erledigte den Haushalt, ertrug die Beschimpfungen meiner Mutter und sparte das Geld vom Fitnesscenter. In der Schule begann ich akribisch genau auszurechnen, mit wie vielen Fehlstunden ich dennoch zum Abitur zugelassen werden würde. Diese Fehlstunden verbrachte ich mit meinen Freundinnen im Eiscafé und begann das erste Mal in meinem Leben, Kontakte zu anderen Männern zu knüpfen. Nachts schlich ich mich über den Garten nach draußen und traf mich mit meinen Freundinnen auf Partys und in Diskotheken. Ich genoss das Gefühl der Freiheit und spürte, wie sich die Lust am Leben in mir breitmachte. Männer machten mir Komplimente, und Männer umwarben mich. Ich feierte bis in die Morgenstunden und kehrte rechtzeitig nach Hause zurück, um zu duschen und das Frühstück vorzubereiten.

Im Juni 1983 feierte Jürgen seinen fünfundvierzigsten Geburtstag. Er gab im Partykeller seines Hauses ein großes Fest, und meine Mutter hielt eine (in meinen Ohren) ekelerregende Rede über ihren ach so noblen und charakterfesten Goldschatz Jürgen. Alle Gäste waren tief beeindruckt, und ich mimte die Kellnerin des Hauses. Die Gäste bestanden zu einem großen Teil aus betuchten Nachbarn aus der Wohngegend von Jürgens Haus. Ärzte, Unternehmer und Rechtsanwälte gaben sich die Türklinke in die Hand. Alles schien so perfekt zu sein. Im Laufe des Abends floss der Alkohol in Strömen, und Jürgen meinte unbedingt, ausgerechnet mit mir ein flottes Tänzchen aufs Parkett legen zu müssen. Der Mann widerte mich an, und da ich ihn seit Wochen nicht mehr hatte anfassen müssen, ergriff mich dieser Widerwille gegen ihn mit aller Macht. Plötzlich schaltete jemand das Licht an, und die Musik erstarb.

Meine Mutter stand mit wutverzerrtem Gesicht vor uns beiden, riss uns auseinander und keifte los: »Na, ihr zwei Turteltäubchen? Geht's euch gut, jaaa?« Sie war völlig außer Kontrolle, und ich bekam wirklich Angst vor ihr. Ihr Blick war wirr und ihre Körperhaltung völlig angespannt. Es schien, als habe sich ein wichtiger Schalter in ihrem Kopf umgelegt.

Die Gäste starrten uns drei entsetzt an. Niemand sagte ein Wort. Noch bevor Jürgen sein säuselndes »Aber Gundis!« loswerden konnte, packte meine Mutter meinen Arm und schleuderte mich quer durch den Partykeller. Sie würde mich totschlagen vor versammelter Mannschaft, das war mir klar. »Geh doch zu deinem Jürgen«, tobte sie weiter. »Geh doch hin zu ihm, und vögel ihn. Na komm schon. Stell dich nicht so an!«

Wieder packte sie meinen Arm und zerrte mich zu Jürgen, der wie versteinert auf der Tanzfläche stand. Sie schubste mich gegen Jürgen und presste mein Becken an Jürgens Becken. »So sieht das schon richtig gut aus!«, schrie sie wie von Sinnen. »Los, los, los! Bumsen sollt ihr! Das könnt ihr doch sonst auch so gut!«

Jürgen erwachte aus seiner starren Haltung, packte meine Mutter an beiden Armen und zerrte sie ins Badezimmer. Ein heftiger Kampf entbrannte. Mit aller Kraft drückte Jürgen meine Mutter unter die Dusche und begann, die hysterisch schreiende Frau mit eiskaltem Wasser abzuduschen.

Ich konnte nicht mehr. Ich war völlig am Ende meiner Kräfte, und mir wurde übel. Ich flüchtete nach oben ins Wohnzimmer und versuchte verzweifelt, einen klaren Gedanken zu fassen. Wo sollte ich hin? Wo konnte ich hin? Das war alles so schrecklich peinlich. Die Gäste verließen, einer nach dem anderen, die Party. Jeder einzelne von ihnen sah mich von der Garderobe aus im Wohnzimmer sitzen. Nicht ein einziger dieser honorigen Gäste kam zu mir. Nicht ein einziger tröstete mich. ICH war schuldig. ICH war die Hure. ICH war der Grund für dieses Desaster.

Irgendwann bin ich eingeschlafen. Ich weiß beim besten Willen nicht mehr, wie dieser Abend endete. Ich hörte meine Mutter irgendwann nicht mehr, und ich sah Jürgen nicht mehr.

Meine Erinnerung beginnt beim nächsten Morgen, als meine Mutter versuchte, Jürgen zu erklären, dass offenbar die Mischung aus Kopfschmerztabletten und Alkohol zu diesem Ausraster geführt hätte. Zwischen den beiden herrschte eine Eiskelleratmosphäre. Mein Entschluss, diesen wahnsinnigen Haushalt mit dem Tag meiner Volljährigkeit zu verlassen, war unumstößlich geworden. Ich würde alles besser ertragen, als eine Sekunde länger wie nötig in diesem Irrenhaus zu verbleiben. Ich spürte, dass nichts, aber auch wirklich gar nichts in dieser weiten Welt schlimmer sein konnte als das, was ich bislang erlebt hatte.

Kurz vor meinem achtzehnten Geburtstag spannte mich meine Mutter immer öfter in zusätzliche »Aufgaben« ein. So beizte sie auf einmal Möbel ab, und ich musste schmirgeln und schleifen, ob ich wollte oder nicht. Dann flieste sie das Bad komplett neu, und die Nacht auf meinen achtzehnten Geburtstag verbrachte ich im Badezimmer, da mir meine Mutter aufgetragen hatte, die neuen Kacheln von den Resten der Fugenmasse zu befreien. Punkt Mitternacht ließ ich alles fallen und liegen, ging in mein Zimmer und holte die Flasche Asti spumante hervor und ein Päckchen Zigaretten, die ich versteckt hatte. Ich setzte mich in mein Zimmer, zündete eine Kerze an und schüttete den süßen süffigen Sekt in mich hinein. Ich rauchte genüsslich ein paar Zigaretten und freute mich diebisch. Ja sicher. Meine Mutter würde toben am nächsten Tag. Meine Arbeit war nicht beendet, und natürlich würde das Konsequenzen haben. Konsequenzen, die mir zum ersten Mal in meinem Leben herzlich egal sein konnten. Ich saß auf meinem Bett und dachte über die letzten Jahre nach.

Ich verstand diese Menschen nicht. Ich verstand meine Mutter nicht, und ich verstand Jürgen nicht. Alle Bemühungen, es diesen beiden Menschen irgendwie recht zu machen, schienen völlig umsonst gewesen zu sein. Bei meinen Freundinnen zu Hause war alles anders als bei uns. Anka nörgelte ständig über ihre konservative Mutter, Gitta zoffte sich unentwegt mit ihrem despotischen Vater, und Dana hatte mehr mit ihrer ersten festen Beziehung zu tun, weil ihre Eltern seit einigen Wochen in Australien lebten. Danas Eltern vermisste ich sehr. Besonders ihre Mutter. Ich empfand sie als eine warmherzige Frau, die viel lachte und sehr agil war. Bei allen Freundinnen war ich gern zu Hause. Ich habe nicht ein einziges Mal das Gefühl vermittelt bekommen, unerwünscht zu sein. Ganz im Gegenteil. Meine Freundinnen hatten es schon seit Jahren aufgegeben, mich zu Hause zu besuchen. Sie hatten zu oft miterleben müssen, dass sich meine Mutter einen Dreck darum scherte, ob ich Besuch hatte oder nicht.

Dana sagte mir einmal: »Wie soll ich mich bei euch zu Hause wohl fühlen, wenn ich noch nicht einmal ein Glas Apfelsaft trinken darf?«

Sie hatte Recht. Meine Mutter hatte mir tatsächlich irgendwann eine Standpauke gehalten, weil Dana und ich ein Glas Apfelsaft getrunken hatten. Wir hätten gefälligst Wasser zu trinken, war ihr Tenor, sie wäre schließlich nicht der Getränkemarkt für meine Freundinnen.

Ich konnte noch gar nicht glauben, dass mit dem morgigen Tag dieses Leben beendet sein und Christine Al-Farziz ein Leben in Freiheit beginnen würde. Schon seit Wochen bereitete eine Armada von fleißigen Helfern meinen Umzug vor. Ich hatte ein Zimmer zur Untermiete angemietet, und Carla und ich hatten in einer Blitzaktion das Zimmer frisch gestrichen und den Boden geschrubbt. Dana und Anka hatten bei einem Bekannten einen Lieferwagen organisiert, und glücklicherweise hatte meine Mutter am morgigen Nachmittag eine Schulkonferenz. Jürgen musste zu einem Geschäftstermin nach Remscheid, und um sechzehn Uhr sollte die Aktion starten.

Am nächsten Morgen verlief alles nach Plan. Meine Mutter schrie mich erwartungsgemäß an, weil ich im Bad nicht fertig geworden war, und beendete ihr Szenario mit den Worten: »Und wenn ich nach der Konferenz wieder nach Hause komme, dann will ich das hier alles tipptopp sehen, verstanden?«

Ich nickte devot und räumte den Frühstückstisch ab. Jürgen war schon heute morgen ins Büro gefahren und würde nicht zum Frühstück erscheinen. Als meine Mutter die Wohnung verließ, blieb sie kurz mit der Türklinke in der Hand stehen, schaute mich an und sagte: »Ach so, du bist ja heute volljährig geworden! Hahaha! VERWACHSEN eher! Hahaha! Na ja dann, herzlichen Glückwunsch. Zeit zum Feiern hast du jedenfalls heute nicht! Hahaha!«

Als sie draußen war, atmete ich tief auf. Ich hoffte, dass ich diese Frau nicht mehr sehen würde, und gleichzeitig krampfte sich innerlich alles in mir zusammen. Eigentlich wollte ich sie lieb haben und sie so erleben, wie andere Menschen sie erlebten. Im Bekanntenkreis gab sie sich jung, frisch, dynamisch und äußerst humorvoll, und ihre witzigen Sprüche schienen bei den Leuten gut anzukommen. Mit ihrer sportlichen Kurzhaarfrisur und der schlanken Figur hätte sie keine Probleme gehabt, jederzeit einen anderen Mann kennen zu lernen. Sobald sie mit mir allein war, mutierte sie zu einer vollkommen anderen Person. Aus ihrer schlagfertigen Rhetorik wurden messerscharfe Worte, die verletzender als ein Samurai-Schwert waren. Ihr strahlender Blick verschwand hinter eiskalten Augen, und ihre Dynamik und ihr Esprit verwandelten sich in boshafte Tyrannei. Ich vermisste meine Mama, und ein dicker Kloß machte sich in meinem Hals breit. Und trotzdem: Ich wollte und ich musste sofort weg von diesen Menschen!

Punkt sechzehn Uhr standen die Mädels vor der Tür. Innerhalb einer Stunde waren Bücher, Stereoanlage, Kleidungsstücke, Yuccas und Hundekörbchen im Lieferwagen verstaut. In meinem neuen Zimmer waren andere Freundinnen damit beschäftigt, eine große Tischlerplatte aufzubauen, die als Schreibtisch, Fernsehtisch, Esstisch und Ablage zugleich dienen sollte. Das einzige Möbelstück, das wir mitnahmen, war mein Kleiderschrank, der völlig auseinanderfiel. Vom Bett nahm ich lediglich die Matratze und mein Bettzeug mit. Als wir fertig waren, glich das Zimmer einem Schlachtfeld. Alles, was ich nicht mehr haben wollte, hatten wir auf den Boden geworfen. Ein Schreibtisch, ein Bettgestell und eine Kommode waren die Überbleibsel meines vergangenen Lebens. Die Möbel waren der reinste Schrott. Kein Wunder, denn Geld durfte ich in all den Jahren nicht kosten. Wut stieg in mir hoch. Unbändige Wut. Ich schaute auf das durchgebrochene Brett, das als Lattenrost gedient hatte. »Wartet. Ich brauche nicht lange!«, rief ich den anderen zu. Ich rannte in den Keller und holte eine alte Axt. Mit der Axt in der Hand stand ich wie hypnotisiert vor diesem vergammelten Bettgestell. Plötzlich schoss mir das Blut in die Adern, und eine ungeheure Kraft machte sich in meinem Körper breit. Es war die Kraft, mit der man Bäume ausreißt, die Kraft eines unbändigen Lebenswillens und die Kraft, jedem Sturm zu trotzen. Meine Arme hoben sich, und ich schmetterte die Axt auf den Bettkasten und freute mich wie ein kleines Kind, als das Holz krachend splitterte und die Holzfetzen mir um die Ohren flogen. »Nichts! Nichts bleibt mehr übrig!«, schrie ich euphorisch und hämmerte wie verrückt auf dem Mobiliar herum. Binnen fünf Minuten war nur noch ein einziger Müllhaufen übrig geblieben. Tiefe Kerben in den Wänden und auf dem Teppichboden zeugten von fehlgeschlagenen Axthieben. Es war ein gespenstisches Bild. Ich war schweißgebadet und überglücklich. Die Euphorie hatte mich gepackt, und ich fühlte mich wie aufgeputscht.

Ich stellte die Axt neben den großen Trümmerhaufen und schloss die Tür. Als ich gerade die Haustür absperren wollte, musste ich doch noch einmal den Weg beschreiten und ging erneut durch den Flur und öffnete mein Zimmer. Es war wirklich ein schockierender Anblick. Ich nickte zufrieden. »Genau richtig«, sagte ich grinsend zu Anka und Dana, die vor Schadenfreude schier platzten.

»Was wird deine Mutter sagen, wenn sie nach Hause kommt?«, fragte Anka.

»Nichts mehr. Endlich einmal habe ich diese Frau sprachlos gemacht. Und sie wird mir nie wieder irgendetwas sagen«, antwortete ich. Ich verließ die Wohnung, verschloss die Haustür und warf den Schlüssel in den Briefkasten.

Ich wollte leben!

KAPITEL 8

Flucht und Freiheit

Es war Anfang November, und ich hätte eigentlich genug damit zu tun gehabt, mein Abitur vorzubereiten. Nach der Schule ging ich zu Oma zum Mittagessen. Oma war in meine Pläne eingeweiht und hatte mir angeboten, das Essen und meine Wäsche zu übernehmen. Das hatte ich natürlich dankend angenommen. Sie machte sich Sorgen um meine Existenz, denn mit ihrer kleinen Rente hatte sie wenig Möglichkeiten, mich finanziell zu unterstützen.

»Christinchen«, sagte sie eines Mittags zu mir, »ich habe hier dreihundert Mark, dafür solltest du dir einen Telefonanschluss zulegen. Man weiß nie, was ist, und dann kannst du mich wenigstens anrufen, ja?«

Ich war Oma wirklich sehr dankbar. Vor kurzer Zeit hatte ich nämlich einen netten Mann kennen gelernt, und da war es gut, wenn man ein Telefon hatte.

Der Mann hieß Tomas und war der Sohn einer Arztfamilie aus unserer Stadt. Er war überhaupt nicht mein Typ, aber die Tatsache, dass er sich offensichtlich in mich verliebt hatte, aus einer sehr netten Familie kam und mich umwarb, genügte mir völlig. Sexuell spielte ich die mir bekannte Rolle, der schnell stöhnenden und befriedigten Frau, und war froh, dass Tomas keine Ansprüche stellte. Das Thema Sex war ein heikles Thema für mich, und ich vermied es tunlichst, in die Situation zu kommen, Tomas anzufassen. Sex war für mich nur dann erträglich, wenn ich einen Penis möglichst nicht zu sehen, geschweige denn anzufassen brauchte. Ein Penis war nichts, was mich erregte, sondern es war ein Teil, das möglichst schnell in mir zu verschwinden hatte, denn da gehörte es hin, und nur das hatte ich gelernt. Mich in ein Terrain zu begeben, in dem ich mich nicht auskannte, war völlig tabu für mich. Es hätte mich höchstens verunsichert, aber nicht neugierig gemacht. Wenn schon Sex, dann wenigstens so, wie ich es kannte, und so, dass es für mich kalkulierbar blieb. Jeder experimentierfreudige Mann hätte mir damals panische Angst eingejagt!

Als Tomas mich fragte, ob wir uns nicht verloben sollten, waren wir sechs Wochen zusammen, und ich willigte freudig ein. Er bekannte sich zu mir und liebte mich. Das allein reichte mir für ein positives Gefühl. Seine Eltern bestanden darauf, dass Jürgen und meine Mutter eingeladen werden sollten. Zähneknirschend gab ich nach, denn mit Tomas‘ Eltern wollte ich es mir nicht verscherzen. Im Dezember feierten wir unsere Verlobung, und Jürgen und meine Mutter präsentierten sich überaus freundlich und charmant den prüfenden Blicken der Arztfamilie. Als Tomas dann abends erzählte, dass er zum ersten Januar eine neue Stelle als Bürokaufmann suchen würde, weil er aus Frankfurt am Main wegwollte, biederte sich Jürgen an. Ich schrumpfte innerlich zusammen und merkte, wie mir die Übelkeit die Speiseröhre hochkroch. Ich hatte so sehr gehofft, nach dem Abitur zu Tomas nach Frankfurt ziehen zu können, und gleichzeitig schwante mir Böses, als Jürgen und Tomas verschwörerisch die Köpfe zusammensteckten. Nach über einer Stunde strahlte Tomas dann in die Runde und verkündete mit feierlicher Miene, dass er zum ersten Januar 1984 der neue Mann im Büro der Firma Karnasch Elektrische Apparate sei.

Mit leuchtenden Augen nahm mich Tomas in den Arm und fragte mich: »Ist das nicht toll?«

Den Januar über habe ich die nicht enden wollenden Lobeshymnen von Tomas über seinen tollen neuen Chef über mich ergehen lassen. Gern hätte ich ihm erzählt, dass sein Chef alles andere als toll war, aber ich hatte nicht das Gefühl, dass mir Tomas oder seine Eltern auch nur ein einziges Wort geglaubt hätten. Jürgen präsentierte sich derart seriös und professionell, dass ich absolut chancenlos war. Ende Januar gab ich zum großen Entsetzen von Tomas und seinen Eltern den Verlobungsring zurück. Tomas' Eltern warfen mir Undankbarkeit und Dummheit vor, Jürgen mimte den Betroffenen und heuchelte völlige Fassungslosigkeit, und gemeinsam mit meiner Mutter waren sich alle Betroffenen einig, dass ich, Christine Al-Farziz, ein völlig übergeschnapptes Flittchen war.

Ein Flittchen war ich schon deshalb, weil ich im Dezember von Tomas eine Reitstunde bei Körber geschenkt bekommen hatte und wieder so viel Freude am Reitsport hatte, dass ich ein bis zwei Mal pro Woche abends zum Unterricht ging. Meine Mutter hatte nichts Besseres zu tun, als der Mutter einer Freundin von mir zu erzählen, dass Tomas zwar glauben würde, dass ich Reitunterricht nähme, ihre Tochter sich aber in Wirklichkeit auf dem Heuboden »durchbumsen« lassen würde. Ich hätte dieses Treiben meiner Mutter hinter meinem Rücken wohl nie erfahren, wenn ich mich nicht ausgerechnet bei Sarahs Mutter ausgeheult hätte. Es ging mir wirklich schlecht, und ich äußerte, dass ich so sehr darauf hoffen würde, irgendwann ein nettes Verhältnis zu meiner Mutter pflegen zu können. Sarahs Mutter ist dann offensichtlich der Kragen geplatzt, denn sie hätte mir niemals diesen Originalton meiner Mutter zitiert, wenn sie nicht wirklich so erbost gewesen wäre. Ich habe dann im Beisein von Sarahs Mutter meine Mutter angerufen, weil ich das alles nicht glauben konnte.

»Mama!«, fragte ich, »Sarahs Mutter hat mir erzählt, dass du in der Stadt verbreitest, ich würde bei Körber gar keinen Reitunterricht nehmen, sondern mich auf dem Heuboden durchbumsen lassen. Sag mal, das ist doch ein schlechter Scherz, oder?«

»Nein«, antwortete meine Mutter, »das ist mein Eindruck von dir, und meine Meinung darf ich doch wohl noch frei äußern, oder?«

Zitternd legte ich den Hörer auf und schluchzte. Sarahs Mutter nahm mich in den Arm und tröstete mich. »Ich musste es dir erzählen, Christine. Ständig zermarterst du dir den Kopf, was du falsch gemacht haben könntest und was du alles noch besser machen könntest, um endlich von deiner Mutter akzeptiert zu werden. Ich habe es nicht mehr ertragen, dich so zu sehen, Christine. Deine Mutter ist wirklich krank, da kannst du machen, was du willst.«

Ich merkte, dass ich auf dem besten Wege war, den Halt unter den Füßen gänzlich zu verlieren. Oma war der einzige Mensch, den ich hatte, aber es reichte einfach nicht. Meine Bulimie wurde wieder schlimmer. Hinzu kam, dass ich dringend einen Job finden musste, denn bei Reinhold im Studio hatte eine Vollzeittrainerin angefangen, und ich verdiente kein Geld mehr.

Ende Januar wurde ich fündig. Ein Nachtcafé hatte in unserer Stadt aufgemacht und suchte noch eine Kellnerin für die Nachtschicht. Es war ein gemütliches Lokal und eine gelungene Mischung aus Bistro und Kneipe. Als einziges Lokal in der Stadt verfügte es über eine Nachtkonzession. Mit dem Inhaber vereinbarte ich, dass ich montags, mittwochs und donnerstags die Nachtschicht übernehmen würde. Doro, meine Kollegin, würde dann die anderen Tage arbeiten. Der Job im Nachtcafé war angenehm. Bis Mitternacht waren hauptsächlich Jugendliche da, die Darts oder Billard spielten und ihre Bierchen tranken. Nach Mitternacht kamen Taxifahrer und das Personal von Feuerwehr und Rettungsdiensten, um schnell einen Espresso zu trinken und ein paar Worte zu wechseln. Zwischen vier und fünf Uhr morgens waren dann die letzten Gäste die Prostituierten der Stadt, die ihren Kaffee bestellten und sich über die mal gut, mal schlechter laufenden Geschäfte unterhielten. Punkt fünf machte ich meine Abrechnung fertig, und Rüdiger, ein älterer Taxifahrer, hatte den Auftrag vom Chef erhalten, mich nach Feierabend nach Hause zu fahren.

Für mein Abitur blieb da natürlich wenig Zeit, und sehr oft verschlief ich morgens und erschien erst nach der großen Pause um zehn in der Schule.

Es kam, wie es kommen musste: Ich versagte gänzlich in meinen Abiprüfungen und von der Mindestpunktezahl einhundert erreichte ich nur siebzig. Im Gespräch mit meinem Direktor zeigte sich dieser völlig erschüttert. Immerhin war ich mit einem Durchschnitt von zwei Komma zwei vorbenotet worden, und nun hatte ich in den beiden Leistungskursen je zwei Punkte geschrieben und im Grundkurs Mathe glatte null Punkte. Mein Direktor riet mir, das Jahr zu wiederholen, da eine Nachprüfung relativ aussichtslos sei. Energisch widersprach ich. Lieber büffeln bis zum Umfallen, als noch länger die Schulbank drücken zu müssen, da war ich mir ganz sicher.

Als ich nach den Nachprüfungen exakt einhundert Punkte erreicht hatte und mein Abitur in den Händen hielt, war ich trotz der mäßigen Durchschnittsnote von drei Komma zwei ein klein wenig stolz auf mich. Ich hatte es geschafft.

Trotz der null Punkte in Mathe hatte mich nach einem überzeugenden Vorstellungsgespräch eine örtliche, renommierte Bank als Auszubildende eingestellt. Ich begann im August meine Lehre und wurde bereits nach zwei Wochen ins Personalbüro zitiert. Ob ich denn auch mal etwas anderes als nur Hosen anziehen könnte, fragte mich mein Personalleiter. Mein Kleidungsstil sei nicht adäquat und schon gar nicht für ein solches Haus, monierte er. Ich gelobte Besserung und zog weiterhin Hosen an. Einen Rock besaß ich nicht, und Geld hatte ich für solche, in meinen Augen, Kinkerlitzchen gar nicht. Für die hausinterne, bundesweit erscheinende Bankzeitschrift schrieb ich damals einen Artikel. Er hieß *Der erste Eindruck* und schilderte die Eindrücke eines Auszubildenden innerhalb der ersten Tage nach Ausbildungsbeginn. Der Artikel wurde gedruckt, und ich erhielt einen Anruf von der Redaktion dieser Bankzeitschrift, die ihren Sitz in Kassel hatte. Die Filiale in Kassel unterbreitete mir den Vorschlag, meine Lehre in der Niederlassung in Frankfurt am Main fortzuführen. In Frankfurt sei eine große Werbeabteilung, und der zuständige Abteilungsleiter hatte nach Lesen meines Artikels bei der Redaktion nachgefragt, ob die Verfasserin nicht nach Frankfurt wechseln wolle. Im Oktober sollte ich mich in Frankfurt vorstellen und zum Ausbildungshalbjahr Januar/Februar nach Frankfurt wechseln.

In unserer Filiale herrschte nach diesem Anruf große Aufregung. Mein Personalleiter vergaß sämtliche Kleidungsvorschriften, ignorierte geflissentlich meine Hose und schwelgte in höchsten Tönen von meinem Talent. Sicherlich würde ich dort in der Werbeabteilung prima aufgehoben sein und ganz bestimmt würde mir auch die Niederlassung gefallen, denn diese sei mit unserer Filiale größenmäßig und karrieremäßig in nichts zu vergleichen.

»Glückwunsch, Frau Al-Farziz! Wir sind sehr stolz auf Sie!«, sagte er zum Abschluss des Gespräches, und ich platzte vor Stolz.

Das war meine große Chance, dem Kleinstadtmief, Jürgen und meiner Mutter endlich zu entkommen. Innerlich schwor ich mir feierlich, diesen beiden Leuten zu beweisen, dass ich niemals in der Gosse landen würde, sondern eine glänzende berufliche Karriere hinlegen würde.

Es dauerte nicht lange, und eines Abends klopfte es urplötzlich an meiner Tür. Als ich öffnete, traute ich meinen Augen nicht. Meine Mutter und ihre tolle Freundin Uta, die Mutter von Arndt und Werner, standen im Türrahmen und sahen ganz so aus, als wollten sie tatsächlich in mein Zimmerchen kommen.

»Ich muss mit dir reden«, sagte meine Mutter, und schon waren beide Frauen eingetreten. Uta pflanzte sich breit auf mein kleines Sofa, und meine Mutter setzte sich mit angewidertem Gesicht auf den einzigen Stuhl und betrachtete mit Herablassung meine spärlichen vier Wände.

»Mir ist zugetragen worden, dass du nach Frankfurt willst. Stimmt das?« Der Ton meiner Mutter verhieß, wie immer, nichts Gutes.

»Ich WILL nicht nach Frankfurt, ich WURDE ANGEFORDERT. Von der Werbeabteilung der Niederlassung«, antwortete ich nicht ohne Stolz in der Stimme.

Uta und meine Mutter schien das alles nicht zu beeindrucken. Weder nahmen sie Notiz von meinem offensichtlich existierenden Talent, noch honorierten sie meine Leistung. Es war wie verhext. In der Bank feierten sie mich, und meine eigene Mutter erzählte mir mal wieder, wie unerträglich ich doch für sie sei. In einer solchen Stadt würde ich verkommen und vergammeln, als Nutte in der Gosse landen und natürlich nur auf die schiefe Bahn geraten. Hier in unserer Stadt sollte ich gefälligst bleiben.

»Kannst du, verdammt noch mal, nicht ein einziges Mal in deinem verkommenen Leben irgendetwas SO machen, dass es NORMAL ist?«, schnauzte mich meine Mutter an.

»Ich bin es so leid mit dir. Ich hatte gedacht, dass du deine Banklehre ordentlich zu Ende bringst, dann irgendwann heiratest und von mir aus Kinder bekommst und dass endlich mal Ruhe einkehrt! Du machst mich krank!«

Beide Frauen erhoben sich in größtem Einvernehmen, und selbst Uta gab jetzt ihren Senf dazu. »Es wird Zeit, dass du normal wirst, Christine.«

Ich stand in meinem kleinen Zimmerchen und war vollkommen sprachlos. Den ganzen Abend heulte ich wie ein Schlosshund, stopfte mich zwischendurch mit Pfannkuchen voll (das war am billigsten), kotzte, heulte und stopfte mich wieder voll. Ich spürte, wie ich fast gänzlich die Kontrolle über mich verlor, und lag irgendwann in der Nacht heulend und würgend auf den Fliesen meines kleinen Badezimmers. Mein Kreislauf machte nicht mehr mit, und meine Seele schrie vor Schmerz. Am Morgen ging ich wie betäubt zur Bank und versuchte, so gut es ging, meine Arbeit zu verrichten. Etwas in mir war in dieser Nacht zerbrochen. Ich konnte keine Gefühle mehr einordnen und keinen klaren Gedanken fassen. Ich wusste nur eines: In dieser Stadt würde ich nicht bleiben, und nach Frankfurt würde ich auch nicht gehen. Ich hatte jeden Ehrgeiz verloren, und alles in mir war auf die bloße Existenzerhaltung reduziert worden.

In der Mittagspause schlich ich mit hängendem Kopf durch die Stadt und wurde auf einmal von der Seite angesprochen.

»Darf ich dich zum Kaffee einladen?«, fragte eine männliche Stimme.

Vor mir stand ein braungebrannter Mann, Typ Schimanski, offensichtlich locker zehn bis fünfzehn Jahre älter als ich und mit perlweißen überkronten Zähnen im Mund. Ein dickes Goldkettchen zierte seinen Hals. Dieser Mann lachte mich charmant an und zwinkerte mit den Augen.

»Ich möchte gerne mit dir einen Kaffee trinken. Gib mir jetzt keinen Korb, ja?«

»Gerne«, strahlte ich zurück und verbrachte eine Stunde mit Timo im Café in der Altstadt. Ich erfuhr, dass Timo Bauingenieur war und auf einer Großbaustelle in Mali in Westafrika arbeitete. Er hatte jetzt vier Wochen Urlaub, und da seine Freundin ihn betrogen hatte, war er nun wieder Single. In den darauf folgenden Wochen verbrachten Timo und ich jede freie Minute miteinander. Ich absolvierte mein übliches Sexprogramm mit ihm, und Timo schien völlig verzückt zu sein, dass ich niemals nein sagte. Für mich war es selbstverständlich, dass Sex der Preis für Nähe und Geborgenheit war, und ich bezahlte so gesehen selbstredend. Als Timo nach drei Wochen wieder zurückfliegen musste, überreichte er mir seine Haustürschlüssel. Timo hatte eine schicke, teuer eingerichtete Erdgeschoss-Eigentumswohnung mit Garten, und er fuhr eine schwarze Corvette.

»Der Autoschlüssel hängt mit am Schlüsselbund. Du kannst bei mir wohnen und jederzeit das Auto benutzen. Wenn du Urlaub bekommst, dann musst du unbedingt nach Afrika kommen. Ich schicke dir dann das Flugticket, okay?«

Ich war beeindruckt. Ich mochte Timo sehr und schätzte diese Großzügigkeit an ihm. Niemals aber wäre ich in seine Wohnung gezogen oder hätte sein Auto aus der Tiefgarage geholt. Ich war Geschenke nicht gewohnt und konnte in keiner Weise damit umgehen.

Als Timo fort war, kehrte die Sinnlosigkeit in mein Leben zurück. Niemand in der Bank hatte verstanden, warum ich den Termin in Frankfurt abgesagt hatte, und mich selbst interessierte mein berufliches Weiterkommen nicht mehr. Auch in der Berufsschule zeigte ich im Unterricht mein Desinteresse, und im Rechnungswesen verstand ich bald schon kein einziges Wort mehr.

Dann stand Silvester vor der Tür, und ich wusste nicht, wie ich diese Nacht verbringen sollte. Von einem Auszubildenden besorgte ich mir einen fertig gedrehten Joint und kaufte mir eine Flasche Bailey's. Mein Leben lang hatte ich um Drogen einen Riesenbogen gemacht und daher beschlossen, dieses Silvester wenigstens einen Joint auszuprobieren. Ich saß auf meinem Sofa, rauchte dieses komische Zeug und schüttete den Bailey's in mich hinein. Meine Stimmung wurde immer düsterer, und meine Seele wurde hinabgezogen in die dunklen Höhlen der Verzweiflung. Ich begann zu weinen und trank die ganze Flasche aus. Noch vor Mitternacht wurde mir unglaublich schlecht, und ich hatte das Gefühl, in einem unkontrolliert rasenden Karussell zu sitzen. Alles drehte sich in einer unglaublichen Geschwindigkeit, und mein Mageninhalt entleerte sich, noch bevor ich überhaupt ansatzweise die Toilette erreicht hatte.

Als Bulimikerin ist man es gewohnt, sich zu übergeben. Was mir aber in dieser Silvesternacht von 1984 auf 1985 wiederfuhr, war der reinste Höllentrip. Obwohl ich nur noch Galle kotzte, hörte dieser Schwindel nicht auf, und das Gefühl der Übelkeit steigerte sich ins Unerträgliche. Gleichzeitig versagte mein Schließmuskel, und ich ließ alles nur noch unter mich gehen. Alles andere war zwecklos. Ich hätte ohnehin nicht gewusst, welchen Körperteil ich zuerst über die Schüssel hängen sollte. Als der Albtraum dem Ende entgegenging, war es fünf Uhr morgens. Mein Neujahrstag bestand aus einer nicht enden wollenden Dusche und einem ausgiebigen Hausputz. Den restlichen Tag habe ich komplett verschlafen, so fertig war ich. Mein Vorsatz für das neue Jahr stand fest: Nie wieder würde ich Drogen anfassen.

Am Abend rief Timo aus Afrika an. Ich erzählte ihm, dass ich in zwei Wochen Urlaub bekommen würde, und Timo versprach, das Flugticket zu schicken. Als ich tatsächlich zehn Tage später das Flugticket in meinen Händen hielt, ging ich zu meinem Personalleiter und kündigte. Mein Chef schaute mich an, als sei ich mindestens das siebte, wenn nicht sogar das achte Weltwunder, als ich ihm mitteilte, dass ich nach Afrika gehen würde und daher meine Lehre nicht würde beenden können. Er wünschte mir zum Abschied viel Glück, und sein Gesicht bestand aus einem einzigen Fragezeichen.

Als ich bei Oma war, wurde mir sehr schwer ums Herz. Ich brachte es kaum über die Lippen, ihr mitzuteilen, dass ich nicht vorhatte, aus Afrika zurückzukehren. Sie saß in ihrem Sessel, schaute mich prüfend an und sagte: »Christinchen. Irgendetwas bedrückt dich doch! Nun sag schon, was los ist!«

Ich kniete mich vor ihren Sessel, legte meinen Kopf auf ihre Beine und schluchzte los. »Oma. Ich kann nicht mehr. Ich will hier nicht mehr bleiben. Ich werde verrückt in dieser Stadt, und ich muss weg von Mama und Jürgen. Ich gehe nach Afrika, und ich komme nicht wieder.« Tränen flossen unaufhaltsam über mein Gesicht.

Oma sagte gar nichts. Sie saß starr da und schaute zum Fenster hinaus. Dann verlor auch sie die Fassung und weinte hemmungslos. Nach einigen Minuten nahm sie mein Gesicht in ihre alten faltigen Hände. »Sieh mich an, Christine. Sieh mich an! Ich bin eine alte Frau. Ich habe mein Leben gelebt, und ich würde es kein zweites Mal SO leben. Wenn du nach Afrika gehen musst, um deinen Frieden zu finden, dann musst du nach Afrika gehen. Verstehst du mich? Du MUSST!«

Ich weinte und weinte und fühlte mich jämmerlich. Ich ließ meine Oma in dieser Stadt zurück. Ich war alles, was sie hatte, und ich fühlte mich schrecklich undankbar. »Was ist mit dir, Oma?«, fragte ich tränenüberströmt. »Ich kann dich doch nicht einfach so im Stich lassen …«

Oma streichelte über meinen Kopf, und minutenlang sagten wir beide kein Wort, sondern ließen unseren Tränen freien Lauf. Dann beendete Oma das Schweigen.

»So, und nun stehst du auf und erledigst die Dinge, die du noch vor deiner Abreise erledigen musst. Alles, was du nicht brauchst, kannst du bei mir unterstellen.«

Sanft und resolut schob sie meinen Kopf von ihrem Schoß und stand auf. »Und wenn du dann fliegst, mache ich dir vorher noch dein Lieblingsessen, paniertes Schnitzel mit Rosenkohl. Jetzt mach voran.«

Ich hatte noch drei Tage bis zum Abflug und verschenkte in dieser Zeit mein gesamtes bescheidenes Mobiliar. Meine Motorradkluft, meine Plattensammlung, die vielen Fotoalben und meine Hi-Fi-Anlage schleppte ich zu Oma. Irgendwann würde ich alle diese Sachen wieder bei ihr abholen. Kein einziges Teil dieser persönlichen Gegenstände habe ich jemals wieder zu Gesicht bekommen. Meine Mutter versuchte mir drei Jahre später allen Ernstes weiszumachen, dass sie alle diese Sachen im Hause meiner Großmutter nicht gefunden habe. Insbesondere der Verlust meiner Fotoalben liegt mir noch heute im Magen. Es war und es ist, als hätte jemand versucht, achtzehn Jahre meines Lebens für immer auszuradieren. Was ich damals zum Glück in meinen Armeeseesack stopfte, waren meine Tagebücher und die Bilder von meinen Freundinnen aus meiner Schulzeit. Dana, Anka, Gitta und Carla … Wie würde ich sie alle vermissen. Dana studierte in Aachen Germanistik und hatte mit dem Studium, ihrer ersten Tochter und ihrem Leben in Zweisamkeit genug um die Ohren, aber für ein Telefonat oder einen Besuch hatte sie sich immer Zeit genommen. Auch heute, mit nunmehr vier Kindern, einem Job als Physiotherapeutin und einem Riesenhaushalt ist sie für uns alle immer noch eine fantastische Gastgeberin. Diese Gabe hat sie sich in all den Jahren erhalten. Anka studierte in Ruhrstadt und lebte in einer Studentenbude, die ihre Mutter für sie bezahlte. Auch Anka blieb eine treue Freundin bis in die Gegenwart. Sie ist Sonderschulpädagogin, hat zwei Kinder und führt von uns allen das finanziell sorgenfreiste Leben. Gitta hatte die Stufe dreizehn noch mal gemacht, weil auch sie durchs Abi geflogen war. Gleichzeitig hatte sie mit ihrer Schwangerschaft Probleme, denn ihre Eltern und auch sie selbst waren wenig begeistert davon. Mit derselben Konsequenz, mit der Gitta ihre Schwangerschaft, ihr Abitur, ihre Lehre und später ihre Ausbildung bei der Polizei absolvierte, ging sie auch mit unserer Freundschaft um. Gitta ist heute von allen Freundinnen meine ehrlichste und intimste Freundin. Carla war zum damaligen Zeitpunkt nach Berlin zurückgekehrt und hatte einen Fahrradladen aufgemacht. Die hübscheste von uns allen und die, deren Leben immer so unbeschwert wirkte, hatte Mitte dreißig einen psychischen Totalzusammenbruch, und erst 2004 erfuhr ich, dass wir eine Gemeinsamkeit hatten: Wir beide kannten die Begrifflichkeit »posttraumatisches Belastungssyndrom« zur Genüge, und als Carla sich bei uns in der Küche outete, lagen wir uns als erwachsene Frauen weinend in den Armen.

Meine Freundinnen waren wie Schwestern für mich. Ich verabschiedete mich von allen per Telefon, denn die Zeit reichte für Besuche nicht mehr aus. Dass wir trotz aller räumlichen Distanz immer noch so eng miteinander verbunden sind, fand seinen Ursprung in den Jahren vor dem Abitur. Bis dahin waren wir bereits acht Jahre geradezu unzertrennlich, und wir alle hatten eine wichtige Gemeinsamkeit: Keine von uns machte aus ihrem Herzen eine Mördergrube, und die Gespräche, die wir führten, waren selten oberflächlich. Wir alle lachten gern und genossen das Gefühl, einfach SO sein zu dürfen, wie wir waren und wie es uns die Natur charakterlich mit auf den Weg gegeben hatte. Erst viele Jahre später begriffen wir, dass jede Einzelne von uns eine weitere wichtige Gemeinsamkeit verband: So nett und bemüht die anderen Eltern auch waren, auch meine Freundinnen durften ihre wahren Schwächen und Gefühle nie wirklich zeigen. Wir alle mussten zu Hause schauspielern, weil wir unseren Eltern gefallen wollten, und nur innerhalb unserer eigenen Gemeinschaft sprachen wir über unsere tiefsten Geheimnisse und Gefühle. So etwas verbindet immens.

Als der Tag der Abreise gekommen war, verabschiedete ich mich von Oma. Sie drängte mich dazu, meine Mutter anzurufen, weil sie diese undankbare Aufgabe nicht übernehmen wollte. Das verstand ich zu gut, und ich wollte vermeiden, dass meine Mutter eine Vermisstenanzeige bei der Polizei aufgab (obwohl ich mich ernsthaft frage, ob sie das tatsächlich getan hätte …). Wiederwillig rief ich bei ihr an. Ich hatte gerade gesagt: »Ich bin's, Christine«, da schrie sie schon durch den Hörer: »Bist du eigentlich total übergeschnappt? Tickst du noch ganz sauber? Was fällt dir ein, deine Lehre hinzuschmeißen?« Ihr geheimer Draht zur Bank hatte mal wieder prächtig funktioniert.

»Ich habe gekündigt, weil ich nach Afrika fliege und nicht mehr wiederkomme. Dann bist du mich endlich los!«, schnauzte ich zurück.

Für eine Sekunde herrschte Sprachlosigkeit am anderen Ende der Leitung. Dann hatte sich meine Mutter wieder gesammelt und zum finalen Schuss angesetzt.

»Ich wünschte, du wärest tot. Das wäre einfacher für mich, du Arschloch! Und noch eins sage ich dir! Den Jürgen, den kotzt du mit deiner ganzen Art genauso an wie mich!«

»Aber das hat deinen Jürgen nicht daran gehindert, mich jahrelang zu vergewaltigen!«, schrie ich wie von Sinnen in den Hörer. Die Begrifflichkeit »sexueller Missbrauch« war mir damals noch nicht geläufig. Dass eine Vergewaltigung durch physische Gewalt gekennzeichnet ist im Gegensatz zu einem sexuellen Missbrauch, war in diesen Jahren noch nicht einmal gesetzesmäßig erfasst, geschweige denn in der Öffentlichkeit Thema. Für mich waren Jürgens wiederholte Übergriffe Vergewaltigung, und so drückte ich es meiner Mutter gegenüber auch aus.

»Ach«, antwortete sie. »Und das hast du nicht verhindern können? Du armes Kind. Ich sage dir etwas: Wenn du meinst, du musst mit Jürgen vögeln, dann ist das dein Problem und nicht meins. Aber der Kenner genießt und schweigt. Und du bist damit hausieren gegangen. DAS nehme ich dir übel. Dass du dich benimmst wie die *Bild*-Zeitung.«

Ihre Antwort ließ mich, wie so oft in der Vergangenheit, kommentarlos den Hörer auflegen. Diese erniedrigenden Bosheiten setzen mich auch nach Jahren immer noch schachmatt.

Zum Glück hatte ich Omas liebevoll zubereite Mahlzeit schon gegessen, denn nach diesem Telefonat war mir der Appetit wahrlich vergangen. Oma schüttelte nur noch den Kopf. Wir saßen am Küchentisch, und Trauer zeichnete sich in ihren Augen ab.

»Weißt du, Christinchen, einige Dinge habe ich nur erahnen können. Ich verstehe auch sehr gut, dass du mir nicht immer alles erzählt hast. Aber eines möchte ich dir sagen: Wenn ich das Geld gehabt hätte, dann hätte ich das genommen, damit du mit deinen Sorgen zu einem Psychologen hättest gehen können.«

Mir klappte der Unterkiefer runter. Seit Jahren schon hatte ich den Gedanken, eine Therapie zu machen, denn in der Presse las man sehr viel darüber, dass Menschen in einer Therapie geholfen werden konnte. Aber eine Psychotherapie war Mitte der achtziger Jahre noch etwas sehr Kostspieliges, und öffentlich war es besser, solche Gedanken nicht laut auszusprechen.

Die meisten Menschen verbanden damit damals eher den Begriff »Klapsmühle«. Dass aber meine siebzigjährige Großmutter die gleichen Gedanken hatte wie ich, rührte mich zutiefst. Sie war eine weise und kluge Frau, aber irgendwie hatte ich stets das Gefühl, dass ihre Weisheit bitter bezahlt war. Ich sollte eines Tages schmerzlich feststellen, dass ich mit diesem Gefühl vollkommen richtiggelegen hatte. Und hätte meine Großmutter eine Therapie machen können, dann wäre meine Mutter lange nicht so krank, wie sie es damals schon war.

Es war Zeit zu gehen. Ich musste den Zug nach Frankfurt erreichen, sonst würde der Flieger nach Dakar/Senegal ohne mich abheben.

»Mein liebes Christinchen«, flüsterte mir Oma ins Ohr, als wir uns zum Abschied drückten, »du wirst deinen Weg gehen, davon bin ich fest überzeugt. Geh in die Welt, und werde glücklich. Und schreib mir ausführlich, ja?«

»Ja, Omi!« Ich drückte sie noch einmal, nahm meinen Seesack und verließ das Haus.

Ich ging die Straßen entlang, warf noch einen letzten Blick auf meine alte Schule und erreichte gerade rechtzeitig meinen Zug nach Frankfurt. Als ich fünf Stunden später im Flugzeug von Air France saß und die Maschine nach Dakar abhob, fühlte ich mich in meinem Sitz, als säße ich in einem Kinosessel und würde mein eigenes Leben wie in einem Film erleben. Es kam mir alles irgendwie unwirklich vor, und ich konnte es nicht fassen, dass ich dieser Stadt und dieser Vergangenheit endlich entkam. Meine Flucht hatte begonnen.

In Dakar angekommen, stellte ich fest, dass ich mit einem Problem nicht gerechnet hatte: das Problem, mit einer unbekannten Sprache konfrontiert zu werden. Ich hatte ein Jahr Französischunterricht gehabt, mich dann aber entschlossen, das Große Latinum zu machen, und Französisch abgewählt. Um mich herum waren lauter schwarze Menschen in bunten Tüchern, und ich verstand kein einziges Wort. Als ich meinen Seesack auf dem Gepäckband entdeckt hatte, ergriff ein Senegalese diesen Rucksack. »Ey, das ist meiner!«, brüllte ich los und warf mich förmlich auf mein einziges Hab und Gut, das ich hatte. Der Senegalese zog am einen Ende und ich am anderen. Irgendwann lachte er, schüttelte den Kopf und ließ los. Erleichtert packte ich mir meinen Seesack auf die Schultern und marschierte in Richtung Ausgang. Hinter der Passkontrolle stand eine Gruppe von Europäern und unterhielt sich in deutscher Sprache. Es stellte sich heraus, dass alle zu der Baustelle in Mali gehörten, und mit einem Bus wurden wir zum *guesthouse* gebracht. Das Gepäck brachte uns der Senegalese, mit dem ich am Gepäckband meinen Zweikampf ausgefochten hatte. Er war ein Gepäckträger.

Mein erster Abend in Freiheit begann. Lachend saß ich mit diesen Leuten am Tisch, trank Rotwein und erzählte, dass ich Timo damit überraschen wollte, nun für immer bei ihm in Afrika bleiben zu können. »Ob er sich darüber wohl freut?«, witzelte einer der Anwesenden, und ich überhörte es bewusst. Am nächsten Tag flogen wir mit einer zweimotorigen Maschine in den Busch. Das Flugzeug sah alles andere als sicher aus, und mir war mulmig zumute. Später sollte ich dann aus erster Hand erfahren, dass es sich bei diesem Flugzeug um eine spanische Produktion handelte, der Marke CASA. Diese Marke galt damals als einer der sichersten Typen im Flugverkehr. Unter uns war nur noch rote Erde zu sehen, der so genannte Lateritboden, der typisch für Westafrika ist. Eine karge Landschaft zeichnete sich bereits aus der Luft ab, denn nur selten sah man Bäume oder Sträucher. Bergmassive gab es dafür umso öfter.

Der kleine Flughafen von Manantali, dem Dorf in Westafrika, wo sich die Baustelle befand, war voll von Menschen, die am Rande der sandigen Landebahn standen und auf uns Ankömmlinge warteten. Als wir ausstiegen, entdeckte ich Timo. Strahlend kam er auf mich zu, aber er strahlte nicht mehr ganz so sehr, als ich ihm aufgeregt erzählte, dass ich gekündigt hatte und nun auf der Baustelle bleiben würde. Bald stellte ich fest, dass Timo keineswegs in mich verliebt war und der Grad seiner Großzügigkeit in Deutschland nichts mit dem Grad einer gefühlsmäßigen Innigkeit zu tun hatte. In letzter Konsequenz war mir das damals gleichgültig. Ich war in Mali, und nur das zählte wirklich. Nach einigen Wochen kannte ich Gott und die Welt auf dieser Großbaustelle, und ich war fasziniert von dem, was hier gebaut wurde. Ein gigantischer Staudamm, finanziert von den Kuweitern und der Weltbank, unter der Schirmherrschaft von Züblin, Dyckerhoff & Widmann und den französischen Unternehmen Saggeccom und Solétanche, entstand hier mitten in der Einöde und inmitten der ursprünglich lebenden Bevölkerung. Über der Baustelle schwebte der größte Kabelkran der Welt, und über dreihundertfünfzig Europäer bevölkerten das Camp der *Expatrié*. Die *Locals* bewohnten ein eigenes Camp nebenan. Das gesamte Baukonsortium nannte sich ECBM als Abkürzung für *Entreprise de Construction du Barrage de Manantali*. Durch den Staudamm würde der Fluss Bafing eines Tages zu einem gigantischen See in der Größe des Bodensees aufgestaut werden. Ein anschließend zu bauendes Kraftwerk sollte dann den Strom erzeugen, den das ärmere Land Mali dem reicheren Land Senegal verkaufen konnte. Eine tolle Idee, dachte ich damals.

Mali heißt auf Bambara »Grab des weißen Mannes«, denn Mali ist Malaria- und Bilharziose-Gebiet Nummer eins in ganz Afrika. Die Menschen dort starben ohnehin schon wie die Fliegen, aber dann kam das Projekt und verwandelte das fließende Gewässer des Bafing in ein riesiges stehendes Gewässer. Die Bilharziose kann sich NUR im Bereich von stehenden Gewässern ausbreiten, denn die Larven, die im Wasser abgelegt werden und sich genüsslich und unbemerkt durch die Haut der Menschen bohren, im menschlichen Körper weiterentwickeln und nach Monaten dann jeden erdenklichen Weg durch die menschlichen

Körperöffnungen nutzen, um wieder ans Tageslicht zu kriechen, diese Larven leben ausschließlich in stehenden Gewässern.

Die blutunterlaufenenen Augen vieler Schwarzafrikaner in Mali rühren von der Bilharziose, weil sich in diesen Fällen die Larven den Weg durch die Augen gesucht haben. Die Krankheit war damals unheilbar, und ich bin mir nicht sicher, ob man ihr heutzutage Herr wird.

Nachdem der Staudamm fertig gestellt worden war, holzte man das Areal in Bodenseegröße gnadenlos ab. Unzählige Tonnen von Ebenholz gingen dabei drauf, und ebenso unzählige Dörfer wurden umgesiedelt. Für die Menschen und Familien dort begann ein unvorstellbares Leid, denn sie verstanden nicht, warum ausgerechnet ihre Generation nach Jahrhunderten dort wegziehen sollte. Eine amerikanische Firma hatte damals die Aufgabe, die Menschen umzusiedeln, und ein finanziell supergroßzügiges Angebot der Firma, für sie zu arbeiten, hatte ich, rückblickend betrachtet, zum Glück abgelehnt. Einen solchen Job der Radikalentwurzelung hätte gerade ich psychisch nicht durchgestanden.

Als alles abgeholzt und leergeräumt war, wurde der See aufgestaut. Und kurz nachdem die ersten Baustellenarbeiter Motorboote und Wasserski in den tiefen Busch geschafft hatten, erstarb das Projekt. Die Gelder gingen aus, und die Finanziers weigerten sich, Geld nachzuschießen. Heute beherrschen Bürgerkriege und Stammesfehden das Land, das für mich einst Freiheit bedeutet hat.

Ich hatte in den ersten Wochen in Manantali ganz andere Sorgen. Timo drängte darauf, dass ich die Baustelle verlassen sollte, und ich brauchte dringend einen Job, weil ich ganz und gar nicht aus Mali fortwollte. Klaus-Peter, der Leiter der Kantine und des Baustellensupermarktes Edeka (kein Scherz!), setzte dem ganzen Trara schließlich ein Ende, und einen Monat nach meiner Ankunft arbeitete ich als Küchenhilfe und Aushilfskraft im Supermarkt. Erfahrung hatte ich schließlich bereits zur Genüge in meiner Jugendzeit im Lebensmittellädchen gesammelt, und Klaus-Peter war von meinem Fleiß und meiner raschen Auffassungsgabe begeistert. Mit dem Job erhielt ich auch eine eigene kleine Containerwohnung, die von meinem Vorgänger liebevoll eingerichtet worden war. So komfortabel hatte ich noch nie gewohnt. Eine schöne Couchgarnitur, eine komplette Einbauküche, ein großes Bett aus Mahagoni und einen eigenen Garten hatte ich bis dato noch nie besessen. Für mich begann damit eine meiner schönsten Zeiten.

Meine neuen Bekannten und Freunde mochten mich, und ständig wurde ich abends eingeladen und lernte viele neue Leute kennen. Es war rückblickend betrachtet einer der wichtigsten Lebensabschnitte für mich, denn zum ersten Mal konnte ich feststellen, dass die Menschen, die unbeeinflusst von Jürgen und meiner Mutter waren, mein fröhliches Gemüt und meinen Humor schätzten. Auf der Baustelle wurden Engagement und umsichtiges Handeln honoriert, und endlich lernte ich das Gefühl kennen, mit meiner Arbeit zufrieden sein zu dürfen. Es wurde viel gefeiert und sehr viel Wert auf Freundschaften gelegt, und die Tatsache, dass Timo mich abgeschossen hatte, bereitete mir nicht eine Sekunde lang Kopfschmerzen. Abgesehen davon, lernte ich wenige Wochen später Léon kennen, den Copiloten der CASA. Durch Léon geriet ich in eine Franzosen-Clique und lernte binnen drei Monaten die französische Sprache. Ich war mittlerweile in der Buchhaltung mit einem Arbeitsvertrag eingestellt worden und hatte mich mit dem Ehepaar, das für den Auslandszahlungsverkehr und die Bilanzen zuständig war, angefreundet. Mit Götz und Claudia, Klaus-Peter und Renata und den Franzosen verbrachte ich unzählige schöne Stunden.

Léon war zehn Jahre älter als ich und machte einen weltmännischen Eindruck. Er hatte eine distanzierte, zugleich leidenschaftliche, aber auch cholerische Art. Und einen Tag später Geburtstag als ich. Zwei Skorpione, das lief nicht ohne Brisanz ab.

Léon war der Mann, der mir half, den Weg aus der Bulimie zu finden. Ich vertraute mich ihm an, und fortan kochte er literweise Gemüsesuppen, bereitete riesige Schüsseln mit Salat zu und verwöhnte mich kulinarisch mit Kurzgebratenem und Fisch. Ich musste ihm versprechen, nie wieder einen Finger in den Hals zu stecken und zu lernen, verantwortlich für meinen eigenen Körper zu sein. Das hatte zur Folge, dass die nur langsam abklingenden Fressattacken ihren Niederschlag im Körpergewicht fanden. Es gab eine Zeit, in der mich die Franzosen nur *gros cul* nannten, das heißt so viel wie »dicker Hintern«. Ihre Art der Frotzelei war im Vergleich zu dem, was ich mir von meiner Mutter anhören musste, harmlos und überdies noch nett gemeint. Als bei Klaus-Peter die große Waage, mit der sonst die Paletten Fleisch abgewogen wurden, die fünfundachtzig Kilogramm überschritt, stand für mich fest, dass nur das Essen mit Genuss und nur das Essen in Maßen Abhilfe schaffen konnte.

Ich begann, mit Claudia regelmäßig Tennis zu spielen und regelmäßig im Pool zu schwimmen. Gleichzeitig gewöhnte ich mir an, »nein danke, ich mag nicht« zu sagen, selbst wenn mir das Wasser im Munde zusammenlief. Dieser Satz »nein danke, ich mag nicht« war wie eine Selbsthypnose, und irgendwann merkte ich, dass ich tatsächlich meinte, was ich sagte. Als ich mich von der Baustelle aus bei der Deutschen Lufthansa in Frankfurt bewarb, hatte ich bereits über zwanzig Kilo abgenommen und seit geraumer Zeit keinen bulimischen Rückfall mehr erlitten. Die Beziehung zu Léon war geprägt von einem Wechselspiel zwischen Hass und Liebe. Dieser Mann zog mich in seinen Bann, und er konnte unglaublich lieb und charmant sein. Allerdings war er weit davon entfernt, eine unselbstständige Frau attraktiv zu finden, und so drängte er mich dazu, mich als Flugbegleiterin zu bewerben. Er selbst hatte vor, nach seinem letzten Examen in Frankreich Pilot bei der Air France zu werden. Ein Jahr nach meiner Ankunft in Mali war aus mir eine schlanke junge Frau geworden. Ich entwachste mir regelmäßig die Beine, zupfte mir die Augenbrauen und begann langsam, aber stetig mehr Wert auf mein Äußeres zu legen. Eines guten Tages dann erhielt ich einen Brief von der Deutschen Lufthansa. Darin enthalten ein Flugticket von Dakar nach Frankfurt und der Termin für ein Vorstellungsgespräch und die Eignungstests.

Ich brauchte das Ticket nicht. Die CASA musste zur Inspektion nach Sevilla, und ich durfte mitfliegen. Der Flug über die Pyrenäen ist mir in lebhafter Erinnerung geblieben, denn oft sah es so aus, als würden wir jeden Augenblick die Bergspitzen berühren. Unseren ersten Stopp legten wir in Casablanca ein, der Stadt, in der einst Humphrey Bogart gedreht hatte. Den nächsten Abend schon verbrachten wir in einer kleinen heimischen Kneipe in Sevilla, wo der Rotwein in Strömen floss und die Frauen spontan aufstanden und auf den Holztischen Flamenco tanzten. Den Abend in Sevilla werde ich nie vergessen. Es war eine heitere, feurige und temperamentvolle Stimmung in der Kneipe, und die Männer hatten eine faszinierende Gabe, die Frauen beim Tanz anzufeuern und sie zu bewundern, ohne dabei vulgär zu wirken. Und die Frauen? Die beeindruckten mich zutiefst. Sie provozierten und reizten, klimperten mit den Augen und trugen die Schultern stolz und erhaben. Niemand wäre auf die Idee gekommen, solche Frauen als Huren zu bezeichnen, nur ich dachte zwischenzeitlich an das verschrobene Frauenbild, das meine Mutter mir vermittelt hatte. Erotik hatte so gar nichts mit Verderben oder moralischem Untergang zu tun, das stellte ich an diesem Abend in Sevilla fest.

Von Sevilla aus flogen Léon und ich mit Swissair nach Genf und wurden dort von seiner Familie abgeholt. Eine lebhafte und warme familiäre Atmosphäre schlug mir in Annecy bei den Eltern von Léon entgegen, und ich befand mich mitten in einer Großfamilie, an deren Tisch an guten Abenden über zwanzig Personen speisten. Drei Tage später fuhr ich dann mit dem Zug nach Kassel und besuchte Renata, die Ehefrau von Klaus-Peter. Renata musste ich unbedingt besuchen, denn sie hatte mir von einer Wahrsagerin erzählt, die einsame Spitzenklasse sein sollte.

Als ich am nächsten Morgen bei der Wahrsagerin im Wohnzimmer saß, schaute sie sich meine Hände an, legte die Karten und pendelte irgendwelche Fragen aus. Dann begann sie, ohne mir auch nur eine einzige Frage gestellt zu haben, Dinge aus meiner Vergangenheit zu erzählen. Als sie mit dem völlig zerrütteten Verhältnis zu meiner Mutter begann, kippte ich förmlich aus dem Stuhl vor Schreck. Niemals, so sinnierte sie, würde ich meiner Mutter verzeihen, und das Verhältnis bliebe ein Leben lang zerrüttet. Das wäre auch gut so, wohingegen ich meinem leiblichen Vater eines Tages verzeihen würde. Es gäbe einen Mann in meinem Leben, der nicht gut für mich sei, und mein Leben in naher Zukunft sei geprägt von Nervenzusammenbrüchen und psychischen Abstürzen. Der Mann an meiner Seite wäre eine große Liebe, aber nicht von Dauer. Zu einem wesentlich späteren Zeitpunkt erst würde ich heiraten und bliebe auch mit diesem Mann zusammen. Beruflich würde die Uniform eine wichtige Rolle spielen, und in der Mitte meines Lebens wäre ich dann der Prototyp einer erfolgreichen Geschäftsfrau.

Mir war zwischenzeitlich die Spucke weggeblieben, und ich nahm mir fest vor, Renata auszuquetschen, ob sie dieser Frau diese ganzen Geschichten zuvor erzählt hatte. Es war so unglaublich und unmöglich, dass diese Frau das in den Karten oder meinen Händen hatte »lesen« können. Auf einmal verdüsterte sich die Miene der Frau: »Jemand, an dem Sie sehr hängen, braucht Sie jetzt sehr nötig. Ich sehe bei diesem Menschen eine schwere Krankheit und ein Testament. Ein schmerzlicher Verlust kommt auf Sie zu. Fahren Sie sofort zu dieser Person, und warten Sie nicht!«

Ich schluckte schwer. Der letzte Brief von Oma war nun auch schon über einen Monat her.

Noch am gleichen Tag verabschiedete ich mich von Renata. Zuvor hatte sie mir immer wieder versichert, dass sie nicht ein einziges Wort mit der Wahrsagerin über mich gesprochen habe, sondern wirklich nur den Termin ausgemacht hatte. Ich glaubte ihr und glaube ihr bis heute. Im Zug überkam mich ein sonderbares Gefühl der inneren Unruhe. In Ruhrstadt wurde ich von meinem Vater und seiner Freundin Ulla abgeholt. Die beiden hatten in den Monaten in Afrika den Kontakt brieflich wiederhergestellt, und nach all den Jahren, in denen ich meinen Vater lediglich als meinen Erzeuger und als eine bedrohliche Person empfunden hatte, bot er mir nun die Aussicht auf ein kleines Stück Familie.

Er und insbesondere seine Freundin Ulla freuten sich aufrichtig über meinen Besuch. Und ich freute mich, dass meine Ankunft in Deutschland unübersehbar mit Spannung von beiden erwartet wurde. In diesem Moment regte sich in mir Hoffnung, wenigstens mit meinem Vater ein Elternteil an meiner Seite zu wissen. Diese Hoffnung sollte sich nicht erfüllen. Doch an diesem Tag unterstützten mich die beiden nach besten Kräften. Ich schilderte ihnen meinen Besuch am Morgen bei der Wahrsagerin, und gemeinsam telefonierten wir die Krankenhäuser in meiner Heimatstadt ab. Oma war zu Hause nicht ans Telefon gegangen, und ich war mir ganz sicher, dass etwas nicht in Ordnung war. Nachdem ich das dritte Krankenhaus angewählt hatte, fragte man mich, wer ich denn eigentlich sei.

»Ich bin die Enkelin und komme gerade aus Afrika zurück«, antwortete ich.

»Kleinen Moment bitte, ja? Ich stelle Sie zum behandelnden Arzt durch«, wurde ich vertröstet. Es knackte am anderen Ende, und kurz darauf war eine männliche Stimme am Apparat.

Ich erfuhr, dass meine Großmutter seit einer Woche im Krankenhaus war, eine schwere Operation hinter sich hatte und man alles Weitere vor Ort mit mir besprechen würde.

Wieder setzte ich mich in den Zug und fuhr in diese, mir zutiefst verhasste Stadt. Im Krankenhaus angekommen kam mir der Arzt entgegen und bat mich zu einem persönlichen Gespräch. »Lassen Sie uns zuerst sprechen, bevor Sie Ihre Großmutter besuchen«, sagte er.

Der Arzt fragte mich nach meinem Verhältnis zu meiner Oma und teilte mir mit, dass sie viel von mir gesprochen habe. »Bekommen Sie keinen Schreck. Ihre Oma sieht nicht gut aus. Sie hat Darmkrebs im Endstadium, und wir mussten ihr einen künstlichen Darmausgang legen. Dadurch hat sie sehr viel an Gewicht verloren, und ihre Großmutter war ohnehin schon zu dünn, als sie eingeliefert wurde. Wenn Sie irgendwelche Fragen haben, wenden Sie sich jederzeit an mich, ja?«

Ich nickte. Der Arzt war nett. Und er machte einen kompetenten Eindruck.

Ich stand vor der Zimmertür, atmete tief durch und öffnete leise die Tür.

Oma saß auf dem Bett und bestand nur noch aus Haut und Knochen. Als sie mich sah, brachte sie nur ein »Och Gott, Christinchen!« zustande und begann sofort zu weinen.

»Omi!«, rief ich und nahm sie vorsichtig in den Arm.

»Pass auf«, sagte sie schluchzend, »da an der Seite ist dieser blöde Beutel.«

Oma war nur noch ein Schatten ihrer selbst. Über ein Jahr war vergangen, seitdem ich sie das letzte Mal gesehen hatte. Es tat so unendlich weh, meine geliebte Großmutter in dieser Verfassung vorzufinden. Ebenso schmerzte mich die Erkenntnis, dass ich sie wieder würde allein lassen müssen. Ich erfuhr, dass Oma schon seit Jahren Probleme mit der Verdauung hatte, und der Missbrauch von Abführmitteln hatte die Darmwände zudem gereizt. Meine Mutter schien sich nach Kräften um das Wohlergehen meiner Oma zu kümmern, aber Oma litt unter dem Verlust der menschlichen Wärme, die uns beide verband. Ich verstand sie zu gut. Meine Mutter war, im Gegensatz zu mir, ein wahrer Eisschrank oder eher noch ein ganzer Eiskeller, was Emotionen anbelangte.

Nach nur zwei Tagen musste ich mich wieder von Oma verabschieden. In einem kurzen und kühlen Gespräch mit meiner Mutter auf dem Krankenhausflur hatte ich ihr in aller Deutlichkeit gedroht, dass ich mich gänzlich vergessen würde, wenn sie Oma in ein Pflegeheim abschöbe. So, wie es nun geplant war, bekäme Oma vom Krankenhaus ein Spezialbett geliehen und könnte in ihrer Wohnung bleiben. Eine Pflegekraft und meine Mutter würden die Versorgung sichern. Mir war alles andere als wohl dabei, aber ich musste mich um meine Zukunft kümmern. Das Vorstellungsgespräch bei der Lufthansa war mir unglaublich wichtig, und ich traute meinen Ohren kaum, als man mir am Ende des anstrengenden Tages mitteilte, dass ich im Dezember 1986 den achtwöchigen Lehrgang zur Flugbegleiterin beginnen sollte.

Léon überredete mich, für die bis dahin verbleibenden Wochen zurück nach Afrika zu fliegen. Als ich die Entscheidung gefällt hatte, kollidierten zwei Gefühle in mir: Einerseits verspürte ich eine ungeheure Erleichterung, nicht in meiner Heimatstadt bleiben zu müssen und nicht mit dem Leid meiner Großmutter konfrontiert zu werden. Andererseits schämte ich mich maßlos für meinen Egoismus und für meine Feigheit. Ich hatte Oma zum zweiten Mal im Stich gelassen, und das zu einem Zeitpunkt, an dem sie mich bitter gebraucht hätte. Diese Schuldgefühle brachen mir viele Jahre später fast das Genick.

In Afrika angekommen blieben mir genau dreieinhalb Monate bis zur Abreise nach Frankfurt. Götz und Claudia organisierten von Mali aus ein Gästezimmer für mich. Ein enger Freund der beiden besaß ein großes Haus in der Nähe von Frankfurt, in dem ich die acht Wochen der Ausbildung umsonst wohnen durfte. Die Gedanken an meine Großmutter versuchte ich auf der Baustelle weitestgehend zu verdrängen. Ich schrieb jedoch unzählige Briefe und beschrieb haarklein in allen Details, was ich erlebte, fühlte und dachte. Oma dankte es mir, und innerhalb der eineinviertel Jahre, die ich insgesamt auf der Baustelle in Afrika war, erhielt ich von ihr vierundzwanzig Briefe. Ich war eine fleißige und sehr ausführliche Schreiberin, und es ist nicht übertrieben, wenn ich das Verhältnis der Anzahl der Briefe auf drei zu eins schätze. Auf drei seitenlange Briefe von mir kam je ein Brief von Oma, der das Schreiben lange nicht so leichtfiel wie mir. Die Briefe gab ich immer den Leuten mit, die gerade nach Deutschland flogen, und die warfen die Briefe noch am Flughafen in den Postkasten. So konnte es sein, dass Oma innerhalb eines Tages vier, fünf Briefe erhielt, die ich im Laufe von zwei Wochen geschrieben und gesammelt hatte.

Die schätzungsweise über sechzig Briefe inklusive der unzähligen Fotos, die ich fast immer dazulegte, sind nie wieder aufgetaucht. Bis zum heutigen Tag habe ich nicht eine einzige Zeile noch mal lesen dürfen, und über zwanzig Jahre sind seither vergangen. Meine Mutter behauptete steif und fest, niemals auch nur einen einzigen Brief, geschweige denn auch nur ein einziges Foto gefunden zu haben.

Mir fehlen diese Briefe sehr, ebenso wie die vielen Fotos. Sie waren Ersatz für mein Tagebuchschreiben. Diese unglaubliche Lüge meiner Mutter sollte nicht die einzige bleiben, und sie war schließlich auch nicht die erste. Ihre unglaubliche Boshaftigkeit kannte wirklich keine Grenzen. Was mir bleibt, ist die Erinnerung an eine unvergesslich schöne und innige Liebe, die meine Oma und mich verband. Einen Brief von mir, ihrer einzigen Enkelin, wegzuschmeißen, hätte Omi niemals über ihr Herz gebracht. Nur über ihre Leiche hinweg konnte es geschehen sein, dass meine Erinnerungen vernichtet wurden.

Ich hatte in den Jahren in Mali und Frankfurt stets das Gefühl, dass Oma durch mich hindurch lebte. Sie schien es zu genießen, dass ihre Enkelin Dinge tat, die sie selbst nie gewagt hatte zu tun. Meine Briefe waren von detaillierten und sehr intimen Schilderungen geprägt, und die Ausführlichkeit der Darstellung ermöglichte es meiner Großmutter, meine Erlebnisse miterleben zu dürfen. Insbesondere später, als ich selbst Mutter wurde und in die größte Krise meines Lebens geriet, wären mir meine Briefe an meine Oma eine wertvolle Hilfe gewesen. Ich glaube, dass man nach einer solchen Liebe, gleichgültig ob zu einem Mann oder zu einer Frau, immer wieder einmal das Bedürfnis hat, die eigenen Gefühle und Gedanken nachzulesen. Es beruhigt und tröstet ungemein, wenn man in den eigenen Worten diese Liebe noch einmal Revue passieren lassen darf.

Meine Briefe enthielten Worte, die nur und ausschließlich für meine Oma bestimmt waren. Die Vorstellung, dass meine Mutter diese intime Grenze überschritten haben könnte und irgendwo im Haus meiner Großmutter, das sie nun bewohnt, einen wichtigen Teil meines Lebens eiskalt unter Verschluss hält, diese Vorstellung ist schlimmer als die von ihr exerzierte »Riechprobe« während meiner Kindheitsjahre. Damit verletzt sie bis heute nachhaltig eine Beziehung zu dem damals einzigen Menschen, der mich so liebte, wie der liebe Gott mich geschaffen hatte, der mich so liebte, weil ich einfach da war, einfach aufgrund meiner bloßen Existenz. Meine Mutter hat eine solche Liebe nie erlebt. Das ist sicherlich traurig für sie, aber es war kein unumgängliches Schicksal. Mitte der achtziger Jahre war es insbesondere die Berufsgruppe der Lehrer, die das damals noch exotisch anmutende Angebot der Gesprächstherapie oder der tiefenpsychologischen Analyse nutzten und die aus dem Boden sprießenden Praxen der Psychotherapeuten förmlich einrannten. Als Pädagogin und Lehrerin waren ihr alle Möglichkeiten gegeben, ihr Leben von Grund auf zu ändern. Manchmal ist aber auch das eine

Frage des Wollens. Ein Arzt hat mir später einmal sehr weise Worte mit auf den Weg gegeben: »Es ist keine Schande, in eine Sackgasse zu geraten. Aber es ist eine Schande, es zu erkennen und nichts daran zu ändern!«

Als ich im Dezember 1986 nach einer bombastischen und feuchtfröhlichen Abschiedsparty mit über hundertfünfzig Gästen Afrika endgültig Lebewohl sagen musste, herrschten in Frankfurt am Main Temperaturen von unter dem Gefrierpunkt. In Mali waren tagsüber circa vierzig Grad im Schatten, und der »Kulturschock« war erheblich. Claudias Bekannter und seine Freundin holten mich am Flughafen ab. Beide waren offene und unkomplizierte junge Leute, und sie waren mir bei meinem neuen Start in der fremden Großstadt unglaublich behilflich.

Die Fahrt mit den öffentlichen Verkehrsmitteln zur Lufthansa-Basis dauerte anderthalb Stunden. Mein Tag begann deshalb um vier Uhr dreißig morgens und dauerte locker bis Mitternacht. Jedes Wochenende besorgte ich mir bei Avis am Flughafen einen Mietwagen und fuhr die 250 Kilometer zu meiner Oma. Weihnachten und Silvester verbrachte ich allein mit ihr in ihrer Wohnung, und für Silvester hatte ich uns eine Flasche Sekt besorgt. Oma zierte sich, und ich überredete sie, endlich einmal in ihrem Leben ein wenig »unvernünftig« zu sein. Es war uns beiden vollkommen bewusst, dass sie sterben würde.

Oma sagte: »Warum eigentlich nicht?«, und schlürfte den Sekt. Dabei grinste sie verschmitzt, und mit jedem Schlückchen mehr kicherte sie ausgelassen und erzählte puren Unsinn. Wir alberten und lachten und prosteten uns um Mitternacht beschwipst zu. Wünsche für das Jahr 1987 sprachen wir nicht aus. Das wagte keiner von uns. Im Gegenteil. Wir ahnten, dass es unser letzter gemeinsamer Jahreswechsel sein sollte.

Am dritten Januar erhielt ich einen Anruf von meiner Mutter.

»Deine Großmutter hat einen Schlaganfall erlitten. Sie ist jetzt bettlägerig. Du könntest dich gefälligst mal nützlich machen und deinen Arsch hierherbewegen!«

Was sollte ich machen? Ich konnte nur an den Wochenenden zu Oma fahren und sie betreuen. Wir sprachen viel von meiner Ausbildung und von meiner Zukunft, und ich bemühte mich, alles Erlebte möglichst plastisch und in allen Einzelheiten zu erzählen. Oma lag in ihrem großen Krankenbett und hörte stundenlang zu. Sie freute sich, dass ich bei der Lufthansa angestellt war, und hoffte, dass ich auch die Abschlussprüfung in der letzten Januarwoche bestehen würde. Mit Kirsten, einer Mitstreiterin aus dem Lehrgang, und Peter, einem Kollegen aus Graz, mieteten wir gemeinsam eine große Dreizimmerwohnung im Stadtteil Rödelheim an. Zum ersten Februar waren Miete, Kaution und Anschaffungen wie gemeinsame Waschmaschine, Küchengeräte und persönliche Einrichtungsgegenstände fällig. Ich hatte keinen blassen Schimmer, wovon ich irgendetwas bezahlen sollte, denn meine Ersparnisse waren für Wintersachen und Lebensunterhalt draufgegangen. Der letzte Rest musste bis zur ersten Gehaltszahlung Ende Februar reichen.

»Geh, sei so gut und hole mir bitte die Geldkassette aus dem Schlafzimmerschrank«, sagte Oma.

Ich wusste, wo ich zu suchen hatte. Unten im Schlafzimmerschrank hinter alten Hutkartons stand eine mahagonifarbene Geldkassette mit allen persönlichen Dokumenten meiner Großmutter.

»Da ist ein Umschlag drin, da steht drauf ›Nach meinem Ableben zu öffnen‹. Hol bitte die Papiere aus dem Umschlag, und wirf einen Blick darauf.« Oma versuchte gleichzeitig, sich aufzusetzen. Auf zwei DIN-A5-Seiten hatte Oma in ihrer altdeutschen Handschrift den Namen und die Telefonnummer eines Bestattungsunternehmens aufgeschrieben. »Wenn ich dann nicht mehr lebe, Christinchen, dann rufst du dort bitte an. Die wissen über alles Bescheid: welcher Sarg, welches Totenhemdchen, Blumenschmuck und so weiter. Man wird dich nach dem Familienbuch fragen, das liegt auch in der Kassette. Der Bestatter braucht es, um bei der Stadt Bescheid zu sagen, dass es mich nicht mehr gibt. Und hier, auf der zweiten Seite, ist eine Liste der Leute, die einen Totenbrief bekommen müssen. Ich habe alles, so gut ich konnte, vorbereitet.«

Müde legte Oma ihren Kopf zurück auf das Kopfkissen. Sie sah mich an. »Christinchen, schau nicht so traurig. Irgendwann hat alles einmal ein Ende. Jetzt nimm diesen anderen Umschlag da, und schau mal hinein. Da sind zweitausend Mark drin. Mehr kann ich dir leider nicht geben, weil ich nicht weiß, wie lange ich die teure Pflegekraft, die Schwester Karin, noch bezahlen muss. Es tut mir sehr leid. Ich hätte dir so gern mehr gegeben. Es geht im Moment nicht.«

Ich war gerührt und umarmte meine Großmutter. »Das ist mehr, als ich brauche, Omi. Wir teilen die Miete, die Kaution und die anderen Anschaffungen durch drei, und von dem restlichen Geld kann ich mir ein Bett, einen Schreibtisch und einen Kleiderschrank kaufen. Ich komme schon zurecht damit. Ich bin dir so dankbar.«

»Pack das Geld schnell weg, bevor deine Mutter es sieht, und kein Wort zu ihr, versprochen?«

»Kein Wort, Omi!«

Ich brachte die Geldkassette zurück ins Schlafzimmer und verstaute sie sorgfältig hinter den Hutschachteln, so wie meine Großmutter es immer getan hatte. Ich wollte und konnte nicht an den Tag denken, an dem ich sie wieder würde hervorkramen müssen, und schob diesen traurigen, düsteren Gedanken weit von mir weg.

Zwischen der Abschlussprüfung und meinem ersten Flug, der mich für drei Tage nach Kairo bringen sollte, lag nur ein einziger

Tag. Überglücklich rief ich Oma an und erzählte ihr, dass ich von nun an Angestellte der Deutschen Lufthansa war und als Flugbegleiterin morgen nach Ägypten fliegen würde. Nach diesem Flug musste ich nach Genf fliegen, weil Léon aus Afrika zurückgekehrt war und bei seinen Eltern in Annecy auf mich wartete. Seit über zwei Monaten hatte ich ihn nun schon nicht mehr gesehen, und ich freute mich auf unser Wiedersehen.

Oma hatte eine Gabe, sich mit mir freuen zu können, und schärfte mir ein, mir keine Sorgen um sie zu machen. »Alles, was ich will, ist, dich glücklich zu sehen, und Léon scheint ja ein sehr netter Mann zu sein«, rief sie freudig durch den Hörer. »Ruf mich an, sobald du zurück bist, und erzähl mir alles.«

Die wenigen Tage in Kairo vergingen buchstäblich wie im Flug. Meinen Job als Stewardess empfand ich als körperlich anstrengend, weil wir ständig durch die engen Gänge liefen und ich seit dem frühen Morgen auf den Beinen war. Es war mühsam, mit dem schweren Koffer, dem Beauty-Case und der prallgefüllten Lufthansa-Handtasche in Uniform durch die Straßen bis zur U-Bahn zu laufen, zweimal umzusteigen und dann die endlosen Wege bis zur Lufthansa-Basis zurückzulegen. Vor den Flügen mussten wir anderthalb Stunden vor Abflug auf der Basis sein, uns als »anwesend« in einer Crew-Liste eintragen, das Gepäck im Keller verstauen und dann zum so genannten Briefing-Raum gehen. Dort lernte man den Rest der Crew kennen und wurde über die Anzahl der Fluggäste, der Sondermenüs, der VIPs (Vielflieger) und UMs (unaccompanied minors – Kinder ohne Begleitung Erwachsener) aufgeklärt. Die Cockpitbesatzung erläuterte dann die Flugroute und gab uns die Wetterinformationen durch. Bis der Flieger abhob, waren die meisten von uns schon seit vier Stunden zugange, und nach einem Flug wollte man von Land und Leuten auch noch etwas sehen.

Wir verbrachten die Tage am Pool, beim Shopping und bei einem Wüstenritt zu den Pyramiden und wohnten in einem wundervollen und luxuriösen Hotel, das im marmornen Foyer einen riesigen Wasserfall eingebaut hatte. Die Lufthansa war dafür bekannt, ihre Crews in den teuersten Hotels der Welt einzuquartieren, und die meisten von uns wussten das auch durchaus zu schätzen.

Für mich hatte nun tatsächlich ein neues Leben mit unzähligen Eindrücken begonnen, und es war das erste Mal, dass ich über sehr viel Geld verfügte. Eine Lufthansa-Stewardess verdiente 1987 mit Zulagen, Spesen und Bordverkaufsprovision locker ihre dreitausend Mark netto im Monat. Ich war einundzwanzig Jahre alt und hatte im Monat Fixkosten von ungefähr sechshundert Mark. Den Rest des Geldes haute ich regelmäßig auf den Kopf und genoss es, mit Kolleginnen in vornehmen Restaurants essen zu gehen, in den Shopping-Malls von Dubai, Abu Dhabi und Oman Einkaufstouren zu unternehmen, Safaris in Kenia zu buchen oder Ausritte in New York und Kanada erleben zu dürfen. So sparsam und gewissenhaft ich zuvor mit meinem Geld war, so wenig achtete ich nun darauf. Mein Lebenshunger und mein Nachholbedarf waren einfach viel zu groß.

Trotz allem Übermaß in den Jahren bei der Lufthansa habe ich es nie verlernt, mit einem Minimum an Geld zurechtzukommen. Wenn ich an diese Jahre zurückdenke, dann bin ich heilfroh, dass ich auf diese Zeit der völligen finanziellen Unbeschwertheit zurückblicken kann. Ich durfte ein solches Übermaß an Möglichkeiten in vollen Zügen auskosten, denn ich musste niemandem Rechenschaft ablegen.

Als ich einige Tage später Léon in Genf wiedersah, schien mein Glück perfekt zu sein. Ich sah ihn und war sofort wieder verliebt in ihn. Ihn zu vermissen, dazu hatte ich in den letzten Wochen ohnehin wenig Zeit gehabt. Wir verbrachten einige Tage bei seiner Familie und gingen viel am Lac d'Annecy spazieren. Wir besuchten in den Bergen kleine Käsebauern und kauften wunderbar schmeckende Käsesorten wie den Roblechon und den Tommes. Später fuhren wir mit dem Train Rapide nach Paris und waren zu Gast bei einem Fliegerkollegen von Léon. Als ich nach einer Woche wieder zurück nach Frankfurt am Main flog, hatten wir in Paris bereits eine kleine Wohnung am Place de la Nation angemietet. In Zukunft würde ich bei mehr als zwei zusammenhängend freien Tagen nach Paris fliegen und an meinen einzelnen freien Tagen zu meiner Großmutter fahren. Zur Ruhe kam ich ab sofort nicht mehr.

Die Monate verflogen im wahrsten Sinne des Wortes. Mein Leben bestand fortan aus Koffereinpacken und Kofferauspacken. Kaum in Frankfurt angekommen, räumte ich meine Sachen um und fuhr mit einem Leihwagen zu Oma. Zurück in Frankfurt, wurde der Koffer erneut umgepackt, und ich flog nach New York, Miami oder Tokio. Hatte ich nach langen Flugsequenzen zwei oder gar drei Tage frei, dann flog ich von Frankfurt aus direkt nach Paris und verbrachte die Tage mit Léon. Nach drei Monaten war ich so erschöpft, dass ich in jeder Lebenslage tief und fest einschlafen konnte. Durch die Zeitverschiebungen und die zum Teil bis zu zwölf Stunden dauernden Flüge war es normal, dass ich, in Paris irgendwann angekommen, zwischen sechsundzwanzig und zweiunddreißig Stunden am Stück auf den Beinen war. Am liebsten hätte ich in Paris einfach nur noch geschlafen, aber Léon entpuppte sich im Laufe unserer Beziehung als recht egozentrisch, und er wurde äußerst ungehalten, wenn ich es kaum schaffte, nach nur zwei Stunden Schlaf am Nachmittag aus dem Bett zu kommen. Da er noch keinen Job bei einer Airline gefunden hatte, lebten wir von meinem Geld. Auch dieser Umstand trug dazu bei, dass Léon häufiger cholerische Wutanfälle bekam und immer unzufriedener wurde. Ich hoffte, dass sich seine Launen mit einem Job irgendwann bessern würden.

Der Zustand meiner Großmutter bereitete mir Sorgen. Sie wurde immer schwächer und konnte das Bett gar nicht mehr verlassen. Jede Bewegung bereitete ihr Schmerzen, und ihr Hausarzt hatte mir erklärt, dass sich die Metastasen im ganzen Körper verteilt hätten. Insbesondere sei das Rückenmark betroffen. An einem Wochenende im Juni eskalierte die Situation. Ich hatte meine Mutter an einem Freitagabend abgelöst, und ich sah ihr an, dass sie körperlich am Limit war. Sie war beängstigend dünn geworden. Unser Verhältnis war kühl, distanziert, aber auf Waffenstillstand ausgelegt. In der Nacht zu Sonntag dann wachte ich auf, weil Oma vor Schmerzen stöhnte. In der Frühe rief sie mich zu sich. Sie stützte sich mit ihren letzten Kräften auf beiden Händen ab, weil ihr das Liegen zu große Schmerzen bereitete.

»Christinchen«, quälte sie sich zu sagen, »nimm mir bitte den Siegelring ab.«

Seufzend legte sie sich auf die Seite, und ich nahm den Ring ab. Omas Siegelring war ihr stets heilig gewesen. Ein Verehrer, der Goldschmied war, hatte ihr diesen Ring einst gefertigt. Es hatte ihm nichts genutzt, denn Oma hatte sich für ihren späteren Mann Willi, einen bekannten Künstler und Maler der Stadt, entschieden. Den Ring jedoch liebte sie weiterhin.

»Ich möchte, dass du ihn nimmst, Christine. Sonst ist er weg, noch bevor du gucken kannst. Merke dir eins: Die Oma hat für dich vorgesorgt! Merke dir das!« Wieder fing Oma laut an zu stöhnen. »Das war nicht mein Leben«, entfuhr es ihr plötzlich. Jetzt begann sie vor Schmerzen aufzuschreien. Ihre Schmerzensschreie waren so laut, dass man sie auf der Straße hören konnte.

Ich rotierte. Ich wusste nicht mehr weiter.

Von meiner Mutter bekam ich am Telefon den Ratschlag: »Da liegt irgendwo eine Packung Dolomo rum. Davon muss sie eine Tablette nehmen!«

Ich nahm von den Tabletten, hob Omas Kopf an und rief panisch: »Oma! Schluck die Tablette! Sofort!«

Oma schluckte. Aber sie schrie weiter und weiter. Ich gab ihr noch eine Tablette, aber auch diese zeigte keine Wirkung.

»Oh mein Gott. Oh mein Gott. Warum hast du mich verlassen?« Großmutter rief dies mehrere Male, und ich fühlte mich wie in einem Horror-Szenario.

Ich telefonierte nach dem Hausarzt und konnte vor Tränen kaum sprechen.

»Ich komme sofort«, sagte der Arzt, und binnen zehn Minuten war er auch schon da.

Mit geübten Fingern und in Windeseile zog er eine Spritze auf und verabreichte Oma den Inhalt.

Plötzlich war Ruhe. Omas Gesicht entspannte sich, und sie schlief ein.

»Ich habe ihr Morphium gespritzt«, erklärte der Arzt. »Mit Tabletten kommen wir jetzt nicht mehr weiter. In diesem Stadium sind die Schmerzen nicht mehr lange zu ertragen. Hoffentlich hat es bald ein Ende für die Gute. Ich kenne sie schon seit vierzig Jahren. Sie ist eine gute Seele. Glauben Sie mir, mein Mädchen. Ich tue, was ich kann. Rufen Sie an, wenn es wieder nicht mehr geht.«

Er drückte mir großväterlich die Schulter und ging.

Als meine Mutter am Nachmittag kam, schilderte ich die Situation. Ich setzte mich noch mal zu Oma ans Bett und nahm ihre faltige, knöcherne Hand in meine jungen Hände. »Ich muss fort, Omi. Ich muss zurück nach Frankfurt. Ich habe einen Flug nach Vancouver. Freitagnachmittag komme ich wieder. Hörst du? Freitagnachmittag! Warte auf mich, ja? Versprich mir, dass du auf mich wartest!«

Ein unmerklicher Händedruck signalisierte mir, dass meine Worte angekommen waren. Schweren Herzens fuhr ich nach Frankfurt.

Als ich Freitagmorgen wieder landete, rief ich noch vom Flughafen aus meine Mutter an. Es war erst sechs Uhr morgens, aber mir war das völlig gleichgültig.

»Sie stirbt, Christine. Mach voran«, sagte meine Mutter mit müder Stimme.

Ich war bereits weit über zwanzig Stunden auf den Beinen, aber angesichts dieser Worte war ich hellwach. Wieder mietete ich bei Avis ein Auto und hämmerte wie eine Vollidiotin über die Autobahn. Es war Mittag, als ich ankam. Ein lautes rasselndes Atmen war aus dem Zimmer zu hören. Es war ein Geräusch, das durch Mark und Bein ging, und wer es einmal gehört hat, wird es sein Leben lang nicht wieder vergessen. Meine Mutter und Jürgen saßen in der Küche. Omas Schwester verließ das Zimmer und nickte mir mit Tränen in den Augen zu.

»Ich bin's, Oma. Dein Christinchen. Ich habe mich beeilt und bin, so schnell ich konnte, zu dir gefahren. Omi! Hörst du mich?«

Wieder erhielt ich als Antwort einen Händedruck. Was sollte ich sagen? Was sollte ich erzählen? Was tut man in einem solchen Moment? Wer sagt einem das? Wer bereitet einen darauf vor?

Ich begann zu weinen. Bitterlich zu weinen. Ich redete unter Tränen mit Oma und erzählte ihr, dass ich schreckliche Angst hätte und dass ich mir ein Leben ohne sie nicht vorstellen könne. Ich erzählte ihr, dass Léon mich heiraten wolle und mir tatsächlich letzte Woche einen Heiratsantrag gemacht habe. Dass er sich Kinder wünsche und ich so verdammt glücklich sei und endlich das Gefühl hätte, es geschafft zu haben.

Wieder ein Händedruck. Oma schien jedes Wort zu verstehen, und es hatte keinen Zweck, sie jetzt mit meinen Ängsten zu konfrontieren.

Ich erzählte also weiter und weiter, von der netten Familie in Annecy, den schönen Bergen, meinen Kolleginnen bei der Lufthansa und so weiter. Ich musste immer lauter sprechen, um das rasselnde Atmen zu übertönen. Irgendwann merkte ich, dass ich keinen Händedruck mehr erhielt. Das rasselnde Atmen wurde schier unerträglich. Ich betete innerlich, dass es bald vorbei sein würde, und hasste mich zugleich für diesen Gedanken. Wie konnte ich nur darauf hoffen, dass Oma bald sterben würde?

Um achtzehn Uhr kam der Arzt. Er fasste mich an der Schulter und flüsterte mir leise zu: »Kommen Sie bitte mit hinaus. Ich muss mit Ihnen sprechen.« Als wir im Wohnzimmer waren, sprach er immer noch mit sehr leiser Stimme. Meine Mutter stand neben mir.

»Dieser Sterbevorgang kann noch Stunden dauern. Ihr Herz will einfach nicht aufhören zu schlagen. Sie hat ein starkes Herz. Ich möchte das hier mit Ihnen beiden besprechen, weil ich bis heute Respekt vor diesem Sterbestadium habe. Niemand weiß wirklich, wie viel der Sterbende noch mitbekommt.«

Ich ahnte, was kam. »Wir können versuchen, sie noch mal zu wecken«, fuhr der Arzt fort, »aber das wird für die gute Seele grauenvolle Qualen bedeuten. In den letzten Tagen schon war es fast unmöglich geworden, Ihrer Großmutter wenigstens etwas zu trinken zu geben. Sie begann sofort vor Schmerzen zu schreien. Sie trocknet aus und wird erst sterben, wenn sie jämmerlich verdurstet ist.«

An meiner Seite stand niemand mehr. Meine Mutter war in die Küche zurückgegangen zu ihrem Jürgen! Wieder einmal ließ sie mich allein.

Abermals fasste mich der Arzt an die Schulter. »Hören Sie mir zu, Christine! Ich kann Ihrer Großmutter noch mal eine Dosis Morphium verabreichen. Die Schmerzen, die sie durchsteht, müssen unerträglich sein! Gebe ich ihr zu wenig, nutzt ihr das gar nichts. Gebe ich die notwendige Dosis, dann könnte ihr Leiden ein sofortiges Ende haben. Niemand kann jetzt noch beurteilen, wie viel der Körper in diesem Zustand verträgt. Sagen Sie was!« Die Augen des Arztes schauten mich flehend an. Er mochte Oma. Das sah ich.

»Sie sind ihr Arzt«, murmelte ich mit gesenktem Kopf.«Tun Sie, was Sie jetzt für richtig halten.« Ich schämte mich. Ich schämte mich so sehr. Die Erleichterung, dass es bald vorbei sein könnte, wollte sich in mir breitmachen, und ich hasste dieses Gefühl, und ich hasste mich!

»Dann kommen Sie.«

Hinter dem Arzt ging ich in Omas Zimmer hinein. Ich setzte mich an den Bettrand. Ich ertrug dieses rasselnde Atmen nicht mehr. Ich hätte schreien können. Aber ich riss mich zusammen. »Ich hab dich lieb, Omi«, flüsterte ich mit tränenerstickter Stimme. »Ich hab dich so schrecklich lieb.«

»Halten Sie ihre Hand. Sie wird es spüren, dass Sie bei ihr sind.« Der Arzt setzte die Spritze an Omas Halsschlagader an. Er sah mich kurz an, und ich nickte. Keine fünf Sekunden später war Totenstille im Raum. Kein rasselndes Atmen. Kein Wort. Kein Geräusch. Ich hatte Omas Hand immer noch in meinen beiden Händen. Erschrocken schaute ich den Arzt an. »Ist sie tot?«, fragte ich völlig fassungslos. »Ja. Todeszeitpunkt achtzehn Uhr siebenundvierzig.«

Ich ließ die Hand meiner Großmutter los, und ein unglaublicher Schrei entfuhr meiner Kehle, während ich aus dem Zimmer stürzte. Dann trat eine nie gekannte Leere an die Stelle eines Schmerzes. Ich blickte aus dem Küchenfenster, und das Gefühl der wandelnden Hülle hatte wieder in mir Platz genommen. Ich war zwanzig Jahre alt und völlig allein. Mutterseelenallein. Meine Mutter rannte hysterisch kreischend aus der Küche in Omas Zimmer. Sie warf die Tür zu und verschloss sie von innen.

Ich ärgerte mich darüber. »Eben noch so feige, und jetzt macht sie plötzlich ein Riesentheater.«

»Wenn ich dann eines Tages nicht mehr bin, dann findest du alles in der Geldkassette«, hörte ich Omas Worte plötzlich noch einmal. Tante Evi saß am Küchentisch und heulte. Und Jürgen? Ich ging zum alten Schlafzimmer von Oma, als Jürgen mir entgegenkam und mit geheuchelter Trauermiene in die Küche zu Tante Evi ging. Die Geldkassette stand ganz vorn im Kleiderschrank. »Ich hätte sie auch gefunden, wenn sie wie immer hinter den Hutschachteln gewesen wäre, Oma«, murmelte ich vor mich hin. Ich fand, was ich brauchte und vor Wochen bereits in meinen Händen gehalten hatte. Der Bestatter war sehr freundlich am Telefon und teilte mir mit, dass bereits alles im Vorfeld geregelt worden sei. Damit sagte er mir nichts Neues.

Als der Bestatter eintraf, war es bereits fast einundzwanzig Uhr, und meine Mutter dachte nicht im Traum daran, die Tür aufzuschließen.

»Mama!«, rief ich an der Tür, »Mama, der Bestatter ist da!«

Ich erhielt keine Antwort.

Erst als Jürgen sein säuselndes »Aber Gundis! Jetzt mach doch bitte kein Theater!« losließ, öffnete sie völlig verheult die Tür. »Was soll denn das, dass du dich über zwei Stunden mit der Leiche einschließt?«, fragte Jürgen in einem Ton, der keine Antwort erwartete.

Als der offene Sarg später an mir vorbeigetragen wurde, lag in dem Sarg zwar ein Mensch, aber dieser Mensch hatte jedwede Ähnlichkeit mit meiner Großmutter verloren. Ich könnte mich heute nicht mehr an diesen Anblick erinnern, selbst wenn ich es wollte. Ich habe ihn vollständig aus meiner Erinnerung gelöscht.

Einen Zwischenfall kann ich aber nicht vergessen. Die Sargträger kamen im Hausflur nicht um die Ecke, weil der Flur zu eng war. Wir klingelten also an der Tür des Nachbarn, der im Erdgeschoss wohnte. Oma hatte mir erzählt, dass sie diesen Mann unmöglich fand, weil der zwar seine Fotos in die schweren, alten Zimmertüren hämmerte, sich aber nicht die Bohne um den Garten kümmerte. Als sie ihm die Wohnung vermietet hatte, schwor er, sich um die »Männerarbeiten« zu kümmern und sie zu entlasten. Nichts hat er für meine Oma getan. Stattdessen, so beklagte sie sich bei mir, schleppte er scharenweise die jungen

Mädchen in seine Wohnung. Es dauerte, bis der Mieter die Tür öffnete. Er war fast nackt, hatte lediglich ein Handtuch um die Hüften geschlungen. Hinter ihm stand eine erschrocken dreinblickende Blondine, die maximal in meinem Alter war. Dem Mieter fiel buchstäblich alles aus dem Gesicht, als er die Sargträger mit dem offenen Sarg sah. Er zog sich schnell eine Jeans über und hob dann die schwere Wohnungstür aus ihren Angeln. Sein Gesicht, als der Sarg mit dem Leichnam meiner Großmutter direkt an ihm vorbei in seinen Wohnungsflur getragen wurde, werde ich niemals vergessen. Ich stand am oberen Treppenabsatz und freute mich auf einmal diebisch. In letzter Sekunde wischte Oma ihm doch noch eins aus. Bei diesem Gedanken, ich muss es zu meiner Schande gestehen, konnte ich nicht anders, als laut aufzulachen, was allen Anwesenden peinlicher war als mir selbst. Aber bis heute muss ich mindestens breit grinsen, wenn ich an die Blicke dieses Mieters und seiner Nachtbegleitung denke.

Ich schloss sorgfältig die Wohnungstür ab und verließ mit den anderen Omas Haus. Es sollte das allerletzte Mal sein, dass ich es betreten hatte.

Mit meinem Avis-Wagen bretterte ich nach Düsseldorf zum Flughafen, um Léon abzuholen. Er kam mit der letzten Maschine der Air France an. Es war für ihn selbstverständlich, mich in dieser Situation nicht alleinzulassen. Jürgen hatte mich bekniet, in dieser Situation der »gemeinsamen Trauer« fünfe gerade sein zu lassen und den Tod meiner Oma als neue Chance für meine Mutter und mich anzusehen. »Deine Oma hätte es bestimmt auch so gewollt«, waren die Worte, die mich umstimmten.

Léon und ich fuhren also zu Jürgens Haus, und es war weit nach Mitternacht, als wir ankamen. Ich war fix und fertig, denn ich hatte seit über vierzig Stunden nicht mehr geschlafen. Jürgen tischte Rotwein auf und bat uns, doch wenigstens noch für einen kurzen Moment zusammenzusitzen. Léon kannte Jürgen und meine Mutter nur aus meinen unvollständigen Erzählungen. Alles, was er wusste, war, dass ich meine Mutter als lieblos empfand und deshalb den Kontakt zu ihr mied. Meine Mutter und Léon frönten dem Rotwein, und Jürgen schüttete die Gläser immer wieder voll. Die Themen wechselten vom Tod meiner Großmutter zu Frankreich, seinen Sitten und Gewohnheiten, und meine Mutter war bemüht, mit ihren noch recht guten Französischkenntnissen zu glänzen.

Irgendwann waren Léon und meine Mutter völlig betrunken. Léon nahm sie in den Arm und erzählte ihr, dass sie eine lustige und unterhaltsame Person sei. Als die beiden begannen, die französische Nationalhymne zu singen, wurde mir schlecht. Ich war zudem hundemüde und fühlte mich elend. Mein Verlobter saß keine acht Stunden nach dem Tod meiner Oma mit meiner Mutter im Arm fröhlich feiernd vor mir! Ich fand das Ganze geschmacklos und war bitter enttäuscht.

»Ich geh ins Bett. Mir reicht's! Komm bitte, Léon!« Mein Ton war alles andere als freundlich.

Léon protestierte heftig, und meine Mutter lallte mir entgegen: »Jetzt werd ma‘ nicht komisch, ja?«

Auch Jürgen verstand so gar nicht, warum ich böse wurde. »Christine! Jetzt freu dich doch, dass wir deinen Léon so nett finden! Stell dich doch nicht so an!«

Ich warf Jürgen einen wütenden Blick zu und ging in den Keller. Als ich geduscht hatte und in das Leopardenzimmer gehen wollte, stand Jürgen plötzlich vor mir. Sein Blick, sein ganzer Gesichtsausdruck verrieten mir, dass er tatsächlich die Unverschämtheit besaß, mir an die Wäsche gehen zu wollen! »Fass mich nicht an!«, zischte ich ihn drohend an.

Jürgen grinste nur und entgegnete: »Zierst du dich jetzt etwa? Die beiden da oben bekommen eh nichts mehr mit!«

Von oben hörte man immer noch das Geträller der französischen Nationalhymne, unterbrochen vom kreischenden Gelächter der beiden.

»Ich schwöre dir, Jürgen! Ich bringe dich um!« Wütend funkelte ich Jürgen an! »Ich schreie! Ich schreie so laut, dass es die Nachbarn hören! Fasst du mich an, bist du tot!« Ich ging auf Jürgen zu. Das erste Mal in meinem Leben wich ich diesem Mann nicht aus, sondern ging auf ihn zu. Ich staunte über mich selbst.

»Was bist du zickig geworden«, sagte Jürgen. »Dann lass dich von deinem Franzosen durchbumsen!« Mit diesen Worten drehte er sich um und ging die Treppen hinauf.

Die ersten Sekunden lag ich noch im Bett und lauschte, ob ich irgendwelche verdächtigen Geräusche wahrnehmen konnte. Der Schlaf übermannte mich jedoch schnell, und mein Schlaf wurde auch nicht unterbrochen.

Am nächsten Morgen war ich voller Wut und Hass auf Jürgen und meine Mutter. Von Léon war ich vor allem enttäuscht.

Ich war aber die Einzige von uns, die beim Frühstück schlechte Laune hatte und deprimiert dreinblickte. Und dazu hatte ich allen Grund. In drei Tagen war die Beerdigung meiner Großmutter.

Ich musste zurück nach Frankfurt, um meinen Flugplan ändern zu lassen. Léon verstand die Welt nicht mehr, als ich ihn zum Flughafen nach Düsseldorf brachte und ihm sagte, dass ich die nächsten Tage nicht mit ihm verbringen wollte, sondern allein sein musste. Die Wahrheit war, dass ich Léon als einen von »denen« erlebt hatte und ich ihn als völlig illoyal empfand. Von diesem Moment an wusste ich auch, dass eine Trennung von ihm nur noch eine Frage der Zeit war. Zu einem ausgiebigen Gespräch war ich in der damaligen Situation nicht fähig. Ich erkenne heute, dass Léon Charakterzüge hatte, die mir auf Dauer nicht gutgetan hätten. Die spätere Trennung war durchaus positiv für mich. Mit Sicherheit aber war Léon kein illoyaler Mann, denn hätte er um alle Umstände gewusst, wäre sein Verhalten bei Jürgen ein ganz anderes gewesen. Heute denke ich, dass er niemals eine Übernachtung in Jürgens Haus zugelassen hätte, wenn er meine Vergangenheit gekannt hätte.

Damals schien für mich der Fall klar zu sein. Ich war unendlich erleichtert, allein nach Frankfurt und später allein zur Beerdigung meiner Großmutter zu fahren. Am Tag der Beerdigung regnete es in Strömen, und für Juni war es bitterlich kalt. Es amüsierte mich ein wenig, dass die meisten Gäste Leute waren, die Oma eigentlich nicht sonderlich gemocht hatte und die sich tatsächlich auch nie besonders um sie gekümmert hatten. Doch als ich vom Rand aus zusah, wie der Sarg mit dem Leichnam in die Erde gelassen wurde, war mir, als würde ein Teil von mir mit in die Erde herabgelassen! Wie gern wäre ich an ihrer Stelle gewesen, das habe ich damals wirklich gedacht! Ich fühlte mich schrecklich einsam, ich hatte alles verloren. Meine Mutter widerte mich an, und in das Haus meiner Oma würde ich vermutlich nie mehr zurückkehren können. Wo war jetzt meine HEIMAT? Diese Stadt war nicht mehr meine Heimat. Ich hatte hier kein Zuhause mehr. Und ich war hier auch nicht mehr erwünscht. Meine Wurzeln wurden gerade beerdigt und verschwanden unter einer meterhohen Schicht schwarzer Erde. »Tschüss, Omi«, flüsterte ich und warf meinen kleinen Rosenstrauß hinab.

Vielleicht war ja Frankfurt jetzt meine Heimat? Ich wusste es nicht. Frankfurt war jedenfalls der Ort, wo mein Bett und mein Schrank standen und wo Kirsten und Peter sich tierisch freuten, wenn ich zur Tür hereinkam. Meine Heimat war offensichtlich da, wo ich gemocht wurde. In Afrika hatte ich mich schließlich auch heimisch gefühlt. Meine Heimat war ganz gewiss nicht in Frankreich. Der Abend bei meiner Mutter und Jürgen hatte das Verhältnis zwischen mir und Léon verändert. Etwas Unverzeihliches lag zwischen uns.

KAPITEL 9

Alfons

»Meine Güte!«, schrie ich meine Mutter an. »Ich habe dich lediglich gefragt, wann eigentlich Testamentseröffnung ist, nicht mehr und nicht weniger!« Ich schäumte vor Wut und hätte den Hörer am liebsten gegen die Wand geschleudert!

»Dass das klar ist«, echauffierte sich meine Mutter am anderen Ende der Leitung, »hier gilt die gesetzliche Erbfolge, und mit der hast du nun mal nichts zu tun!« Sie schnaubte verächtlich.

Ich legte auf und ärgerte mich über mich selbst. Eine Woche war seit Omas Beerdigung vergangen. Ihr Satz »Oma hat für dich gesorgt« war mir spontan durch den Kopf gegangen. Ich hatte keinen blassen Schimmer, wann eine Testamentseröffnung prinzipiell stattfindet und deshalb meine Mutter angerufen. Und kaum hatte ich meine Frage gestellt, platzte ihr auch schon der Kragen. Es war, als hätte ich in ein Hornissennest gestochen!

»Von welchem Testament quatschst du da eigentlich?«, war ihre erste aufgebrachte Frage gewesen.

»Ich dachte, Oma hätte ein Testament hinterlassen«, entgegnete ich.

»Erzähl nicht so einen Mist! Was bildest du dir eigentlich ein, wer du bist?«, hatte meine Mutter in den Hörer gebrüllt.

Oma sollte also nicht für mich gesorgt haben? Hatte sie das erste Mal in ihrem Leben, ausgerechnet kurz vor ihrem Tode, haltloses Zeug geredet? Niemals, da war ich mir völlig sicher. Mir fiel die Situation ein, als ich wenige Minuten nach ihrem Tod in ihr altes Schlafzimmer ging und mir Jürgen auf einmal entgegenkam. Richtig! Hatte nicht auch Omas alte Geldkassette ganz vorne gestanden? Sie selbst war doch bettlägerig gewesen. Sie selbst hätte doch gar nicht mehr an die Geldkassette gehen können? Und ich selbst hatte die Geldkassette ganz nach hinten gestellt und die alten Hutschachteln davor gepackt. So, wie es Oma auch immer getan hatte. Jürgen! Jürgen wäre es zuzutrauen, ein Testament verschwinden zu lassen, dafür hätte ich jeden Eid geschworen. Es konnte nur Jürgen gewesen sein. Und nun?

Seufzend schlug ich die Hände vors Gesicht und setzte mich auf mein Bett. »Omi, Omi«, murmelte ich vor mich hin, »jetzt haben sie mich auch noch um mein Erbe betrogen …« Gedankenverloren spielte ich an dem Siegelring an meinem Ringfinger. Das ist alles, was mir von dir geblieben ist … In mir breitete sich eine große Leere aus. Mit jedem Tag schien dieses Gefühl weiter um sich zu greifen. Wie gern hätte ich diese Leere zumindest mit meinen Tränen gefüllt. Es tat so gut, den Tränen freien Lauf zu lassen und den Schmerz aus sich herauszulassen. Aber nicht eine Träne war meiner Seele zu entlocken. Die Leere blieb und fraß sich tief in mich hinein.

Einige Wochen später kehrte ich von einem Flug nach Nairobi zurück. Wir hatten in Nairobi fünf Tage frei und eine Safari zum Lake Nakuru unternommen. Mein kleiner Fotoapparat war voll mit Bildern von den üppigen und farbenprächtigen Obstpräsentationen auf dem Frühstücksbuffet im Hotel, den putzigen Äffchen im Dschungel, einer wunderschönen Giraffe, der Warzenschweinfamilie in der Steppe und von den elitären Lodges, deren Gärten alle aussahen wie der englische Rasen vor dem Buckingham Palace. Das Klima in Nairobi war einzigartig: Tagsüber herrschten angenehme Temperaturen von achtundzwanzig Grad, und abends kühlte es ab bis auf achtzehn Grad. Die Luft war mild und frisch, und die Farben der Natur überwältigend. Niemals zuvor hatte ich schönere Märkte gesehen als in Nairobi. Wahnsinn. Das musste ich Oma erzählen. Ich nahm den Hörer ab, wählte ihre Nummer und legte mir die ersten Worte bereits im Kopf zurecht. Oma würde staunen.

»Ja hallo? Wer ist da bitte?«, ertönte eine fremde Stimme aus dem Hörer.

Mir war auf einmal, als erwachte ich aus einer Art Hypnose. Was tat ich hier? Oma war tot!

»Hallo! Ist da jemand?«, fragte die fremde Frauenstimme ungeduldig.

»Entschuldigung, ich habe mich verwählt«, antwortete ich und legte den Hörer völlig fassungslos auf die Gabel zurück. Oma war schon seit etlichen Wochen tot. Und ich hatte nichts Besseres zu tun, als sie anrufen zu wollen? War das ein Zeichen dafür, dass ich verrückt werden würde?

Ich legte mich aufs Bett und wiederholte die Worte »Oma ist tot. Oma ist tot. Oma ist tot.« Warum konnte ich nicht weinen? Wenn Oma tot war, hätte ich doch weinen müssen, oder? Ich liebte sie doch. Ob Oma wusste, wie sehr ich sie liebte? Bestimmt nicht. Ich erinnerte mich an die Situation, als ich mit dem Küchenmesser vor ihr stand. Sah so Liebe aus? Hatte sie SO merken können, dass ich sie liebte? Ich hätte es ihr sagen sollen, schoss es mir durch den Kopf. Viel zu selten hatte ich gesagt, dass sie mir die Welt bedeutete. Ihr nie richtig zu verstehen gegeben, dass eigentlich sie meine wahre Mutter war. Mein Gott, wie undankbar von mir.

Stundenlang lag ich auf meinem Bett und grübelte. Ich war voller Selbstvorwürfe, und zu guter Letzt wurde mir bewusst, dass ich tatsächlich Erleichterung gespürt hatte, als sie nicht mehr atmete. Hatte ICH diese Entscheidung getroffen? Wollte ICH, dass sie stirbt? Hatte ICH dem Arzt nicht irgendwie gesagt, dass er Omas Leben beenden sollte? Zu meinen Selbstvorwürfen kamen Schuldgefühle hinzu. Es waren die einzigen Gefühle, die Platz nehmen durften in dem großen Loch, das mein Herz ausfüllte und es zu sprengen drohte.

Die Wochen vergingen. Es war mittlerweile Winter geworden, und die Familie von Léon stand Kopf, weil wir im Frühling heiraten wollten. Mein Leben bestand aus einer ständigen Hin- und Herpendelei zwischen New York – Frankfurt am Main – Paris – Frankfurt am Main – Dubai und so weiter. Die gemeinsame Zeit mit Léon war anstrengend geworden. Wann immer er konnte, holte mich Léon mit dem Auto vom Flughafen Charles de Gaulle ab, und wann immer er konnte, erlitt er auf der stets völlig verstopften *périphérique* einen seiner berüchtigten Tobsuchtsanfälle. Ich spürte förmlich, wie sich der Mann auflud, um dann gleich einem Vulkan plötzlich mit der Faust auf dem Lenkrad herumzuhämmern.

»*Quelle merde!*«, schrie er dann wie von Sinnen. »*Putain bordelle de merde!*« Sein Gesicht war dann blutrot angelaufen, und das Beste in diesen Situationen war, mucksmäuschenstill zu sein und zu beten, dass es bald vorbei war. Ein einziges Wort von mir genügte, und Léons Zorn richtete sich gegen mich.

Ich kann mich erinnern, dass ich eines Tages die Nase restlos voll hatte von seinen cholerischen Anfällen. Der Nachtflug von Vancouver war furchtbar anstrengend gewesen. Wir hatten Full House, viele Kleinkinder an Bord, die irgendwie immer schrien, abstruse Beschwerden wie »Können Sie bitte der Frau neben mir mal sagen, dass ich das ekelig finde, wenn sie ihr Baby hier auf dem Sitz aus den vollgeschissenen Windeln wickelt?« und Passagiere vom Typ »Der Rotwein ist zu warm, der Weißwein zu kalt, haben Sie etwa keinen Champagner in der Economyklasse?«. Außerdem flog ich immer Stand-by nach Paris und hatte alleine schon zwei Stunden gebraucht, um mir am Crew-Schalter auf der Basis ein Personalticket zu kaufen, und weitere zwei Stunden benötigt, um einen Platz in einem Flieger nach Paris zu ergattern. Air France und Lufthansa lagen in zwei unterschiedlichen Terminals, und als klar war, dass ich bei Lufthansa in der völlig überbuchten Maschine keinen Platz finden würde, hetzte ich mit meinem Gepäck zum Air-France-Terminal. Die Besatzung hatte Mitleid mit mir, und im Cockpit durfte ich dann auf dem Notsitz mitfliegen. Ich war heilfroh, endlich in Paris angekommen zu sein, und hatte nach über dreißig Stunden das verständliche Bedürfnis, in ein Bett zu fallen.

Im Auto schon fielen mir fast die Augen zu. Die *périphérique* war wie immer dicht. Als Léon plötzlich wieder lostobte, platzte mir zum ersten Mal der Kragen.

»*Ça suffit!*«, schrie ich ihn an, und da wir aufgrund des Staus ohnehin anhalten mussten, stieg ich aus, ging in meiner Lufthansa-Uniform zum Kofferraum, wuchtete mein Gepäck heraus und stapfte *directement* zur Leitplanke. Léon rannte mir hinterher und schrie mich an, was ich denn da machen würde, ich sei ja nun völlig übergeschnappt.

Für die restlichen Autofahrer waren wir, das hysterisch streitende Pärchen, eine hochwillkommene Abwechslung im täglichen Stau-Einerlei.

Ich hätte die Schnauze von seinen cholerischen Anfällen voll und mir würde es reichen, schrie ich zurück und warf meinen Koffer und mein Beauty-Case elegant über die Leitplanke. »Du kannst mich in Frankfurt erreichen!«, brüllte ich Léon noch zu und stolzierte mit erhobenem Kopf wie eine Primadonna zwischen den Autos auf der gegenüberliegenden Seite fort. Eine große Nobelkarosse hielt neben mir an, und ein Chauffeur stieg aus.

»Ich muss zum Flughafen, meinen Chef abholen«, sagte der Typ in Livree und verstaute mein Gepäck im Kofferraum. »Streit gehabt?«, fragte er freundlich.

»Und das nicht zu knapp«, antwortete ich auf Französisch, und schon war ich wieder auf dem Weg zurück zum Flughafen. Léon gestikulierte noch wild mit den Händen in der Luft, die ersten Kommentare waren aus den Autos zu hören, und dann ging es auf unserer Seite schon wieder weiter.

Ich fühlte mich völlig befreit und war unglaublich erleichtert, als ich abends in Frankfurt am Main landete. Ich hatte während des Fluges geschlafen, und die Überraschung war groß, als Peter und Kirsten mich später im Türrahmen erblickten. Es war so selten, dass wir mal zu dritt in Frankfurt in unserer Wohnung waren, dass wir solche Treffen immer wie Feste feierten. Wir hatten einen lustigen Abend, und beide bestärkten mich beim Äbbelwoi, dass meine Entscheidung, mir ein solches Benehmen nicht mehr gefallen zu lassen, goldrichtig gewesen sei.

Zwei Tage später musste ich von Frankfurt nach Madrid und zurück fliegen. »Abholer« nannten wir das im Lufthansa-Deutsch. Die Passagiere strömten in die Kabine, und wir hatten alle Hände voll zu tun, das Handgepäck zu verstauen und die Plätze zuzuweisen. Inmitten der Hektik merkte ich auf einmal, wie die Tränen in mir hochstiegen. Was ist denn jetzt los?, fragte ich mich im Stillen und bemühte mich zeitgleich um Fassung. Als die Tränen nicht mehr aufzuhalten waren, flüchtete ich mich in die Galley. Ich heulte und heulte, und meine Kolleginnen verstanden die Welt genauso wenig wie ich. Eine Kollegin holte den Purser.

Der Purser hockte sich vor mich, fasste mich an beiden Schultern und fragte: »Hey, Christine. Was ist denn los mit dir? Du bist ja völlig am Ende?«

Ich versuchte ihm inmitten meiner Heulerei zu erklären, dass ich selbst nicht wüsste, was mit mir los sei, und unser Purser schleppte mich nach vorn in den First-Class-Bereich, wo zum Glück nichts los war und wir die Möglichkeit hatten, ungestört zu sein. Inmitten meines Tränenausbruchs stammelte ich gelegentlich etwas von »... meine Oma gestorben ... Darmkrebs ... Morphium ...«.

Mein Purser, ein unglaublich feinfühliger und psychologisch sehr gut geschulter Vorgesetzter, tat das Einzige, was er in dieser Situation tun konnte: stillsitzen und zuhören.

Ich heulte von Frankfurt bis Madrid, während des zweistündigen Aufenthaltes in Madrid und wieder von Madrid nach Frankfurt. Inzwischen war ich auch körperlich am Ende meiner Kräfte angelangt und zitterte am ganzen Körper. »… kann nicht aufhören zu heulen … tut mir leid … weiß selbst nicht warum …«, versuchte ich ihm zu erklären.

»Schschscht … ist ja gut«, sagte der Purser, »jeder Mensch ist irgendwann mal an einem solchen Punkt. Das war alles zu viel für dich.«

Und wieder ein Grund, dass die Tränen flossen. Als wir wieder in Frankfurt waren, wurde ich zur Lufthansa-Ärztin geschickt.

Diese Ärztin war ein mütterlicher Typ, und man musste sich einfach bei ihr aufgehoben fühlen. Mit prüfendem Blick betrachtete sie mich und sagte dann: »Mein liebes Kind. Ich werde Sie jetzt eine Woche aus dem Verkehr ziehen unter der Bedingung, dass Sie irgendwo hinfahren und sich Ruhe gönnen! Wo werden Sie hinfahren?«

»Nach Sylt«, antwortete ich spontan.

»Sie haben einen Nervenzusammenbruch, jaja, schauen Sie nicht so erstaunt, genau DAS ist ein Nervenzusammenbruch. Kümmern Sie sich jetzt mal um sich selber.«

Am nächsten Tag machte ich mich tatsächlich auf den Weg nach Sylt. Ich hatte mir zwischenzeitlich einen alten feuerroten Fiat-Panda angeschafft, und als ich losfuhr, hatte ich keine Ahnung, wo ich unterkommen sollte. Noch nie zuvor war ich auf einer Nordsee-Insel gewesen. In Keitum fand ich ein kleines Privatquartier und frühstückte morgens an einem Tisch, auf dem eine rot-weiß karierte Tischdecke lag. Genauso hatte ich mir das auf der Fahrt vorgestellt, und jeden Morgen schmunzelte ich über diese Tischdecke. Ich ging in die Sauna, spazierte am Strand entlang und genoss an Buhne sechzehn einen heißen Tee mit Rum. Ich dachte nach über mein Leben, meine Trauer, meine Zukunft, über Léon und übers Heiraten. Monatelang hatte ich mich gefragt, warum ich nicht über Omas Tod weinen konnte, und dann, wie aus heiterem Himmel, hatte sich die Trauer über den Verlust meiner Großmutter ihren Weg durch das dunkle Loch in meiner Seele ans Tageslicht gebahnt. Dreizehn Jahre später sollte sie wiederkehren.

Als wir Weihnachten in Annecy bei Léons Eltern saßen und die ganze Familie kein anderes Thema fand als unsere bevorstehende Hochzeit, war mir klar, dass ich diesen Mann gar nicht heiraten wollte. Dieser Mann war alles andere als gut für mich, und so beendete ich die Beziehung zum Entsetzen aller, die mir mittlerweile in Frankreich lieb geworden waren.

Es ging auf den Frühling zu, und ich hatte mir alle Termine über Festivitäten in Frankfurt besorgt. Ich war wild entschlossen, in dieser Stadt Fuß zu fassen, und hatte mich mit einer Kollegin aus Sachsenhausen angefreundet. Mit Katja ging ich oft in ein Frühstückscafé oder shoppen, und ich meldete mich in einem Fitness-Studio an. Es tat gut, wieder den eigenen Körper zu spüren, und ich trainierte wie eine Wilde in jeder freien Minute. Meine bulimischen Rückfälle waren fast gänzlich aus meinem Leben verschwunden. Ich merkte, dass ich mittlerweile ganz nach meinem Appetit essen konnte und ohnehin nicht zunahm. Abgesehen davon, war ich oft genug auch viel zu bequem, um einzukaufen oder gar für mich alleine zu kochen.

Im Laufe der Jahre bei der Lufthansa rissen die Krankheiten nicht ab. Mittelohrentzündungen und Lungenentzündungen, Grippe und Schlafstörungen zehrten an meiner Gesundheit. Eine Malaria tropica warf mich nieder, und die Behandlung mit dem Chinin hatte eine Gelbsucht ausgelöst. Die Auswirkungen der Gelbsucht begleiteten mich noch über fast zwei Jahre: Monate hat es gedauert, bis ich ein Stück Weißbrot essen konnte, ohne den fettigen, pelzigen Geschmack auf der Zunge spüren zu müssen. Und ebenso lange ernährte ich mich von Reis, Obst, Gemüse und gelegentlich Kartoffeln. Seit dieser Zeit weiß ich, in wie vielen Nahrungsmitteln Fette enthalten sind. Wer einmal eine Hepatitis hatte, weiß, wovon ich spreche. Die Leberwerte ähneln auch noch ein Jahr später den Leberwerten eines Alkoholikers.

Ende August flog ich nach New York. Ich hatte mal wieder meine Planerin genervt, die mich für eine erkrankte Kollegin auf diesem Flug einsetzte. Eine interessante Männerbekanntschaft, einige Wochen zuvor, hatte sich zerschlagen, und ich hatte keine Lust, zu Hause zu bleiben. Anton war ein sehr netter und unglaublich wohlhabender Mann, der eine Prachtvilla im Frankfurter Westen bewohnte. Er hatte mich an den Gardasee und nach Florenz eingeladen und mit seinem schicken Mercedes-Cabriolet-Oldtimer mit roten Ledersitzen und Flügeltüren nach Italien chauffiert. Seine humorvolle Art hatte mich angesprochen, und überdies war Anton unglaublich großzügig. In Florenz hatte ich mich dann entschlossen, mir Anton einfach »schön zu saufen«. Es musste doch möglich sein, diesen netten Mann auch irgendwie attraktiv zu finden. Mein Konzept misslang völlig, was mir aber erst auffiel, als Anton und ich im Bett seiner Suite lagen und knutschten. Mittendrin sagte ich: »Tut mir leid, aber es geht einfach nicht!«, und war dann sofort in meiner eigenen Suite verschwunden. Sicherlich war der Zeitpunkt nicht das, was man als geeignet definieren könnte, aber ich wundere mich heute, dass ich überhaupt »Nein« sagen konnte!

Anton war beleidigt und zutiefst gekränkt, und vielleicht fühlte er sich auch schlicht und ergreifend »verarscht«. Ich mochte ihn in meiner Nähe haben und ließ mich gern von ihm in den Arm nehmen. Wir hatten auch viel miteinander telefoniert und in Frankfurt viele gemeinsame schöne Abende verbracht. Zu mehr war ich aber nicht bereit und hatte das zum ungünstigsten Zeitpunkt reichlich uncharmant rübergebracht.

Ich brauche keinen Mann, dachte ich bei mir und machte mich daran, die ersten Gäste für den Flug nach New York zu begrüßen.

Als fast alle Passagiere ihre Plätze eingenommen hatten, hetzte zu guter Letzt ein Mann in Jeans und Cowboystiefeln in die Kabine und nahm Platz auf dem letzten freien Sitz in der Touristenklasse. Er hatte ein wenig Ähnlichkeit mit Marcello Mastroianni und schien auf den ersten Blick ein lockerer und unkomplizierter Typ zu sein. Während des Fluges, als wir den Essenservice beendet hatten, baute ich in der Galley eine Bordbar auf. Es machte mir Spaß, auf den Langstreckenflügen den Barkeeper zu spielen, und da der hinterste Bereich den Rauchern vorbehalten war, tummelten sich dort innerhalb kürzester Zeit viele Gäste. Oft herrschte eine heitere und ausgelassene Atmosphäre, und meistens kam man mit einigen der Passagiere ins Gespräch.

Als wir in New York landeten, war ich bereits Feuer und Flamme für Alfons. Der unkomplizierte Jeanstyp war tatsächlich so unbeschwert, wie seine Optik hatte vermuten lassen. Er kam aus Frankfurt und hatte mich für den Abend in New York zum Essen eingeladen. Wir verbrachten einen wunderschönen Abend und zogen durch die Bars von New York. Zu später Stunde brachte mich Alfons zurück zu meinem Zimmer und verabschiedete sich mit einem galanten Handkuss.

»Es war mir eine Ehre und ein echtes Vergnügen! Danke für diesen schönen Abend! Ich würde dich morgen früh gern um neun Uhr abholen und dir dann ein tolles Frühstückslokal in Greenwich Village zeigen. Was hältst du davon?«

Ich willigte ein.

Als ich im Bett lag, dachte ich über Alfons nach. Er hatte etwas Natürliches und Charmantes an sich, wirkte wie ein großer Junge, und sein Alter war schwer zu schätzen. Ich wettete, dass er bereits vierzig sein musste, aber letztlich war mir selbst ein

Altersunterschied von achtzehn Jahren gleichgültig. Wichtig war, dass ich mich in seiner Nähe unglaublich wohl gefühlt hatte. Es war so gar nichts Berechnendes an ihm, und seine Lebensfreude und Unbekümmertheit zogen mich magisch an. Ich war auf dem allerbesten Wege, mich Hals über Kopf zu verlieben.

Alfons präsentierte mir New York am nächsten Tag von seiner schönsten Seite. Das Wetter war traumhaft, und wir fuhren mit einer rosa Kutsche am Central Park entlang. Kleinigkeiten brachten uns zum Lachen, und wir krümmten uns albern, als Alfons beim Schuhkauf feststellte, dass er ein Riesenloch im Strumpf hatte.

Am Nachmittag hieß es Abschied nehmen, denn ich musste nach Stuttgart fliegen.

»Verlass dich drauf«, versprach mir Alfons, »ich melde mich schneller bei dir, als du gucken kannst!« Eine innige Umarmung, ein flüchtiger Kuss, und fort war er.

Am nächsten Morgen checkten wir in Sindelfingen in unser Hotel ein. »Christine Al-Farziz?«, fragte die Rezeptionistin auf einmal, »ich habe hier eine Nachricht für Sie.«

Ich nahm den Brief und spürte die neidischen Blicke der Kolleginnen im Nacken. »Ankunft heute um sechzehn Uhr in Sindelfingen. Dein Alfons.«

Ich war beeindruckt. Dieser Mann hatte es wirklich drauf, seinen ganzen Charme auszuspielen. Punkt sechzehn Uhr klopfte es an meiner Tür. Mit einem umwerfend strahlenden Lächeln stand Alfons vor mir und umarmte mich herzlichst.

Alfons wich fortan nicht mehr von meiner Seite. Gleichgültig, wo ich war, immer rief er an oder hinterließ eine Nachricht. Wir waren kaum zwei Wochen zusammen, da hatte er sich von seiner Frau getrennt. Die Ehe schien schon seit längerer Zeit am Ende zu sein. Alfons hatte seiner Frau sämtliche Möbel hinterlassen, und wir kauften an einem einzigen Tag nach Herzenslust die gesamte neue Wohnungseinrichtung. Ich fühlte mich wie eine Prinzessin. Ich hatte einen attraktiven, großzügigen und unheimlich fürsorglichen Mann an meiner Seite und war, ohne mit der Wimper zu zucken, binnen drei Wochen bei ihm eingezogen. Geld schien offensichtlich keine Rolle zu spielen, und mit Alfons erschien mir mein Leben plötzlich so leicht und unproblematisch. Wann immer ich Sorge oder Skepsis äußerte, schaute mir dieser Mann in die Augen und fragte: »Und, Herzelein? Wo ist das Problem?«

Ein Problem, das Alfons nicht verstand, war mein schlechtes beziehungsweise gar nicht vorhandenes Verhältnis zu meiner Mutter. Er beharrte darauf, meine Mutter kennen lernen zu wollen und sich vorzustellen.

»Du kannst mir doch nicht erzählen, dass deine Mutter sich nicht dafür interessiert, mit wem ihre Tochter jetzt zusammenlebt? Du bist ihre einzige Tochter und vielleicht solltest du mal einen Schritt auf sie zugehen, findest du nicht auch?«

Ich nickte. Aber in mir brach das Chaos aus. Um keinen Preis hätte ich Alfons erzählt, was genau die Ursache für meine Abneigung war, nach Waldstadt zu fahren. »Okay«, lenkte ich ein, »wir fahren zu ihr, aber du versprichst mir, dass wir dort im Hotel übernachten!«

»Ja, wo sollten wir denn sonst übernachten?«, fragte Alfons überrascht zurück. Er war als Baumaschinenhändler ständig unterwegs und gewohnt, in den teuersten Hotels der Welt einzuchecken.

Meine Mutter war telefonisch nicht zu erreichen, und so rief ich bei Jurgen an.

»Ich habe einen neuen Freund«, erklärte ich ihm, »und Alfons möchte euch gerne kennen lernen. Es ist ihm wichtig, dass ihr wisst, mit wem ich jetzt zusammenlebe.«

Jürgen schien in freundlicher Stimmung zu sein und befragte mich ausgiebigst: »Was macht der Herr denn beruflich? Wie alt ist er denn?«

Alfons hielt sein Ohr mit an die Hörermuschel und lächelte zufrieden. Na also! Geht doch!, schien seine Mimik auszudrücken. Die Farbe wich ihm aus dem Gesicht, als Jürgen fragte: »Und? Hat er auch ein ordentliches Geläut?«

Alfons nahm mir den Hörer ab und antwortete: »Guten Abend, Herr Karnasch! Alfons Holler mein Name. Hätten Sie die freundliche Güte, die letzte Frage noch einmal zu wiederholen?«

Das saß! Ich triumphierte innerlich! Damit hatte Jürgen am allerwenigsten gerechnet! Endlich mal ein Mann an meiner Seite, der es mit ihm aufnehmen konnte.

»Ach so, das hatten Sie nur spaßig gemeint? Ach so, nur ein blöder Spruch? Ja dann wollen wir mal hoffen, dass da nicht weitere Späße kommen, nicht wahr?« Alfons lachte demonstrativ und leicht überheblich.

»Was ist das denn für ein Idiot?«, fragte er mich danach entgeistert.

»Jürgen ist ein Arschloch«, antwortete ich und beließ es dabei. Noch immer konnte ich über meine Vergangenheit nicht sprechen. Ich hatte Angst, dass Alfons mich auf der Stelle verlassen würde.

Das erste Treffen mit meiner Mutter und Jürgen fand in einem Restaurant statt. Jürgen versuchte immer wieder, durch geschickte Kommentare möglichst unauffällig preiszugeben, dass er Unternehmer war und einen Haufen Kohle besaß. An Alfons prallten diese Versuche ab. Alfons hatte seinen Cadillac direkt neben Jürgens Jaguar auf dem Parkplatz abgestellt und war prinzipiell durch anderer Leute Reichtum nicht zu beeindrucken. Es war unübersehbar, dass Jürgen Alfons zum Kotzen fand, doch Alfons kümmerte sich keinen Deut darum. Er wickelte meine Mutter charmant um seinen Finger und scherzte gekonnt mit ihr, während Jürgen innerlich kochte. Ich blitzte Jürgen an, und in meiner Mimik war die empfundene Verachtung für ihn unverhohlen.

Als ich von der Toilette kam, stand Jürgen auf einmal vor mir. Weit im Hintergrund sah ich Alfons und meine Mutter lachen. Das Herz schlug mir bis zum Halse.

»Naaaa? Ich frage dich noch mal, Christine: Was für ein Geläut hat er, dein arroganter Baumaschinenhändler?« Jürgen stand eine Spur zu dicht vor mir.

Das Essen in meinem Magen meldete sich auf unerfreuliche Weise. Ich ärgerte mich maßlos, dass ich schon wieder die Fassung verlor und das Herzrasen kein Ende nehmen wollte!

»Es ist alles bestens, Jürgen«, fauchte ich ihn an.

»Er will dich ohnehin nur vögeln, der alte Sack!« Jürgen packte sich an den Schritt und verschwand in der Herrentoilette.

Er war ein Widerling, und ich hätte ausspucken können vor ihm. Ich zitterte am ganzen Körper und verfluchte mich für meine Feigheit.

»Deine Mutter ist ein bisschen aufgedreht und exaltiert, aber ganz nett, finde ich«, sagte Alfons nach dem Treffen. »Aber dieser Jürgen! Meine Güte! Was will denn deine Mutter bloß mit so einem Wicht?« Er schüttelte den Kopf. »Na ja, wir müssen ja nicht ständig bei ihnen auflaufen, aber ein Minimum an Kontakt sollten wir schon halten. Ist ja schließlich deine Mutter, und man kann sich die Familie nun mal nicht aussuchen.«

Alfons lud mich nach St. Thomas auf die Jungferninseln ein. Ein Freund von ihm hatte sich mit einer Kneipe selbstständig gemacht und lebte dort seit einigen Jahren mit seiner amerikanischen Ehefrau Barbara. Wir verbrachten einen wahrhaftigen Traumurlaub. In sexueller Hinsicht spielte Alfons seine Erfahrung aus, und sicherlich war er ein Liebhaber, bei dem Frauen auf ihre Kosten kamen. Ich war auf demselben Stand wie mit vierzehn Jahren und hatte keine Vorstellung, wie ich als Frau funktionierte. Wie immer mimte ich die schnell befriedigte und lustvolle Partnerin, und auch dieser Mann fiel auf mein Schauspiel herein. In meinem Innersten spürte ich, dass es so was wie Lust und Erregung gab, aber mit diesen Gefühlen konnte ich einfach nichts anfangen. Es war, als wartete ich auf ein Wunder. Ich wartete vergeblich.

In puncto Alter hatte ich mich maßlos getäuscht. Als leidenschaftlicher Tennisspieler feierte Alfons seinen Geburtstag mit der kompletten Seniorenmannschaft in einem Restaurant eines Bekannten in Sachsenhausen. Zum ersten Mal lernte ich seine Freunde kennen und staunte nicht schlecht, als ihm alle zum Fünfzigsten gratulierten. Ein verschmitzter Blick von der Seite signalisierte mir, dass Alfons sehr genau wusste, dass mich zehn Jahre Altersunterschied mehr oder weniger zumindest nachdenklich stimmten.

»Herzelein? Du wirst mich aber doch jetzt nicht im Regen stehen lassen, oder?«, fragte er mich in einem günstigen Augenblick während der Party.

»Wie könnte ich das jetzt noch?«, fragte ich zurück.

Im Leben nicht hätte ich geglaubt, eines Tages mit einem fast achtundzwanzig Jahre älteren Mann zusammenzuleben und noch dazu so glücklich zu sein.

Alfons war ein Unternehmertyp durch und durch: immer agil, immer voller Ideen und Tatendrang und hilfsbereit bis in die letzte Faser. Putzen und Kochen fand er langweilig, und er erwartete auch nicht, dass seine Partnerin diese Arbeit für ihn erledigte.

»Ich bin absolut nicht bereit, das Bad zu putzen oder zu wischen, geschweige denn zu bügeln oder zu kochen. Wie sollte ich das dann von dir erwarten, Herzelein?«

Eine Putzfrau erledigte zwei Mal pro Woche den gesamten Haushalt, und gegessen wurde im italienischen Restaurant nebenan, im Tennisclub, im Reitverein oder in irgendeinem anderen Lokal.

Weihnachten und Silvester verbrachten wir in Lech am Arlberg, und vorher kleidete mich Alfons komplett ein. Als ich das erste Mal in meinem Leben eine Skipiste betrat, sah ich aus wie Rosi Mittermaier in ihren besten Jahren, war von Kopf bis Fuß mit der Edelweiß-Marke gestylt, aber völlig untalentiert, was das Skifahren anbelangte! Erst wenn ich so vier bis fünf Jagertee getrunken hatte und leicht beduselt in meinem Liegestuhl lag, dann fand ich Skiurlaub das Genialste auf der Welt. Ich brutzelte gern in der Sonne, und auch die Wodka-Feige schmeckte mir. Außerdem fuhr ich völlig unbeschwert die blauen Pisten herunter, wenn ich beschwipst war.

Irgendwann erzählte ich Alfons von meiner Oma. Sofort schwang er sich auf und fuhr mit mir die vielen Kilometer zu ihrem Grab. Während der Fahrt erzählte ich, wie Oma gestorben und wie mein Verhältnis zu ihr gewesen war. Immer wieder kamen mir dabei die Tränen.

Als wir schließlich an ihrem Grab standen, nahm mich Alfons in den Arm. »Ich verspreche dir hier am Grab deiner Großmutter, dass ich herausfinden werde, was es mit ihrem Testament auf sich hat!«

Ein Anwalt klemmte sich hinter die Angelegenheit, und wenige Wochen später klärte er uns auf.

»Das ursprüngliche Testament«, erläuterte er, »war beim Amtsgericht Waldstadt hinterlegt. 1981 wurde es dann geändert.«

Das musste stimmen, denn 1981 war meine Urgroßmutter gestorben. »Nach dieser Testamentsänderung im Jahr 1981 wurde das Testament noch mal geändert, und zwar im Jahr 1985. Bedauerlicherweise wurde es dann nicht mehr beim Amtsgericht zur Aufbewahrung hinterlegt. Es muss also in der Wohnung Ihrer Großmutter gewesen sein.« Der Anwalt schaute mich fragend an.

»1985 … Da ging ich gerade nach Afrika …«

»Tja«, sagte der Anwalt, »dann scheint Ihre Großmutter das Testament zu diesem Zeitpunkt noch mal geändert zu haben. Hat Sie Ihnen denn irgendetwas gesagt?«

»Ja sicher. Kurz vor ihrem Tod hat sie mir gesagt, ich solle mir keine Sorgen machen, sie hätte für mich gesorgt! Niemals hätte mich meine Großmutter angelogen.«

Ich begann zu weinen.

Die beiden Männer schauten mich betreten an. Alfons ergriff das Wort. »Herr Albern, ich danke Ihnen für Ihre Bemühungen. Wir telefonieren die Tage noch mal. Ich denke, ich kenne den Rest dieser Geschichte. Herzelein, komm. Lass uns irgendwo einen Kaffee trinken.«

Als ich mit Alfons sprach und alles noch einmal Revue passieren ließ, wusste ich, dass ich mich zu keinem Zeitpunkt getäuscht hatte. Mein Gefühl hatte mir immer signalisiert, dass Jürgen die Person war, die unmittelbar nach dem Ableben meiner Großmutter das Testament hatte verschwinden lassen. Meine Mutter konnte es nicht gewesen sein, denn die saß ja bei der toten Oma am Bett. Jürgen wusste, dass es kaum einen Weg für mich gab, nachzuweisen, dass Oma etwas anderes als die gesetzliche Erbfolge hinterlassen hatte. Da ich nach Frankfurt zurückmusste und viel zu jung und unerfahren war, als dass ich darauf bestanden hätte, beim Ausräumen der Wohnung anwesend sein zu wollen, war er auf der sicheren Seite. Hätte man irgendwo im Haus eine Zweitschrift gefunden, dann wären er und meine Mutter die Finder und Vernichter dieses Beweises gewesen.

Ich war wieder einmal der Verlierer.

Als wir Wochen später wieder auf den Jungferninseln waren, wachte ich nachts plötzlich auf. Ich war ziemlich verschlafen und merkte, wie Alfons mich an den Beinen streichelte, und seine sexuelle Erregung erfüllte die Atmosphäre. So plötzlich, wie ich aufgewacht war, so plötzlich öffneten sich die Tränenschleusen, und ich heulte wie ein Schlosshund. Ich war nicht mehr zu beruhigen und brauchte eine halbe Ewigkeit, bis ich begriffen hatte, was mit mir los war. Wir saßen mittlerweile auf der Terrasse, und Alfons war schon ganz verzweifelt.

»Herzelein? Mein Gott, was ist denn los? So sag doch, was ich falsch gemacht habe! Bitte! Rede mit mir!«

In dieser lauen Nacht in der Karibik erzählte ich Alfons, was zehn Jahre zuvor in der Nacht vom ersten auf den zweiten Weihnachtsfeiertag geschehen war. Ich erzählte ihm, wie Jürgen jahrelang jedes Wochenende nachts in das Leopardenzimmer geschlichen kam und welche panische Angst ich ausstand, dass irgendwann irgendjemand im Türrahmen hätte auftauchen können.

»Das ist der Grund, warum ich nicht nach Waldstadt will und keinen Kontakt mehr zu meiner Mutter und Jürgen haben will, verstehst du das?«

Alfons stand die Erschütterung ins Gesicht geschrieben.

»Und ob ich das verstehe! Und jetzt komme ich mitten in der Nacht auf die Idee, mit dir zu schlafen. Kein Wunder, dass du so reagierst.«

Alfons war Balsam für meine Seele. Ich bin mir absolut sicher: Hätte ich ihm damals erklärt, was sexuell in mir zerstört worden war, er hätte mir alle Lügen verziehen und vermutlich die besten Therapeuten Frankfurts mobilisiert, um mir zu helfen. Die Angst, meine mir Sicherheit gebende Rolle der Femme fatale aufzugeben, und die Angst, die Lüge der Schauspielerei im Bett zuzugeben, war zum damaligen Zeitpunkt noch viel, viel größer als die Angst, meine sexuelle Identität völlig zu verlieren. Ich hätte sagen müssen: »Alfons, alle Höhepunkte, die ich in den letzten drei Jahren angeblich mit dir hatte, waren eine einzige Lüge. Ich habe drei Jahre lang geschauspielert und weiß absolut nicht, was ein Orgasmus ist.« Drei JAHRE lang! Nicht drei Wochen oder drei Monate! Drei JAHRE! Das brachte ich nicht fertig. Zu dieser Kapitulation war ich damals noch nicht bereit. Ich war einfach dankbar, dass mir ein Mann zuhörte und dass mich ein Mann einfach liebte. Und dafür bezahlte ich weiter mit dem für mich gewohnten Preis.

In den Jahren bei der Lufthansa hatten die unzähligen Krankheiten ihren Tribut gefordert. Immer wieder wurde ich von schweren Gallenkoliken geplagt, und oft genug fand mich Alfons vor Schmerzen gekrümmt mitten in der Nacht auf dem Wohnzimmerteppich liegen. Da ich nachts immer mit den Zähnen knirschte, standen die Zähne der unteren Reihe schief, und zudem war der Kiefer im Gelenk überlastet. Es schmerzte höllisch. Ständig biss ich mir die Wangen auf und musste oft operiert werden. Ein ganzes Jahr lang trug ich eine Zahnspange und ein Headgeer, ein Gerät, das auf dem Kopf verschnallt wird und den Oberkiefer zurückdrückt. Ich war in dieser Zeit attraktiv wie ein Marsmännchen, aber Alfons stand wie eine westfälische Eiche zu mir. Und als das überstanden war, legte Alfons zehntausend Mark auf den Tisch seines Zahnarztes und sorgte dafür, dass sämtliche Amalgamfüllungen aus meinen Zähnen verschwanden.

Es war klar, dass ich mit einem Headgeer nicht würde weiter fliegen können. Ich wollte auch nicht mehr und hatte begriffen, dass der Beruf der Lufthansa-Stewardess kein anerkannter Ausbildungsberuf war. Vor den letzten Flügen hatte ich Heulkrämpfe und wusste gar nichts mehr mit mir anzufangen. Alfons überredete mich, eine Ausbildung zu machen. Das Geld, das ich damals vom Arbeitsamt für diese Umschulungsmaßnahme erhielt, durfte ich weiterhin zur freien Verfügung behalten. Ich hatte alle Zeit und alle Möglichkeiten, endlich einen Wunschberuf zu erlernen.

Ich paukte wie blöd, und nach exakt neun Monaten absolvierte ich vor der Industrie- und Handelskammer meine Prüfungen zur staatlich geprüften und anerkannten Fremdsprachenkorrespondentin in Englisch und Französisch.

Zum Ausbildungsbeginn hatte mir Alfons ein Pferd geschenkt. Kurz nachdem wir uns kennen gelernt hatten, erzählte ich Alfons, dass ich nicht, wie er, Tennis spielen wollte, sondern es immer mein Traum war, reiten zu lernen. Ich liebte Pferde nach wie vor und sehnte mich nach dem Geruch und dem Stall.

Prompt hatte mich Alfons im Frankfurter Reit- und Fahrverein angemeldet, und eine alte Reitlehrerin, eine Neckermann-Schülerin, nahm mich unter ihre Fittiche. Als Alfons dann eines Tages mit der Überraschung herausrückte, dass er einem Freund das Pferd abgekauft hatte, weinte ich vor Freude. Dieser Mann war unglaublich lieb zu mir.

Die Tatsache, dass wir bald darauf auch noch stolze Hundebesitzer wurden, war natürlich ebenfalls auf Alfons zurückzuführen. Wir saßen eines Abends in unserem italienischen Stammlokal, als ein Pärchen, offensichtlich im Streit, am Nachbartisch Platz nahm. In Plastiktüten hatten sie Hundeutensilien dabei, und am Ende einer Hundeleine wackelte ein stark übergewichtiger, langhaariger Dackelverschnitt. Die Frau schien schwanger zu sein. Mit dem Auftauchen der drei erstarb das Gespräch zwischen mir und Alfons, weil wir jetzt neugierig dem Nachbartisch lauschten. Aha, man war also auf dem Weg zum Tierheim. Der Hund schien Kinder nicht zu mögen, und die Frau stand kurz vor der Entbindung. Sie hatte Angst, dass der Hund das Baby aus Eifersucht beißen würde. Der Hund sollte ins Tierheim.

Alfons und ich sahen uns an.

»Er ist unglaublich hässlich«, flüsterte ich.

Alfons schielte unter den Nachbartisch. »Ich wüsste keinen Köter, der hässlicher ist«, flüsterte Alfons zurück.

Wieder schauten wir uns an, und ich nickte. Wir verstanden uns wortlos.

»Entschuldigen Sie bitte, aber ehrlich gesagt, meine Freundin und ich waren so neugierig, dass wir Ihnen zugehört haben. Wenn es nach uns geht, brauchen Sie den Hund nicht ins Tierheim zu geben. Wir würden ihn direkt mit nach Hause nehmen.«

Als sich die beleibte schwarze Flokati-Wurst behäbig unter dem Tisch hervorbemühte, wurde uns beiden klar, wie peinlich es sein würde, mit diesem Hund an der Leine durch den noblen Frankfurter Westen zu flanieren.

Wir standen auf der Straße und stritten, wer die Tüten mit dem Hundezubehör und wer den Hund nehmen durfte.

»Tarzan«, schnaubte ich verächtlich, »ich mach mich doch nicht zum Affen!«

Alfons drückte mir die Tüten in die Hand, schnappte sich die Flokati-Wurst und marschierte los.

»Er kann auch nichts dafür, dass er so aussieht, aber deshalb muss er noch lange nicht ins Tierheim«, sagte Alfons.

»Tarzan rufe ich dieses Viech aber nicht«, gab ich entrüstet zurück.

Unser neuer Mitbewohner zeigte in den ersten Tagen so ziemlich an nichts von dem, was wir ihm boten, Interesse. Er spielte nicht, er fraß das Trockenfutter nicht, und Spaziergänge mochte er anscheinend auch nicht.

»Tolle Wurst!«, schimpfte ich. Sein Fell war lang, ungepflegt, und er stank ungemein nach Hund. Bobby II alias Tarzan war ein reinrassiger Mischling zwischen einem Rauhaardackel und einem Scotchterrier. Ich kaufte eine Schermaschine, und als Bobby die Prozedur überstanden hatte und das schwarze Fell auf dem Boden lag, stand ein schlanker Hund vor mir, der ein Fell wie Samt hatte und in Pfeffer- und Salztönen gefleckt war wie ein kleiner Leopard. Er hatte bildschöne Knopfaugen, und die kurzen Haare standen frech vom Kopf ab. Nach einem halben Jahr war dieser Hund überhaupt nicht mehr wiederzuerkennen. Er spielte und tobte für sein Leben gern und sprang morgens mit einem großen Satz auf unser Bett, um uns zu wecken. Bobby hatte uns endlich sein Herz geschenkt.

Mit meiner rasant absolvierten Ausbildung hatte ich die Sachbearbeiterin beim Arbeitsamt sprachlos gemacht. Ich trat eine Woche nach der Prüfung meine erste Stelle als Assistentin eines Personalberaters an. Bis spät in die Nacht saß ich in meinem Büro, las mich in die verschiedenen Vorgänge ein und verschaffte mir einen Überblick.

Mein Leben verlief damals absolut sorgenfrei. Meine gesundheitlichen Probleme ließen nach, und für alle Sorgen und Ängste hatte Alfons stets eine Lösung parat! Ich nahm fast täglich Reitunterricht, hatte Freude an unserem Hund und lebte mit Alfons in harmonischer Zweisamkeit.

Ich glaubte in jeder Hinsicht, meiner Vergangenheit endgültig entronnen zu sein. Einmal, in den Jahren, hatte Jürgen angerufen, und Alfons hatte ihn am Telefon verbal abgeschlachtet. Alfons war mein Beschützer.

Durch eine Freundin wurde ich 1991 auf das Buch *Tänzer an leichter Hand* aufmerksam gemacht, das ein ehemaliger Schüler der Spanischen Hofreitschule zu Wien geschrieben hatte. Mit meinem neuen Pferd Kasper, einem vierjährigen Friesenhengst, war ich völlig überfordert. Ich hatte noch nie ein Pferd selbst ausgebildet und kam nicht weiter. Als ich das Buch gelesen hatte, war mir klar, dass ich unbedingt bei dem Verfasser, Richard Hinrichs, Unterricht haben wollte. Er wohnte in der Nähe von Hannover.

Im Gespräch mit Richard Hinrichs fragte er mich, was ich denn lernen wolle, und ich antwortete keck: »Alles, Herr Hinrichs. Alles.«

Jahre später erzählte er mir, dass es genau diese Antwort war, die ihn bewogen hatte, mich und das Pferd auszubilden. Er vertrat die Auffassung, dass man sich selbst in seinen Zielen nicht beschränken sollte, sonst käme man nicht weiter im Leben.

Kasper bezog seine neue Box in Niedersachsen. Da Alfons mehr und mehr in Ostdeutschland Fuß fasste, war unser neues Wochenend-Domizil Hannover geworden. Die auffallend ruhige Atmosphäre bei Richard Hinrichs beeindruckte mich zutiefst. Es herrschte gedämpftes Licht in der Reitbahn, und es wurde ebenfalls Wert auf gedämpfte Lautstärke gelegt. Die Pferde wurden konsequent in aller Ruhe an die Arbeit herangeführt und schienen vor Lerneifer und Wissbegier schier zu platzen. Bei Richard Hinrichs lernte ich gleich zu Beginn den Autor Gerhard Kapitzke kennen. Gerd hatte unzählige Bücher über Pferde geschrieben, und wir verstanden uns auf Anhieb. Stundenlang konnte ich mit Gerd über Gott und die Welt reden, und ich schätze seine Freundschaft bis heute.

Auch Alfons fühlte sich wohl in Hannover. Mit seiner hilfsbereiten, humorvollen und lebensfrohen Art war er prompt sehr beliebt bei den Leuten.

Monate später fand bei Richard Hinrichs ein Lehrgang mit General Albrecht statt, dem ehemaligen Leiter der Spanischen Hofreitschule. Es war eine Ehre, bei Albrecht Unterricht nehmen zu dürfen. Kasper war kein einfaches Pferd. Er war unglaublich »hengstig« und spielte seine Dominanz gnadenlos aus. Ich vergoss im Laufe der Jahre so manche Träne der Wut auf diesem Pferd. General Albrecht wohnte im gleichen Hotel wie Alfons und ich. Eines Abends trafen wir uns in der Hotelrestauration, und Albrecht riet mir, die Chance, täglich bei Richard Hinrichs zu reiten, wahrzunehmen. Schließlich sei ich örtlich ungebunden und könnte doch problemlos meinen Wohnsitz nach Hannover verlegen, erläuterte er seine Gedanken. »Später würden Sie es bitter bereuen, wenn Sie diese Gelegenheit nicht beim Schopfe packen würden«, prophezeite er.

Alfons fand die Idee großartig.

Ich bewarb mich in Hannover, und als ich eine Stelle gefunden hatte, begab ich mich auf Wohnungssuche. Bei einem alten ostpreußischen Ehepaar fand ich am Rande eines Naturschutzgebietes unweit der Lüneburger Heide eine gemütliche Dachgeschosswohnung zur Untermiete. Von diesem Tag an änderte sich mein Verhältnis zu Alfons. An die Stelle unserer Liebe trat meine Leidenschaft zur Reiterei. Ich war mittlerweile siebenundzwanzig Jahre alt und wurde im selben Jahr achtundzwanzig. Alfons war damals sechsundfünfzig, und ich empfand ihn mehr und mehr als alten Mann.

Ich möchte nicht undankbar sein. Aber ich war erwachsen geworden und hatte die Jahre mit ihm nutzen können, um in meinem Leben zur Ruhe zu kommen. Irgendetwas gärte in mir, aber ich konnte es nicht begreifen, nicht fassen. Ich war eine junge Frau, die sich ihrer Weiblichkeit nicht bewusst war, die ihre eigene Sexualität verleugnete und die immer noch auf der Flucht war. Gleichzeitig war ich getrieben von einer Suche, die ich nicht zu definieren vermochte. Es war die Suche nach mir selber, die Suche nach meinem inneren Frieden, die Suche nach meinen Wurzeln und ganz besonders die Suche nach meinen Leidenschaften.

Im Sommer trennten wir uns relativ unspektakulär am Telefon. Ich habe Alfons geliebt, so sehr, wie es mir damals zwischen zweiundzwanzig Jahren und fast achtundzwanzig Jahren überhaupt möglich war. Nach nunmehr fast dreizehn Jahren seit unserer Trennung könnte ich über Alfons nicht ein einziges schlechtes Wort schreiben. Wie sollte ich auch?

Alfons trat in mein Leben, als ich gleich einem waidwund geschossenen Reh im Dickicht umherirrte. Er war es, der meine Wunden pflegte, und er war es, der mir ein Zuhause gab. Ich hatte unglaublich großes Glück mit diesem Mann. Es war rührend, wie er sich um mich kümmerte, und ohne diesen festen Halt in meinem Leben wäre ich vermutlich vollends abgestürzt. Weder er noch ich konnten etwas dafür, dass unter meinen Narben ein Geschwür weiterwucherte. Ein Geschwür, das später mit Brachialgewalt aufplatzte.

Es waren Männer wie Alfons, Richard Hinrichs, Gerhard Kapitzke und Franz Althoff, die mir oft unbewusst mit ihren Lebensweisheiten und Ratschlägen über die Jahre der Flucht vor mir selbst und der Flucht vor der Vergangenheit geholfen haben. Es waren Männer, die mir mit sehr viel Respekt und sehr viel Wertschätzung begegneten. Attribute, die ich in jungen Jahren viel zu selten erlebt hatte. Ich war dankbar dafür, eine solche Behandlung erfahren zu dürfen und dadurch auch zu lernen, dass man als Frau nicht immer mit seinem Körper für ein erträgliches Leben bezahlen muss. Die vielen Gespräche forderten mich geistig heraus und gaben mir die Kraft, weiterzumachen.

Als ich viele Jahre später in einer Therapiesitzung eine Lebenskurve aufzeichnen sollte, waren die Jahre nach der Trennung von Alfons der Zenit in meiner Darstellung. Ich staunte nicht schlecht, denn diese Jahre waren weder von einer Liebesbeziehung noch von materieller Sicherheit geprägt.

KAPITEL 10

Althoff

Ich lebte allein und hatte einen kleinen, überschaubaren Freundeskreis. Mein Alltag bestand in der Regel aus Arbeit und meiner reiterlichen Ausbildung bei Richard Hinrichs.

Eine meiner besten Freundinnen wurde Jule. Sie war einige Jahre älter als ich, hatte Mann und Kind, Pferde und Hunde und war ein unglaublich liebenswerter und gastfreundlicher Mensch.

Ich schaffte mir einen jungen Schäferhund an, der nichts Besseres zu tun hatte, als mein Sofa zu demolieren und sich über die Felder hinweg vom Acker zu machen. Morgens um fünf Uhr dreißig begann mein Tag, und er endete selten vor Mitternacht. Bei Richard Hinrichs wurde es immer spät. Aber nirgendwo sonst hätte ich vermutlich die Chance gehabt, auch noch um dreiundzwanzig Uhr Unterricht erteilt zu bekommen. Ich lernte enorm viel, und mein Wunsch war es, ein junges Pferd selbst auszubilden. Durch eine Bekannte traf ich auf Siglavy Capriola, einen schwarzen Lipizzanerhengst: Das Tier war kaum zu bändigen und kämpfte gegen jede Form von Zwang.

Ich kaufte ihn auf der Stelle.

Jetzt war ich vollkommen pleite und hatte zu allem Überfluss zwei Pferde. Ich beschloss, Kasper zu verkaufen. Es würde mit zwei Pferden keine zwei Monate gut gehen, dann hätte mich die Bank am Haken.

Capriola war ein zutiefst verunsichertes Pferd, das mich ständig misstrauisch beäugte und jede meiner Bewegungen zu analysieren versuchte. Gelang ihm das nicht, reagierte er mit Aggressivität. Er war mein eigenes Spiegelbild. Emotional tat es mir unglaublich gut, im Laufe der Monate mitzuerleben, wie dieser schöne Hengst mir nach und nach vertraute. Nie wieder habe ich ein Pferd besessen, das mich im täglichen Umgang derart herausforderte. Capriola ließ sich nicht anbinden, schmiss sich auf den Boden und zitterte vor Angst bei jeder Berührung. Ich habe später erfahren, dass man den Lipizzanern in Rumänien im Alter von sechs Monaten zwei Brandzeichen in den Rücken drückt. Um diese Prozedur durchzuführen, packen die Männer das Pferdekind an den Ohren, ein anderer schnappt sich ein Vorderbein, und dann werden zwei glühende Brandeisen in den Rücken gestemmt. Capriola hatte diese Erinnerung gespeichert. Kam der Schmied mit seinen Gehilfen, dann tanzte der Hengst mit zwei kräftigen Kerlen an seinen Vorderbeinen rückwärts auf den Hinterbeinen durch die Stallgasse.

Ich konnte meinem neuen Hengst tief in die Seele schauen. Mit dem Hafereimer stand ich fortan vor ihm, und erst wenn ich beruhigend mit ihm sprach, dann konnte der Schmied seine Arbeit beginnen. Beim Training war Capriola wie ausgewechselt. Es war ein Terrain, das er nicht kannte, und in diesem unbekannten Metier zeigte er seinen wahren Charakter. Capriola war ein äußerst intelligentes Pferd, das sehr schnell lernte und Freude an der eigenen Bewegung hatte. Wenn er etwas verstanden hatte, dann bot er das Gelernte immer wieder an, nur um die positive Bestätigung in Form eines Leckerchens zu erhalten. Selbst die schwierigsten Lektionen fielen ihm leicht, und seine Konstanz und Zuverlässigkeit schenkten mir täglich wahren Reitgenuss.

Kasper war da vollkommen anders gestrickt: Der liebe Gott hatte diesem Friesenhengst einen perfekten Körper, eine umwerfende Ausstrahlung und sehr viel Talent mit auf den Weg gegeben. Kasper war liebevoll und behütet aufgewachsen und strotzte vor Selbstbewusstsein. Er war ein richtiger Showtyp, aber eine positive Arbeitseinstellung besaß dieses Pferd ganz und gar nicht. Er hatte wie Capriola eine rasche Auffassungsgabe, und wenn es dann anstrengend für ihn wurde, quittierte er die Arbeit. Er fand es viel lustiger, andere Hengste in der Bahn anzugreifen oder seine Kräfte mit dem Reiter zu messen.

Bei den Pferden ist es oft so wie bei den Menschen: Die, die alles hatten, sind später am wenigsten zur Leistung bereit. Ich kenne eigentlich nur Kämpfernaturen, die eine Vergangenheit voller Entbehrungen haben. Das scheint zu prägen.

Eines Tages rief mich meine Bekannte an und berichtete aufgeregt: »Der Zirkusdirektor Althoff sucht gerade einen Friesenhengst für die Show. Der hat viele Friesen. Ich habe dir seine Handynummer organisiert. Ruf ihn an, dann kannst du Kasper vielleicht verkaufen!«

Ich notierte mir die Nummer und besprach mich mit Richard Hinrichs. Da er jahrelang für Christel Sembach-Krone Pferde ausgebildet hatte, kannte er sich in der Zirkusszene bestens aus.

»Althoff ist ein Meister der Freiheitsdressur und hat des Öfteren beim Zirkusfestival in Monaco den ersten Preis gewonnen. Ich kenne ihn persönlich noch nicht, weiß aber, dass man in der Zirkuswelt nur mit viel Ehrfurcht von ihm spricht. Rufen Sie ihn ruhig mal an.«

Drei Tage lang rief ich täglich bei Franz Althoff an, und drei Tage lang wimmelte er mich ab. Am vierten Tag dann meinte er am Telefon: »Ich habe das ungute Gefühl, dass ich Sie nie loswerde, also muss ich mir wohl oder übel das Pferd mal anschauen.« Etwas widerwillig notierte er sich meinen Namen und die Wegbeschreibung.

Ich war mächtig gespannt auf diesen Zirkusdirektor, und selbst Richard Hinrichs war seine Anspannung anzumerken. Ich verband mit dem Namen Franz Althoff Glanz und Charisma, Macht und Autorität.

Kasper stand geschniegelt und gestriegelt in seiner Box und hatte keine Ahnung, worum es ging. Sein Schweif war üppig und so dick wie vier Männerarme. Seine Mähne lockte sich genauso am Hals entlang wie meine eigenen Haare. Optisch waren dieser Hengst und ich uns sehr ähnlich. Als ich zum Tor ging, fuhr eine Limousine vor.

Ein Mann fragte: »Bin ich hier richtig bei einem Richard Hinrichs?«, und ich rief zurück: »Genau richtig! Hier vorne können Sie parken.«

Althoff stieg aus und betrachtete mich mit prüfendem Blick. »Hatten wir beide telefoniert?«, fragte er.

Ich bejahte und starrte ihn an.

Franz Althoff ist ein großgewachsener Mann, attraktiv und eine imposante Erscheinung. Wer sich einmal seinem durchdringenden Blick ausgesetzt sah, wird mir bestätigen, dass man das Gefühl hat, durchleuchtet zu werden.

Schnell waren wir in Gespräche über Pferde und den Zirkus vertieft. »Wo ist denn der Friese, den Sie verkaufen möchten?«, fragte Althoff dann.

Ich holte meinen lackschwarzen Hengst aus der Box. In der Stallgasse stand Kasper dann stolz wie ein Denkmal. Althoff sah sich das Tier genau an. Sein Blick blieb an dem dichten Schweif hängen. Mit schelmischem Lächeln schaute Althoff mich an und fragte: »Ist der Schweif genauso echt wie Ihre Haare, oder tragt ihr beiden ein Toupet?« Er lachte über seine eigene Frage.

Ich merkte, dass mir das Blut zu Kopfe stieg, und stammelte: »Ne, ne, das ist alles echt.«

In meinen Gedanken ging es weniger darum, mein Pferd zu verkaufen, als um den charismatischen Mann, der da vor mir in der Stallgasse stand. Mir war, als ob alle Männer, die mir jemals zuvor begegnet waren, neben dieser überwältigenden Persönlichkeit verblassten, und ich fühlte mich wie ein verunsichertes Schulmädchen.

»Lassen Sie uns alle essen gehen«, schlug Althoff vor. Gemeinsam fuhren wir zum Italiener. Nicht ein einziges Wort wurde über den Pferdekauf gesprochen. Ich war verunsichert. Andere Verkaufsgespräche liefen da völlig konträr ab. Beim Italiener sagte ich kaum ein Wort. Ich saß neben Althoff und hatte mehr Sorge, das Besteck fallen zu lassen, weil mich die Aura, die diesen Mann umgab, völlig erschlug.

Es war weit nach Mitternacht, als wir zurückkehrten. Ich stand wie Hein Blöd vor Franz Althoff.

»So«, sagte er, »und Sie erklären mir jetzt mal, warum Sie dieses Pferd verkaufen wollen. Steigen Sie ein. Hier draußen wird mir das zu kalt.«

Ich erzählte die üblichen Geschichten, die man so erzählt, wenn man ein Pferd verkaufen will und auf gar keinen Fall zugeben möchte, dass man in finanzieller Not ist.

»Wann hören Sie eigentlich auf, mir diesen Quatsch zu erzählen. Das ist doch purer Blödsinn!« Wieder ein schelmisches Althoff-Grinsen.

Richard Hinrichs hatte mir eingeschärft, unter gar keinen Umständen meine finanzielle Situation preiszugeben.

»Ich bin vollkommen pleite«, sprudelte es jetzt dennoch aus mir heraus, und ich erzählte, dass ich mich von Alfons getrennt hatte und so unvernünftig gewesen war, mir aus spontaner Zuneigung und Bewunderung heraus einen schwarzen Lipizzaner zu kaufen. Dass ich mit Kasper absolut nicht klarkam, weil der eben alles andere als kooperativ war. Ich seufzte und unterdrückte nur mühsam die Tränen. »Ich weiß einfach nicht mehr weiter«, resümierte ich. »Und den Lipizzaner, den gebe ich auf keinen Fall ab. Der ist ein Skorpion, so wie ich, und dankt mir jede Zuwendung. Auf Dauer kann ich mir nur ein Pferd leisten, und selbst dann muss ich noch jeden Pfennig umdrehen.«

»Ich mag Menschen, die einfach ehrlich sind«, antwortete Althoff, »ich komme nächste Woche wieder, und dann rechne ich Ihnen exakt vor, was Sie das Pferd in den letzten drei Jahren gekostet hat. Das ist der Preis, den ich Ihnen bezahlen werde, und nicht einen Pfennig mehr.«

Als ich endlich zu Hause war, fiel eine große Anspannung von mir ab. Ich war verwirrt und fragte mich, warum ich von diesem Mann derartig beeindruckt war. Mir ging das Gespräch noch einmal durch den Kopf. »Vor einem solchen Mann kann man gar nicht lügen«, dachte ich nur, »der Kerl ist alles andere als oberflächlich und wittert Unehrlichkeit wahrscheinlich auf Kilometer Entfernung hinweg.« Ich hatte das Gefühl, einem Menschen begegnet zu sein, bei dem es sich lohnen würde, Schwächen offenzulegen und sein Innerstes zu offenbaren. Ich verliebte mich Hals über Kopf, ohne dass der Mann auch nur die leiseste Ahnung hatte. Dachte ich zumindest.

Zwei Wochen später saßen wir wieder in dem gleichen italienischen Restaurant wie bei der ersten Begegnung. Althoff war überrascht, dass ich einen schriftlichen Kaufvertrag abschließen wollte, und gab mir einen Quittungsblock vom Kellner. Ich kritzelte was von dann und dann verkauft, Risiken übertragen und so weiter, und mit einem schmunzelnd-amüsierten Gesicht unterzeichnete Althoff das Papier.

»Bist du jetzt zufrieden?«, fragte er mich und grinste belustigt. Heute verstehe ich das nur zu gut. Auf einen mündlichen Vertrag mit Franz Althoff kann man Häuser bauen, und das Wort dieses Mannes hat mehr Gewicht als ein Stück Papier.

»Ich lasse Kasper dann abholen, wenn wir im Winterquartier in Aachen sind. Bis dahin übernehme ich natürlich die Kosten. Wir gastieren nächste Woche in Hannover. Kommt ruhig alle vorbei. Ihr seid herzlich eingeladen, euch die Show anzuschauen.«

Natürlich interessierte mich die Show. Gar keine Frage. Zwischenzeitlich aber hatte ich herausgehört, dass Althoff schon seit Jahren mit seiner Freundin zusammen war, was mich natürlich mächtig wurmte. Es interessierte mich brennend, wie diese Frau aussah.

Als wir mit unserer kleinen Truppe zum Zirkus Althoff fuhren, war ich gespannt. Althoff begrüßte uns im Vorzelt und lud uns auf einen Sekt ein. Eine mondän aussehende Blondine rief herzlich: »Ja, dann übernehme ich doch gleich mal den Service! Was darf's denn sein?«

Mit meinem Sektglas in der Hand starrte ich die Frau an. Das musste sie sein. Die Frau an Franz Althoffs Seite. Ich merkte, wie mein Selbstbewusstsein mal wieder auf Erbsengröße zusammenschrumpfte. Diese Frau spielte in einer völlig anderen Liga als ich. Sie war souverän, sie war bildhübsch, sie war super gekleidet und perfekt geschminkt. Und ich sah aus wie ein einzigartiger Haufen Gestrüpp. Oh Gott, dachte ich nur. So nett sie auch war und sosehr sie sich auch bemühte, mit mir ins Gespräch zu kommen, es war umsonst. Ich wollte sie einfach nicht sympathisch finden und sträubte mich mit aller Macht dagegen.

»Du bist also die Christine vom Kasper«, begann sie das Gespräch. »Hallo! Ich bin die Tina. Kannst ruhig Du zu mir sagen. Zum Franzi übrigens auch.«

Sie himmelte ihn an, das war unübersehbar.

»Was meinst du, was ich mich gefreut habe, dass der Franzi mir den Kasper geschenkt hat. Schon seit Jahren wünsche ich mir ein Pferd.« Tina strahlte.

Mir fiel die Kinnlade herunter. Franz Althoff hatte meinen Kasper seiner Freundin geschenkt?

Tina erzählte und schwärmte, und die Freude war ihr wirklich deutlich anzumerken.

»Mit Kasper wirst du keinen Spaß haben«, unterbrach ich sie wenig charmant. »Ich habe ihn selber kaum reiten können, und ich will dir nicht zu nahe treten, aber dieses Pferd wirst DU niemals reiten können!« Rumms! Ich hatte mein Kriegsbeil ausgegraben und übertünchte so zugleich meine unendliche Traurigkeit. Ich hätte heulen können. Ich war rettungslos in diesen Mann verliebt, und der hatte nichts Besseres zu tun, als mein Pferd seiner Freundin zu schenken. Wenn ich mir Tina so anschaute, dann fragte ich mich, warum ich nicht gleich wieder aufstand und einfach ging?

Als wir spät am Abend zurückfuhren, heulte ich wie ein Schlosshund. Diese Frau schien alles erreicht zu haben in ihrem Leben, was man nur erreichen konnte. Sie erschien mir so unglaublich stark, so unglaublich zufrieden und über den Dingen stehend, und ich dachte, dass man mit einem solchen charismatischen Mann auch nur so werden konnte. Ich hatte Liebeskummer, der schlimmer nicht hätte sein können.

Zu allem Unglück wurde ich auch noch arbeitslos. Ich kaufte eine alte Ente, baute mit meinem Vermieter die hintere Sitzbank raus und düste mit Don, meinem Schäferhund, durch die Gegend. Das Auto war wenigstens billig im Unterhalt und verbrauchte kaum Sprit. Althoff hatte mir angeboten, nach Aachen zu kommen, wenn Kasper sein neues Leben im Zirkus beginnen würde. Die Zeit hatte ich ja nun. Ich erlebte, wie professionell und einfühlsam Franz mit den Hengsten umging. Wenn Franz den Stall betrat, hoben alle Hengste den Kopf. Er war der Chef im Ring, er hatte das Sagen, er strahlte eine ungeheure Autorität aus. Mir ging es wie den Pferden. Ich liebte und bewunderte Franz, weil er allen Menschen und Tieren um sich herum ein unglaubliches Gefühl der Sicherheit vermittelte. Mit Franz Althoff war man nicht verloren. Ich fühlte mich vom Zirkus magisch angezogen und verstand mich selbst nicht mehr. Es war der Geruch der Pferde und des Popcorns, die Musik, die Geräusche der flatternden Zeltbahnen, die stetig wiederkehrende Ordnung der täglichen Abläufe, die Disziplin der Artisten, das geruhsame Kauen der Pferde nach der Vorstellung, einfach ALLES.

Jedes Mal wenn ich wieder in meiner Wohnung saß, zog es mich zurück zum Zirkus. Nach einigen Besuchen wusste ich bereits anhand der Uhrzeit, wer wo an seinem Platz stand und welche Nummer gerade dem Publikum dargeboten wurde. Gleichzeitig überkam mich das Gefühl der Heimatlosigkeit. Ich kann mich an einen Morgen am Kölner Rheinufer erinnern, da wachte ich im Wohnwagen auf und konnte nicht mehr schlafen. Als ich im tristen Grau an der Uferpromenade entlangging, schaute ich auf das Zirkuszelt und die Wohnwagen.

Ohne Licht, ohne die Show, ohne das Spektakel und zudem noch bei diesigem Wetter verliert auch der schönste Zirkus seinen Glanz. In diesem Moment sieht man das wahre Wesen eines Zirkusunternehmens: Arbeit! Nichts als pure Arbeit, die allen Arbeitern, Artisten und Tieren eine unglaubliche Disziplin abverlangt. Ich stand im Nieselregen und begriff, dass ich einfach nicht zu dieser Welt gehörte. Und ich stand da und fragte mich, wo ich überhaupt hingehörte? Ein Zirkus hat sicherlich Ähnlichkeit mit einer riesigen Großfamilie. Vielleicht war es das, was mich anzog? Aber war das tatsächlich mein Leben? War hier ein Platz für mich?

Ich trudelte durch die Wochen. Die immer wiederkehrende Gastfreundschaft von Franz und Tina verwunderte mich. Insbesondere bei Tina. Sie wusste haargenau, wie der Hase lief, und sie setzte mich immer wieder schachmatt, weil sie immer wieder freundlich und herzlich zu mir war. Dadurch wirkte sie noch souveräner, und ich schämte mich abgrundtief, dass ich den Mann an ihrer Seite begehrte.

Als Weihnachten vor der Tür stand, hielt ich es nicht mehr in Hannover aus. Ich rief Franz an und heulte ihm die Jacke voll. Ich merkte, dass er es langsam leid war, dass ich wie eine Schmeißfliege an seiner Backe klebte. »Wir sind in Rotterdam. Wenn du angekommen bist, dann ruf mich wieder an.« Ich setzte mich Heiligabend in den Zug und fuhr nach Rotterdam. Im Zirkus war die Hölle los. Die Holländer waren richtig zirkusverrückt und strömten in Scharen in die Vorstellungen. Der Trubel war Rettung in letzter Sekunde für mich. Hier war Leben, hier herrschte Umtriebigkeit und emsiges Arbeiten, hier war ich nicht alleine. Am nächsten Tag besuchten wir mit einigen Leuten den Schweizer Nationalzirkus Knie, der in Amsterdam gastierte, und

Franz stellte mir Fredy Knie Junior vor. Von ihm erhielt ich eine Visitenkarte, die ich bis heute ehrfurchtsvoll aufbewahre.

Und natürlich tauchte ich auch wieder im Winterquartier in Aachen auf. Eines Morgens nahm Althoff mich mit in ein Frühstückscafè. Wir sprachen über mich, mein Leben und meine Perspektiven.

Althoff lehnte sich auf einmal zurück. »Ich will dir mal etwas sagen, und sei froh, dass ich es dir sage, denn ich meine es wirklich nur gut mit dir: Du bist nicht du selbst. Du bist einfach nicht du selbst. Ein Beispiel: deine aufgesetzte Mimik! Ständig hast du eine aufgesetzte Mimik! Du brauchst nicht ständig zu lächeln oder affektiert herumzugestikulieren. Das hast du alles gar nicht nötig. Sei einfach DU SELBST.«

Meine Tränenschleusen öffneten sich mal wieder unaufhaltsam. Ich hatte das Bild meiner Mutter vor Augen, deren aufgesetzte und exaltierte Mimik auf unzähligen Fotos zu erkennen ist. Ich erkannte, dass Althoff Recht hatte mit seiner schonungslosen Kritik, und ich war unfähig, ihm das Wieso und Warum zu erklären. Ich war nicht ich selbst. Ich war es selten gewesen. Und ein Mann wie Franz Althoff war viel zu erfahren, um auf eine aufgesetzte Mimik hereinzufallen.

Seine Worte taten ihm bestimmt nicht leid, aber meine Reaktion, meine tiefe Verletztheit rührten ihn. »Ich geb dir jetzt mal etwas mit auf den Weg. Hör zu! Egal, was war, und egal, was ist: ES GEHT IMMER WEITER IM LEBEN. Merke dir das gut.« Er nahm mich freundschaftlich in den Arm und drückte mich.

Ich wusste, dass ich zu gehen hatte. Ich wusste, dass ich mein Leben leben musste, und ich hatte eine wichtige Lektion begriffen: Es geht immer weiter im Leben.

Nur wenige Tage nach meiner Rückkehr nach Hannover bekam ich einen neuen Job angeboten, und aus der Zeit des Trudelns wurde eine relativ geordnete Zeit. Ich fühlte wieder Halt unter meinen Füßen und begann auf einmal, die Landschaft der Lüneburger Heide in vollen Zügen zu genießen. Hier und da lernte ich gelegentlich einen Mann kennen, aber so richtig reizte mich nach meiner platonischen Liebe zu Franz Althoff eigentlich keiner.

Gerd Kapitzke machte sich als väterlicher Freund Sorgen um mich und mein Dasein als Frau. In unzähligen Gesprächen diskutierten wir auf seinem kleinen Balkon über Gott und die Welt. Ich mochte es, Gerd zuzuhören. Er erzählte viel von seinem Leben und machte auch um das Thema Sexualität keinen Bogen. Begeistert sprach er über diese Thematik, was auf mich als Frau aber keineswegs plump oder anmachend wirkte. Ganz im Gegenteil. Ich redete gern mit Gerd über dieses Thema und verkaufte mich dabei so souverän es ging. Aber auch Gerd zählt nicht zu den Männern, die sich lange über die Wahrheit hinwegtäuschen lassen.

Als Gerd mich eines Abends fragte, ob ich in meinem Leben überhaupt schon mal einen Orgasmus hatte, kippte ich vor Schreck fast vom Stuhl.

»Entschuldige bitte, Christine. Das ist eine sehr intime Frage. Aber ich komme nicht umhin, dir sagen zu müssen, dass mir da einige Ungereimtheiten aufgefallen sind. Du musst auf die Frage nicht antworten.«

Gerd sah mich nachdenklich an und setzte sein Glas Wein ab. In mir kreisten die Gedanken. Schon seit Wochen beschäftigte mich diese Frage. Es existierte zwar kein Mann an meiner Seite, aber vielleicht beschäftigte mich die Frage nach meiner eigenen, bislang verborgen gebliebenen sexuellen Existenz gerade deswegen. Ich war an einem Punkt angekommen, an dem ich ein Resümee zog: Beruflich stand ich wieder auf sicheren Beinen und organisierte die Turniere in einem großen Golfclub. Die Bezahlung stimmte, und die Tatsache, dass ich während der Saison kein einziges Wochenende frei hatte, störte mich nicht im Geringsten. Alle diese Überstunden konnte ich in den Wintermonaten abfeiern, und ich brauchte mich nur um den alltäglichen Bürokram und die Buchhaltung zu kümmern. Mit Hund und Pferd war ich vollkommen ausgelastet, und zwischenzeitlich kehrte eine innere Ruhe bei mir ein. Das Einzige, das ganz und gar nicht stimmte, war mein nicht vorhandenes Verhältnis zu einer eigenen Sexualität. Gerd hatte das völlig richtig erkannt.

»Gerd«, begann ich zögerlich, »du bist mir ein guter Freund. Du bist auch der einzige Mann, mit dem ich reden kann, ohne Angst haben zu müssen, dass sich unsere Freundschaft ändert, wenn ich jetzt einfach mal ehrlich bin.« Ich kämpfte gegen die aufsteigenden Tränen an. Tränen der Erleichterung. »Du hast vollkommen Recht. Ich habe keine Ahnung, was ein Höhepunkt ist. Ich wüsste gar nicht, was ich tun müsste, um mir selbst ein solches Gefühl zu verschaffen. Weder weiß ich, wie sich das Ziel anfühlt, noch kenne ich den Weg dorthin. Vielleicht bin ich ja frigide?«

»Im Leben nicht, Christine. Ganz sicher bist du genau DAS nicht. Aber erzähl doch mal! Wie kommt denn das?«

Es wurde eine lange Nacht. Ich erzählte und erzählte, ich weinte und krempelte mein Innerstes nach außen.

Als ich Gerd praktisch alles vor die Füße geworfen hatte, seufzte er tief. »Es ist schrecklich, was dir passiert ist. Aber es ist geschehen, und niemand kann es ungeschehen machen. Du hast vorhin etwas sehr Wichtiges gesagt: Ich habe nur dieses eine Leben. Dann fang an, Christine, und hole nach, was andere dir geraubt haben. Beschäftige dich mit deinem Körper. Lies Bücher. Nimm dir einen Taschenspiegel zu Hilfe, und erforsche dich selbst. Du musst ganz von vorne anfangen und dir diese Zeit nehmen, täglich.«

Als ich nach Hause fuhr, fühlte ich mich unglaublich befreit. Gerd hatte nicht gelacht. Gerd hatte mich ernst genommen, und offensichtlich schien ich in seiner Achtung nicht gesunken zu sein. Gerd erinnerte mich an meine verstorbene Großmutter. Er hatte dieselbe gütige Art wie sie, und er mochte mich, so wie ich war. Es hatte gutgetan, die Maskerade abzuwerfen und alle Ängste aussprechen zu dürfen.

Ich kaufte mir ein Buch. Es hieß *Joy of Sex,* und darin beschrieb die Autorin, dass es immens wichtig sei, Selbstbefriedigung zu lernen. Ja wirklich. Sie schrieb »lernen«. Gleichzeitig wurde in dem Buch immer wieder betont, dass die allerwenigsten Frauen tatsächlich frigide seien. Ich beschloss, nicht zu diesen null Komma zwei Prozent zu gehören.

Das Buch war wie eine Gebrauchsanleitung, und jeden Tag lag ich mit dem Buch neben mir im Bett und betrachtete mich mit dem kleinen Taschenspiegel. Es gab unzählige Momente, in denen ich nur dachte: Oh mein Gott! Wie bescheuert muss man sein? Ich liege hier und fummel an mir selbst herum, und es bringt noch nicht einmal etwas.

Im Buch stand jedoch auch, dass man bloß nicht aufgeben solle, und wenn man so und so manipulieren würde, dann führe das irgendwann tatsächlich zum Erfolg. Ergo machte ich stur weiter. Jetzt ging es mir ums Prinzip, und ich wollte verdammt noch mal wissen, ob ich es schaffen würde, meinen Körper zum Höhepunkt zu bringen. Meine Fantasie war mir wenig hilfreich dabei. Ich besaß keine sexuelle Fantasie und wusste auch nicht, dass diese helfen kann, abzuschalten. In meinem Kopf hatten Jürgen und meine Mutter Platz genommen, und manchmal war mir, als würden beide voller Ekel und Abscheu auf mich niederblicken. Ein Gefühl, das ich nur schwerlich verlieren sollte. Das Einzige, was ich tun konnte, war, dieses Gefühl und diese hemmenden Gedanken immer schneller beiseitezuschieben. Nach über zwei Wochen täglichen »Trainings«, ich wollte schon fast aufgeben, überwältigte mich das einzigartige Erleben eines Orgasmus. Ich war mir sicher, dass es nur DAS gewesen sein konnte. Ich rief Gerd an.

»Gerd!«, rief ich in den Hörer, »Gerd! Ich hab's geschafft!«

»Das ist prima«, freute sich Gerd am anderen Ende der Leitung. »Jetzt musst du weiterüben und zusehen, dass du immer schneller und mit immer weniger Aufwand zu diesem Punkt kommst. Du musst dir eine gewisse Virtuosität aneignen und quasi ein Meister dieses Fachs werden. Verstehst du, wie ich das meine?«

Ich hatte nur zu gut verstanden. Gerd sprach mir aus der Seele. Wenn ich es schaffte, meinen Körper zu manipulieren, dann würde ich eines Tages vielleicht auch dazu in der Lage sein, einem Mann zu erklären, wie ich funktionierte? Und vielleicht würde ich eines Tages auch einen Mann kennen lernen, mit dem ich gemeinsam Lust verspüren konnte?

Ich übte täglich weiter, und es war bald wie eine Sucht. Es gab Tage, an denen freute ich mich darauf, Zeit für mich selbst erübrigen zu können, und ich begann, meinen Kopf mit Fantasien zu füllen. Innerlich sperrte ich Jürgen und meine Mutter in einen Raum ohne Fenster, fesselte und knebelte sie und holte mir statt ihrer tolle Schauspieler oder andere gutaussehende Männer ins Bett der Fantasien.

Als ich meinen neunundzwanzigsten Geburtstag feierte, dankte ich Gerd für seine Unterstützung.

»Weißt du eigentlich, Gerd, dass ich panische Angst davor hatte, im nächsten Jahr dreißig Jahre alt zu werden und noch immer keine Ahnung von meiner Sexualität zu haben? Unsere Gespräche und deine Ratschläge waren das schönste Geburtstagsgeschenk!«

Gerd grinste breit und ein wenig verlegen. Er freute sich aufrichtig und war ein Gönner aus vollem Herzen.

Ich war zu einem Klassentreffen in der mir verhassten Stadt gefahren. Sieben Jahre waren vergangen, seit ich das letzte Mal mit meiner Mutter gesprochen hatte. Die Sehnsucht nach

Akzeptanz und Anerkennung machte sich wieder breit in mir. Mit Gitta, Dana und Carla war ich am Morgen nach dem fröhlichen Treffen bei Ankas Mutter zu Gast. In den letzten Jahren war ich vollkommen familienlos durch das Leben gewandert und hatte zur größten Skepsis meiner Freundinnen beschlossen, noch einmal einen Versuch zu unternehmen, das zu ändern.

»Es wäre zu schön«, sagte ich, als ich die Nummer meiner Mutter wählte, »wenn ich endlich mal wieder eine Mama hätte. Vielleicht ist sie ja auch ein bisschen stolz auf mich?«

»Al-Farziz!«, meldete sich meine Mutter mit ihrer mir bestens bekannten Eiskellerstimme.

»Hallo. Ich bin's. Christine«, meldete ich mich.

»Ja und?«, schrie meine Mutter durch den Hörer. »Soll ich mich jetzt darüber freuen, du Arschloch? Du lässt mich hier in dieser Stadt versauern und vögelst dich durch dein Leben …«

»Klick!« Gitta hatte auf die Gabel gedrückt und das Gespräch gekappt. »Nicht ein einziges Wort mehr wirst du dir anhören. Es hat einfach keinen Zweck mit dieser Frau. Es war ein Fehler, sie anzurufen! Wir haben sie genau richtig eingeschätzt.« Gitta nahm mich in den Arm, und die anderen streichelten mir betreten über den Rücken.

Es war schiefgegangen. Es war so richtig schiefgegangen. Betretenheit machte die Runde. Immer wieder schüttelte eine von uns den Kopf.

»Da hätte ich im Leben nicht mit gerechnet«, sinnierte Dana vor sich hin.

»Drei von uns haben Kinder«, sagte Anka, »und gerade deshalb können wir deine Mutter überhaupt nicht verstehen.«

Ich heulte. »Jetzt stürz bloß nicht ab, Christine«, merkte Gitta besorgt an. »Du hast dein Leben bislang alleine gemanagt, und jetzt lass dich durch dieses bescheuerte Telefonat nicht runterziehen. Deine Mutter hat dich einfach nicht verdient, und DU hast eine solche Bestie nicht verdient. Klar?«

»Sie ist krank! Ich hab's schon immer gewusst. Du kannst nichts dafür!« Dana drückte mich noch einmal, und meine Freundinnen verabschiedeten sich von mir.

Das Klassentreffen war lustig gewesen, und wir hatten eine feuchtfröhliche Nacht hinter uns. Ich fuhr zurück in die Lüneburger Heide und bemühte mich redlich, nur an meine herzensguten Vermieter zu denken und mir vorzustellen, dass Martha vermutlich wieder meine Fenster geputzt hatte und ein Schälchen selbstgemachte rote Grütze auf dem Treppenabsatz stehen würde.

Otto würde mich mit strahlendem Lächeln empfangen und fragen: »Na, Christine! War's denn eine schöne Feier für Sie?«

Don würde wie wild um mich herumtoben, und ich müsste wieder aufpassen, dass der ungestüme Schäferhund mich nicht umwarf. Capriola würde sein leises Brummeln von sich geben und mit dem Huf vor die Boxentür klopfen, damit ich mich beeilte, ihn aus seiner Box zu holen. Jule hätte bestimmt wieder Butterstreuselkuchen für mich und würde gespannt meinen Erzählungen lauschen. Sosehr ich mich auch bemühte, mir die behagliche Umgebung, in der ich lebte und arbeitete, vor Augen zu führen: Der Schmerz saß tief und bohrte sich unmerklich weiter in mein Herz hinein.

Ein Darmverschluss mit Notoperation unterbrach meinen Alltag. Meine Vermieter und Jule kümmerten sich rührend um mich und um meine Tiere. Innerhalb der nächsten acht Wochen folgten zwei weitere Darmverschlüsse. Die Mediziner standen vor einem Rätsel. Der Chefarzt riet mir im Abschlussgespräch eindringlich, mir über Stress und Stresssymptome Informationen zu beschaffen. Er war sich nach allen Untersuchungen sicher, dass körperliche Ursachen für meine Darmverschlüsse nicht in Frage kamen. Ich wusste, dass er richtig lag. Ich spürte, dass ich gesundheitlich irgendwann ernsthaften Schaden nehmen würde, und ich spürte, dass die Gründe in meiner Vergangenheit zu finden waren.

Ich bekam Heimweh und wollte zurück ins Ruhrgebiet. In der Heide war es schwierig, einen netten Mann kennen zu lernen, und Gerd riet mir, meinem Herzen zu folgen. Die jahrelangen existentiellen Ängste, mich und meine Tiere über die Runden zu bringen, hatten Spuren hinterlassen. Ich ging auf die dreißig zu und überlegte, wie es weitergehen sollte. Ein Beamtenjob wäre in jedem Fall etwas, das hinsichtlich meiner Existenzängste Sicherheit in mein Leben bringen würde. In einem Gespräch mit Gitta erläuterte ich ihr meine Gedanken.

»Wieso bewirbst du dich eigentlich nicht bei der Polizei?«, fragte sie mich. »Ich mache den Job nun seit sechs Jahren, und langweilig wird dir dabei bestimmt nicht!«

Gitta hatte Recht. Ich kämpfte ständig mit dem Problem, dass mich die Arbeit schon nach wenigen Monaten langweilte. Verglich ich die Jahre im Büro mit den Jahren bei der Lufthansa, so war das berufliche Leben als Stewardess wesentlich spannender gewesen als die sitzende Tätigkeit im Büro. Es nervte mich maßlos, dass mein Leben mehr und mehr einem Eremitendasein glich. Bei der Lufthansa hatte ich es immer genossen, im Pulk vieler Kollegen zu sein, andererseits aber autark und eigenverantwortlich in meinem Arbeitsbereich agieren zu können. Die Arbeit im Büro war geistig wesentlich anspruchsvoller als die Arbeit im Flieger. »Saftschubsen« hatten wir uns selbst lachend genannt, wenn wir nicht im Dienst waren. Und trotzdem war ich glücklicher dabei gewesen.

Ich bewarb mich bei der Polizei und war gespannt, ob ich zu einem Vorstellungsgespräch und Eignungstest eingeladen werden würde.

Wenige Wochen später erhielt ich ein Schreiben von der Polizei in Nordrhein-Westfalen. Man teilte mir den Termin für den Eignungstest mit und forderte mich gleichzeitig auf, beglaubigte Fotokopien des Familienstammbuches und andere wichtige Dokumente nachzureichen.

Diese ganzen Unterlagen konnte ich nur von einem einzigen Menschen erhalten: meiner Mutter. Ich rief an und hoffte, dass dieses Gespräch nicht schieflaufen würde. Kaum hatte ich jedoch meinen Namen ausgesprochen, knallte am anderen Ende schon der Hörer zurück auf die Gabel.

»Diese blöde Kuh!«, schimpfte ich laut in meiner Wohnung. Ich benötigte diese Papiere dringend und wollte auf keinen Fall die berufliche Chance, Polizeibeamtin zu werden, verstreichen lassen.

Ich musste Jürgen anrufen. Mir blieb keine Wahl.

»Kein Problem. Natürlich schicken wir dir diese Unterlagen sofort zu. Wo wohnst du denn jetzt?« Jürgen war zuckersüß am Telefon. Ich nannte ihm meine Wohnanschrift, und er versicherte mir, sich umgehend bei mir zu melden, wenn die Sache geklärt sei.

Am nächsten Tag rief er an. »Ich habe mit der Mami geschimpft, dass sie dir den Hörer aufgelegt hat. So etwas tut man nicht. Die Dokumente sind unterwegs zu dir, dann kannst du sie gleich zur Polizei schicken.«

»Danke«, entgegnete ich erleichtert. Zugleich ärgerte ich mich darüber, dass ich es als wohltuend empfand, dass Jürgen mir half und sich um diese Sache gekümmert hatte. Es ärgerte mich, weil ich dieses vom Prinzip her schöne Gefühl eigentlich nicht mehr an mich heranlassen wollte. Und es ärgerte mich, weil ich feststellte, wie sehr ich mich danach verzehrte.

»Ich finde das toll, dass du bei Polizei anfangen willst. Dann kommt endlich mal Sicherheit in dein Leben, oder?«

Ich protestierte: »Wenn du meinst, Jürgen, dass ich hier im Dreck hause, dann hast du dich gewaltig getäuscht. Ich wohne hier wunderschön, habe einen großen Schäferhund, ein tolles Pferd und einen sehr netten Freundeskreis. Und beruflich habe ich auch nichts zu verbergen und werde sehr gut bezahlt. Also komm mir nicht damit, dass ich erst jetzt, mit meiner Bewerbung bei der Polizei, Ordnung in mein Leben bringe. Das möchte ich mal gleich klarstellen.«

Ich triumphierte innerlich. SO ungefähr musste sich eine erwachsene Frau anhören. Sollte er gleich mal merken, dass er sich mit seinen üblen Prophezeiungen von mir und einem Leben in der Gosse gewaltig getäuscht hatte.

»Das hört sich wirklich gut an, Christine. Da kann man wohl stolz sein auf dich, ne?«

»Wenn du meinst«, antwortete ich betont leger und versuchte gleichzeitig, die aufsteigenden Tränen zu unterdrücken. Warum zum Teufel noch mal sollte ich ausgerechnet JETZT heulen? Mir ging die ewige Heulerei wirklich auf die Nerven. Jetzt stell dich bloß nicht an, Christine, räsonierte ich.

»Es soll wunderschön sein in der Lüneburger Heide, aber bislang hatte ich noch keine Gelegenheit, mich selber davon zu überzeugen. Bei dieser Jahreszeit ist es bestimmt trostlos da oben, oder?«

Wieder protestierte ich heftig. Wir gingen auf den März zu, und die Luft war schon früh in diesem Jahr mild geworden. Die Schneeglöckchen und Krokusse sprossen bei meinen Vermietern im Garten, und es war alles andere als trostlos. Dieser Mann hatte nun wirklich gar keine Ahnung.

Am nächsten Wochenende, ich war gerade dabei, mein Auto zu polieren, die Sonne schien und Otto und Martha säuberten bereits die Gartenmöbel, klingelte mein Telefon. Ich lief ins Haus und nahm den Hörer ab.

»Das ist ja toll, dass ich dich erreiche!«, rief Jürgen fröhlich durchs Telefon. »Deine Mutter ist auf Klassenfahrt, und ich probiere gerade meinen neuen Porsche aus. Ich bin ganz in der Nähe von Celle. Kann das sein, dass ich gar nicht weit weg bin von dir?«

Es ist kaum zu verstehen, aber ich freute mich wahrhaftig. Die Gedanken überschlugen sich. »Keine zehn Minuten sind es von Celle bis zu mir.«

»Christine, es ist so herrliches Wetter. Bestimmt gibt es ein schönes Café in deiner Nähe. Lass uns Kaffee trinken. Nach so vielen Jahren würde ich mich sehr freuen, dich wiederzusehen. Ich meine das ganz ehrlich.«

Ich dachte an Martha und ihren herrlichen schlesischen Apfelkuchen. Otto deckte gerade den Tisch für uns drei. »Ja gut«, antwortete ich und erzählte meinen Vermietern, dass sich nach Jahren der Abstinenz nun zumindest der Lebensgefährte meiner Mutter gemeldet hätte.

Martha und Otto freuten sich mit mir. »Ist auch besser so. In ein paar Monaten sind Sie wieder in Ihrer Heimat, da muss man auch wieder zusammenhalten. Blut ist dicker als Wasser.«

Irgendwie hatten die beiden Recht. Nun, mit fast dreißig, sollte ich eigentlich souveräner sein und einen Strich unter die Vergangenheit ziehen, oder? Immerhin war ich auf dem besten Wege, Polizeibeamtin zu werden. Das war doch vorzeigbar, und wer weiß, vielleicht würde meine Mutter doch noch auf ihre alten Tage stolz sein auf ihre Tochter?

Jürgens Porsche war schon drei Straßen vorher zu hören. »Meine Güte«, sagte Otto, »was kommt denn da für ein Gefährt in unsere Straße? Na, der Mann ist aber alles andere als arm!«

Gestylt mit Porsche-Brille saß Jürgen lachend in seinem Auto. Er hatte sich kein bisschen verändert in den letzten Jahren.

»Gut schaust du aus!«, strahlte er mich an und begrüßte mich vorsichtig mit einem Händedruck. Dann legte er seine andere Hand auf meinen Handrücken. »Ob du es glaubst oder nicht, aber ich freue mich unglaublich, hier zu sein.

Sind das deine Vermieter?«

Ich nickte. »Darf ich vorstellen? Eheleute Plewka, Herr Karnasch, der Lebensgefährte meiner Mutter.«

»Der Stiefvater also?«, fragte Otto zurück und begrüßte Jürgen freundlich. »Tolles Auto haben Sie da.«

»Hepp!« Jürgens Autoschlüssel flogen zielsicher auf mich zu. »Na los! Du kannst es doch kaum abwarten, 'ne Runde zu drehen! Herr Plewka! Das sieht man doch meilenweit, dass die Christine fahren möchte, oder?« Jürgen zwinkerte Otto zu.

»Na, das würde ich mir nicht zweimal sagen lassen!« Otto lachte.

Martha nickte zustimmend. »Und wenn Sie dann gleich wiederkommen, dann möchten Sie doch auch sicherlich ein schönes Stückchen schlesischen Apfelkuchen, oder?«, fragte sie.

Jürgen strahlte. »Das ist ja ein Service hier! Schlesischen Apfelkuchen hat meine Mutter auch immer gemacht. Sind Sie aus Schlesien?«

Otto und Martha waren völlig verzückt.

Keine fünf Minuten nachdem ich Jürgen das erste Mal nach sieben Jahren wiedersah, saß ich in seinem Porsche und kurvte über die traumhaft schönen Landstraßen der Lüneburger Heide. Ich atmete tief durch. Jürgen hatte das Verdeck unten und ermunterte mich, Gas zu geben. Auf einer langgezogenen Geraden trat ich das Gaspedal durch. Der Karren ging ab wie die Feuerwehr. Es machte ungeheuerlich viel Spaß, dieses Auto zu fahren.

Beim Kaffeetrinken mit Plewkas plauderten die drei über ihre alte Heimat Schlesien. Meine Vermieter mochten Jürgen und sahen mich immer mal wieder verschwörerisch an, so als ob sie sagen wollten: »Na sehen Sie, Christine! Wird doch alles wieder gut!«

Es war Abend, als Jürgen sich verabschiedete.

»Deine Mutter ruft gleich bestimmt an. Das war ein schöner Tag hier. Deine Vermieter sind sehr, sehr nette Leute, und die

Landschaft ist einfach traumhaft. Lass uns den Kontakt halten, ja? Ich bekomme das mit der Mami schon geregelt. Du weißt ja, wie sie ist.«

Und ob ich das wusste. Wenn einer den Weg zu ihr ebnen konnte, dann nur Jürgen. Er würde es schaffen, da war ich mir ganz sicher. Eine fast vergessene Sehnsucht kehrte zurück in mein Herz. Es war die Sehnsucht nach Familie, nach Geborgenheit, nach Harmonie, nach Wurzeln.

Und es musste einfach klappen mit der Polizei. Es musste!

Am Tag, als ich definitiv wusste, dass meiner Ausbildung bei der Polizei nichts mehr im Wege stehen würde, rief ich von einer Telefonzelle aus Jürgen im Büro an. Ich war so stolz darauf, mit dieser frohen Botschaft auftrumpfen zu können.

Jürgen freute sich mit mir. »Jetzt suchst du dir ganz in Ruhe eine schöne Wohnung, und dann telefonieren wir wieder. Mit der Mami, das läuft. Ich arbeite daran. Sie ist etwas stur, meint es aber nicht böse. Mach dir keine Sorgen.«

Einige Wochen später wurde mir über einen Makler eine Wohnung angeboten. Es würde äußerst knapp mit dem Geld, stellte ich fest, aber in derselben Straße, in der ich wohnen würde, war auch ein hübscher kleiner Reitstall, den ein Bauer bewirtschaftete. Zum ersten September sollte dort eine Box für Capriola frei werden, und die Wohnung konnte ich ebenfalls zum ersten September anmieten. Meine neue Ausbildung würde am ersten Oktober beginnen, und ich fand, dass die Dinge einfach perfekt liefen. Ein ganz neues Leben würde für mich anfangen, und vielleicht würde das Wunder doch noch wahr werden, und meine Mutter und ich würden feststellen, dass wir zwei erwachsene Frauen waren, die sich nicht zu verstecken brauchten. Sie war doch schließlich nur achtzehn Jahre älter als ich, und ich hoffte inständig, dass Jürgen es schon richten würde. Zum Glück hatte ich meine kompletten Ersparnisse unberührt gelassen und würde meine magere Ausbildungsvergütung hier und da aufstocken können. Wenn nicht, musste ich mir für das Wochenende einen Kellnerjob besorgen, aber auch das stellte kein wirkliches Problem für mich dar.

»Wir treffen uns dann in Ruhrstadt, im Parkhotel, okay?« Jürgen schien es eilig zu haben. Er hätte Neuigkeiten für mich, und da ich ohnehin Anka besuchen wollte und nach Ruhrstadt fuhr, machten wir diesen Treffpunkt aus.

»Es geht nicht anders, verdammt noch mal, Christine, jetzt stell dich doch bloß nicht so an«, raunzte Jürgen mich später ungehalten an.

Wir saßen im Restaurant des Hotels, und ich wusste nicht, ob ich lachen oder weinen sollte.

»Hör zu! Ich weiß genau, dass sie dir als Allererstes diese Frage stellen wird. Und was und wem nutzt denn bitteschön die Wahrheit? Außer, dass du deine Mutter so viele Jahre später sehr verletzt und dich damit vielleicht an mir rächen kannst. Aber davon hast du doch gar nichts.«

Ich geriet ins Grübeln.

»Was wirst du ihr antworten, wenn sie dich fragt, ob an dem Gerücht etwas dran ist, wir beide hätten was miteinander gehabt?«, hatte Jürgen mich urplötzlich gefragt.

»Die Wahrheit!«, hatte ich spontan geantwortet.

Jetzt war ich mir nicht mehr so sicher.

»Kannst du ihr nicht ihren Frieden lassen?«, fragte Jürgen mich mit eindringlichem Blick. »Ich dachte, du wolltest einen Neuanfang? Stattdessen willst du nun nichts als Zerstörung.« Sein Blick wurde vorwurfsvoll.

Und die Wahrheit? Was war mit der Wahrheit? Ich schüttelte den Kopf.

»Pass auf, Christine. Überleg dir das in Ruhe. Ich werde das erste Treffen zwischen euch beiden organisieren, deine Mutter ist jetzt bald so weit. Und wenn sie dir diese Frage stellt, dann liegt es an dir, ob du gleich wieder alles kaputtmachen willst oder ob du nicht um des lieben Friedens willen deiner Mutter die Sorgen nimmst. Ihr wollt doch beide einen Neuanfang. Soll das denn gleich mit so einem Theater beginnen? Du hast nichts davon. Und sie hat auch nichts davon. Alles, was passiert, ist, dass alte Kamellen wieder aufgewühlt werden. Damit kann man bestimmt keinen Neuanfang starten, oder?«

Jürgen drückte meine Hand zum Abschied. »Wenn alles gut läuft, dann sollst du dir um deine Ausbildung und dein Pferd keine Sorgen machen müssen. Deine Mutter und ich sind übereingekommen, dass du im Monat tausend Mark erhältst, damit du dich in Ruhe um deine Polizeiausbildung kümmern kannst. Immerhin haben wir dir noch nie eine Unterstützung gewährt, und es wird allerhöchste Zeit damit. Das hast du dir verdient. Und wenn ihr euch getroffen habt, dann macht erst mal gemeinsam ein paar Tage Urlaub an der Ostsee. Ich habe da direkt am Strand Ferienwohnungen. Freundet euch wieder an. Und dann geht mal zusammen einkaufen. Du brauchst doch auch noch so viel für die Wohnung, damit du dich wohlfühlen kannst. Und die Mami geht so gern einkaufen. Sie ist ganz verrückt nach diesem Deko-Kram.«

Ich erinnerte mich. Es stimmte. In puncto Deko war meine Mutter unschlagbar. Sie hatte immer ein fantastisches Gespür für Farben gehabt.

Am Tag unseres ersten Treffens hatte ich mich auch mit Carla verabredet. Es war Schützenfest, und Carlas Eltern waren dort und hatten mir ausrichten lassen, dass sie sich freuen würden, wenn ich mit Carla zum Schützenfest kommen würde. Es war, als wäre mir nun alles Schöne dieser Stadt möglich. Es war, als hätten sich die Dinge zum Positiven gekehrt, und meine alte Heimatstadt erschien mir im strahlenden Sonnenschein alles andere als trist. Ich war hier so unglücklich während meiner Kindheit und Jugend, und ich hatte den unerschütterlichen Willen, alles dazu beizutragen, dass die bösen Erinnerungen einer schönen Gegenwart und noch schöneren Zukunft weichen sollten. Carla hatte einen Termin bei Raphael, dem Inhaber von Il Figaro. Eigentlich wollte ich Carla nur begleiten, aber meine Haare, mittlerweile bis zur Mitte des Rückens reichend, hatten einen Grundschnitt bitter nötig. Als Carla und ich bei Raphael fertig waren, hatte sie ihre Spitzen schneiden lassen und eine Tönung im Haar, und meine Haare waren einem Zweimillimeterhaarschnitt gewichen.

»Und?«, fragte Carla, »wie fühlst du dich jetzt so mit kurzen Haaren?«

»Sieht komisch aus, ne?«, fragte ich unsicher zurück und strich mir über die Stoppeln.

»Ist zwar praktisch bei dem Wetter, aber ein bisschen sehr kurz, finde ich.« Carla schaute nicht sehr begeistert.

Tief im Innern weinte ich um meine Haarpracht. Ich fühlte mich, als hätte ich meine Weiblichkeit bei Il Figaro auf den Boden geworfen.

Der Termin des ersten Treffens mit meiner Mutter rückte näher. Ich war mächtig nervös, als ich vor Jürgens Haus stand und die Klingel betätigte. Würde Jürgen Recht behalten? Würde meine Mutter tatsächlich das erste Mal in ihrem Leben Interesse an ihrer einzigen Tochter bekunden? Die Tür öffnete sich. Meine Mutter lächelte mich an. Sie lächelte mich wirklich und wahrhaftig an. Ich konnte es kaum glauben.

»Komm doch rein«, sagte sie immer noch lächelnd, und verwirrt trat ich in den Flur. Eine Flut von Erinnerungen wollte sich hochtürmen, und im Geiste mähte ich sie alle nieder. Nicht jetzt.

Sie führte mich in die Küche.

»Ich habe Apfelkuchen für dich gebacken«, murmelte meine Mutter verlegen.

Noch nie, ich schwöre, noch nie hatte meine Mutter für mich irgendetwas gebacken. Sie musste entweder krank oder urplötzlich sehr, sehr weise geworden sein. Im Gegensatz zu Jürgen war sie in den letzten Jahren deutlich gealtert. Darüber konnten auch ihr flotter Kurzhaarschnitt und ihre schlanke Figur nicht hinwegtäuschen. Man sah, dass sie zügig auf die fünfzig zuging. Es wäre schade, dachte ich so bei mir, wenn wir die nächsten Jahre nicht nutzen würden, gemeinsam Spaß zu haben.

»Bevor wir uns unterhalten, möchte ich, dass du mir eine Frage beantwortest«, begann meine Mutter. »Ist an dem Gerücht, dass da irgendetwas zwischen dir und Jürgen gelaufen ist, etwas dran, oder waren das deine Hirngespinste, die du da verbreitet hast?«

Noch bevor ich antworten konnte, schaltete meine Mutter den Mixer ein, der jedes Geräusch übertönte.

»Nein«, murmelte ich kaum hörbar. »Nein, da ist nichts dran.«

Ich saß im Auto und war auf der Autobahn zurück nach Hannover. Ich hatte die Wahrheit verkauft. Ich hatte mich selbst verkauft und verraten, mich der Lüge bezichtigt und Jürgen zum Heiligen geweiht. Ich hatte einen Pakt mit dem Teufel geschlossen, und ich hatte Angst. Panische Angst.

Der Nachmittag mit meiner Mutter war wunderschön gewesen. Sie hatte viel gelacht, und ihre Anspannung wich unübersehbar. Ich liebte meine Mutter, und ich liebte sie ganz besonders, wenn sie mit mir lachte und mir, wie heute, das Gefühl gab, gern mit mir zusammen zu sein. Es war ein Gefühl, das ich vermisst hatte, ein Gefühl, das ich irgendwie kannte, aber keiner realen Erinnerung zuordnen konnte. Heute konnte ich mein Gefühl einer Wirklichkeit zuordnen. Es hatte tatsächlich stattgefunden, und wieder und wieder holte ich mir ihr Gesicht, ihr Lachen, ihre Lebensfreude in mein Gedächtnis zurück. Ich berauschte mich an diesen Bildern und dachte, es könnte vielleicht ein einziges Mal auf dieser Welt tatsächlich egal sein, dass diese schönen Gefühle auf einer grauenvollen Lüge basierten. Einer Notlüge, wie ich fand, einer fast liebevollen Lüge, wie ich es in meinem Kopf und in meinen Gedanken verzweifelt zurechtkonstruierte. Vielleicht musste man im Leben auch einmal lügen, und vielleicht war der Preis der Wahrheit ein neues, ein viel schöneres Leben? Wenn der Preis der Wahrheit Mutterliebe war, dann musste es eben genau dieses Opfer sein. Den bitteren Beigeschmack schob ich vehement zur Seite.

KAPITEL 11

Aufwachen … und ein neues Leben

Jetzt hör auf, dir einen solchen Kopf zu machen. Jürgen hat einen Maler an der Hand, und der wird die Wohnung renovieren. Das brauchst du doch nicht selbst zu machen! Komm lieber zu mir, und lass uns Tapeten aussuchen. Danach gehen wir in die Sauna und essen dann noch einen Happen.«

Als ich meine Tasche für das Wochenende packte, merkte ich, dass ich gern in Hannover geblieben wäre. Ich fand es schön, endlich wieder eine Mutter zu haben. Ich freute mich auch, wenn abends das Telefon klingelte, und Mama war am anderen Ende der Leitung. Mama und Jürgen nahmen mir viele Dinge ab, und es erleichterte mir die Arbeit. Mein Leben lang war ich es gewohnt, für alles und jeden verantwortlich zu sein, und auf einmal hatte sich die Situation ins Gegenteil verkehrt. Jürgen kümmerte sich um meinen Umzug, fuhr mein Auto an den Wochenenden durch die Waschanlage, erneuerte Öl und prüfte den Reifendruck, und ein bisschen erinnerte er mich an Alfons.

Meine Bedürfnisse, bei dem herrlichen Wetter mit Capriola und Don durch die Heide zu reiten, mit Otto und Martha einen gemütlichen Plausch am Kaffeetisch zu halten und abends bei Gerd auf ein Glas Cidre vorbeizuschauen, schob ich zur Seite. Mein Leben hatte sich nun geändert. Da war es sicherlich normal, dass ich mich umstellen musste, und auch normal, dass man an den Wochenenden zu seiner Familie fuhr. Erleichtert stellte ich fest, dass es nur noch zwei Wochen waren, bis Pferd und Möbel in Ruhrstadt sein würden. Dann hätte diese Hetzerei auf der Autobahn auch ein Ende. Hektisch suchte ich nach der Tüte Storck Schokoladenriesen. Auf den Fahrten nach Waldstadt hatte ich es mir zur Gewohnheit gemacht, stets eine Familientüte Schokoladenriesen mitzunehmen, und kam ich in Waldstadt an, war nicht ein einziger übrig geblieben.

Den Abend verbrachten wir in der Sauna. Meine Eltern waren früher jeden Freitag in diese Sauna gegangen, und schon als Fünfjährige schwitzte ich in der Kabine. Zum Glück, so dachte ich, ist mein Vater nun nicht mehr dabei …

Jürgen kam mittlerweile fast jedes Wochenende mit in die Sauna. Ich spürte seine Blicke und versuchte ihm, so gut es ging, aus dem Weg zu gehen. Als wir unter der Dusche standen, bewunderte Mama zum x-ten Male mein Tattoo auf der Hüfte.

»Wenn ich das so sehe, könnte ich mir glatt auch eines machen lassen«, scherzte sie.

»Mach doch einfach«, sagte ich, »in deinem Alter brauchst du dich doch um Konventionen auch nicht mehr zu scheren, oder?«

»Und Jürgen?«, flüsterte sie zurück.

»Ihr seid jetzt über fünfzehn Jahre zusammen«, gab ich erstaunt zurück, »da sollte eine Rose auf deiner Hüfte kein Drama sein, oder?«

Ich verstand meine Mutter oft nicht. Sie war achtundvierzig Jahre alt, hatte eine Top-Figur und war als Lehrerin mit ihrem Gehalt völlig unabhängig. Wenn sie ein Tattoo haben wollte, warum ließ sie sich dann nicht einfach eins machen? Ständig hinterfragte sie, was Jürgen wohl zu diesem und wohl zu jenem sagen würde, und manchmal kam sie mir vor wie ein verängstigtes Karnickel.

Als Jürgen zu den Duschen kam, verschwand ich so unauffällig wie möglich. Ich mochte es absolut nicht, wenn er mich nackt sah, und ging immer dann in die Saunakabine, wenn er gerade herauskam.

Als ich abends im Leopardenbett lag, lauschte ich zur Tür. Hatte ich da gerade etwas gehört? Kamen Schritte die Treppe hinunter? Es war nichts. Es war wohl nur meine Angst.

Noch am Tag meines Einzugs lernte ich meine Nachbarn kennen. Silke war eine hübsche junge Frau, vielleicht vier, fünf Jahre jünger als ich, und hatte fantastische naturblonde superlange Haare. Sie war Kinderkrankenschwester auf der Intensivstation einer großen Kinderklinik, und ich fand, dass sie exakt so aussah, wie man sich eine Kinderkrankenschwester vorstellte. Ihr Freund Rolf war genauso alt wie Silke und Gas- und Wasserinstallateur. Er hatte den Schalk im Nacken sitzen, und wenn er den Mund aufmachte, kam nur geistreich-witziges Geblödel heraus.

»Gas, Wasser, Scheiße! Und Tach auch, Rolf, der Nachbar«, hatte er sich vorgestellt. »Komm doch gleich auf ein Bier rüber, dann lernen wir uns kennen. Silke ist auch gleich von der Arbeit zurück.« Die Basis für eine freundschaftliche Nachbarschaft war schnell gegeben.

Mein Leben in Ruhrstadt war tatsächlich so ganz anders als in Hannover. Es war ein schwerer Abschied gewesen, und fast täglich dachte ich an »meine Leute« da oben. Von Richard Hinrichs hatte ich in den Jahren nicht nur reiterlich sehr viel gelernt. Viele seiner Sätze und Kommentare begleiten mich bis heute durchs Leben: »Sitzen Sie nicht so fatalistisch auf dem Pferd! Sie REagieren immer nur! Sie müssen AGIEREN!« oder »Passen Sie auf, dass Ihnen das Pferd nicht Höflichkeit als Schwäche auslegt! Das gilt übrigens auch für einige Menschen!«

Vielleicht ist die tägliche Konfrontation mit bestimmten körperlichen Reaktionen aus meiner Jugendzeit mit ein Grund dafür, dass ich auch heute noch mit vierzig Jahren das Reiten als Therapie empfinde.

Am ersten Tag meiner Ausbildung saß ich inmitten von jungen Leuten, die größtenteils frisch von der Schulbank kamen. Es war ein merkwürdiges Gefühl. Wir wurden mit einer langen Rede empfangen und mit den Gepflogenheiten einer Polizeischule bekannt gemacht.

Montagmorgens um sieben Uhr war Dienstbeginn und »Antreten«. Bei Wind und Wetter standen wir in Reih und Glied nebeneinander, und die Anwesenheit wurde kontrolliert. Am Freitagnachmittag endete die Woche stets mit dem »Stubendurchgang«, bei dem die Sauberkeit der Zimmer überprüft wurde und wir ins Wochenende entlassen wurden. Es prasselte derart viel auf mich ein, dass ich Mühe hatte, mein neues Leben zu organisieren. In der Heide schien die Landschaft von einer unendlichen Weite geprägt zu sein. Hier im Ruhrgebiet war alles enger, grauer und hektischer. Die täglichen Wege waren anders geworden, und den Alltag in der Polizeikaserne empfand ich zeitweise als Gefängnisaufenthalt. Mit eiserner Disziplin bemühte ich mich um die Bewältigung des Neuen. Grausam lange Gesetzestexte sollten auswendig gelernt werden, und mit Kopfarbeit oder mit intellektueller Herausforderung hatte die Ausbildung relativ wenig zu tun. Stures Auswendiglernen war angesagt, und es fiel mir unglaublich schwer. Morgens um sechs Uhr begann mein Tag, und selten hatte ich mehr als fünf Stunden Schlaf.

Gleichzeitig wurde uns allen sportlich sehr viel abverlangt. Schwimmen, Zirkeltraining, Laufen und Kraftsport standen auf dem Programm. Christine, die in ihrem ganzen Leben noch nicht gejoggt war, musste plötzlich morgens um sieben bei Eiseskälte durch den Stadtpark rennen. Der Rest der Auszubildenden war größtenteils zehn Jahre jünger als ich, und die Sorge, nicht mithalten zu können, setzte mir zu. Also lief ich mir die Seele aus dem Leib und verbrachte jede mögliche Sekunde im Kraftraum. Zusätzlich trainierte ich zwei weitere Stunden pro Woche im Hallenbad. Binnen eines Jahres hatte ich Schultern und Arme wie ein Preisboxer und lief die jüngeren Kolleginnen meines Ausbildungsjahrgangs in Grund und Boden.

Ich bemerkte gar nicht, dass sich in meinem generalstabsmäßig geplanten Leben langsam, aber sicher ein Putzfimmel breitmachte. Jeden Tag putzte ich meine Wohnung und polierte die Armaturen meines Badezimmers. Hatte ich das Waschbecken benutzt, dann säuberte und trocknete ich es sofort und polierte jeden einzelnen Tropfen vom Wasserhahn. Punkt neunzehn Uhr saß ich dann am Schreibtisch und ackerte den Stoff des Tages noch mal durch. Ich verbrachte täglich drei bis vier Stunden mit Lernen und Ausarbeitungen.

Im Jahrgang war ich bis auf wenige Ausnahmesituationen nicht allzu beliebt. Die raspelkurzen Haare, meine mir selbst aufgebürdete Disziplin, mein Alter und nicht zuletzt die Tatsache, dass ich an den abendlichen Spaßaktionen der anderen weder teilnahm noch diese lustig fand, machten mich schnell unbeliebt. Man konnte mich nicht so recht einschätzen, und viele hatten wohl den Eindruck, dass ich verklemmt und völlig dröge war. Niemand wusste, was ich nach sechzehn Uhr tat, denn ich sprach auch nicht über mein Leben »draußen«. Die wenigen Kollegen und Kolleginnen, die ich näher an mich heranließ, schätzten meine Ehrlichkeit und meinen Humor. So unterschiedlich können die Sichtweisen sein. Niemals in meinem Leben zuvor war ich mit dem Thema »Unbeliebtheit« konfrontiert worden. Ich war immer die Jüngste gewesen, und mein Umfeld mochte mich. Unbeliebt war ich eigentlich nur zu Hause bei meiner Mutter gewesen.

Kein Mensch ahnte, was sich hinter den Kulissen meines Lebens abspielte. Meine Mutter rief jeden Abend an und jammerte mir die Ohren voll, wie schrecklich ihr Leben mit Jürgen Karnasch sei. Die Seiten hatten sich verkehrt. Ich, die Tochter, gab ihr, der Mutter, Ratschläge und versuchte, so gut es ging, zuzuhören. Meine schwachen Einwände, dass ihre Telefonate, die mindestens eine Stunde dauerten, meinem Lernen nicht dienlich seien, überhörte sie einfach. In wenigen Wochen erfuhr ich eine Menge aus den vergangenen Jahren.

»Er macht mich fertig, Christine! Das ist wie eine Gehirnwäsche. Du weißt doch, dass ich mich niemals für Autos begeistern konnte. Im letzten Winter waren wir dann bei Toyota, weil ich neue Winterreifen brauchte.«

Ich zog an meiner Zigarette, schob die Unterlagen beiseite und hörte zu. Es würde mal wieder ein langes Telefonat werden.

»Jedenfalls sehe ich da im Ausstellungsraum einen blauen Geländewagen. NIEDLICH. Das schnuckeligste Auto, das ich je gesehen habe.«

»Ein RAV, Mutter«, bemerkte ich knapp.

»Ich habe Jürgen von diesem Auto vorgeschwärmt, und er war ganz überrascht, dass ich mich derartig dafür begeistern konnte. Und jetzt pass auf: Anfang des Jahres dann, ich schaue aus dem Küchenfenster, da kommt Jürgen plötzlich mit genau diesem blauen RAV vorgefahren, steigt aus dem Wagen und begrüßt mich mit den Worten: ›Na, Gundis? Schon gesehen, was ich da Feines habe?‹ Jetzt sag doch mal ehrlich, Christine! Was hättest DU an meiner Stelle gedacht?«

Ich drückte die Zigarette aus. »Ich an deiner Stelle hätte mich schon über mein neues Auto gefreut und nach den Schlüsseln gefragt«, antwortete ich müde.

»GENAU!«, rief meine Mutter hysterisch am anderen Ende. »Ich habe Jürgen auch gefragt, ob wir nicht mal eine Runde fahren können, und weißt du, was er geantwortet hat?«

»Nööö.«

»Er hat mir eine Riesenszene hingelegt.«

Ich richtete mich auf. Es wurde interessant.

»Ich schwöre dir, er hat einen Tanz hingelegt, der war filmreif. Jetzt wüsste er, wessen Geistes Kind ich sei. Das wäre SEIN

Auto, und ich wäre wohl nur hinter seinem Geld her. Ich würde ihn gar nicht lieben, sondern wolle ihn aussaugen. Ich sei hinterhältig. Er wäre enttäuscht von mir. Ich ...«

Der Mann war nicht nur krank. Dessen war ich mir sicher. ER war es, der hinterhältig war, und meine naive Mutter fiel auf seine Spielchen auch noch herein. »Merkst du's denn gar nicht, Mutter?«, rief ich in den Hörer. Ich konnte in diesem Moment nicht »Mama« sagen. »Merkst du nicht, dass er dich fertigmacht? Merkst du nicht, dass er krank ist?«

Meine Mutter weinte.

»Mutter, hör auf zu heulen!«

Sie schniefte in den Hörer. »Weißt du eigentlich, wie froh ich bin, dass du auch so reagiert hättest? Ich weiß schon nicht mehr, was richtig und was falsch ist. Der Mann macht mich irre. Und ständig droht er mir, mich rauszuschmeißen.«

»Hergott noch mal!« Ich verlor langsam die Beherrschung. »Du hast deine eigene Wohnung, du siehst gut aus, du verdienst dein eigenes Geld. Warum gehst du nicht einfach? Warum, verdammt noch mal, verlässt du Jürgen nicht? Er ist ein Schwein. Wach doch endlich auf.« Ich musste aufpassen. Noch mehr solcher Gespräche, und es würde nicht lange dauern, dass ich mein letztes, bislang gut gehütetes Geheimnis preisgeben würde.

»Er kommt, Christine. Wir sprechen morgen wieder.« Meine Mutter legte auf.

Seit vier Wochen war ich nun in der Ausbildung. Und jeden Freitag fuhr ich weiterhin nach Waldstadt und ging mit meiner Mutter in die Sauna. Jürgen kam meistens etwas später. Und jedes Mal fuhren wir nach dem Saunabesuch in ein Restaurant zum Essen. Und jedes Mal fuhren wir anschließend in Jürgens Haus, und jeden Freitagabend und Samstagabend lauschte ich angespannt die Treppen hinauf. Und jeden Samstag gab es dasselbe Theater. Der Stall machte um sechzehn Uhr dicht, und wenn ich nicht um halb zwei losfuhr, dann wurde es eng mit

Capriola. Jeden Samstag um halb zwei machten die beiden ein Heidentheater.

»Bleib doch noch. Nie hast du Zeit. Alles wegen diesem Pferd. Komm doch heute Abend zurück. Was willst du denn da in Ruhrstadt.« Und so weiter und so fort.

Und jeden Samstag bretterte ich wieder einmal viel zu spät über die Autobahn und ärgerte mich maßlos. Jürgen war auf die glorreiche Idee gekommen, mir die tausend Mark in wöchentlichen Rationen auszuhändigen. Jeden Samstag also musste ich um die zweihundertfünfzig Mark bitten. Ich hatte keine Ahnung, wie ich aus dieser Nummer wieder rauskommen sollte.

Der einunddreißigste Oktober stand vor der Tür. Mein dreißigster Geburtstag. Es war ein ganz normaler Wochentag, der um sechs Uhr begann. Um achtzehn Uhr saß ich in meiner Wohnung am Schreibtisch und lernte, als es plötzlich an der Tür klingelte. Kann nur Silke sein, dachte ich bei mir und drückte auf den Türöffner.

Im nächsten Moment stand Jürgen grinsend vor meiner Tür.

»Ich kann dich doch nicht an deinem Geburtstag allein lassen!« Er strahlte.

Völlig perplex starrte ich ihn an. Ein verdammt ungutes Gefühl überkam mich.

»Willst du mich denn gar nicht hereinlassen?«

»Doch, doch, komm rein«, stammelte ich.

Jürgen marschierte schnurstracks in die Küche, zog seine Lederjacke aus und hängte sie wie selbstverständlich über den Stuhl.

»Echt schön geworden, deine Wohnung. So schön hast du in Hannover nicht gewohnt, stimmt's?«

Jürgen schlenderte durch die Wohnung und öffnete wieder grinsend die Tür zum Schlafzimmer.

Eine bittere Kälte drang aus dem Raum.

»Ich verstehe gar nicht, dass du mein Angebot nicht angenommen hast, das schöne Bett von unten aus dem Gästezimmer zu nehmen. Was findest du bloß an diesem niedrigen Futon-Bett?« Er schüttelte verständnislos den Kopf.

Warum war dieser Kerl hier? Was sollte das alles?

Die rote Warnleuchte im Hirn sprang an, ganze Armeen von kleinen Adrenalin-Männchen mit Helmen und Schutzschildern rasten durch die Gänge der Blutbahnen, die Seilwinden wurden von den kleinen Hilfsarbeiter-Männchen angekurbelt und stellten die Nackenhaare hoch, das Herz pochte lauter und schneller, und unten im Bauch drückten gerade die Sklaven-Männchen verzweifelt das schwere hölzerne Burgtor zum Magen zu. Sie schwitzten unter der Last, denn der Speisebrei drückte mit Vehemenz dagegen, und die kleinen Kerle drohten umzufallen. Ich atmete durch und stellte fest, dass selbst das nicht mehr funktionierte. *Ein riesiger Drache mit ungeheuer großen Flügeln setzte sich gerade auf die Lungenflügel. Wieder rannte eine bewaffnete Adrenalin-Truppe mit erhobenen Speeren in Richtung Lungenportal. Der Weg schien unendlich …*

»Bitte sei so gut und mach mir einen Kaffee, ja? Ich bin ziemlich müde. Hatte einen langen Tag.«

Kaffeemachen hieß, Jürgen den Rücken zudrehen zu müssen.

Du spinnst!, herrschte mich eine innere Stimme an. Er will doch nur einen Kaffee!

»Er will mehr!«, kreischte eine piepsige hysterische Stimme aus dem Kellerverlies des Gehirns. Ein entsetzlich dünnes und ausgemergeltes Kind mit wirren schwarzen Haaren rüttelte an den Gitterstäben. In einem dunklen, feuchten und modrig muffigen Loch fristete es sein Dasein. Barfuß, nur ein Hemdchen am Leib und mit spindeldürren Ärmchen umfasste es die Stäbe. Ein wirrer Blick. Ein panischer Blick. Das Kind hatte kaum noch Kraft. Dann öffnete sich sein Mund. »Er will, dass du bezahlst! Er will, dass du bezahlst! Er will, dass du beza…« Die Wärter

schossen auf das erbärmliche Kind zu und packten die Kleine rüde am Hals. Und schon hatten sie der kleinen piepsigen Stimme die Luft abgedrückt.

Mach einfach den Kaffee, und dann raus mit ihm!, schoss es mir durch den Kopf. Ich drehte mich um. Ließ Wasser in die Kanne laufen, schüttete vorsichtig das Wasser in die Kaffeemaschine, nahm einen Kaffeefilter, knickte die Kanten sorgfältig ein, öffnete die Dose mit dem Kaffeepulver und nahm den Löffel in die Hand.

Jürgens Atem war in meinem Nacken zu spüren. Seine Hände legten sich auf meine Hüften. Der Löffel blieb im Kaffeepulver stecken. *Der Drachen umschloss mit seinen gigantischen Flügeln die Lungen.* Jürgens schweres Atmen dröhnte in meinen Ohren.

»Weißt du, dass du noch dasselbe knabenhafte Becken hast, wie vor fünfzehn Jahren?«, flüsterte Jürgen in mein Ohr.

Ich rührte im Kaffeepulver herum. *Keine Adrenalin-Männchen mehr, keine Sklaven, keine Hilfsarbeiter. Nur der Drache.* »Du willst es doch auch. Du hast mich vermisst, das habe ich gleich gespürt, schon als ich in Hannover war, habe ich es gespürt, stimmt's?« Jürgens Griff an dem Becken des Mädchens wurde fester. »Komm«, ertönte seine Stimme, »gehen wir ins Schlafzimmer.«

Das Mädchen mit dem knabenhaften Becken ließ brav den Löffel in das Kaffeepulver fallen. Der Mann, den sie so lieb hatte, schob sie mit bestimmtem Griff in das Schlafzimmer und legte sie sich auf dem Leopardenbett zurecht. Leopardenbett? Wo war das Muster geblieben? Und die schwarze Holzvertäfelung? Die Wände waren so anders, so hell …

»Bring ihn um! Bring ihn um! Töte ihn! Töte ihn!«, kreischte die kleine Stimme aufgebracht. So zart das Mädchen auch war. Sie musste Kraft haben. Sie rüttelte wie eine Wahnsinnige an den schweren eisernen Stäben. War vollkommen durchgedreht. Eine schwarze Haarsträhne war ihr ins Gesicht gefallen. Kalter

Schweiß floss ihr den Rücken herunter. Sie stank bestialisch. Es musste Jahre her sein, seit sie sich das letzte Mal gewaschen hatte. Der penetrante Geruch von altem, verkrustetem Sperma und ihre eigenen Körperausdünstungen füllten die Gänge des Kellerverlieses. Es gab nur sie da unten. Alle anderen Zellen waren leer. Wieder rüttelte sie an den Stäben. Sie hing sich förmlich auf daran. »Biiittttteeeee! Töte ihn! Tööööööte iiiiiihhn!« Die Wärter lachten.

Schallendes Gelächter ertönte ebenfalls aus dem riesigen Maul des Drachen. »Hahahahaha! Jaaaaaa! Töte ihn! Töte ihn doch! So töte ihn doch! Hahahahaha! Dann wird DEIN Leben beendet sein! Dein Leben! Dein Leben! Dein Leben! Dein Leben!« Mit seinen riesigen Flügeln schlug sich der Drache auf seinen eigenen Bauch. Er lachte und lachte und lachte und lachte. Die piepsige Stimme schluchzte. Sie hatte die Hände vors Gesicht geschlagen und war in die Knie gegangen.

Der Mann, den das Mädchen so lieb hatte und der der Freund ihrer Mama war, knöpfte sich die Hose auf. Er zog den Reißverschluss runter. Er schob die Hose runter. Der Mann küsste das Mädchen. Der Mann schmeckte scheußlich. Die Zunge war so trocken. Die Zunge war so klein. So dünn. So schmal. Das Mädchen war verwirrt. Der Mann fasste sich plötzlich an sein Ding. Das Mädchen hatte nur selten zu dem riesigen Ding geschaut. Es war immer besser, wenn das Ding weg war. Wenn es einfach in ihr verschwunden war. Dann war es auch bald vorbei. Das Mädchen schaute zu dem Ding. Die Augen des Mädchens weiteten sich vor Erstaunen. Der Mann hatte ein kleines schlaffes Ding. Das war lustig und so ganz anders als sonst. Und der Mann fasste sich selbst an. Er rubbelte an sich selbst herum. Nicht an dem Mädchen. An sich selbst.

»Na? Was ist denn da unten los?«, sagte der Mann.

Ein schrilles Telefonklingeln ertönte. Das hatte es noch nie gegeben. Der Anrufbeantworter sprang an.

»Hallo. Ich bin im Moment nicht zu erreichen. Bitte hinterlasst mir doch eine Nachricht, und ich rufe umgehend zurück. Tschüüüüss.« Es war die Stimme von Christine Al-Farziz. Es war meine Stimme. Das war ich.

Ich hörte meine Mutter und ihre Freundin Ursula, wie sie kichernd gemeinsam ein Lied anstimmten. »*Happy Birthday to you! Happy Birthday to you! Happy Birthday*, liebe Christine, *happy birthday to you!* Ruf mal zurück, du Pflaume! Hier ist dein Mütterchen!«

»Und hier ist Ursulaaaa!«

»Wir wollten dir zum Geburtstag gratulieren! Bis gleich!«

Die piepsige Stimme schrillte durch den ganzen Körper. Sie schrie und schrie. Das Mädchen hatte sich plötzlich aufgebäumt. Mit letzter Kraft schrie es sich die Seele aus dem Leib. »Mach ihn fertig! Mach ihn fertig! Mach ihn fertig! Tu's doch endlich! Tuuuuuuuu's doooooch!« Keine Wärter. Kein Lachen. Der Drache verstummt und blöde glotzend.

Ich stieß Jürgen mit seiner halb heruntergezogenen Hose heftig von mir weg und sprang in einer unglaublichen Geschwindigkeit von meinem Bett auf.

Die Armeen der Adrenalin-Männchen hatten gerade den Drachen erledigt, der blutüberströmt wie ein Trümmerhaufen auf dem Boden des Brustkorbes lag. Weitere Armeen rückten nach, und es schienen Millionen zu sein. Ihre Schlachtrufe füllten alle Gänge des Körpers. Das kleine Mädchen klatschte in die Hände und tanzte auf schmutzigen Füßchen verzückt in seinem Verlies. Es freute sich. Bald würde SIE kommen und es befreien! Endlich befreien! Der Drache war tot.

»Raus hier, du Mistkerl! Raus! Raus! Raus!« Meine Stimme überschlug sich, und eine ungeheuere Wut schoss durch meine Adern. »Raaaaaaauuuuuussss!« Ich war vollkommen durchgedreht! Ich packte Jürgen an seinem sündhaft teuren Kaschmirrolli und zerrte ihn in die Küche. Verächtlich stieß ich ihn von mir. Er stand im Raum und funkelte mich bedrohlich an. Sollte er doch funkeln. Mein Hass war nicht mehr aufzuhalten. Mein Blick und meine ganze Haltung schienen ihm allerhöchste Gefahr zu signalisieren. Léon hatte mein plötzlicher Wutausbruch damals auch aus der Fassung gebracht. Wie ein Raubtier starrte ich Jürgen an. »Ich habe gesagt RAUS!«, zischte ich jetzt leise und gefährlich.

Jürgen zog seine Hose hoch, schloss den Knopf, machte den Reißverschluss zu und fummelte umständlich an seinem Gürtel.

Ich würde ihn umbringen. Ich wusste es. Ich würde ihn umbringen. Wieder packte ich zu und erwischte ihn am Oberarm. Die Messer? Wo hatte ich die Küchenmesser? Ach was! Ich schubste den Kerl Richtung Ausgangstür. »RAUS, oder ich bring dich um.«

Jürgen schaute mir direkt in die Augen. Dann zog sich eine Fratze des Grinsens über sein Gesicht. »Das wirst du mir büßen!« Und fort war er.

Ich verschloss die Tür, und noch bevor ich nachdenken konnte, was gerade passiert war, wurde mir speiübel. *Die Sklaven-Männchen fielen um, und das riesige hölzerne Burgtor fiel auf die am Boden liegenden Sklaven und begrub diese unter sich. Ein Speisebrei-Tsunami rollte tosend heran.* Ich kniete vor der Toilette und kotzte und kotzte. Es wollte nicht aufhören.

»Wo bist du? Es ist jetzt neun Uhr! Ich fahre gleich zu Jürgen ins Haus. Ruf mich doch bitte an.« Wieder eine Nachricht meiner Mutter.

Ich musste sie anrufen. Jetzt. Sofort. Keinesfalls würde ich bei Jürgen im Haus anrufen. Ich wischte mir notdürftig den Mund ab und hetzte ans Telefon.

»Ich war bei Silke nebenan. Wir haben uns verquatscht. Ich muss noch lernen. Lieb von dir, ja sicher. Ne ne … mir geht's gut. Alles in Ordnung. Ich komisch? Nein. Ich bin nur müde. Ja sicher. Bis morgen.«

Erschöpft ließ ich den Hörer auf die Gabel fallen. Ich war fix und fertig. Ausgepumpt. Ausgelaugt. Leer. Kraftlos. Angewidert von mir. Angewidert von Jürgen. Angewidert von meinem eigenen Bett. Ich putzte akribisch die Toilette, wechselte die Bettwäsche, duschte ausgiebig und fiel ins Bett. Alles musste so weitergehen wie bisher. Ich musste noch disziplinierter sein. Noch konsequenter. Nichts in meinem Leben würde ich dem Zufall überlassen. Alles musste seine Ordnung haben. Alles musste überschaubar und planbar sein. Keine Schwäche zeigen. Stark sein. Unerbittlich das Ziel vor Augen. Koste es, was es wolle.

Nach wie vor fuhr ich freitags nach Waldstadt. Unmerklich veränderte sich das Verhalten meiner Mutter. Jürgen hatte wieder mit seinen Sticheleien und seinen Intrigen begonnen. Er ließ keine Gelegenheit aus, mich schlechtzumachen und mich zu provozieren. Für meine Mutter war nichts mehr genug. Es reichte nicht, dass ich an den Wochenenden nach Waldstadt fuhr.

»Ich bin wirklich enttäuscht von dir«, jammerte sie eines Abends am Telefon. »Du machst dir in Ruhrstadt einen schönen Abend, und Jürgen hat so viel zu tun. Er ist genauso enttäuscht wie ich. Du wolltest ihm doch helfen, das neue Buchhaltungsprogramm zu installieren. Was soll das, Christine? Erst erzählst du wunders, was du alles beruflich gemacht hast und was du alles kannst, und dann drückst du dich.«

»Ich sitze hier nicht abends rum, sondern ich lerne! Und nicht ICH habe Jürgen angeboten, dieses Programm zu installieren, sondern ER hat das so beschlossen, dass ich es gefälligst zu machen habe.« Mir reichte es.

»Jetzt hör aber auf, Christine!« Meine Mutter nahm wieder ihren Eiskeller-Ton auf.

Das Gespräch endete mit dem Fazit, dass ich ohnehin nichts zu tun hätte, die Ausbildung etwas für Doofe sei und ich mit meinem faulen Hintern abends mein Sofa platt drückte. Diese Anfeindungen kannte ich bereits.

Es ging auf Weihnachten zu. Julia, die Tochter von Ursula, Mutters Freundin, war vierzehn Jahre alt und umschwärmte Jürgen. Ich hätte kotzen können. Sie nahm ihm Kassetten mit Herzschmerz-Gedudel für seinen Jaguar auf, und ich bekam mit, wie Jürgen ihr am Telefon mit säuselnder Stimme Honig um den Mund schmierte. »Nein, nein, Kleines. Wirklich superschön die Kassette. Mensch, da haste dir aber Mühe gemacht. Da freue ich mich aber.«

Als Julia mit ihrer Mutter Stress hatte, verbot Ursula ihr, zum Konzert der Kelly Family zu gehen. Jürgen kaufte sogleich zwei Karten, fuhr zu Ursula und überredete sie, Julia mit ihm nach Köln fahren zu lassen. Natürlich setzte er durch, was er sich vorgenommen hatte, und die beiden rauschten im Jagi-Baby los.

Ich war fassungslos. Ich fragte meine Mutter, ob sie es nicht merkwürdig finden würde, dass Jürgen mit diesem jungen Mädchen zu einem Konzert der Kelly Family fuhr.

»Du bist genauso missgünstig wie dein Alter!«, schrie mich meine Mutter an. »Wolltest du jetzt noch eifersüchtig werden? Das Mädchen ist froh, wenn Jürgen sich um es kümmert. Und Ursula hat seit der Scheidung von Ulrich genug Probleme um die Ohren. Du bist doch echt verhaltensgestört.«

An einem Samstagmorgen, kurz vor Weihnachten, ging ich dann mit Jürgen in die Stadt. Keine Ahnung, warum und wieso die beiden es wieder einmal geschafft hatten, mich dazu zu überreden. Innerlich schüttelte ich über mich selbst den Kopf. Ich steckte in diesem Film drin und wollte nur noch raus. Jürgen kaufte bei Douglas das gesamte Sortiment von Oilily. Duschgel, Eau de Toilette, Bodylotion und zu guter Letzt noch eine extra Flasche von dem Duft.

»Packen Sie alles schön ein. Nur die zweite Flasche Parfum nicht.«

Erstaunt fragte ich, für wen denn diese Flasche sei, und ich betete innerlich, dass dieser Perversling nicht etwa meinte, ICH würde mir dieses Zeug aufsprühen.

»Für mich«, antwortete Jürgen. »Ich finde den Duft so toll. Ich benutze den selber.«

Mir wurde übel. Mir wurde wirklich schlecht. Das war alles so abstrus, so ätzend, so durchsichtig. Ich konnte doch nicht allen Ernstes die Einzige sein, der dieses offensichtliche Spielchen auffiel … WOLLTEN meine Mutter und Ursula es nicht erkennen?

Jürgen kaufte Handtäschchen, Schmuck und Parfum und war nicht mehr zu bremsen. Als wir zu meiner Mutter fuhren, hatte er für Julia Geschenke für über tausend Mark gekauft. Ich musste weg hier. Ich musste sofort nach Ruhrstadt zurück. Das war alles entsetzlich krank hier.

Zu Hause fuhr ich sogleich zum Stall und erfuhr von dem Bauern, dass heute Abend die Weihnachtsfeier stattfinden würde.

»Komm doch auch vorbei«, lud er mich ein.

Auf diese Feier freute ich mich enorm. Es war wie ein Befreiungsschlag. Kein Anruf aus Waldstadt, keine Fahrt über die Autobahn, keine Julia, kein Jürgen, keine Mutter. Mit dem Bauern trank ich gleich zu Beginn einige Johannisbeerlikörchen und schmetterte zu später Stunde ein ganz besonderes Weihnachtsliedchen. »Oh Tannenbaum. Oh Tannenbaum. Die Bullen sind längst abgehau'n! Der dicke Benz, der ist gestohl'n, der kommt bestimmt sofort nach Pol'n! Oh Tannenbaum! Oh Tannenbaum! Die Bullen sind längst abgehau'n!« Ich hatte zehn lustige Strophen am späten Nachmittag komponiert, weil jeder aus dem Stall aufgefordert worden war, sich etwas Schönes für den gemeinsamen Abend auszudenken. Mit über dreißig Leuten völlig gemischten Alters saßen wir auf Strohballen in der Deele und sangen aus Leibeskräften. Die Stimmung war überwältigend, die Leute schrien vor Lachen, und zum ersten Mal seit meiner Ankunft in Ruhrstadt fühlte ich mich frei und unbeschwert. Man mochte mich, man lachte über meine blöden Sprüche, und man lachte mit mir. Der Bauer schlug mir freundschaftlich mit seiner riesigen Pranke auf die Schulter. »Du bist mir ja ’ne Deene!«, gluckste er. Auch er wurde immer fröhlicher.

Eine gestylte Blondine, mir schräg gegenüber sitzend, beäugte mich argwöhnisch. Ich spürte ihre Ablehnung deutlich. »Prost!«, schmetterte ich meinem Nachbarn zu. Er war der Sohn der Bauersleute. Ein großgewachsener hübscher Kerl mit breiten Schultern. Erst vor kurzem waren wir uns in der Stallgasse begegnet, und interessiert hatte mich Felix gefragt, was ich denn da für ein Pony habe. Zugegeben: Neben seinem Pferd sah Capriola aus wie eine geschrumpfte Micky Maus, aber PONY? Felix hatte noch nie zuvor einen Lipizzaner aus der Nähe betrachtet und war ganz überrascht, dass es diese Rasse auch in Schwarz gab. Und stolz hatte ich ihm erzählt, dass es unter tausend Lipizzanern vielleicht einen einzigen schwarzen gab. Dass ich in schönster Harmonie Lektionen mit meinem Pferd ritt, die sein eigenes Pferd nicht beherrschte, schien ihm ein wenig zu imponieren. Felix gefiel mir auf Anhieb. Er hatte eine sehr liebenswerte und zurückhaltende Art. Sein Gesicht war pure Güte. An seinem Blick konnte ich erkennen, dass dieser Mann keiner Fliege etwas zuleide tun konnte.

»Ja denn auch Prost!«, antwortete Felix, und wir kippten den Schnaps in unsere Kehlen.

»Warte, ich sitze hier so blöde auf der Kante, ich rutsch mal eben zu dir rüber. Dann müssen wir uns den Strohballen teilen.« Und schon saß ich neben ihm. Es war ein schönes Gefühl. Die Nähe zu Felix hatte so gar nichts Bedrohliches. Wir kicherten albern. Felix war auch nicht mehr so ganz nüchtern. Die Blondine funkelte mich immer noch an. »Sag mal«, flüsterte ich in Felix’ Ohr, »wer ist denn dieses Blondchen da gegenüber? Die sieht ja reichlich unlustig aus!«

Felix flüsterte zurück. »Das ist meine Freundin.«

Über mein belämmertes Gesicht amüsierte er sich köstlich. Ich wollte schon aufstehen, aber er protestierte. »Ne ne«, sagte er, »bleib man ruhig hier sitzen. Das ist schon okay so.«

Am nächsten Wochenende fuhr ich das erste Mal nicht nach Waldstadt. Meine Mutter hatte sich zwischenzeitlich nur zwei Mal gemeldet, und diese Gespräche bestanden nur aus Vorwürfen. Das Konto bei der Bank hatte ich überzogen. Ich würde es nach Weihnachten wieder ausgleichen. Felix ging mir nicht mehr aus dem Kopf. Meine Nachbarin Silke hörte sich meine Schwärmereien interessiert an. Wenn Rolf abends unterwegs war, saßen wir zusammen, und es entwickelte sich langsam, aber stetig eine nette Frauenfreundschaft.

Probleme mit dem Alleinsein kannte ich nicht. Weder war ich erpicht darauf, einen Mann unter allen Umständen kennen lernen zu wollen, noch hatte ich beschlossen, mein Leben als Single weiterzuführen. Es würde sich schon etwas ergeben, dessen war ich mir sicher. Ich spürte aber, dass meine innere Uhr tickte und dass sich ein Bedürfnis in mir regte, das ich zuvor nicht gekannt hatte. Ich war dreißig und genoss dieses Alter sehr. Irgendwie, so fand ich, hörte sich das als Zahl erwachsener an als neunundzwanzig. Ich legte sehr viel Wert darauf, mich erwachsen zu fühlen und als Erwachsene respektiert zu werden. Warum das so war, wusste ich nicht.

Heiligabend in diesem Jahr verlief katastrophal. Ich spürte eine bleierne Müdigkeit, als ich am Nachmittag in Waldstadt von der Autobahn fuhr. Das konnte ja heiter werden. Jürgen absolvierte sein übliches Programm mit seiner Exfrau und seinen Söhnen. Nichts, aber auch wirklich gar nichts hatte sich verändert. Die Zeit in diesem Kaff war stehen geblieben. Das Einzige, das sich geändert hatte, war, dass meine Mutter beschlossen hatte, Heiligabend bei Ursula zu feiern. Wer weiß, ob sie es war, die diesen Entschluss gefasst hatte. Sie stellte es so dar, und ich konnte mir lebhaft vorstellen, dass Jürgen ihr diesen »Entschluss« unmerklich eingeredet hatte. Meine Mutter war immer überzeugt, dass sie und NUR sie, ihre eigenen Entschlüsse fasste. Und ich hatte stets das Gefühl, dass Jürgen und NUR Jürgen diese Entscheidungen steuerte und zu seinen Gunsten beeinflusste. Er fand schon immer die Freundinnen meiner Mutter, die wiederum selbst Mütter von Töchtern waren, sehr nett. Mütter von Söhnen im Umfeld meiner Mutter wurden so lange in den Dreck gezogen, bis meine Mutter diese Kontakte abbrach.

»Ich habe mir selbst ein Weihnachtsgeschenk gemacht und einen Brief an ›Brot für die Welt‹ geschrieben. Ich möchte ein Mädchen adoptieren und ihm ein schönes Zuhause geben.« Jürgen setzte sein Glas Wein ab und beweihräucherte sich mal wieder selbst. Es war mittlerweile nach zweiundzwanzig Uhr. Ich war irgendwann auf Ursulas Couch eingenickt, als Jürgens laute Stimme mich plötzlich unsanft geweckt hatte.

»Da liegt die auf der Couch und schläft. Es ist Weihnachten, Christine, und du hast nichts Besseres zu tun, als zu pennen?« Verächtlich hatte er den Kopf geschüttelt.

Mit Ursula und meiner Mutter war kein unterhaltsames Gespräch möglich gewesen. Die beiden wirkten derart unzufrieden und hatten ausschließlich Ursulas anstehende Scheidung und ihren angeblich verhaltensgestörten Exmann als Thema. Es war immer dasselbe: Entweder die Leute im Umfeld meiner Mutter »tickten sauber«, oder sie waren »verhaltensgestört«. Eine gemäßigte Linie, Toleranz und Generosität waren Attribute, die meiner Mutter und Jürgen völlig fremd waren. Es gab einfach nur »ihre Welt«, und sie allein setzten die Maßstäbe für das, was sie als »normal« bezeichneten und duldeten. Das alles hatte mich ermüdet.

»DU hast bestimmt nicht geschlafen, Julia, stimmt's?«, dröhnte Jürgens Stimme. Julia kicherte, und mit einer »Das-kann-doch-aber-MIR-nicht-passieren-heiligster-Jürgen«-Miene schüttelte sie energisch den Kopf. Mich nervte ihr Getue. Sie strahlte »ihren« Jürgen mit glänzenden Augen und erwartungsfroh an. Mit übertrieben blau geschminkten Augen und rot gemalten Lippen blickte die Vierzehnjährige hingebungsvoll zu ihm auf.

Es war Zeit für die Bescherung.

Julia packte aus und packte aus und packte aus.

»Oh Jürgen«, quietschte sie verzückt bei jedem Päckchen. »Oililiiiiiiiiiiiee. Daaaaaas ist ja tollllll.« Sie schmiss sich in seine Arme, begleitet von dem wohlwollend mütterlichen Lächeln von Ursula.

»Ich hab's selbst auch drauf! Hier am Hals. Riech mal.« Jürgen zerrte sich den Rollkragen ein Stück herunter, und Julias Nase kroch ihm an den Hals.

Die Worte der Anwesenden rauschten in meinen Ohren, und die gewohnte Übelkeit stieg in mir auf.

In einem kleinen Päckchen, das für mich bestimmt war, fanden sich ätzend bunte Diamant-Ohrringe vom Nobeljuwelier der Stadt. Meine Ohrlöcher waren seit drei Jahren zugewachsen, und für bunten Schmuck habe ich NICHTS, aber auch wirklich GAR NICHTS übrig. Für einen kurzen Moment überlegte ich, ob ich Freude heucheln und die Dinger in Ruhrstadt zum Pfandleiher bringen sollte. Ich hatte keine Lust mehr auf dieses Theater. Ich hatte es satt bis oben hin, und die ganze Stimmung widerte mich an. Ich würde jetzt hier und heute am Heiligen Abend auf Ursulas Teppich kotzen, wenn ich nicht unverzüglich abhaute. Völlig erschüttert nahm die illustre Gesellschaft meine Missachtung von Jürgens wertvollem und mit »Liebe« ausgesuchtem Geschenk zur Kenntnis. Die anschließenden Beschimpfungen hörte ich gar nicht mehr. Wie in Trance schnappte ich mir meine Jacke und verließ fluchtartig die Wohnung. Als ich draußen in der Kälte stand, atmete ich tief durch. Da war es wieder. Da war mein Gefühl der Freiheit. Freiheit am Heiligen Abend in einer menschenleeren Stadt ohne Familie. Das war MEINE Freiheit.

Die nächsten Tage hörte und sah ich nichts von der Waldstädter Mischpoke. An Silvester plötzlich, ich war bei Freunden eingeladen, klingelte am Spätnachmittag das Telefon.

Meine Mutter. Sie heulte. »Er will mich rausschmeißen. Wenn er gleich wiederkommt, soll ich meine Sachen gepackt haben.«

»Ich hole dich sofort ab, Mutter«, rief ich in den Hörer. »Hörst du? Ich setze mich jetzt ins Auto und hole dich ab.« Es hatte Blitzeis gegeben, und nur ein völliger Idiot hätte sich ins Auto gesetzt, um zig Kilometer in Richtung Sauerland zu fahren. Mir war das gleichgültig. Ich wollte meine Mutter da rausholen und würde mit ihr Silvester feiern. Wenn es sein musste, dann auch mitten auf der Sauerlandlinie.

»Nein!«, entfuhr es meiner Mutter panisch. »Ich kann nicht! Ich kann einfach nicht! Da geht die Tür!«

»Klack.« Aufgelegt.

Unzählige weitere Anrufe folgten. Ein ständiges Hin und Her. Um einundzwanzig Uhr war mir alles egal geworden. Ich würde ohnehin nicht heil in Waldstadt ankommen. Meine Freunde hatten in dem ganzen Telefontheater angerufen und mir empfohlen, dicke Socken über die Schuhe zu ziehen. Draußen ging gar nichts mehr. In meinem Inneren auch nicht. Der liebe Gott hatte aus allen Straßen und Gehwegen Eisbahnen gemacht und mich auf diese Art und Weise gerettet. Vielleicht hätte ich Jürgen doch noch umgebracht. Vielleicht hätte mich meine Mutter in ihren Sumpf gezogen. Meine Mutter war genauso krank wie Jürgen. Die beiden hatten sich verdient. Sie passten wie Deckel auf Topf mit ihren kranken Weltvorstellungen.

Heute glaube ich, dass meine Mutter eine Borderlinerin ist. Ich glaube auch nicht, dass sie therapierbar wäre, selbst wenn sie es jetzt noch wollte. Sie hatte sich selbst geopfert. Ihr Leben. Ihre Seele. Ihre Psyche. Ihre Tochter. Ihre Freundinnen. Die Töchter ihrer Freundinnen. Vielleicht war sie ja selbst Opfer. Ich weiß es bis heute nicht. Ich will es auch gar nicht mehr wissen. Sie ist Lehrerin. Sie hätte sich vor langer, langer Zeit helfen lassen können. Die Beihilfe zahlte schon Ende der siebziger Jahre so etwas Abenteuerliches wie eine Psychotherapie. Selbst meine

Großmutter hatte für ihre Enkelin therapeutische Hilfe im Kopf. Aber meine Mutter, die nur achtzehn Jahre älter ist als ich, zog so etwas nie in Betracht.

Im Januar meldete sich dann Jürgen telefonisch bei mir und fragte nach meiner Kontoverbindung. Es war mir mehr als egal, dass ich monatlich tausend Mark als Schweigegeld von seinem Konto überwiesen bekam. MEIN Leben sollte weitergehen. Ich wollte Capriola behalten, und ich wollte meine eigenen vier Wände behalten. Ich verdrängte das elendige Gefühl, bezahlt zu werden.

Anfang Februar, ich hatte mich auch nicht zum Geburtstag meiner Mutter gemeldet, rief sie plötzlich an. »Ich habe ein Knöllchen hier liegen«, zischte sie durch den Hörer.

Siedend heiß fiel mir ein, dass die alte Fiat-Kiste immer noch auf den Namen meiner Mutter angemeldet war. Ich beschloss, diesen Umstand unverzüglich zu ändern.

»Schick es mir mit der Post zu, und gut ist«, raunzte ich zurück. »Was hast du an einem Freitag um ein Uhr siebenundzwanzig in einer Straße namens ›Junggesellenstraße‹ zu suchen?«, ereiferte sich die Frau am anderen Ende der Leitung. Doch das war nur der Anfang. »Haste dich schön durchvögeln lassen, ja? Du bist das Letzte. Du bist derartig unzufrieden mit deinem Leben, mit deinem Scheißgaul. Du musst dich gar nicht wundern, dass dich seit zweieinhalb Jahren kein Mann mehr anpackt. Hörst du? Wann lernst du endlich, mit deinem Leben zufrieden zu sein? Dein Alter, der hat das bis zum heutigen Tag nicht gelernt. Und diese Scheiße mit deinem Alfons. Das kannst du doch wohl wirklich nicht als Beziehung bezeichnen. Den hast du ausgesaugt und dann fallen gelassen wie eine heiße Kartoffel. Wenn ich so einen Mist schon höre. ›Ich klammere nicht bei einem Mann.‹ Das zeigt doch nur, dass du ein widerwärtiger Egoist bist. Dass du gleichgültig deinen Männern gegenüber bist. Du kotzt mich an. Du nutzt Gott und die Welt nur aus. Du nutzt deine Weiber aus der Polizeischule aus, weil die dich bewundern und für deine Disko-Eskapaden zur Verfügung stehen. Und wenn die Phase dann vorbei ist, dann schießt du die auch wieder ab. Anstatt samstagabends in der Disco herumzuflippen, hättest du ganz andere moralische Verpflichtungen. Tickst du noch ganz sauber? Du bist so krank! Wer mit dreißig noch in die Disco geht, ist verhaltensgestört! Jaaaa! Verhaltensgestört!«

Die Frau am anderen Ende der Leitung tobte und tobte. Ich hielt den Hörer unverändert ans Ohr, war unfähig, aufzulegen. In mir zerbrach etwas. In mir starb etwas. Ich wusste nicht, was es war, aber es zog mir den Boden unter den Füßen weg.

»Seitdem du Arschloch wieder in mein Leben getreten bist, sitze ich jeden beschissenen Tag auf heißen Kohlen. Ständig habe ich das Gefühl, dass du sowieso wieder alles hinschmeißt! Du wirst wieder die Ausbildung abbrechen! Es geht wieder alles den Bach runter. Du musst auch mal Opfer bringen, hörst du? Dein dämlicher Spruch, du wärest nicht bei der Caritas oder als Mutter Theresa geboren, zeugt doch davon, wes Geistes Kind du bist!«

Die Rage der Frau nahm kein Ende. Zwischenzeitlich fragte ich mich, ob ich wirklich eine Frauenstimme hörte. War das nicht Jürgen? Nein. Es war meine Mutter. Meine eigene Mutter, die mich anschrie und beleidigte und damit nicht enden wollte. Es musste doch mal aufhören, oder? Irgendwann ist man doch fertig mit seinem ganzen Hass und seiner ganzen Wut. Oder? Irgendwann sind doch alle Emotionen abgelassen, und dann kann man doch in Ruhe sprechen? Irgendwann …

»… hast den Arsch offen, in Kneipen rumzuhängen. Guck deinem Gaul lieber einmal mehr in den Hintern, oder bleib mit deinem Hintern zu Hause! Jetzt hast du alles, was du brauchst! Und jetzt zeigt mein Töchterchen ihr wahres Gesicht. Du kommst höchstens mal vorbeigeschneit, hast nie Zeit, glotzt ständig auf die Uhr, und dann kassierst du deine Kohle und entfleuchst wieder! Du kotzt mich an! Im Sommer hast du noch so getan, als sei alles in bester Ordnung, und ich hatte gehofft, meine Scheißtochter sei endlich erwachsen geworden, und was ist? Ich habe eine Pubertierende vor mir! Eine Pubertierende!« Ihre Stimme überschlug sich.

»Halt endlich deine dumme Schnauze!«, schrie ich aus Leibeskräften plötzlich in den Hörer. Ich schrie so laut, dass es den Hörer bald sprengte. Noch nie, noch nie in meinem Leben hatte ich mich selbst so laut schreien gehört. Da war sie wieder. Diese unglaubliche Wut. Das Raubtier war erwacht! Hätte diese Frau vor mir gestanden, ich hätte mich vergessen. »Halt verdammt noch mal deine dreckige Schnauze! Für immer! Für iiiimmmmmmeeeeer!« Ich drehte völlig durch. Mein Puls raste. Mein Herz schlug wie wild. Kalter Schweiß lief mir den Rücken runter. Ich war wahnsinnig geworden. Diese Frau hatte mich tatsächlich in den Wahnsinn getrieben. Mit aller Macht schmiss ich den Hörer auf die Station. Ich riss das Kabel aus der Wand.

Eine beängstigende Stille kehrte ein. Es war entsetzlich still. Mein Herz raste immer noch. Und es kam, was kommen musste: ein unglaublicher Schmerz, der mich fast zerriss, rollte unaufhaltsam aus dem dunklen Verlies nach oben. Ich wurde wahnsinnig vor Schmerzen. Ich hielt diesen Schmerz nicht aus. Ich packte meinen Kopf zwischen meine Hände und schrie und schrie: »Neeeeeiiiiiinn!« Immer wieder. Immer wieder. Immer wieder. Es hörte nicht auf. Ich schlug meinen Kopf auf den Boden. Es tat weh. Es reichte nicht. Der Schmerz war schlimmer. Er brachte mich um. Jetzt stieß ich meinen Kopf mit der Kraft des Schmerzes gegen die Wand. Der Schädel dröhnte, ich taumelte, fiel zurück und schlug der Länge nach in meinem Wohnzimmer hin. Dieser Schmerz durchzuckte meinen Kopf noch heftiger. Ich heulte laut auf. Dann wurde es dunkel.

Als ich aufwachte, hatte ich mich auf den Boden erbrochen. Fast hätte ich in meinem eigenen Erbrochenen gelegen. Es war ekelig. Mein Schädel brummte. Aber ich war wieder nur eine Hülle. Ich fühlte nicht den wahren Schmerz. Ich dachte nichts. Ich war nichts.

Ich säuberte den Teppichboden. Es stank erbärmlich. Ich bewegte mich vorsichtig, damit der Kopf ruhig blieb. Bei der kleinsten falschen Bewegung fuhr ein stechender Schmerz durch meinen Schädel. Es war ein Gefühl, als würde jemand ein Messer in meinen Kopf rammen.

Es war zum Glück Samstag. Bis Sonntagnachmittag konnte ich kaum das Bett verlassen. Am Montag schmiss ich Kopfschmerztabletten, die Silke aus der Klinik mitgebracht hatte, ein und setzte meinen Alltag fort, so als ob nie etwas geschehen sei. Die Wochen rauschten dahin.

Ostersamstag, ich mistete gerade Capriolas Box aus, stand die Bäuerin auf einmal an der Boxentür.

»Felix hat sich gerade von seiner Freundin getrennt. Ich dachte, das könnte dich interessieren?« Sie zupfte sich energisch das Kopftuch zurecht.

Ich mochte diese resolute Frau mittlerweile. Sie war ein wenig wie ich. Immer agil. Immer zielstrebig. Ich grinste breit. »Und ob mich das interessiert! Und ob!«

Verschwörerisch-verschmitzt schauten wir uns an. Als Felix am nächsten Tag im Stall war, sprach ich ihn an. »Wenn du mal Zeit und Lust hast, kannst du mich gern anrufen. Wir könnten mal ein Bier trinken gehen. Oder essen gehen. Was hältst du davon?«

Ich war aufgeregt und mimte die Entspannte.

Felix lächelte mich an. »DAS finde ich jetzt aber nett von dir! Ja klar. Mache ich gerne. Ich muss ab nächste Woche auf eine Baustelle nach Berlin. Ich melde mich aber bei dir!«

Mein Herz hüpfte vor Freude. Ich konnte mein Glück kaum fassen. Diese Güte in seinen Augen. Mein Gott, was war der Mann nett.

Am Freitagabend gingen Silke und ich wieder gemeinsam in die Stadt. Wir saßen in einer Kneipe und hatten uns am Tisch von zwei Männern ein Plätzchen ergattert. Der Laden war brechend voll. Aufgeregt erzählte ich Silke von Felix. Mit leuchtenden Augen hörte sie zu. Eine mir bekannte Stimme sagte plötzlich laut: »Guten Abend!«

Schmetterlinge in meinem Bauch flatterten wie wild umher. Felix und ein Freund begrüßten die beiden Männer an unserem Tisch. »Das ist er, Silke. Das ist er! Ich glaub's ja nicht! Da setzen wir uns ausgerechnet an den Tisch seiner Freunde. Das ist ja der Hit.« Ich freute mich wie ein kleines Schulmädchen.

Als Felix mich entdeckte, stieß er ein freudiges »Ach hallo. DAS ist ja ein Zufall!« aus. Wir verbrachten einen lustigen gemeinsamen Abend. Felix' Freunde waren geistreiche Spaßvögel und absolut unterhaltsam. Wir lachten und lachten.

Ich hatte die Haare wieder wachsen lassen, weil ich nicht mehr aussehen wollte wie ein Kerl. Diese superkurzen Haare hatten viel zu viel Härte in mein Gesicht gebracht, und ich trauerte insgeheim um meine schönen schwarzen langen Locken. Zum Glück brauchte ich mir um meinen Haarwuchs keine Gedanken zu machen. Wenn meine Konten so schnell wachsen würden wie meine Fingernägel und meine Haare, dann wäre ich schon längst mehrfache Millionärin.

In einer Tanzkneipe spielten sie Marianne Rosenbergs *Er gehört zu mir*. Felix trällerte den gesamten Text mit, während wir ein flottes Tänzchen aufs Parkett legten. Er fühlte sich so gut an. So stark. So unbeugsam. Diese Mischung aus Güte und Stärke zog mich magisch an.

Er war ein fantastischer Reiter und galt damals in der Ruhrstädter Reiterszene als Lokalmatador. Dass etliche Frauen aus dem ländlichen Reitsport nur darauf gewartet hatten, dass Felix »wieder zu haben war«, wusste ich nicht. Vom Turniersport, insbesondere im Ruhrstädter Umfeld, hatte ich keinen blassen

Schimmer. Als mir später der unverhohlen zum Ausdruck gebrachte Neid einiger Frauen wie ein eisiger Wind entgegenschlug, bekam ich einen ersten Einblick in diese Szene. Jeder kannte jeden. Jeder wusste, wer mit wem wann was »hatte«, alle waren hier in der Region aufgewachsen und gemeinsam älter geworden.

Es war schon spät in der Nacht, als Felix mich nach Hause brachte. Er wohnte mit seinen Ende zwanzig noch bei seinen Eltern. Für mich völlig unverständlich und unvorstellbar.

»Warum hätte ich ausziehen sollen, Christine?«, erläuterte er mir. »Ich war nach dem Abi bei der Bundeswehr, habe dann ganz in der Nähe studiert und hatte meine Pferde bei meinen Eltern im Stall. Und jetzt bin ich unter der Woche in Berlin.«

Heile Welt! So musste sie aussehen, die heile Welt! Ich hatte einen Mann kennen gelernt, der vollkommen anders aufgewachsen war als ich. Immer behütet. Immer umsorgt. Immer geliebt. Was wusste dieser Mann von existentiellen Ängsten? Kannte dieser Mann das Gefühl, mutterseelenallein für sich selbst Verantwortung zu tragen? Kannte Felix den Zustand, ohne Familie, ohne Rückhalt, ohne Unterstützung, ohne Heimat, ohne Wurzeln durch das Leben zu flüchten? Nichts davon kannte er, und nichts davon KONNTE er kennen.

Mein Lebenstempo glich dem Tempo, das nur Flüchtende an den Tag legen können. Es ist das Tempo der Menschen, die vor sich selbst und vor den Erinnerungen fliehen. Beseelt von einer inneren Unruhe. Die Unruhe, die Rastlosigkeit, die ihren Nährboden in der Angst ums Überleben findet. Meine Voraussicht, mein Gespür für Disharmonie, mein permanentes Denken, alles zu tun, um geliebt zu werden, mein Fanatismus für Ordnung und Sauberkeit, mein Bedürfnis nach Sicherheit und Transparenz, nach Kalkulierbarem, nach Offensichtlichkeit und der totalen Ehrlichkeit. All das war diesem Mann so fremd, als spräche ich eine völlig andere Sprache! Er wusste nicht, auf was er sich eingelassen hatte, wer ich war und woher ich kam. Er hatte nicht MEIN Leben gelebt.

In seinen Augen sah ich die Güte meiner Großmutter. Das Stückchen heile Welt, das Omi mir gegeben hatte. Omi hatte mich verwöhnt. Omi hatte sich um mich gekümmert. Omi war immer an allem interessiert. Ihr Todestag jährte sich zum zehnten Male, als Felix und ich uns gerade kennen gelernt hatten. Omi fehlte mir immer noch.

Als Felix mich nach Hause brachte, war ich superaufgeregt. Sogar echte Erregung spürte ich in meinem Körper. Felix hatte auf meinem Sessel in meinem Wohnzimmer Platz genommen und schaute mich einfach nur freundlich an. Ich wusste, was mein Job war. Cool und scheinbar souverän setzte ich mich auf seinen Schoß und begann, ihn zu küssen. Dieser Mann haute mich um. Seine Küsse waren die reinste Freude. Er beherrschte das gesamte Repertoire von zärtlich bis gierig und war immer vorsichtig genug, um keine Grenze zu überschreiten. Wir knutschten uns die Seele aus dem Leib und waren atemlos vor Freude über unser Glück. Ich wollte mehr von Felix. Ich wollte ihn erobern. Ich wollte ihn überzeugen, dass ich die Frau für sein Leben war. Felix war da wesentlich entspannter. Wie ein verliebtes Pärchen standen wir am Türrahmen und konnten so gar nicht voneinander lassen. Schweren Herzens trennten und verabschiedeten wir uns zärtlich.

Als ich am nächsten Tag in den Stall kam, war die Vorfreude auf Felix schon groß. Er begrüßte mich freundlich wie immer, und seine Zurückhaltung ließ mich zweifeln. Dann aber kam er auf mich zu und fragte, ob ich am nächsten Wochenende Zeit hätte. Da stünde ja noch das vereinbarte Essen aus.

»Gerne!«, freute ich mich, »wir können ja zum Italiener gehen«, schlug ich vor.

Felix schaute mich an. »Wenn wir beide essen gehen, dann gehen wir richtig essen!« Ein Satz, der mich zutiefst beeindruckte. Ein Satz, den ich für mich als etwas ganz Besonderes interpretierte.

Ich war froh, dass Felix unter der Woche in Berlin war. Ich hatte ohnehin keine Zeit für eine Beziehung. Felix war kein Mann, der viel telefonierte. Oft wusste ich freitagabends nicht, ob wir uns sehen würden, weil Felix einfach nicht angerufen hatte. Offensichtlich hatte ich noch keinen festen Platz in seinem Leben eingenommen.

Das bedeutete Unsicherheit, und mit Unsicherheit konnte ich nicht umgehen.

Felix hatte für unser erstes Essen ein feudales Restaurant ausgesucht. Ich hatte mich bemüht, mich schick anzuziehen, Felix' Geschmack aber nicht wirklich getroffen. Das spürte ich, auch wenn er nichts sagte. Es war Spargelzeit, und wir schlemmten das köstliche Gemüse und redeten und redeten. Als das Restaurant schließen wollte, wurden wir höflichst gebeten, doch bitte die Rechnung zu begleichen. Felix zahlte und wirkte mächtig männlich auf mich. Es waren wundervolle Stunden mit Felix.

Unsere erste Nacht begann. Felix war ein wunderbarer Liebhaber und bemüht, mich auf Wolken zu betten. Er liebkoste und erforschte und wurde es nicht leid, meinen Körper zu streicheln. Er strahlte so viel Ruhe aus und gab mir das Gefühl, ALLE Zeit der Welt nur für mich zu haben.

Ich ärgerte mich insgeheim, dass ich meinen Höhepunkt vorheucheln musste, weil ich immer noch nicht wusste, wie ich mit einem Mann dahin gelangen sollte. Aber diesen Preis bezahlte ich gern für das gewonnene emotionale Gefühl. Als wir Arm in Arm einschliefen, war ich einfach nur glücklich.

Ein Sonnenstrahl kitzelte mich wach. Es war schon spät am Morgen, und das Bett war leer. Bestimmt machte Felix das Frühstück und holte Brötchen. Ein so fürsorglicher und zärtlicher Mann gehörte zu der Kategorie Frühstückmacher. Kein Frühstück. Kein Mann. Kein Kuscheln. Keine Notiz. Keine Sicherheit. Keine Transparenz. Er war einfach weg. Irgendwann aufgestanden und weg. Ich kämpfte mit den Tränen und dem Gefühl, benutzt worden zu sein. Als ich mich wieder gefangen hatte, ging ich zum Stall. Als Felix mich sah, begrüßte er mich wie immer. Keine Umarmung. Kein demonstratives Zeichen unserer Zusammengehörigkeit. Er war nett wie immer. Für mich brach eine Welt zusammen. Den Abend verbrachte ich ohne ihn. Felix war auf irgendeinem Turnier, hatte dort eine Prüfung gewonnen, und war danach mit Freunden beim Bier versumpft. Am Abend heulte ich mich bei Silke aus. »Da hätte er ja gleich einen Fünfziger auf der Kommode liegen lassen können«, schimpfte sie mit mir. »Das ist ja das Allerletzte!«

Am Sonntag brach es dann aus mir heraus. Ich präsentierte Felix eine prächtige Szene, wie sie nur tief verletzte Frauen präsentieren können. Und ich spürte es gleich: Dieser Mann verstand nur Bahnhof. Weder wollte er mich verletzen, noch hatte er sich auch nur eine einzige Sekunde Gedanken gemacht, wie ICH mich in den letzten Stunden gefühlt hatte. Das brachte mich vollends aus der Fassung. Bis heute hasse ich es, wenn ich jemandem etwas erkläre und mein Gegenüber mir das Gefühl der völligen Verständnislosigkeit gibt. Das macht mich aggressiv, insbesondere dann, wenn ich so etwas wie Ohnmacht verspüre. Als ich wieder zu Hause war, überwältigte meine Angst, Felix verlieren zu können, alle meine Zweifel und jeden Zorn in mir. Ich erwartete Transparenz von ihm und konnte mich doch selbst nicht transparent machen. Hätte man Felix eine Gebrauchsanleitung von mir in die Hände gedrückt, dann hätte er, der Pragmatische von uns beiden, sicherlich gewissenhaft diese Anleitung studiert und wäre nicht in so viele Fettnäpfchen getreten.

Die Wochen vergingen wie im Flug. Die Turniersaison hatte begonnen, und ich war selig, mitfahren zu »dürfen«. Ich schleppte Sattel und Zaumzeug und versuchte, meinen neuen Job der Turnierbegleiterin so gut wie möglich zu machen. Später erfuhr ich, dass diese Leute »Turniertrottel«, kurz »TT« genannt wurden. Niemand aus der Reiterei meint diese Begrifflichkeit wirklich böse, denn ohne »TT« kann ein Turnier ganz schön stressig werden. Helfende Hände werden im Sport eben immer gebraucht.

Auf den Turnieren ging es anders zu, als ich es gedacht hatte. Weder hielt Felix mein Händchen, noch legte er mal den Arm um mich. Niemand wäre auf die Idee gekommen, dass wir ein Paar waren. Der Gipfel des für mich Erträglichen war schließlich erreicht: Felix hatte mich bei Leuten als »eine Bekannte« vorgestellt. Wieder entbrannte ein heftiger Streit zwischen uns. Wir stritten uns oft. Wir stritten darüber, dass er mich nach seiner Ankunft im Stall einfach draußen stehen ließ und sich bei seiner Mutter den Kuchen einverleibte. Wir stritten an den Wochenenden, weil wir oft erst nach sechzehn Uhr nach Hause kamen und ich Capriola dann nicht mehr reiten konnte, da um sechzehn Uhr Stallruhe war, und wir stritten über Felix' Unzulänglichkeit, im Voraus die Wochenenden zu planen. Immer wieder tauchte ich verheult freitagabends bei Silke auf, weil Felix nicht erschienen war und mich auch nicht angerufen hatte.

Wir waren ein häufig streitendes Paar, und mit jedem Monat, der verging, wurden meine Unsicherheiten größer. Felix' Mutter sprach dann irgendwann ein Machtwort. Selbstverständlich käme ich mit zum Kaffee ins Haus und selbstverständlich könne ich zumindest noch mein Pferd in der Reithalle laufen lassen, wenn es nach vier sei. Sie hatte, so interpretierte ich, offensichtlich das Sagen im Hause Birkhoff. Sie war eine Frau, und sie konnte vieles, das mich verletzte, nachvollziehen.

Als es auf Weihnachten zuging, wurde mir schwer ums Herz.

»Wo wirst du Weihnachten verbringen?«, fragte mich Felix' Mutter eines Tages im Dezember.

Ich zuckte mit den Schultern und antwortete nicht. Aber die Tränen flossen unaufhaltsam. Ich konnte sie einfach nicht mehr zurückhalten.

Wenn Felix' Mutter eines nicht ertragen kann, dann ist es, andere Menschen leiden zu sehen. Ein Charakterzug, den sie ihrem Sohn weitergegeben hat und der die beiden absolut liebenswürdig und unentbehrlich macht. Spontan umarmte sie mich und drückte mich fest an sich. »Ach Kind! Ach Kind! So hör doch auf, zu weinen! Bitte! Du kommst zu uns, ja? Du bleibst doch nicht Weihnachten allein! Das passiert nicht! Mach dir keine Sorgen! So, und jetzt wisch dir die Tränen aus dem Gesicht, und sei wieder fröhlich!«

Ich war so dankbar. Ich war so unendlich dankbar. Weihnachten war mir ein Horror, und im Hause Birkhoff würde es bestimmt gemütlich sein. Ich liebte das alte Fachwerkhaus und liebte den großen Kachelofen im Flur. Er strahlte im Winter eine behagliche Wärme aus und verlieh dem Haus etwas Nestähnliches. Kein Wunder, dass Felix dieses Nest nicht verlassen wollte.

Ich merkte, wie der Neid auf die Mutter, die ihrem Sohn seit Jahrzehnten ein schönes Zuhause präsentieren konnte, größer wurde. Felix fühlte sich im elterlichen Hause deutlich wohler als in meiner Wohnung.

Wenn sich ein Mann bei Mama und Papa wohler fühlte als bei der Frau, mit der er schlief, dann konnte es mit der Liebe nicht weit her sein, dachte ich. Ich empfand ihn als echtes Muttersöhnchen, und er stand nicht loyal hinter unserer Beziehung. Und wieder eine Verletzung mehr auf dem Konto. Dass Felix im Betrieb seiner Eltern mit entsprechend viel Publikum aufgewachsen war, schlecht allein sein konnte und schnell das Gefühl hatte, eingesperrt zu sein, wusste ich nicht. Sein Leben lang war er es gewohnt, die Tür aufzumachen und im Freien zu stehen. Mit Hunden, Katzen und Pferden auf einem richtigen Bauernhof. Ein echter Landmensch eben! Meine Wohnung hatte weder einen Balkon noch einen Garten. Seine Art, für sich dieses Problem zu lösen, bestand darin, einfach nach Hause zu gehen.

Ich hingegen hätte es gern gehabt, ein einziges Mal nach Hause zu kommen und erwartet zu werden. Ein einziges Mal das schöne, doch leider so seltene Gefühl aus der Kindheit zurückzuholen, wenn es schon dunkel wurde und das Licht im Haus meiner Großmutter signalisierte, dass ich in jeder Beziehung ins Warme kam. Oma war immer zu Hause gewesen. Felix war nie zu Hause. Oma hatte mich immer erwartet. Felix erwartete mich nie. Er, der mich mit seiner gütigen Art so sehr an meine Oma erinnerte, reagierte aber nicht wie sie. In meinem Kopf und meinem Denken vermischten sich Vergangenheit und Gegenwart.

Felix mochte meine Wohnung nicht, die ich so sehr liebte. Felix erwartete mich nicht, also liebte er mich nicht. Felix verwöhnte mich nicht. Also liebte er mich nicht. Felix stand zu seinen Eltern. Also liebte er diese mehr als mich. Felix war illoyal. Bei mir kamen genau diese Botschaften an, und sie hatten nichts mit den wahren Gründen zu tun. Wir waren unfähig, diese Missverständnisse zu erkennen und aus dem Weg zu räumen. Dass ich mich nicht von Felix trennte, lag daran, dass er tatsächlich sehr viele Eigenschaften hatte, die ich schon an meiner Großmutter geschätzt hatte: Er war ausgeglichen. Er strahlte Ruhe aus. Er war nie launisch, und ich fühlte mich wohl in seiner Nähe. Er hörte mir zu. Er war bodenständig. Er war mit seiner Heimat verwurzelt. Felix ging nie an einem Bettler vorbei, ohne ihm einen Groschen in die Hand zu drücken. Das hört sich heroisch an, war und ist aber so. Felix glaubte immer an das Gute im Menschen. Und Felix hatte Mitleid mit den Bedürftigen. Und Felix hat, genau wie meine Oma, recht nah am Wasser gebaut. Bei rührigen Filmen heulen wir stets gemeinsam Rotz und Wasser. Gehässigkeit, Intriganz, Hinterhältigkeit. Das alles sind Attribute, die meinem Mann genauso fremd sind, wie sie meiner Oma fremd waren.

Ich hatte mir einen Mann ausgesucht, den mir mein Instinkt als gut verhieß. Mein Instinkt behielt Recht. Er hatte mich vor allen Männern geschützt, die nicht gut für mich gewesen wären. Und er hatte mich zu Felix geführt. Aber Felix war eine eigenständige Persönlichkeit, und er war Felix Birkhoff und NICHT meine Oma. Diese Vermischung von guten Erinnerungen und unerreichbaren Hoffnungen, diese Missverständnisse im sprachlichen Austausch, die falschen Bewertungen von Handlungen des Partners, die Unfähigkeit, den anderen als eigenständige Person zu erforschen … all das kann Partnerschaften zerstören.

Trotz meines aufkeimenden Neids musste ich mir eingestehen, dass Felix' Mutter auch eine Faszination auf mich ausübte. Es war für mich unvorstellbar, dass man jede Woche locker zwei Kuchen backen konnte, die restlos aufgefuttert wurden.

»Weißt du«, begann sie eines Tages, »der Felix ist immer gerne nach Hause gekommen. Der Junge hatte schreckliches Heimweh, wenn er nicht bei uns war. Und seine letzte Freundin hat gesagt, dass man den Jungen seinem Elternhaus entfremden müsse. Unglaublich. Das schafft niemand. Merk dir das, Christine: DAS schafft niemand.«

Ich nickte devot. Meine Konkurrentin hatte sich gerade geoutet!

Im Kopf war ich schon dabei, Felix den Vorschlag zu machen, zu mir zu ziehen. Wir waren jetzt seit neun Monaten ein Paar, und ich verstand nicht, dass man dann nicht zusammenlebte. Alfons und ich waren nach drei Wochen zusammengezogen. Alfons hatte nie einen Hehl daraus gemacht, dass er sich Hals über Kopf in mich verliebt hatte. Und Felix? Ich wusste es nicht. Ich hätte niemandem sagen können, ob dieser Mann mich so liebte, wie ich ihn liebte. Trotz aller Streitereien, ich liebte ihn und hätte ihn schon nach kürzester Zeit geheiratet. Die Worte seiner Mutter fielen auf fruchtbaren Boden. Meine Besessenheit, geliebt zu werden und eine Familie zu haben, öffnete Tür und Tor für alle Warnungen. Für mich klangen ihre Worte wie Verhaltensmaßregeln, und ich war es mein Leben lang gewohnt, solchen Erwartungshaltungen zu entsprechen. Trotzdem war meine Sehnsucht nach einem gemeinsamen Leben mit ihrem Sohn viel zu groß. Mich nervten die zwischenzeitlich fallenden Kommentare. Mal ermahnte sie mich, »den Jungen« nicht so spät nach Hause »zu schicken«, weil der »Junge« seinen Schlaf bräuchte. Mal sagte sie: »Streitet doch nicht so viel. Ich kann das nicht haben.« Dann erzählte sie mir immer wieder, was die letzte Freundin alles falsch gemacht und Böses gesagt hatte, und dann wiederum schimpfte sie mit Felix, weil der sich an den Wochenenden bei mir durchfutterte und nicht ein einziges Mal auf die Idee kam, wenigstens Kaffee und Aufschnitt einzukaufen. Ich musste trotz der Unterstützung ohnehin jeden Pfennig umdrehen, und da fiel es mächtig ins Gewicht, wenn an den Wochenenden der Kühlschrank geplündert wurde. Felix' Mutter schwankte zwischen uns beiden hin und her, und vermutlich war dieser Seiltanz auch kein Genuss für sie. Im Leben nicht hätte sie ihren erwachsenen Sohn vor die Tür gesetzt, auch wenn es höchste Zeit dafür geworden war.

Felix erschien mir als ein Mensch, der fröhlich lächelnd durch das Leben spazierte. Bei einer heftigen Knutscherei war der Bezug meines Sofas gerissen. Felix interessierte gar nicht, dass ich fast fünfhundert Mark bezahlen musste, um das Sofa neu beziehen zu lassen. Er war immer völlig erstaunt, wenn ich ihm von meinen Geldsorgen erzählte, und verstand nicht, dass ich keine Rücklagen gebildet hatte. Als ich ihm sagte, dass in meiner Wohnung zehntausend Mark steckten, schaute er mich nur ungläubig an. Das wiederum interpretierte ich als Missachtung dessen, was ich mir im Leben aufgebaut hatte, und ich wurde wütend. Dieser Mann hatte keine Ahnung, was das Leben kostete. Er kannte das Gefühl von Geldsorgen nicht.

Unmittelbar nach dem letzten Telefonat mit meiner Mutter wurde direkt vor meiner Haustür die Seitenscheibe meines Autos eingeschlagen. Eine Sporttasche mitsamt Inhalt war gestohlen worden. Eine Katastrophe für mich. Scheibe reparieren lassen, neue Sportsachen kaufen, das alles waren MEINE Probleme. Kurz darauf wurden mir zwei Male hintereinander die Reifen zerstochen. Ich wusste bald nicht mehr ein noch aus. Als wieder kurze Zeit später jemand die Radmuttern am Auto losgeschraubt hatte und ich nur mit viel Glück in der Polizeischule ankam, gesellten sich zu meinen finanziellen Sorgen noch Sorgen einer ganz anderen Art. Der Gedanke, dass diese »Anschläge« Grüße aus Waldstadt sein könnten, schürte meine Angst vor Jürgen. Die Angst wurde so groß, dass ich jede Nacht zwei bis drei Male mein T-Shirt wechseln musste, weil ich es komplett durchgeschwitzt hatte. Abends legte ich frische T-Shirts ans Bett, sodass ich nur noch danach greifen brauchte und mich schnell umziehen konnte. Dann rollte ich mich auf die andere Seite des Bettes, denn meine Matratze und mein Oberbett waren ebenfalls schweißnass. Ich schrie in der Nacht und wachte von meinen eigenen Angstschreien immer wieder auf.

Das Schlafzimmer war feucht und kalt, und es kümmerte meinen Vermieter nicht im Geringsten. Regelmäßige Rechtsanwaltsbesuche beim Mieterschutzbund begleiteten meine Ausbildung. Capriolas Sattel passte hinten und vorn nicht mehr. Er war derartig muskulös geworden, dass nur ein neuer Sattel hätte Abhilfe schaffen können. Wochenlang ritt ich mein Pferd ohne Sattel, weil ich einfach kein Geld hatte. Ein neuer Sattel hätte gut und gern eintausendfünfhundert Mark gekostet, und die hatte ich nicht. Das Auto muckte. Bei Frost bekam ich nach dem Öffnen der Fahrertür die Tür nicht mehr zu. Das Schloss rastete nicht ein. Ich knotete eine alte Jeans von innen an den Türgriff und presste das andere Ende zwischen meine Knie. Ständig drohte die Tür während der Fahrt zur Polizeischule aufzufliegen. Es konnte auf Dauer so nicht mehr weitergehen.

Aber ich lebte, genau betrachtet, auch ein völlig normales Leben. Es war ein Leben, das man führt, wenn man erwachsen geworden ist und sich bewusst wird, dass man für jedes Kinkerlitzchen allein zuständig ist. Es war das Leben, wie es Hunderttausende in unserer Republik leben.

Der einzige Mensch, der zu diesem Zeitpunkt nicht so lebte, war Felix. Er hörte sich zwar am Wochenende die Probleme an, aber dass ich Hilfestellung gebraucht hätte, diese Botschaft kam bei ihm einfach nicht an. Von meiner Vergangenheit wusste Felix bis zu diesem Zeitpunkt nur sehr wenig. Er wusste auch nicht, dass ich kurz vor Ostern eine tiefenpsychologische Analyse bei einem Therapeuten begonnen hatte. Und er wusste nicht, dass ich mich immer öfter mit Suizidgedanken quälte. Dass ich meine eigenen Schreie in der Nacht nicht mehr ertrug, dass ich den Druck in der Polizeischule nicht mehr ertrug, dass ich diese Leere in mir nicht mehr ertrug, dass mir mein Leben schlicht und ergreifend zu viel geworden war. Dass ich meines eigenen Lebens überdrüssig und müde geworden war. Lebensmüde eben. Meinen Schmerz über den Verlust meiner/einer Mutter hatte ich vielleicht bewältigt. Nicht aber den Verlust meiner Großmutter. Wie sollte ich auch?

Dachte ich an Felix, dachte ich auch an sie. Er konnte mir aber nicht geben, was sie zu geben vermochte. Sie war meine Großmutter. Felix war mein Partner. Die so entstandene Lücke empfand ich als schmerzliche Leere. Je deutlicher ich spürte, dass ich vergeblich von Felix forderte, was Oma mir freiwillig gegeben hatte, je deutlicher diese Diskrepanz für mich wurde, umso mutloser wurde ich. Umso größer wurde das Loch in meiner Seele. Umso schmerzlicher wurden die Erinnerungen an meine Großmutter. Ich sah Felix und sah meine Großmutter. Die Todessehnsucht stieg im selben Maße, wie sich das Loch in meiner Seele vergrößerte.

Felix und ich schlugen uns an den Wochenenden mit Banalitäten herum. Verstanden kein Wort voneinander und ließen dennoch nicht los voneinander. Stritten über Peanuts. Peanuts, die in meiner Seele zu Elefantenbäumen heranwuchsen und die Leere nur noch vergrößerten.

Etwas Wichtiges änderte sich in unserer Beziehung nach Weihnachten. Felix hatte lapidar gefragt, warum ich nicht Jürgen um finanzielle Hilfe für ein neues Auto bitten würde. Mein emotionaler Ausbruch muss tiefe Spuren bei ihm hinterlassen haben. In fünf Sätzen qualifizierte ich seinen Vorschlag ab und knallte ihm Begrifflichkeiten wie Missbrauch, Misshandlung, Therapie, Suizid und so weiter um die Ohren. Gleichzeitig überschüttete ich ihn mit Vorwürfen, immer tatenlos zuzusehen, wie ich mich mit meinem Leben quälte. Felix machte sich gelegentlich lustig über meine Berufsausbildung bei der Polizei. Seine Erfahrung mit der Polizei manifestierte sich in der Begegnung mit einem Kollegen, der ihn mit den Händen in der Hosentasche und Kaugummi kauend nach seinem Fahrzeugschein und Führerschein gefragt hatte. Felix ahnte nicht, dass Fragen wie »Ballert ihr da eigentlich auch so richtig mit der Knarre rum?« meine Seele tief verletzten. Er ahnte auch nicht, wie stolz ich insgeheim war, diesen schwierigen Lebensweg bis hin zur Polizeischule bewältigt zu haben. Und er ahnte ebenfalls nicht, wie sehr es mich anwiderte, dass ich diese Ausbildung von meinem eigenen Missbraucher mitfinanzieren ließ. Ich sehnte mich nach dem Tag der Prüfung und sehnte mich danach, dass diese Zahlungseingänge aufhörten. Jeden Monat stand es schwarz auf weiß auf meinem Kontoauszug: Tausend–Mark-Einzahler »Jürgen Karnasch«. Es stand direkt unter den Ausbildungsbezügen der Polizei des Landes Nordrhein-Westfalen.

Was genau von meinem Wortschwall bei Felix angekommen war, weiß ich bis heute nicht so richtig. Einige Tage später stand er tief bewegt mit einem kleinen Matchbox-Auto vor der Tür. Er wusste, dass ich einen Mitsubishi, der kaum Kilometer drauf hatte und einem alten Herrn gehört hatte, für einen guten Kurs bekommen konnte. Felix' Vater hatte mir den Händler empfohlen. Der Kauf scheiterte aber an der Anzahlung über dreitausend Mark, die ich zu leisten hatte. Den Restbetrag hätte ich monatlich in vierundzwanzig Raten abstottern können. Sicher, ich hätte den Gürtel enger schnallen müssen, aber diese Raten waren machbar. Ich starrte auf das kleine Matchbox-Auto und fing an zu heulen. Es war ein kleiner schwarzer Mitsubishi Colt, genau das Modell, das ich kaufen wollte. Felix hatte feuchte Augen, als er mir einen Umschlag dazu gab. Er nahm mich in den Arm. »Ich kann dir kein neues Auto kaufen«, begann er, »aber die Anzahlung, die kann ich dir geben. Wenn du irgendwann besser bei Kasse bist, kannst du es mir zurückzahlen. Jetzt zumindest brauchst du dir keine Sorgen mehr zu machen und kannst jeden Tag beruhigt zur Polizeischule fahren.«

Ich war sprachlos. Felix hatte mir eine Seite offenbart, die ich bis dato nicht an ihm kannte. Ich heulte mich in seinen Armen aus, und es tat unglaublich gut, einmal schwach sein zu dürfen.

Während meiner wöchentlich stattfindenden Therapiesitzungen litt ich Höllenqualen. Ohne ein Päckchen Tempotaschentücher ging gar nichts. Der Schmerz, meine Mutter verloren zu haben, und der Schmerz über alles, was sie mir angetan hatte, überwältigte mich jedes Mal. In diesem Wirrwarr von gegensätzlichen Gefühlen kam nach fast einem Jahr Therapie meine Sexualität zur Sprache. Ich offenbarte mich dem Therapeuten. Ich wusste, dass Schauspielerei hier zu keinem guten Ergebnis führen würde. An diesem Tag nahm ich zwei Sätze des Therapeuten mit nach Hause. Der erste Satz war: »Sie dürfen ruhig EINE Mutter vermissen, aber bitte nicht DIESE Mutter!« Der Satz hatte tiefen Eindruck bei mir hinterlassen und sorgte für etwas Ruhe in mir. Der zweite Satz hatte mich zum Explodieren gebracht und dazu veranlasst, die Sitzung vorzeitig und unfreundlich zu beenden. Es war der Satz: »Sie werden gar keine andere Wahl haben, als Ihrem Partner zu sagen, dass Sie noch nie mit einem Mann einen Höhepunkt hatten.«

»Niemals! Nur über meine Leiche!«, hatte ich den Therapeuten angebrüllt. Ich war völlig aus der Fassung geraten. »Eher breche ich diesen ganzen Mist hier ab!« Mit diesen Worten war ich aufgestanden und gegangen. Ich war unhöflich gewesen, stellte ich auf der Heimfahrt fest. Ich beruhigte mich mit dem Gedanken, dass Therapeuten geschult waren, so etwas auszuhalten, und überdies dafür bezahlt wurden. Meine Gedanken waren bei Felix. Und bei dem Therapeuten. Der hatte gut reden. Wie stellte er sich das eigentlich vor? »Du hör mal, Felix. Ich wollte dir nur sagen, dass ich dir fast ein Jahr lang ein großartiges Schauspiel präsentiert habe. Mein ganzes Gestöhne, meine blöden Zuckungen, meine ganzen Orgasmen … tja, die waren gespielt, mein Liebster? Aber mach dir keine Sorgen, du bist großartig im Bett, und lieb habe ich dich trotzdem?«

Unmöglich! Es war einfach unmöglich! Aber die Hoffnung war da. Ich spürte sie deutlich, und der unbändige Wunsch nach sexueller Identität ließ nicht nach. Es war alles so verdammt verrückt in dieser Zeit. Mal wollte ich meinem Leben ein Ende setzen, dann wiederum kämpfte ich wie eine Löwin um mich. Ich gab mich auf. Ich kämpfte. Ich gab mich auf. Ich kämpfte.

Felix war sexuell immer begeistert bei der Sache, und auf Dauer konnte ich so nicht weitermachen. Ständig fragte er, was mir gefallen würde, und diese Fragen bedeuteten Stress! Innerhalb kürzester Zeit würde es so aussehen wie bei Alfons und mir. Ich würde Felix ständig abwimmeln mit Kopfschmerzen, Zwischenblutungen und allem, was uns Frauen so einfällt, wenn Männer Lust haben und uns das zu viel wird. Felix war ein Mann, dem die Sexualität Nähe und Gemeinsamkeit gab. Er liebte es, mich zu verwöhnen. Er würde mich verlassen, wenn er hörte, dass alles nur gespielt war. Aber war ALLES gespielt? Ich hatte Lustempfinden, hatte eigentlich Spaß am Sex, ich wusste nur nicht, wie ich mit einem Mann Befriedigung erlangen sollte.

Allein war das schon lange kein Problem mehr. Ich wusste genau, wie ich funktionierte. Gerd sei Dank.

Als Felix am Wochenende bei mir war, druckste ich herum. Aber es wollte nicht über meine Lippen. Heulend und frustriert igelte ich mich in meinem Bett ein.

Wenig später kam Felix und hockte sich neben mich. Er streichelte mein Haar. »Was ist denn, Christine?« Besorgnis lag in seiner Stimme.

»Du wirst mich verlassen, Felix. Wenn ich dir DAS erzähle, wirst du mich bestimmt verlassen! Das verzeihst du mir nie!« Ich schluchzte und heulte zum Herzzerreißen.

Felix hörte auf, mich zu streicheln. »Hast du mit einem anderen Mann geschlafen?«, fragte er und wich unmerklich ein Stück zurück.

Ich starrte ihn überrascht, verheult und ein wenig erleichtert an. »Iiiiiiich?«, fragte ich erschüttert. »DAVOR hättest du Angst, Felix?« Innerlich triumphierte ich bereits. Wenn DAS alles war, was diesen Mann schockierte, dann konnte ich ihn beruhigen.

»Dann sag mir endlich, was los ist!« Felix hörte sich ungeduldig und ein wenig distanziert an.

Ich setzte mich in meinem Bett auf, und jetzt sprudelte es auf einmal aus mir heraus.

Felix machte es sich irgendwann in meinem Bett bequem und hörte aufmerksam zu. Es wäre ohnehin zwecklos gewesen, meinen Redefluss unterbrechen zu wollen. Ich redete über meine Therapie, über Jürgen, über mein Leben mit anderen Männern, über Gerd, über meinen Körper und über meine Ängste. Ich schüttete Felix meine Ängste praktisch vor die Füße. Die Angst, dass er mich verlassen könnte, die Angst, dass er glaubte, ich würde ihn nicht lieben, die Angst, dass er an seinen sexuellen Fähigkeiten zweifeln könnte, die Angst, ihm alles gesagt zu haben und dann doch nichts in meiner Sexualität ändern zu können, die Angst, sexuell zu versagen und nun entblößt zu sein.

Felix streichelte meine Haare. »Schschschttt. Beruhige dich. Mach dir keine Sorgen. Dann müssen wir eben üben. So einfach ist das.«

Wie ein kleines Kind lag ich in Felix' Armen und fühlte mich geborgen wie nie. Eine immense Erleichterung überkam mich, und die Anspannung fiel merklich von mir ab. Mir war ein Riesenstein vom Herzen gefallen.

»Du hast gesagt, du wüsstest, wie dein Körper funktioniert. Du hast auch gesagt, dass du dich selbst befriedigen kannst.«

Ich nickte selig.

»Dann will ich dir mal etwas von meinen Sehnsüchten erzählen, ja?« Felix lächelte mich verschmitzt an und tuschelte mir etwas ins Ohr.

»Nein!«, antwortete ich verlegen und schamvoll zugleich. Ich wurde knallrot, und mir wurde heiß. »Nein! Felix!« Meine Empörung war nur gespielt. Ich grinste breit. Ich freute mich.

Wir kicherten und alberten herum und kugelten miteinander durch das Bett.

»Doch, doch«, flüsterte Felix, »mach das. Das wäre mein größter Wunsch. Das habe ich noch nie einer Frau erzählt.«

Wir saßen also in einem Boot? Das war wirklich amüsant. Und ausgerechnet ich konnte diesem Mann mit meinem »Problem« einen Wunsch erfüllen? Es war unglaublich. Wir passten im Bett zusammen wie zwei Puzzleteilchen.

Was soll ich Ihnen sagen, liebe Leser? Man muss nicht alles erzählen, finden Sie nicht auch? Lassen Sie Ihrer Fantasie freien Lauf, so wie Felix und ich es an diesem Abend auch getan haben. Es hat Spaß gemacht. Es hat so unglaublich viel Spaß gemacht, und wir konnten gemeinsam vor Freude weinen. Ich war einunddreißig Jahre alt, und mein Mann war »mein Erster«. Ein wunderschönes Gefühl.

Als wir später im Restaurant saßen, ulkten wir herum.

»Das schreit nach einer Fortsetzung«, witzelte Felix. Oh Gott, ich liebte diesen Mann. Seine unbeschwerte Art, seine unbekümmerte Lebensführung, die mich tagtäglich auf die Palme brachte … ich liebte sie jetzt. Genau diese Art war es, die mich hatte fliegen lassen. Es war genau diese Art, die die Ekstase über die Selbstbeherrschung hatte siegen lassen. Ich war einunddreißig und spürte, dass sich in meinem Leben, in meinem Empfinden als Frau etwas Entscheidendes geändert hatte.

Der Therapeut war sichtlich stolz auf mich.

»Sie marschieren hier durch die Therapie, das ist ja Wahnsinn!«

Ich platzte vor Stolz. Ich dachte wirklich, ich hätte meine Vergangenheit nun endlich hinter mich gebracht. Nach über zwei Jahren Therapie beendeten wir unsere Sitzungen.

Trotz aller sexuellen Harmonie veränderte sich wenig an den Streitereien zwischen mir und Felix. Er zierte sich und zog erst zu mir, als ich mit Trennung drohte. Das war kein schönes Gefühl. Ich hatte mir so vieles anders vorgestellt. Als es darum ging, einen Schrank für Felix' Kleidungsstücke zu kaufen, schaute er ständig auf die Preise und regte sich selbst bei Sonderangeboten tierisch auf, wie teuer alles sei. Mitten auf einer Rolltreppe entbrannte ein heftiger und lautstarker Streit. Felix hasste es, wenn wir uns in der Öffentlichkeit stritten. Ihm war Diskretion heilig, ich aber musste manche Dinge an Ort und Stelle klären.

Als wir Wochen später endlich einen Schrank kauften, konnte ich mich beim besten Willen nicht darüber freuen. So war es auch mit seinem Einzug gewesen: Die permanenten Diskussionen zehrten an meinen Kräften, und wenn dann endlich eine Entscheidung fiel, dann war mir die Freude vergangen. Wir ließen nichts aus: Ferienplanungen (Felix plante niemals …), Zukunftspläne (»Wozu das denn?«), Heiraten (»Um Gottes willen, mit neunundzwanzig Jahren schon?«), Kinder (»Viel zu jung!«), neue Wohnung (»… hä? Ist doch schön hier?«) und so weiter und so fort …

Ich hatte das Gefühl, als lebten wir auf zwei völlig verschiedenen Planeten. Mit seiner Lethargie machte Felix systematisch meine Träume kaputt. Ich war ein Mensch, dem die Träume und die Zuversicht immer Stärke gegeben haben. Ohne Perspektive war ich ein Nichts und sank völlig in mich zusammen. Andere Frauen wurden auf Knien angefleht, ihren Prinzen zu heiraten. Der Meinige ließ sich von mir durchs Leben tragen, und ich empfand diese Last als unerträglich. Ich wusste nicht, woher ich die Kräfte nahm, immer wieder mit Felix zu diskutieren. Was heißt eigentlich »diskutieren«? Ich schwallerte wie wild darauflos, nagelte Felix gnadenlos rhetorisch und argumentativ mit dem Rücken an die Wand, und er schwieg. Er schwieg und machte mich rasend.

Die Frage, ob dieser Mann mich liebte, beantwortete ich mir selbst damit, dass er immer noch an meiner Seite weilte. In stillen Momenten dachte ich gelegentlich, dass so manch ein anderer vermutlich schon längst das Weite gesucht hätte. Aber solange es Männer gab, die ihrer Holden einen Heiratsantrag machten, sich rührend im Alltag um alles kümmerten und sich sehnlichst einen Thronfolger wünschten, so lange hielt ich an meinem Traum vom Frausein und Geliebtwerden fest. Und ich sah es absolut nicht ein, diesen Traum zu begraben. Felix' Art des Liebesbeweises kam bei mir nicht an. Für mich hieß Liebe, sich Gedanken um die Zukunft zu machen, gemeinsame Zukunftspläne zu schmieden, Liebesbeteuerungen, kleine Aufmerksamkeiten und vieles mehr. Eben all das, was ich machte. In dieser Zeit träumte ich oft, dass wir ohne unsere Pferde einen Hindernisparcours absolvieren mussten. Ich sprang über die höchsten Hindernisse und stand anschließend diskutierend hinter dem Hindernis. Felix stand davor und traute sich nicht über die Hürde. Aufgewacht bin ich dann immer, weil ich schrie: »Springen musst du schon alleine. Ich kann dich nicht rübertragen.«

Die Ausbildung bei der Polizei schritt voran. Ich befand mich in meinem letzten Praktikum. Die Praktika waren eine echte Wohltat. Meine Kollegen waren zumeist so alt wie ich, hatten Familie und dieselben Lebensansichten wie ich. Der Polizeialltag lag mir und passte zu meinem Temperament: Dachte ich in der einen Sekunde noch »Och, ist das langweilig ...«, so rief unser Funker in der nächsten Sekunde schon: »Raus! Raus! Täter am Werk!« Wir lachten viel unter uns Kollegen. Humor lässt einen die Dinge distanzierter sehen und sich vom Geschehen abheben. Ich sah Wohnungen, von denen ich nichts geahnt hatte. Wohnungen von Alkoholikern, die nach Fusel und Abfall stanken und in denen lauter leere Flaschen zwischen schmutziger Wäsche und Dreck lagen. Wohnungen von Junkies, die nach Urin und Kot stanken, wo die Wände mit Fäkalien beschmiert worden waren und die Spritzen und das Stanniolpapier kreuz und quer herumflogen. Wohnungen, in denen sich das Geschirr ganzer Monate selbstständig vorwärtsbewegte und Wohnungen, in denen die verdreckten Toiletten neues Leben hervorgebracht hatten. Es war schier unglaublich, und die Perversitäten kannten keine Grenzen. So also endete man, wenn man aufhörte zu kämpfen. Wenn man keine Kraft mehr hatte und liegen blieb.

Da wurden Frauen von ihren Männern tagelang ans Bett gefesselt, brutal verprügelt und vom eigenen Mann und dessen Saufkumpanen mehrfach vergewaltigt. Frauen saßen auf der Wache, deren Gesicht förmlich zu Brei geschlagen worden war und die nicht mal mehr Kraft für eine einzige Träne hatten. Frauen, deren Anzeigen ich akribisch schrieb und die am nächsten Tag wieder auf der Wache standen und ihre Anzeige zurückzogen. Als der Polizei endlich die Befugnis gegeben wurde, prügelnde Männer aus den Wohnungen zu schmeißen und ihnen für zehn Tage ein Rückkehrverbot zu erteilen, war das für viele Frauen ein Segen.

Zum ersten Mal in meinem Leben wurde mir nachhaltig bewusst, dass mir bei allem, was ich erlebt hatte, viel erspart geblieben war. Zum Glück.

Ich sah so viel Leid, aber eines sah ich nie: missbrauchte Kinder. Ich sah niemals auch nur ein misshandeltes Kind. Die Kolleginnen und Kollegen in den zuständigen Fachkommissariaten sehen solche Kinder jedoch täglich. Aber wir? Die Polizisten auf der Straße?

Wohl überkam mich manches Mal ein komisches Gefühl. Das Gefühl, das mit der präsentierten heilen Fassade irgendetwas nicht stimmte. Ein kurzer »anderer« Blick aus Kinderaugen, eine unbestimmte Geste, ein allzu aggressives oder auch allzu introvertiertes Verhalten. Und wenn ich dann mal mein Gefühl gegenüber den Kollegen äußerte, reagierten sie fast alle gleich.

»Ich habe doch mit dem Vater gesprochen! Der war supernett! Hast du das Haus gesehen? Der Typ ist Oberstudienrat. Neeeeee! DAS glaube ich nicht!«

Aber es gibt sie, diese Kinder. Es gibt misshandelte, fast zu Tode geprügelte und unvorstellbaren Seelenqualen ausgesetzte Kinder. Es gibt sie, die Kinder, die täglich, wöchentlich ihren Missbraucher ertragen müssen.

Als Polizistin der Straße sehe ich sie als Erwachsene: in den Wohnungen der Alkoholiker, der Junkies, der Gestrandeten; am Straßenstrich und in den Bordellen; als Opfer auf der Wache mit blau geschlagenem Körper.

Wo waren sie als Kinder? Als Opfer, die noch am Beginn ihrer desaströsen »Karriere« standen? Sie waren wie ich damals: perfekt in der Tarnung. Perfekt im Lügen. Perfekt darin, ihren Missbracher zu schützen. Ich möchte wissen, vor wie vielen missbrauchten Kindern ich bisher schon gestanden habe. Ich möchte wissen, wie viele Kinderaugen schüchtern zu der Frau in der Polizeiuniform hochgeschaut haben und vielleicht hofften, dass ich sie endlich aus ihrer hoffnungslosen Lage heraushole! WIE VIELE? Ich möchte es wissen!

Die Anblicke unzähliger menschlicher Schicksale belasteten mich nicht in dem Maße, mit dem ich gerechnet hatte. Ich zog meine eigenen Lehren daraus und habe bis heute meine eigene Art, mit diesen Bildern zurechtzukommen. Immer wieder relativiert sich dann mein eigenes Leben. Ich hatte das unglaubliche Glück (oder das unglaubliche Gespür?), als erwachsene Frau ausschließlich an Männer zu geraten, die mir nicht geschadet haben. Selbst Léon, der alte Choleriker, war mit den Männern, die ich im Polizeialltag mit dem größten Vergnügen in die Zelle schleppe, in nichts zu vergleichen. Ich hatte mit Felix einen ebenso lieben wie geduldigen Mann gefunden. Ich hatte eine Arbeit, mit der ich auf »redliche« Weise mein Geld verdienen konnte. Ich hatte das Geld, mein Pferd und meine wunderschöne Wohnung finanzieren zu können. Das tägliche Ambiente des Bauernhofs stand im krassen Gegensatz zu dem Lärm der Stadt und dem Gestank in den vielen Behausungen.

Felix wohnte nicht gern bei mir, war nach wie vor lieber bei seinen Eltern, schmiedete keine Zukunftspläne, machte mir keinen Antrag und wünschte sich kein Kind.

Wie sehr hatte ich darauf gehofft, dass sich der Mann meiner Träume eines Tages ein Kind wünschen würde? Gegen Ende meiner Ausbildung hatte ich Felix förmlich erpresst: Sex ja – Verhütung nein! Das Gefühl war einfach schlecht. Richtig schlecht.

In der Polizeischule diskutierten alle bereits über die Versetzungen, die mit den Abschlussprüfungen einhergingen. Es gab Städte, die waren schier unerreichbar für uns. Zum damaligen Zeitpunkt gehörte Ruhrstadt auch dazu. Die Chancen stiegen mit Wartepunkten, die man im Laufe der Jahre sammeln konnte. Das Punktekonto konnte aber mit einer Heirat oder einer Familiengründung mächtig aufgefrischt werden. Stichtag für dieses Punktekonto war der 20. Januar, der Geburtstag von Felix' Mutter.

Ich erzählte Felix von meiner Sorge. Ich äußerte freimütig meine Angst vor einer räumlichen Trennung, die Angst, dass unsere Beziehung in die Brüche gehen könnte, und die Angst, schon wieder in meinem Leben alle Zelte und Kontakte abbrechen zu müssen. Ohne Heirat standen für mich als Single Städte wie Köln oder Düsseldorf ganz oben auf der Skala der Wahrscheinlichkeit. Ich sehnte mich danach, dass Felix Farbe bekannte und mich in dieser Krise nicht allein ließ. Es war nicht nur mein Problem. Es war schließlich unser Problem, denn es ging um unsere Zukunft. Hätte ich Felix nicht gekannt, wäre mir die Versetzung herzlich egal gewesen. Eine Wohnung für mich und eine Box für Capriola ließen sich überall finden.

Felix schwieg und hörte zu. Immer wieder drängte ich ihn, seine Meinung preiszugeben und mir endlich zu sagen, was er dachte. Streit lag wieder in der Luft.

Dann eröffnete mir Felix: »Wenn du tatsächlich nach Düsseldorf oder Köln versetzt wirst, warum nimmst du dir dann nicht ein kleines Appartement und kommst an deinen freien Tagen nach Ruhrstadt? Ich bleibe dann hier in der Wohnung und übernehme die Miete.« Das war's. Das war sein Statement.

Ich war sprachlos. Felix hatte es geschafft, MICH sprachlos zu machen.

»Du tickst doch wirklich nicht ganz sauber!«, herrschte ich Felix an. »Wie stellst du dir das eigentlich vor? DU wohnst in MEINER Wohnung, die ICH von MEINEM Geld eingerichtet habe, und ICH ziehe in ein Miniappartement und verbringe meine wenigen freien Tage dann mit Wäschewaschen und Putzen? Geht's dir noch gut?«

»Hey! Jetzt reg dich nicht gleich wieder auf! Es ist doch nur ein Vorschlag! Und natürlich würde ich dann die Miete für diese Wohnung übernehmen!«

Mir platzte der Kragen. »Oooohhh! Wie generöööööös von dir«, schimpfte ich los. »Da muss ich wohl noch dankbar sein, wie? Und was ist mit Capriola? Was ist mit meinem Pferd? Soll ich vielleicht noch ein neues Auto kaufen mit Anhängerkupplung und einen Pferdeanhänger, damit ich Capriola dann immer von Köln nach Ruhrstadt und wieder von Ruhrstadt nach Köln fahre? Wo soll ich hin mit dem Pferd? Stelle ich ihn nach Köln, dann kann ich ausgerechnet an meinen FREIEN Tagen NICHT reiten! Soll ich HIER nicht reiten?«

Ich war völlig aufgelöst. Felix hatte mir gerade den Boden unter den Füßen weggerissen. Er hatte mich verraten, im Stich gelassen und mich den Löwen zum Fraß vorgeworfen. Er war wie die anderen, die meine Seele mit Füßen getreten hatten. Er saugte mich aus, nutzte alles das, was ich mir mühsam aufgebaut hatte, und trudelte völlig entspannt mit seiner Mama durch den Alltag. Und irgendwann würde er eine neue Frau finden und mich abschießen. Wegwerfen. Dann, wenn ich überflüssig geworden war. Ich brach in Tränen aus. Heulte und heulte und heulte. Hasste diesen Mann. Liebte diesen Mann. Schoss ihn ab. Warf mich vor ihn. Starb und kämpfte. Hoffte und resignierte. Ein Orkan tobte in mir.

Felix realisierte, dass sein Vorschlag daneben war. Aber nicht, weil er begriffen hatte, dass sein Vorschlag eine Zumutung für mich war, sondern weil er meine Reaktion volle Wucht abbekam. Wir stritten wie die Kesselflicker. Umsonst. Wir kamen auf keinen gemeinsamen Nenner. Ich würde mich trennen müssen. Ich kam mit solchen Zwitterlösungen nicht zurecht. Eher schlug ich alles kurz und klein, als dass ich mich mit einem solch faulen Kompromiss zufriedengegeben hätte. Sekt oder Selters. Letzteres kannte ich bereits zur Genüge. Dann müsste ich eben wieder von vorn anfangen. Würde mir eine richtig schöne Wohnung suchen, für Capriola ein neues Zuhause finden, würde mich niederlassen in einer fremden Stadt, Kontakte knüpfen und eines Tages vor einem Mann stehen, der mich besser behandelte, als Felix es tat. Ich wollte ein Zuhause. Ich wollte Wurzeln. Ich wollte Heimat. Ich wollte Sicherheit.

In letzter Verzweiflung schmiss ich Felix, der ohnehin nur halbherzig bei mir wohnte, kurzerhand raus. »Geh zu deiner Mama!«, schrie ich ihn an. Als er tatsächlich ging, brach ich zusammen. Dieser elendige Schmerz breitete sich wieder in meinem Körper aus. Es zerriss mir das Herz. Ich zitterte am ganzen Körper, zäher Speichel floss aus meinem Mund, ich würgte, ich spuckte, ich krampfte und schrie. Ich wollte sterben. Ich wollte bei Oma sein. Ich wollte nicht mehr verlassen werden. Ich wollte nicht mehr kämpfen. Ich wollte endlich meinen Frieden.

Meine Automatismen, mein Zwangskorsett der eisernen Disziplin, mein Putzfimmel, meine Nikotinsucht und meine Sucht nach Leistung trugen mich weiter durch den Alltag. Ich lernte wie besessen, erklärte den Kolleginnen rechtliche Zusammenhänge, organisierte eine abendliche Lerngruppe in meiner Wohnung und sammelte in den Stunden mit Capriola Kraft. Das Pferd und die Reiterei waren die einzige Chance für mich, einmal richtig abzuschalten. Ich liebte Capriola. Typisch Skorpion war er: mutig, intelligent, vorsichtig, skeptisch und immer zur Leistung bereit. Für ein Lob von mir brachte das Tier sich fast um. Capriola war völlig fixiert auf mich. Wir verstanden uns wortlos. Verstanden uns mit Gesten, die kaum ein anderer wahrnahm. Er lernte und lernte und lernte. Niemandem war es bis jetzt gelungen, dieses Pferd auch nur zu longieren, geschweige denn zu reiten. Ich ritt mit ihm ohne Sattel und ohne Reithalfter Piaffe-Passage-Übergänge, und meinem Schwiegervater verschlug es die Sprache.

Vier Monate vor dem Ende der Ausbildung hatte Felix die Tür meiner Wohnung von außen zugeschlagen. Es folgte das reinste Chaos. Immer wieder standen wir heulend voreinander und kamen nicht weiter. Ich schlug vor, dem Thema Heiraten etwas mehr Glanz und Abenteuer zu verpassen, um die diffusen Ängste von Felix beiseitezudrängen. Warum nicht nach New York fliegen? Wir könnten heiraten, nach New York fliegen, Weihnachtseinkäufe machen und gelassen unserer Zukunft entgegenblicken. Ich würde im Frühjahr nach Ruhrstadt versetzt werden, und unser Leben ginge fröhlich weiter. Felix nickte und schwieg. Ich wertete dies als Zustimmung und schöpfte wieder Hoffnung. Dann die Enttäuschung. Felix wollte nicht. Felix konnte nicht. Er selbst wusste nicht, warum. Doch, doch, so beteuerte er, doch, doch, er würde mich lieben, er wolle keine andere Frau, er wollte aber nicht heiraten.

Ich schmiss ihn raus. Er kam wieder. Ich schmiss ihn raus. Er kam wieder. Ich schmiss ihn wieder raus, und wieder kam er zurück. Es war grauenvoll. Es war absolut grauenvoll. Unser nicht enden wollender und mit all meiner Leidenschaft ausgetragene Streit zermürbte auch Felix' Eltern. Seine Mutter bemühte sich in stundenlangen Gesprächen mit ihm, die Gründe herauszufinden. Sie vergoss bittere Tränen, zweifelte an der Erziehung ihres Sohnes und verstand die Welt nicht mehr. Mein Schwiegervater stürzte sich eines Tages schluchzend in meine Arme. Das ganze Theater war ihm zu viel geworden, und er wusste nicht mehr, wohin mit seinen aufgestauten Gefühlen. Er könne auch nicht sagen, was mit Felix los sei, klagte er unter Tränen. Es war offensichtlich, dass bei uns allen die Nerven völlig blank lagen.

In dem ganzen Theater versuchte ich, mich auf meine Abschlussprüfungen vorzubereiten. Weihnachten stand vor der Tür. Ich fuhr zum Friedhof in die mir verhasste Stadt Waldstadt. Ich heulte am Grab meiner Großmutter und erzählte ihr, was los war. Auch das half nicht. Als ich die A45 zurückraste, ging es mir schlechter als vorher.

Ich hatte mir alle möglichen Notfallpläne im Kopf zurechtgelegt: Plan A sah vor, dass ich Capriola verkaufen würde. In Köln ein Pferd zu halten, war mehr als doppelt so teuer wie in Ruhrstadt. In Plan A hatte ich mit der Reiterei endgültig abgeschlossen. Ich wollte nicht mehr. Um Plan A bei Bedarf aus der Schublade ziehen zu können, hatte ich Capriola in einer bundesweit erscheinenden Zeitschrift als Verkaufspferd annonciert. Das Foto von ihm wurde sogar auf der Titelseite veröffentlicht. Plan A war ein grausamer, auf Selbstschädigung ausgerichteter und unerbittlich harter Plan.

Plan B sah die Suche nach einer kleinen Wohnung und einem Stall für Capriola vor. In Plan B wollte ich mit aller Macht an den Manifesten meines Lebens festhalten. In Plan B wollte ich unbedingt weiterreiten. Plan B hätte unglaublich viel Kraft gekostet. Beide Pläne hatten nur eine Gemeinsamkeit: Die unausweichliche und gnadenlose Trennung von Felix und die Suche nach einem anderen Mann.

Plan C beinhaltete ein Miniappartement in einer dieser Großstädte. In Plan C würde Capriola bei Felix' Eltern bleiben. Er fühlte sich wohl dort. Felix' Vater würde ihn in der Reithalle laufen lassen. Ich würde an meinen freien Tagen nach Hause fahren, reiten und in meiner Wohnung wohnen. Plan C kotzte mich an.

Plan D war die Heirat. Unspektakulär. Ohne Kniefall meines Mannes. Standesamtlich. Hauptsache, in Ruhrstadt bleiben. Hauptsache, mit Felix zusammenbleiben. Eine Familie gründen. In eine Bauersfamilie einheiraten. Ein braves Frauchen werden. Plan D schien unerreichbar. Plan D war allein nicht machbar. Plan D scheiterte an Felix.

Und so hatte ich noch Plan E. Plan E schlummerte schon seit vielen vielen Jahren in mir. Plan E hieß: *Finito*. Zurück in Omas Schoß …

Anfang Januar erschien die Pferdezeitschrift. Als ich Capriola auf der Titelseite sah, weinte ich. Ich war erschrocken über die Grausamkeit in mir. Meine Illoyalität dem Tier gegenüber widerte mich an. Capriola, der mir sein ganzes Vertrauen geschenkt hatte und seit fünf Jahren mein täglicher und treuer Begleiter war, wäre der Preis eines Neustarts gewesen. Oder das Resultat einer gescheiterten Beziehung. Oder die Demonstration der totalen Kapitulation, der völligen Kraft- und Hoffnungslosigkeit.

Meine Schwiegereltern sahen das Bild. Mein Mann sah das Bild. Der einzige Kommentar, den ich erhielt, kam von meinem Schwiegervater. Ob ich allen Ernstes glaubte, DIESEN Preis für DAS Pferd zu bekommen, fragte er mich ungläubig und schüttelte den Kopf. Das war alles. Schaue ich zurück auf diese Zeit, dann hätte ich genau zu diesem Zeitpunkt eine Mutter gebraucht. Ich meine, eine »richtige Mama«. Würde meine Tochter eines Tages in ihrem Leben vor solch einer »Verzweiflungstat« stehen, dann würde ich sie mir unter den Arm klemmen, ein Restaurant aufsuchen und ihr gehörig ins Gewissen reden. Ich würde ihr schonungslos vor Augen führen, dass sie kurz davorsteht, einen großen Fehler zu begehen, und sie zurückholen in die Wirklichkeit.

Ich hatte keine Mama. Ich hatte mein chaotisches Leben und das Grab meiner Großmutter. Meine Oma hätte mir einen Vogel gezeigt, wenn sie noch gekonnt hätte.

Am Abend des achtzehnten Januars stritten wir wieder heftigst. Tränen flossen auf beiden Seiten. Kurz vor Mitternacht quälte sich Felix die alles entscheidenden Worte ab: »Dann müssen wir eben heiraten!«

Um acht Uhr am nächsten Morgen rief ich den Standesbeamten an. Ich erklärte ihm, dass er sozusagen Amtshilfe leisten müsse und ohne vorangegangenes Aufgebot noch heute unsere Trauung vollziehen sollte. Der Standesbeamte war hörbar amüsiert, lachte schallend und sagte: »Dann kommen Sie mal um zehn Uhr vorbei, und bringen Sie bitte die Familienstammbücher und Geld mit. Vielleicht treiben Sie ja noch irgendwo zwei Trauzeugen auf. Bis später.« Selbst als er auflegte, lachte er noch.

Felix starrte mich völlig erschöpft und fassungslos an. »Jetzt steh hier nicht so dämlich rum«, motzte ich ihn an. »Los! Mach voran! Sag deinen Eltern Bescheid. Ich rufe Britta und Karin an!«

»Ich muss doch ins Büro«, murmelte Felix.

Er war gänzlich überfordert und wusste nicht, wie ihm geschah. Ich drückte ihm den Hörer in die Hand.

»Du rufst da jetzt an und nimmst dir einen Tag Urlaub. Und wehe, du machst jetzt noch einen Rückzieher. Ich warne dich.« Böse funkelte ich ihn an.

Felix erledigte den Anruf und machte sich auf den Weg zu seinen Eltern.

Ich rief Britta auf dem Handy an. »Kannst du dich mit Karin auf den Weg machen und nach Ruhrstadt kommen? Ihr müsst um zehn Uhr mit zum Standesamt. Jaja … Wir haben sonst keine Trauzeugen. Ja gut … Macht das … Meldet euch krank … Ist ein Notfall.«

Auf Britta und Karin war Verlass. Aber die Wahrscheinlichkeit, dass ich nur mit Britta und Karin vor dem Standesbeamten stehen würde, war so lange groß, bis Felix sein verdammtes »Ja« ausgesprochen hatte. Ich war aufgeregt. Nicht dazu in der Lage, mich zu freuen, sondern angespannt und voller Sorge, dass Felix noch kurz vor Toresschluss einen Rückzieher machen könnte.

Es war halb neun. Ich musste noch duschen und irgendein Röckchen anziehen. Draußen war es kalt. Ich hatte meine Tage, Pickel im Gesicht, Ränder unter den Augen und sah so gar nicht aus wie eine glückliche Braut. Egal. Ich duschte und klatschte mir fünf Pfund Make-up ins Gesicht. Es war viel zu viel und wirkte wie Spachtelmasse. Wurscht. Ein Rock und ein passender Blazer würden genügen. Die Plastikfolie von der dicken Binde knisterte beim Laufen. Wenn man eine Hose anhatte, war das nicht so, stellte ich nebenbei fest. Ich zog die Nur-Die-Seidenstrumpfhose höher. Es war ein Wunder, dass ich diese Strumpfhose in der Schublade gefunden hatte. Seidenstrumpfhosen gehören nicht unbedingt zu meinem Standardrepertoire. Als ich endlich auch das Familienstammbuch aus einem alten Karton gekramt hatte, klingelte es an der Tür. Es war Felix. Es war tatsächlich Felix.

»Bist du fertig?«, fragte er.

Ich versuchte, sein Gesicht zu studieren, und fragte zurück: »Und du? Freust du dich denn so gar nicht?«

»Und wie«, konterte er zynisch. »Meine Eltern kommen übrigens mit ihrem eigenen Auto. Sie bringen noch Tante Helma mit. Hast du Britta und Karin erreicht?«

Ich nickte. Felix dachte zumindest mit, und ich wertete das als gutes Zeichen.

Auf der Fahrt zum Standesamt stritten wir uns dann noch kurz über die Namensgebung. Felix weigerte sich, den Namen Al-Farziz anzunehmen. Eher würde er umkehren, polterte er los. Ich würde Birkhoff heißen, oder er würde nicht heiraten! Basta! Wenigstens in dieser Beziehung war Felix resolut. Felix Al-Farziz hätte sich blöd angehört. Christine Birkhoff war da wesentlich gefälliger. Vermutlich würde ich nun nicht mehr ständig meinen Namen buchstabieren müssen. Ich hörte mich als Christine Birkhoff so richtig deutsch an. Ich fand's okay und willigte ein.

Als wir auf dem Standesamt waren, empfingen uns Felix' Eltern und Tante Helma. Die Stimmung war angespannt, und jeder hoffte darauf, dass mit dieser Entscheidung endlich Ruhe einkehren würde. Felix war nervös und ging den Flur auf und ab. Britta und Karin kamen gehetzt und fröhlich lachend aus dem Fahrstuhl gerannt. Mit ihrer Jugendlichkeit und ihrer frischen Art entkrampften sie die Situation merklich.

Die Trauung selbst verlief unspektakulär und wenig emotional. Ich hatte Mühe, mit meinem neuen Namen zu unterschreiben. Bis heute habe ich kein Foto von diesem Tag gesehen, bin mir aber sicher, dass irgendjemand Fotos gemacht hat. Als wir nach zehn Minuten wieder auf dem Flur standen, war alles vorbei. Felix sagte: »Tjaaaa … Das hätten wir wohl.«

Auf der Fahrt nach Hause heulte ich schon wieder. Ein Gefühl der Identitätslosigkeit überkam mich urplötzlich. Ich hatte den Namen meines mir so sehr verhassten Vaters abgelegt, und jetzt fehlte mir dieser Name auf einmal. Ich war immer »die Al-Farziz« gewesen. Der Name war besonders. Fremdländisch. Orientalisch. Mit diesem Namen hatte ich meinen Lebensweg beschritten, hatte ich meine Berufsausbildungen absolviert, mir bei der Lufthansa einen großen Teil der Welt angesehen, und dieser Name gehörte immerhin zweiunddreißig Jahre lang zu mir. Der Name war ICH. ICH war der Name. Ich trauerte ihm noch eine Zeit lang nach.

Nach dem Standesamt frühstückten wir gemeinsam bei uns zu Hause, und langsam lockerte die Stimmung auf. Als alle gegangen waren, schauten Felix und ich uns an. Wir landeten im Bett, und ich für meinen Teil hätte mir diesen Akt gern erspart. Weder war mir danach zumute, noch war es schön. Ich war so leer, so ausgepumpt und spürte, wie mir eine tiefe Traurigkeit den Rücken hinaufkroch. Felix verabschiedete sich mit zärtlichen Küssen und fuhr ins Büro. Er hatte nur einen halben Tag Urlaub genommen, wie ich erst jetzt erfuhr.

Ich saß an dem Küchentisch, der darauf wartete, abgeräumt zu werden. Ich stürzte in ein tiefes emotionales Loch. Ich konnte mich nicht freuen. Und die Tatsache, dass ich mich nicht freuen konnte, machte mir Angst. Und es machte mich traurig. Ich fühlte mich einsam. Ich war knapp zwei Stunden verheiratet und fühlte mich schrecklich einsam.

Am Nachmittag rief Felix an. Er war supergut gelaunt, und seine Stimme verkündete Lebensfreude.

»Ich habe fast alle Freunde von mir erreicht. Wir treffen uns heute Abend beim Italiener. Bei da Carlo hatten sie noch einen großen Tisch frei. Ich hole dich dann ab, ja? Bis später!«

Ich starrte den Hörer an. Und was war mit MEINEN Freunden? Silke musste zum Nachtdienst, Jule und Gerd hockten weit weg in Hannover, Dana war in Aachen, Gitta in Viersen, Carla in München. Super!

Ich rief Britta an.

»Ja und?«, gab sie mir zur Antwort, »dann fahren wir eben noch mal nach Ruhrstadt. Uns macht das nichts aus. Wir kommen auf jeden Fall.«

Am Abend saßen Felix und ich mit über zwanzig Leuten am Tisch. Zwei davon waren meine Freundinnen Britta und Karin. Der Rest waren die Freunde und Bekannten aus Felix' Umfeld. Felix, der mit seiner Heimat fest verwurzelt ist, der dreißig Jahre hier aufgewachsen war, hatte seinen Freundeskreis verständlicherweise hier in Ruhrstadt. Unsere Ad-hoc-Heirat ließ mir keine Chance, meinen weit verstreuten Freundeskreis an diesem Abend einzuladen. Da hätte ich eine Cessna chartern müssen, um meine Leute bundesweit einsammeln zu lassen. Ich war an diesem Abend mit meinen Gedanken weit weg und beobachtete die Szenerie wie durch einen Vorhang. Felix lachte viel und amüsierte sich prächtig. Ich gönnte es ihm von Herzen. Er hatte sich so unendlich schwergetan mit dieser Heirat, dass er nun ausgiebig feierte und mit seinen Freunden auf »seine« Blitzaktion anstieß. Sätze wie »Alter Knabe! Da haste uns aber überrascht!« oder »Felix, Felix. Stille Wasser gründen tief, he?« oder »Der Birkhoff! Hahaha! Immer für eine Überraschung gut, alter Sportsfreund!« rauschten an mir vorbei. Irgendwie gehörte ich nicht hierhin, und auch ohne mich wäre die Party fröhlich weitergegangen.

Es war Ende Januar. Meine Sportprüfung war gut gelaufen, und ich stand kurz vor den letzten Prüfungen. Eine Blasenentzündung ereilte mich zwei Tage vor der Klausurenreihe. Vollgestopft mit Antibiotika absolvierte ich die schriftlichen Klausuren. Es klappte alles zufrieden stellend, und zum Schluss war ich einfach nur froh, dass die Prüfungen vorbei waren. Für mich war es keine Frage, OB ich bestanden hatte, sondern lediglich WIE. Ab dem ersten April würde ich nie wieder den Namen von Jürgen Karnasch auf meinen Kontoauszügen sehen.

Ich wusste, dass er unabhängig von der Kenntnis, ob ich meine Ausbildung beendet hatte, pünktlich seine Zahlungen einstellen würde. Ich würde endlich unabhängig von diesem Schwein sein.

Die letzten Wochen vor der Bekanntgabe der Noten verliefen locker. Wir alle schliefen viel und hielten uns mit einem Minimum an sportlichem Pensum fit. Diese Wochen sind die einzigen Wochen der Ausbildungszeit, die ich in guter Erinnerung habe. Wir alberten herum und vertrödelten die Zeit mit vielen Gesprächen.

In dieser Lebensphase erhielt ich eines Tages einen Anruf aus der Schweiz.

»Ich rufe an, weil Sie in der Pferdezeitung einen schwarzen Lipizzaner annoncieren. Ist das Pferd schon verkauft, oder können wir uns das Tier morgen anschauen?«

Morgen? Ich erschrak und stammelte irgendetwas. Der Mann am anderen Ende der Leitung musste mich für komplett beschränkt halten. Der Mann war ein Baron aus der Schweiz und wollte am nächsten Tag mit dem Flieger nach Ruhrstadt kommen. Das ging mir eigentlich viel zu schnell … Aber dann antwortete ich.

»Fünfzehn Uhr siebenundzwanzig? Gut. Ich hole Sie ab. … Nein, nein. Kein Problem. Bis morgen. Auf Wiederhören.«

Ich rief Felix im Büro an.

»Da hat ein Baron aus der Schweiz angerufen. Der will morgen mit seiner Frau kommen und Capriola anschauen. Ich soll die beiden am Nachmittag vom Flughafen abholen.«

Mein Tränenpegel stieg. Ich schluckte.

»Mit dem Flugzeug kommen die hierhin? Meine Güte! Die müssen ja Geld haben! Ja ist doch toll! Vielleicht nehmen die ja das Pferd?«

»Ja. Vielleicht tun sie das. Lassen wir uns überraschen. Bis später dann. Musst du lange arbeiten?«

»Es geht. Ich fahre danach mit Fides zum Training. Schon vergessen? Hatte ich dir aber gesagt. Ich denke, dass ich spätestens um zehn zu Hause bin. Bis später.«

Ich rauchte eine Zigarette und blies nachdenklich Kringel in die Luft. Das Gespräch war unbefriedigend verlaufen. Es hatte mir nichts gegeben. Ich wusste auch nicht so recht, was ich eigentlich erwartet hatte.

Ich rief Richard Hinrichs im Büro an.

»Hinrichs.«

»Hallo, Herr Hinrichs. Hier ist Christine. Herr Hinrichs. Ich weiß nicht mehr weiter. Ich brauche Ihren Rat. Haben Sie einen Moment Zeit für mich?«

»Schießen Sie los, Christine. Ich bin ganz Ohr.« Ich erzählte und erzählte. Wie einsam ich mich fühlte. Wie sehr mir die Fachsimpeleien unter den Reitern fehlten. Dass ich frustriert war, weil sich niemand um meine Reiterei kümmerte. Dass ich nur noch gut genug sei, um Felix die Brocken hinterherzutragen. Dass Capriola sich prima entwickelt habe. Dass dieser Baron morgen kommen würde. Dass er vielleicht sehr viel Geld bezahlen würde.

»Was denken Sie, Herr Hinrichs? Was würden Sie an meiner Stelle tun? Ich weiß echt nicht mehr weiter.«

Ich hörte, wie Richard Hinrichs am anderen Ende tief ein- und ausatmete. Er dachte hörbar nach. Und begann wie immer mit einem langgezogenen »Tjaaaaa…«. Er sagte: »Ganz ehrlich, Christine. Ich glaube nicht, dass Sie ein Mensch sind, der zum Eremitendasein geboren ist.

Wenn Sie eine miserable Reiterin wären, dann würde ich Ihnen jetzt sagen, seien Sie froh, dass Sie ein Pferd gefunden haben, das ganz passabel unter Ihnen läuft. Aber dafür können Sie zu viel. Dieses Eremitendasein passt einfach nicht zu Ihnen. Ich glaube nicht, dass Sie das auf Dauer glücklich machen wird. Den Baron kenne ich. Das sind furchtbar nette Leute. Die haben einen eigenen Stall. Hinsichtlich Ihrer Bedenken zu dem Pferd kann ich Ihnen nur sagen, dass Capriola bei diesen Leuten steinalt werden wird. Der Baron ist ein großer Liebhaber dieser Rasse. Da wird sich das Pferd auch nicht totarbeiten müssen. Also dahingehend kann ich Sie beruhigen. Und objektiv betrachtet ist der Preis, den Sie mir da gerade genannt haben, ein stolzer Preis. Der Markt ist im Moment schlecht. So viel Geld bekommen Sie für das Tier sicherlich nicht so schnell wieder. Und wie gesagt. Dieses Eremitendasein passt einfach nicht zu Ihnen. Aber entscheiden müssen Sie das selber. Die Entscheidung kann Ihnen niemand abnehmen.«

Die Entscheidung kann Ihnen niemand abnehmen. Die Entscheidung kann Ihnen niemand abnehmen. Die Entscheidung kann … Es war zum Verzweifeln!

Ich rief Gerd an. Gerd würde mir weiterhelfen.

»Kapitzke.«

»Geeeeerd. Du musst mir einen Rat geben. Ich bin völlig verzweifelt.« Ein riesiger Schwall von Erzählungen prasselte auf Gerd nieder. Gerd kannte das schon. Er war der beste Zuhörer, den ich kannte. Ich heulte, während ich erzählte.

»Christine. Ich kann dir meine Meinung dazu sagen. Ein alter Rittmeister hat mal zu mir gesagt: ›Man hat nur ein einziges Mal im Leben SEIN Pferd.‹ Ich will damit sagen, dass du dir gut überlegen solltest, was du da tust. Sicher. Richard hat Recht. Das ist eine Menge Geld für Capriola. Und es stimmt sicher auch, dass der Baron wahnsinnig nett ist. Aber meinst du wirklich, Christine, dass du Spaß daran hättest, Turniere zu reiten? Wo bleibt da deine Kreativität? Jeden Tag stumpf dieselben Lektionen reiten, also ich weiß nicht, MIR würde das keinen Spaß machen. Überleg dir das gut, Christine! Eine falsche Entscheidung könntest du ein Leben lang bereuen.«

Ich kam nicht weiter. Ich kam einfach keinen Millimeter weiter. Am nächsten Tag holte ich den Baron und seine Frau am Flughafen ab. Es stimmte. Es waren sehr freundliche und warmherzige Menschen! Meine Sympathie flog ihnen zu. Der Baron wollte seiner Frau Capriola schenken. Wahnsinn! Es war so ein krasser Gegensatz zu meinem Leben. Wollte ich im Turniersport Fuß fassen, MUSSTE ich Capriola verkaufen, um ein Sportpferd bezahlen zu können. Mein Mann wäre im Leben nicht auf die Idee gekommen, MIR ein Pferd zu schenken. Oder mir sein eigenes Pferd Fides auszuleihen. Felix war viel zu sehr mit seinem eigenen sportlichen Fortkommen beschäftigt. Der Baron erinnerte mich an Alfons. Alfons hatte mir ein Pferd geschenkt. Alfons ... Ich seufzte. Alfons war so ganz anders gewesen als Felix ... Aber ich wollte nicht undankbar sein. Seit Jahren schon suchten der Baron und seine Frau nach einem schwarzen Lipizzaner. Und waren nun, ausgerechnet bei mir, fündig geworden. Die Freundlichkeit dieser beiden Menschen machte es mir nicht leichter. Als sie vor Capriola standen, war ihnen die Bewunderung und die Ehrfurcht deutlich anzusehen. Sie waren von MEINEM Capriola hin und weg. Ich ritt Capriola vor. Ich zeigte den Leuten die Sprünge über der Erde. Sie waren mächtig beeindruckt. Und ich? Ich war mächtig stolz.

Wir gingen zum Italiener. Bis zum Rückflug waren es noch über zwei Stunden.

»Ich will gar nicht lange reden«, setzte der Baron an. »Dieses Pferd ist exakt DAS, was wir gesucht haben. Wir sind, ehrlich gesagt, tief beeindruckt, was dieses Pferd alles kann. Es ist unglaublich, wie Sie mit Capriola arbeiten. Er liebt sie. Und er liebt die Arbeit. Aber er würde es sehr sehr gut haben bei uns. Das würden wir Ihnen versprechen. Sie können uns jederzeit in der Schweiz besuchen kommen. Und über den Preis möchten wir gar nicht diskutieren. Sicher, es ist ein stolzer Preis, aber dieses Pferd ist es wert. Also? Wie sieht's aus?«

Anstatt freudig »Hurra« zu rufen, brach ich wieder einmal in Tränen aus. Obwohl es mich nervte, dass ich ständig und überall heulte, konnte ich es nicht einfach unterdrücken. Der Baron und seine Frau schauten mich nachdenklich an. Die Frau Baronin war es, die das Schweigen unterbrach. Sie fasste meinen Arm, schaute mir ins Gesicht und fragte: »Liebe Frau Birkhoff. WARUM wollen Sie überhaupt dieses wundervolle Pferd verkaufen?«

Ich erzählte von den Schwierigkeiten zwischen Felix und mir. Von den Turnieren. Vom Sport. Von meiner Einsamkeit. Von dem Geld, das ich nicht hatte, um mir ein gutes Sportpferd zu kaufen. Von meiner innerlichen Zerrissenheit. Von Hinrichs. Von der klassischen Reiterei. Von allem.

Es waren so nette Leute. Wir fuhren zum Flughafen, und die beiden verabschiedeten sich herzlichst von mir.

»Denken Sie nach, Frau Birkhoff. Und wenn Sie Capriola verkaufen möchten, dann rufen Sie uns bitte sofort an. Wir bezahlen unverzüglich und lassen das Pferd dann von einer Spedition abholen. Melden Sie sich, ja?«

Ich nickte stumm. Schon wieder diese Tränen.

Spät am Abend erzählte ich Felix von den Leuten.

»Boaaaaah«, sagte Felix. »Das ist ja ein Hammer! So viel Geld wollen die bezahlen? Wenn ich du wäre, würde ich den Gaul gar nicht mehr reiten! Stell dir vor, dem passiert noch irgendetwas? Oh Gott! An den darf nichts drankommen! Da steht jetzt ein Vermögen in der Box.«

Für Felix war der Fall bereits erledigt. Die Frage, OB ich Capriola überhaupt verkaufen wollte, kam ihm gar nicht in den Sinn. Für mich stand nicht erst seit heute »ein Vermögen« in der Box. Für mich war dieses Tier schon immer wertvoll gewesen, und natürlich würde ich Capriola auch jetzt täglich weiter reiten.

Mein Schwiegervater blies am nächsten Tag ins gleiche Horn. »Mensch, Mädchen! Jetzt hör auf zu heulen! Denk mal an das viele Geld. Da kannst du dir ein neues Pferd kaufen und legst den Rest auf die hohe Kante. Da muss man doch nicht heulen.«

Machte drei Leute dafür und zwei dagegen. Da haben wir wohl verloren, Gerdchen, dachte ich innerlich.

Mein Umfeld machte mich so verrückt, dass ich schon selbst Angst bekam, Capriola könne sich noch im letzten Moment das Bein brechen. Ich schrieb dem Baron und seiner Frau einen Brief. Ich wollte nicht anrufen. Ich wollte die Zeit des Postweges für mich nutzen.

»Ja«, so war der Tenor, »ja«, ich würde ihnen das Pferd verkaufen, aber nur, weil ich wusste, dass er in beste Hände kam.

Ich hatte erwartet, dass sowohl Felix als auch mein Schwiegervater nun ein neues Pferd für mich suchen würden. Sie wussten, dass ich bald über ein hübsches Sümmchen Geld verfügte und dass es getrost ein Pferd der besseren Sorte sein konnte. Das Geld dafür hatte ich ja nun bald. Ich dachte, wenn ich als eine Birkhoff im Turniersport Fuß fassen wollte, würde die Unterstützung seitens der beiden Männer groß sein. Sie hatten Erfahrung in diesem Metier, die ich nicht hatte. Und ich hatte auch gedacht, dass es im Interesse meines Schwiegervaters als Turnierrichter und meines Mannes als etablierter Sportler war, dass ich bestens ausgerüstet den Start in die neue Materie wagte. Es sollte ein hübsches Pferd sein, ein vermögendes Pferd, ein besonderes Pferd. Ich hieß Birkhoff und nicht Lieschen Müller. Wenn der Name Birkhoff über die Lautsprecheranlage ertönen würde, dann würden so einige Leute interessiert und gespannt darauf warten, was das neue Mitglied der Birkhoff-Familie auf dem Dressurviereck präsentierte. Ich wollte im nachtblauen Jackett mit Goldbiese starten. Das fand ich hochelegant.

Ich wartete und wartete. Ein Mädchen aus dem Stall suchte derzeit auch ein Pferd. Meine Schwiegereltern fuhren mit den Eltern des Mädchens und der Siebzehnjährigen ständig durch die Weltgeschichte, um sich Pferde anzuschauen. Mein Schwiegervater wurde es nicht leid, in den Fachzeitschriften nach den passenden Annoncen zu suchen. Überall in den Zeitschriften waren Kreuzchen. Nicht ein einziges Kreuzchen war für mich. Für mich fuhr man nicht »über Land«. Für mich suchte niemand.

Am Tag, als Capriola abgeholt wurde, brach eine Welt für mich zusammen. Capriola machte ein Riesenspektakel und wollte partout nicht in den Pferdeanhänger einsteigen. Er stieg und benahm sich völlig daneben. Ständig wieherte er und riss am Strick. Ich wusste, dass mein Kumpel genau spürte, was wir mit ihm vorhatten. Meine Gedanken wurden von Felix und seinem Vater als völliger Blödsinn abgetan. Ich wusste es besser. Die leere Box war ein unerträglicher Anblick für mich. Wieder entbrannte zwischen Felix und mir ein heftiger Streit. Ich machte ihm wieder Vorwürfe. In meinen Augen hatte er mich wieder einmal im Stich gelassen. Ich empfand ihn als Egozentriker und schrie ihn an, dass der Preis, den ich für Gemeinsamkeit zu zahlen bereit gewesen war, ein viel zu hoher Preis war. Ich schrie ihn mit meiner ganzen Verzweiflung und Ohnmacht an.

»Würdest DU dein Pferd verkaufen, nur um mit mir gemeinsam das Hobby zu teilen? Würdest du das?«

Ich schimpfte und fluchte und ärgerte mich mehr über mich selbst denn über meinen Mann. An meinem Schwiegervater ließ ich kein gutes Haar.

»Das ist doch unmööööglich! Ständig fährt er mit den anderen Leuten durch die Gegend, anstatt sich um mich zu kümmern. Euch ist es doch egal, ob ich reite! Euch beiden ist es doch scheißegal, oder?«

In meiner Wut wurde mir plötzlich etwas klar. Weder Felix noch sein Vater äußerten je den Wunsch, dass ich in »ihr Genre« wechseln sollte. Meinem Mann war es genug der Gemeinsamkeiten, wenn ich ihn begleitete, und tatsächlich war es nicht SEIN Wunsch gewesen, dass ich Capriola verkaufte, nur um selbst auch Turniere zu reiten. Jetzt erkannte ich diese Fußangel in meiner Argumentation. Es war MEIN Wunsch gewesen. Es war MEIN Wille. Aber ICH fühlte mich nicht gut als ewiger Turniertrottel, und ICH war täglich allein mit Capriola zugange. ICH wollte eine Birkhoff sein. Mein Mann war so geboren.

Den größten Fehler aber beging Felix, als er mir in dieser Situation auch noch mein Selbstvertrauen und so meine Träume raubte.

»Verdammt noch mal! Ich möchte ein richtig gutes Pferd haben! Ich möchte, dass du stolz auf mich bist, wenn ich ins Viereck reite. Ich möchte zeigen, was ich kann. Ich will nicht in der Anfängerklasse herumhampeln!« Ich tobte.

Felix schwieg. Wie immer, wenn ich in Fahrt war.

»Jetzt mach doch mal den Mund auf, und sag endlich was dazu!«, herrschte ich ihn an.

Das waren die Momente, die Felix hasste wie die Pest. Die Momente, in denen ich ihn verbal in die Ecke trieb und er mit dem Rücken an der Wand stand.

»Ich meine einfach ...« Felix räusperte sich.

Das tut er immer, wenn er etwas sagen möchte, von dem er weiß, dass es mir nicht schmeckt.

»Ich meine, dass du vielleicht nach einem Pferd wie zum Beispiel Einstein suchen solltest. Dann kannst du ...«

Felix konnte seinen Satz nicht mehr zu Ende sprechen.

»Einstein?« Ich war fassungslos. »Du meinst wirklich Einstein von Leonie?«

Felix nickte.

Noch so ein fataler Fehler.

Ich lachte laut auf. »Ich fasse es nicht! Eiiiinsteiiiin! Eine solche Gurke? Ich glaub's einfach nicht!«

Der Streit war für mich beendet. Ich war fertig mit diesem Mann. Absolut fertig!

Der Vorschlag meines Mannes, mir ein Pferd wie Einstein zu kaufen, war ungefähr so, als würden Sie einem begeisterten Porsche-Fahrer den Vorschlag unterbreiten, es doch mal mit einem Lada zu versuchen! Einstein war ein braves, sehr geduldiges Kinderreitpferd. Ein Pferd, auf das man sich verlassen konnte zwar, aber ungefähr so aufregend zu reiten wie ein uraltes Pony.

Am Wochenende fuhr ich allein zu einer Bekannten nach Norddeutschland. Ellen Graepel ist DIE Fachfrau schlechthin für spanische Pferde. Ihr Stall war voll mit Verkaufs- und Ausbildungspferden, und als ich am Ende des Tages nach Hause fuhr, hatte ich »Orgulloso«, zu deutsch »Angeber« gekauft.

Ein spanisches Pferd ist nur selten für den Sport geeignet: Orgulloso war überhaupt kein Sportpferd. Er war ein Barockpferd, so wie Capriola es war. Ich hatte dem Turniersport den Rücken gekehrt. Dort hatte ich nichts zu suchen. Die Enttäuschung saß tief. Irgendwann kapituliert man und nimmt zwangsläufig die Position ein, die man zugewiesen bekommt. In einer anderen Position wurde ich ja ganz offensichtlich nicht geduldet.

Orgulloso war ein hübscher, sehr kleiner, aber temperamentvoller Hengst. Ein stolzes Pferd. Und ein mutiges Pferd, wie ich später noch feststellte. Er hatte Glanz und Ausstrahlung und ein Leuchten in den Augen. Meine Familie nahm diesen Kauf befremdet, aber kommentarlos zur Kenntnis. Wie immer also.

Als Britta, Karin und ich eines Morgens vom Laufen zurückkehrten, wechselten wir uns unter der Dusche ab. Ich kam als Letzte aus dem Bad, trocknete mich im Zimmer ab und cremte mich ein. Karin und Britta starrten mich wie das siebte Weltwunder an.

»Was glotzt ihr mich denn so blöde an?«, witzelte ich.

»Sag mal, Christine. Wir teilen nun seit zweieinhalb Jahren das Zimmer … ist dir noch nicht aufgefallen, dass du in letzter Zeit unglaublich große Brüste bekommen hast?«, fragte Karin.

Beide Frauen starrten auf meine Oberweite.

»Ich fahre zur Apotheke!«, trällerte Britta. »Du bist bestimmt schwanger.«

Und fort war sie.

Entgeistert starrte ich Karin an.

»Wann hattest du denn das letzte Mal deine Tage?«, fragte sie jetzt.

Wir rechneten nach. Seit unserer Hochzeit war nichts mehr passiert. Ich staunte nicht schlecht. Durch die Prüfungen hatte ich einfach nicht mehr darauf geachtet. Ich dachte an die Antibiotika. Dachte daran, dass wir ganz gut gebechert hatten in den letzten Wochen und dass ich mächtig viel geraucht hatte.

Britta und Karin rissen mir das Teststäbchen noch im Bad aus der Hand und rannten aufgeregt durch das Zimmer.

Halb angezogen saß ich auf der Bettkante und wartete ab. »Was denn nun?«

»Ist noch nicht so weit.« Die beiden grinsten. »Könnte ja sein, dass sich die Farbe noch ändert. Man soll zehn Minuten warten, steht hier auf der Packung.« Beide kicherten.

Mir langte es. »Jetzt macht doch nicht so ein Theater!«, herrschte ich die beiden an.

»Okay … Alles klar bei dir?« Britta genoss es sichtlich, mich hinzuhalten.

»Mach schon«, knurrte ich ungehalten.

»Du bist schwanger.« Britta und Karin lachten und strahlten mich an. Beide umarmten mich. Sie tanzten vor Freude durch den Raum und waren nicht mehr zu bremsen. Ich saß auf dem Bett und starrte auf das Teststäbchen. Ich? Schwanger? Das war der Hammer! Das war wunderbar und genau zum richtigen Zeitpunkt.

»Felix wird sich nicht freuen, da bin ich mir sicher.« Ich ließ plötzlich die Schultern hängen.

»So ein Blödsinn!« Karin wetterte dagegen. »Natürlich wird er sich freuen! Was will er denn? Ihr seid verheiratet, du bist mit der Ausbildung fertig, wo also gibt's da ein Problem? Mach dir keine Sorgen! Er wird sich ganz bestimmt freuen.«

»Ja, klar freue ich mich.« Felix sagte es zwar am Telefon, aber so richtig hören konnte ich es nicht. »Ich bin bloß überrascht.«

Ja, das war ich auch. Meine Gedanken schweiften ab ins Praktische. In unserer Wohnung war für ein Kind kein Platz. Wir hatten Wohnzimmer, Schlafzimmer, Küche und Bad. Kinderzimmer? Fehlanzeige. Nun gut. Das ließe sich ändern. Solche Erkenntnisse stellten für mich wahrlich kein Problem dar.

Ein turbulentes Jahr nahm seinen Lauf, und die Monate verflogen. Ich war zwar schwanger, aber da dieser Umstand nicht groß gefeiert wurde, machte ich weiter wie bisher.

Felix und ich hatten beschlossen, die kirchliche Trauung Ende Mai nachzuholen. Diesbezüglich herrschte endlich einmal Einigkeit bei uns. Selbst die Diskussion hinsichtlich unserer Hochzeitsreise verlief relativ harmonisch. Ich hatte Dubai vorgeschlagen, weil die Emirate medizinisch bestens ausgerüstet waren und wir dort eine Schönwettergarantie hatten. Außerdem kannte ich die Emirate aus meiner Lufthansa-Zeit und wollte unbedingt wieder im Jebel-Ali, einem Hotel zwischen Abu Dhabi und Dubai, unterkommen. Wir buchten die Reise, und direkt nach der Hochzeit sollte es losgehen. Meine Schwiegereltern organisierten den größten Teil der Feierlichkeit. Ich suchte das Menü mit aus, kümmerte mich um die Einladungskarten und ging mit Silke mein Brautkleid kaufen. Es war ein wundervolles champagnerfarbenes Kleid aus Satin, in der Taille schmal geschnitten und am Dekolleté zur Korsage gearbeitet. Schulterfrei und mit meinen großen Brüsten prall gefüllt sah das Kleid wirklich hinreißend aus.

Als modisches i-Tüpfelchen hatte ich mir einen riesigen Hut ausgesucht und lange champagnerfarbene Seidenhandschuhe. Ich war mir nicht sicher, ob Felix dieser Stil zusagen würde, glaubte aber fest daran. Außerdem gefiel ich mir mit Hut richtig gut.

Eines Tages, ich war im dritten Monat schwanger, schleppte ich vier volle Einkaufstüten, zwei an jeder Hand, zum Auto. Plötzlich knickten mir die Beine weg. Es war ein beängstigendes Gefühl. Ein Gefühl, als hätte mir jemand von jetzt auf gleich die Beine weggetreten. Äpfel und Joghurtbecher kullerten auf die Straße, und ich war unfähig, aufzustehen. Passanten halfen mir wieder auf die Beine, trugen meine Einkaufstüten zum Auto und stützten mich bei meinen unglücklich aussehenden Gehversuchen. Es war wie verhext. Meine Beine gehorchten einfach nicht mehr.

Ich schaffte es später aber irgendwie, allein nach Hause zu fahren. Die Tüten blieben im Auto, und ich kroch auf allen vieren in die Wohnung.

Ich rief Felix an.

»Und nun?«, fragte er unbeholfen.

»Das frag ich dich! Du bist ja lustig!«

Ich beendete das Gespräch und analysierte meine Situation. Die war ungünstig, keine Frage. Weder schaffte ich den Weg allein zur Toilette, noch hätte ich mir ein Brot schmieren können. Wer weiß, wie lange dieser Zustand andauern würde? Was war überhaupt los mit mir? Es musste aus dem Lendenwirbelbereich kommen, das spürte ich deutlich. Felix würde sich weder für mich krankmelden noch Urlaub nehmen. Das Spielchen kannte ich zur Genüge. Ein rühriger Pfleger war er noch nie gewesen. Höchstens ein rühriger Besucher. Und jetzt DAS hier. Mir fiel eine bekannte Klinik im Ruhrstädter Umfeld ein. Ich schilderte am Telefon meinen Zustand und meine häusliche Situation.

Dem Arzt am anderen Ende der Leitung war klar, dass ich keinesfalls allein zu Hause bleiben konnte.

»Ich sage auf der Station Bescheid. Sobald Sie können, lassen Sie sich bitte zu uns bringen. Wir sehen uns dann später.«

Erleichtert legte ich auf. Ich rief meine Schwiegermutter an. Seit der Hochzeit nannte ich sie »Mutti«. Sie hörte das gern, und mir kam dieses Wort leicht über die Lippen. Meine Mutter hatte ich meist »Mama« genannt. Im Leben nicht hätte ich Felix' Mutter so angesprochen! Und beim Vornamen nennen? Fanden wir beide blöd. Es gibt so viele Leute, die einen beim Vornamen rufen, das stellte nichts Besonderes dar. »Mutti« war und ist bis heute ausschließlich meine Schwiegermutter. Bei meinem Schwiegervater war das anders. Er beharrte auf »Papa«, und das fiel mir nicht leicht. Ich verleihe dem Wort Papa seither eine besondere Betonung. Ich sage »Pabbaaa«. Mit dieser Betonung bin ich weit weg von meinem leiblichen Vater und meinen Schwiegerpabbaaa scheint's nicht zu stören.

»Mutti!«, jammerte ich in den Hörer. »Stell dir vor, was mir passiert ist …«

Wenig später war sie schon bei mir. Die gute Seele unserer Haushalte. Sie packte gekonnt und flink meine Tasche, so als ob sie ihre eigenen Klamotten einräumen würde. Ich liebe diesen Charakterzug sehr an ihr. Da sind wir wie eineiige Zwillinge. Sie fackelt nicht lange herum, begreift schnell und packt beherzt zu. Genial. Mutti schleppte mich zum Auto. Mutti verschloss sorgsam die Türen. Mutti fuhr mich in die Klinik, redete mit dem Arzt und gab mir zum Abschied ein Küsschen.

»Der Papa kümmert sich um dein Pferd. Mach dir um Orgulloso keine Sorgen. Sieh du zu, dass du schnell wieder auf die Füße kommst.«

Die Ärzte erläuterten mir, dass ich schon seit Jahren Bandscheibenvorfälle haben musste. Durch die ausgeprägte Muskulatur war dies aber nie zum Vorschein gekommen. Ich befand mich in einer Phase der Schwangerschaft, in der der Körper ein bestimmtes Hormon ausschüttet, das dafür Sorge trägt, dass die Muskulatur weich wird. Das Becken würde sich dehnen müssen, und eine straffe Muskulatur war alles andere als praktisch für die spätere Entbindung. Durch die plötzlich erschlaffende Muskulatur hatten die Bandscheiben den Halt verloren und waren nach vorn gekippt. In zwei bis drei Wochen, so prognostizierte der Arzt, würde sich der Körper umgestellt haben, und dann könne ich sicherlich auch wieder laufen.

Als Therapie konnten nur sanfte Massagen und lauwarme Fangopackungen eingesetzt werden. Ich war schwanger, und somit waren Medikamente und Spritzen tabu. Es brauchte einfach seine Zeit, die ich in der Klinik abwarten musste. Felix besuchte mich regelmäßig. Ich schlief viel und übte auf wackeligen Beinen in den Krankenhausfluren das Laufen. In der dritten Woche erreichte ich mit Mühe den Klinikgarten. Da sah ich sie: Menschen, die durch einen Unfall beide Beine verloren hatten. Menschen, die durch ein tragisches Geschehen von heute auf morgen an den Rollstuhl gefesselt worden waren. Menschen, die durch Krankheiten oder schlimmste Behinderungen kein normales Leben mehr führen konnten. Ich war erschüttert. Mein Fall war nicht der Rede wert dagegen.

Am gleichen Tag rief ich Felix an. »Es geht wieder so einigermaßen mit dem Laufen. Holt mich bitte, sobald ihr könnt, ab, ja?« Hier wollte ich nicht bleiben. Es gab Menschen, die mein Bett nötiger hatten.

Mutti holte mich am nächsten Morgen ab. Ich war heilfroh, wieder in meinen vier Wänden zu sein.

Der Mai verflog durch die Hochzeitsvorbereitungen.

Meine psychische Stabilität nahm mit zunehmender Schwangerschaft ab. Ich war ohnehin schon reichlich lädiert in die Schwangerschaft gegangen, und so war es kein Wunder, dass das Loch in meiner Seele immer größer wurde. Orgulloso wurde krank, und meine finanziellen Reserven waren bald verbraucht. Ich ritt Orgulloso nach seiner Genesung bis zum neunten Monat und flüchtete mit ihm in die Natur. Auf dem Hof hielt ich es nicht gut aus. Zwar geschah dies zum Entsetzen meiner Schwiegereltern, aber was das Reiten anbelangte, war ich immer noch sturer als sie. In den Wäldern hörte und sah ich nichts von ihnen, nichts vom Hof. Das Tier dankte es mir und trug mich sicher über jede Autobahnbrücke.

Meine Nerven waren während der Schwangerschaft alles andere als stark. Am Abend vor unserer Hochzeitsfeier hatte Felix mit seinen Freunden in unserer Wohnung ein Zechgelage. Ich war nicht zu Hause, denn meine alte Reitlehrerin aus Frankfurter Zeiten erlitt auf dem Hof meiner Schwiegereltern einen Schlaganfall, und so verbrachte ich die halbe Nacht im Krankenhaus. Erschöpft und traurig kam ich nach Hause zurück. Die Küche glich einem Saustall.

Felix lallte: »Unnnn? Wassshattssse nu die Aldeeee?«

Die Männer prusteten vor Lachen.

Reste von Bratkartoffeln und Spiegelei lagen auf dem Boden, Fettspritzer zierten meinen Herd, die Anrichte und den Küchentisch. Ketchup war auf fettigen Tellern und zum Teil daneben gelandet, leere Bierflaschen bedeckten den Tisch, und niemand von der Herrengesellschaft zeigte auch nur die geringste Lust, den heimeligen Ort dieses Zechgelages zu verlassen.

Binnen drei Komma sieben Sekunden war ich auf hundertachtzig.

»Sofort raus hier!«, zischte ich. Mein bitterböses Gesicht sorgte dafür, dass die Männer schleunigst das Weite suchten.

Ich tobte los.

Felix nuschelte etwas wie »Schgeh jetsss insss beddd« und wankte in Richtung Schlafzimmertür.

Wie eine Furie baute ich mich vor ihm auf. »Du hilfst mir gefälligst!«, schrie ich ihn an. Aber es war sowieso zwecklos. Der Kerl war viel zu voll, als dass er auch nur einen Handschlag hätte erledigen können. Also ließ ich meiner Wut freien Lauf und keifte vor mich hin. Ein mächtiger Tritt vor die Spülmaschine ruinierte die untere Tellerablage, aber der Tritt hatte richtig gut getan. Danach klingelte es an unserer Haustür. Der trinkfreudige Sohn des Vermieters schnauzte mich an, dass jetzt mal langsam Ruhe einkehren müsse, er würde sonst die Polizei rufen.

Ich motzte zurück: »Jawoll! Und wenn Sie das nächste Mal Ihre Frau verprügeln, dann rufen wir die Kollegen auch an, einverstanden?«

Kommentarlos ergriff der Kerl die Flucht.

Nie wieder würde er bei mir anklingeln und um Ruhe bitten. Dessen konnte ich mir nun sicher sein.

In meiner Wut beschloss ich, am nächsten Tag nicht zu heiraten. Ich stellte mir belustigt vor, wie Felix mit seinem Freund am Altar stand, die Kirche übervoll, und keine Braut weit und breit. Verlegenes Gestammel. Ein Raunen in der Gästeschar. Felix voller Scham zu Boden blickend. Dieser Gedanke besänftigte mich, und ich fiel um halb fünf Uhr morgens, elf Stunden vor meiner kirchlichen Trauung müde ins Bett. Als ich gegen zehn Uhr aufwachte, war Felix bereits weg. Er musste seinen Eltern helfen: Dixie-Toiletten wurden angeliefert, die Halle wurde geschmückt und so weiter. Kurz nach Mittag stand Silke parat. Sie half mir beim Ankleiden, und die Nervosität machte sich allmählich breit. Vergessen war der nächtliche Streit. Die Vorfreude eroberte mein Herz.

Mein Schwiegervater ist der liebenswerteste Mensch, wenn er seine Gefühle nicht mehr verbergen kann. Als er in unserer Wohnung nervös auf und ab rannte, standen ihm Freude und Stolz deutlich ins Gesicht geschrieben.

»Mach hinne!«, trieb er mich an. »Die warten alle schon. In der Kirche ist die Hölle los.«

Ich fühlte mich geliebt und wohlbehütet. In Ermangelung eines eigenen würdigen Vaters würde mich mein Schwiegerpapa zum Altar führen. In diesem Augenblick spürte ich es ganz deutlich: Ich gehörte zu DIESER Familie. Ich war eine Birkhoff, eine von ihnen.

Mein Schwiegervater sah umwerfend aus. Ein schöner Mann. Ein großer Mann. So wie mein Felix. Mutti hatte ein gekonntes Händchen für seine Garderobe. Meine Schwiegereltern gaben sich die allergrößte Mühe mit unserer Hochzeit. Und ich dankte es ihnen.

Die Kirche platzte aus allen Nähten. Mein Herz schlug hoch. Felix' Vater hatte seinen Arm fest um meinen gelegt. Das strahlte Sicherheit aus. Das tat gut. In der Masse der Menschen entdeckte ich die Gesichter meiner Freunde. Sie waren alle gekommen. Aus Frankfurt, aus Hannover, aus dem Harz, aus Aachen, aus Viersen, aus Essen, aus Düsseldorf, aus München, aus Papenburg ... Sie waren wirklich ALLE da, und alle strahlten mich an. Alle freuten sich mit mir. Alle waren mit mir aufgeregt. Alle feierten diesen Tag mit mir. *Oma lag im Sarg. Mama, Papa und Jürgen gab es nicht mehr. Für mich waren sie gestorben.* Da war er wieder. Der feste Griff meines Schwiegerpapas, dem zeitgleich mit mir die Tränen in die Augen schossen und der zeitgleich mit mir um Fassung rang. Ich war hier und heute. Wild entschlossen, diesen Tag zu genießen. Würdevoll schritten wir zum Hochzeitsmarsch in Richtung Altar. Hier und da winkten Freunde.

»Tolles Kleid!«, hörte ich. »Guck mal der Hut!« und »Hinreißend«.

Dann sah ich Felix. Meinen Felix. Diesen großen Jungen. Diesen stattlichen Mann. Dieser gütige Blick aus feuchten Augen! *Oma hatte mich oft so angeschaut.* Felix lachte mich an. Wir blickten uns tief in die Augen. Gerührt. Bewegt. Verliebt. Mit demselben Blick verziehen wir uns gegenseitig den Streit der Nacht. Wir schmunzelten mit den Augen. Verstanden uns wortlos.

»Supergut, dein Kleid«, tuschelte Felix mir ins Ohr.

Ich liebe es, wenn Felix mir etwas ins Ohr flüstert. Es hat so etwas Verschwörerisches, und es erinnert mich an jenen Abend, als er mir das erste Mal »seinen Traum« ins Ohr flüsterte. Es ist schön, wenn man sich gegenseitig Träume ins Ohr flüstert. Es verbindet. Es schweißt zusammen. *Als Kind warf ich immer die Hände schützend vors Gesicht.* »Und der Hut? Und die Handschuhe?«, flüsterte ich zurück.

»Steht dir richtig gut. Hat was!«

Mein Schwiegervater übergab mich seinem Sohn. Ein freundschaftliches, kurzes Schulterklopfen sagte viel aus. Felix nahm meinen Arm, und sein Griff war ebenfalls fest und bestimmt.

Es war eine schöne Zeremonie. Schön, lustig, bewegend, rührend. Von allem etwas.

Als wir nach der Trauung aus der Kirche kamen, traf mich fast der Schlag. Der Kirchplatz war schwarz von Menschen, und herausgeputzte Pferde mit schmuck zurechtgemachten Reitern standen in Reih und Glied. Es war ein überwältigend schöner Anblick. Eine geschlagene Stunde standen Felix und ich nebeneinander, schüttelten unzählige Hände und nahmen ebenso unzählige Glückwünsche entgegen. Zu Fuß gingen wir zum Hof. Felix und ich vorneweg und hinter uns die Pferde. Ein sehenswertes Brautpaar waren wir. Auffällig schön und auffällig glücklich! Als wir die Straße überquerten, mussten die Autos anhalten und lange warten. Der Hochzeitszug nahm kein Ende. Fremde Menschen hupten und winkten uns aus ihren Autos fröhlich zu. Niemand hatte es eilig. Alle genossen diesen Augenblick bei herrlichstem Sonnenschein.

Unsere kirchliche Hochzeit gehört bis heute zu den schönsten gemeinsamen Momenten in unserem Leben … Zum Glück folgten noch weitere solch prägender Erinnerungen. Unsere Hochzeitsreise zum Beispiel. Felix ist im Urlaub immer agil, neugierig und umtriebig. Tagelang auf einer Hotelliege abzuhängen, liegt ihm nicht. Wir marschierten selbst bei brütender Hitze Hand in Hand durch die Straßen von Abu Dhabi. Wir lachten und alberten, und Felix hatte den Schalk im Nacken sitzen. Er hatte ständig spontan irgendwelche abenteuerlichen Ideen im Kopf, und seine jungenhaft witzige Art wurde mir zum ersten Mal in diesem Urlaub so richtig bewusst. Die Emiraties waren herzliche und sehr, sehr gastfreundliche Menschen. Anerkennung und Bewunderung äußerten sie genauso unverhohlen wie Freude und Hass. In dieser Region lagen zweifelsfrei meine genetischen Wurzeln. Felix liebte dieses Land. Kein Wunder. Er liebte ja auch mich.

In den zahlreichen Restaurants der Stadt futterten Felix und ich uns kreuz und quer durch die Speisekarten. Waren die Speisekarten ausschließlich in arabischer Schrift gehalten, dann tippten wir auf gut Glück auf irgendwelche Gerichte und ließen uns einfach überraschen. Kichererbsenmus, eingelegte Auberginen und Tomaten, Wassermelonen und Hühnchen, Fisch und Frittiertes, Felix ließ nichts unversucht! Es war eine Freude, ihn beim Essen zu beobachten. *Wenn ich meinen Vater dabei beobachtete, wie er das Kebab zubereitete, dann ging es mir gut.*

Dubai war ein Traumurlaub. Felix und ich kamen sichtlich erholt und äußerst harmonisch nach zehn Tagen zurück, und der Alltag hatte uns wieder.

Mein Bauch wurde in den nächsten Wochen zusehends größer. Wir suchten nach passenden Namen. Ich wollte unsere Tochter »Nelly« nennen, stieß aber auf heftigsten Protest meiner Schwiegermutter. Nelly, so hieß ihre eigene Schwiegermutter, und die hatte sie sehr lieb gehabt. Sie duldete keine »andere Nelly« in der Familie.

Felix meinte nur, dass man vielleicht eine Kuh Nelly nennen könnte, aber ganz sicher nicht unsere Tochter.

Ich suchte mir den Namen »Mia« aus und verteidigte diese Wahl bis zur Geburt. Auf dem Weg zum Standesamt, als Felix unsere Tochter ins Familienstammbuch eintragen ließ, fiel ihm dann ihr zweiter Name ein. »Luisa«. So heißt unsere Tochter heute Mia Luisa Birkhoff.

Kurz vor der Geburt tobte ein nächster großer Streit. Felix machte sich nicht die geringste Mühe, eine neue Wohnung zu suchen. Meine Vorschläge, diese oder jene Wohnung anzuschauen, wiegelte er gekonnt ab. Er wollte etwas Eigenes, die eigenen vier Wände. Dieser Wunsch war völlig in Ordnung, aber mit dem Schneckentempo, das Felix an den Tag legte, würden wir in zwei Jahren noch hier wohnen. Das feuchte Schlafzimmer stellte ein äußerst gesundheitsschädliches Wohnklima dar. Der Schimmel machte sich an den Wänden bemerkbar. In diesen Raum könnten wir auf gar keinen Fall das Kinderbettchen stellen. Blieb nur noch das Wohnzimmer. Doch ich empfand es als reinste Zumutung, Mias Bettchen ins Wohnzimmer zu stellen. Zwischen PC, Schreibtisch, Fernseher, Stereoanlage und Couch? Ich war völlig außer mir und führte die Diskussion lautstark und emotional aufgebracht. »Das ist eine Zumutung, was du hier von mir verlangst. Jeder noch so dämliche Kerl entwickelt einen Nestbau-Trieb, und du? Was machst du? Ist dir das denn alles egal? Warum tust du das? Warum tust du MIR das an?«

Ich rüttelte an der Tür. Sie war abgeschlossen. Meine Verzweiflung wuchs. Draußen war es stockfinster. Ich hasste den Weg. Der Hausflur war immer kalt. Immer dunkel. Immer muffig. Und die Toilette erst mal. Die Toilettenbrille war immer so schrecklich kalt, dass ich meine Händchen unter meine dünnen Schenkelchen legte, um die Kälte abzufangen. Jetzt hätte ich wer weiß was darum gegeben, die Toilette zu erreichen. Das Aa drückte entsetzlich. Es würde schiefgehen. Wo bloß sollte ich hinmachen? Mama und Papa würden schimpfen. Sie würden mich wieder schlagen. Alles war falsch. Alles, was ich machte, war falsch. Es ging nicht mehr. Das Aa quoll fast aus meinem Po. Ich stieg in die Dusche neben meinem Bett. Die Duschwanne war auch kalt. Das Aa stank wieder. Mein Aa stank immer. Das ganze Zimmer stank danach. Aber jetzt war das Aa draußen. Dunkles Aa auf glänzendem Weiß. Jetzt war es endlich vorbei. Kein Klopapier. Egal. Mein Bett war da. Mein Bett neben der Dusche. Neben dem Aa. Neben dem Gestank. Mein Bett im Badezimmer …

Felix fühlte sich schuldig. Irgendwie verstand er, dass die Wohnverhältnisse auf Dauer nicht tauglich waren. Und er verstand auch, dass ich für Mia ein Zimmer einrichten wollte. Ich saß mittlerweile tränenüberströmt und heftig schluchzend auf dem Sofa. Felix wollte mich umarmen, wollte trösten, wollte wiedergutmachen. Ich reagierte aggressiv. Schlug seine Hand weg. »Fass mich nicht an!«, schrie ich hysterisch. »Ich hasse dich. Ich hasse dich dafür. Warum kann ich nicht einfach Mias Zimmer einrichten? Warum kümmerst du dich nicht um mich? Warum lässt du mich hängen? Warum?« Meine Stimme überschlug sich. Der Schmerz kam wieder. Er rollte wieder unaufhaltsam nach oben. Dieser unglaubliche Seelenschmerz war nicht mehr zu ertragen. Ich schrie die Tränen aus meinen Augen heraus. Ich heulte und heulte und heulte. Felix war perplex. Felix war erschüttert. Er wusste nicht mehr, was er sagen und was er tun sollte. Ich ließ ihn nicht mehr an mich heran.

»Christine. Bitte. So hör doch auf zu weinen. Bitte. Du sollst dein Kinderzimmer haben!«

»MEIN Kinderzimmer? MEIN Kinderzimmer?« Mein Blick wurde irre. Ich tobte wie eine Besessene. Hatte mich selbst nicht mehr im Griff. »Es ist das Zimmer unserer Tochter. IHR Zimmer, verstehst du das nicht? Was bist du für ein Vater?«

Irgendwann war auch dieser Streit zu Ende. Ich war erschöpft und verschwitzt auf dem Sofa eingeschlafen. Die Leere in meiner Seele nahm weiter zu. Ich versank in Depressionen. Ich hörte auf zu lachen. Ich hörte auf zu fühlen.

Das änderte sich schlagartig mit Mias Geburt.

Die Geburt musste eingeleitet werden. Mia wuchs nicht mehr so richtig, und die Ärzte hatten Sorge, dass die Plazenta durch meine Raucherei Schaden genommen hatte. Ich selbst machte mir schlimmste Vorwürfe. Felix machte mir nie Vorwürfe. Das bemerkte ich aber gar nicht. Die positiven Eigenschaften meines Mannes verschwanden in meinem Erleben unmerklich. Ich war froh, dass Mia jetzt zur Welt kommen sollte. Die Wehen waren unerträglich. Ich akzeptierte diese Schmerzen nicht und hielt die leichtesten Wehen nicht aus. Als die PDA gesetzt war, fühlte ich mich schlagartig besser. »Eine Pizza wäre nicht schlecht«, ulkte ich.

Felix lachte wieder. Die Frau, die da jetzt entspannt im Bett lag, gefiel ihm offensichtlich besser. Ließ ihn aufatmen. Ließ ihn Luft holen. Felix hat mich immer dankbar angenommen, wenn ich wieder »die andere Frau« war. Das sah ich damals nicht. Seine Güte kannte keine Grenzen. Auch das sah ich nicht. Seine Bereitschaft, Tobsuchtsanfälle, Unsachlichkeiten und psychische Verschrobenheiten zu verzeihen, kannte auch keine Grenzen. Und auch das sah ich nicht. Ich war in mir gefangen. Ich war eine Gefangene im eigenen Körper. Eine Gefangene der ständigen Erinnerungen. Eine Gefangene im eigenen Verlies.

Das Mädchen kauerte seit dem dreißigsten Geburtstag von Christine Al-Farziz in einer Ecke des Verlieses. Die Wärter waren tot. Der Drache war tot. Aufgeschlossen hatte niemand. Das Mädchen lebte weiter. Sie verhungerte nicht. Sie verdurstete nicht. Sie wartete. Sie wartete. Sie wartete.

Die Geburt verlief nicht wie erwartet. So entspannt ich auch war, der Muttermund öffnete sich nicht. Bei drei Zentimetern war Schluss, und nichts tat sich. *Wenn ich gewusst hätte, was aus dir geworden ist, hätte ich dich gleich nach der Geburt wieder reingeschoben.* Die Hebamme war ratlos. Ich war ratlos. Felix war ratlos. Mia kämpfte und kämpfte. Die Wehen schoben sie unaufhaltsam weiter, aber gegen einen verschlossenen Muttermund konnte sie beim besten Willen nichts ausrichten. Irgendwann war Mia am Ende ihrer Kräfte. Ihr kleines Herz machte nicht mehr mit. Schaffte es nicht. Schlug zu schnell. Schlug zu langsam. Schlug zu schnell. Ich fühlte mich elendig. Noch nicht einmal eine Geburt brachte ich zustande. Es wurde höchste Zeit, dass etwas getan wurde. Felix und ich spürten es und machten uns große Sorgen.

In Jeans und Hauspantoffeln fegte plötzlich der Chefarzt der Station ins Zimmer. »Hallo, Frau Birkhoff.« Er streichelte mir über die Wange.

Oh Gott, tat das gut. Ein prüfender Blick auf Tabellen und Diagramme. Kurz horchte er meinen dicken Bauch ab. »Ihrer Kleinen geht's nicht gut. Wir müssen einen Kaiserschnitt machen. Die PDA liegt super bei Ihnen. Sie werden nichts spüren.«

Ich starrte den Arzt an. Ich starrte Felix an. »Ich soll wach bleiben? Sie wollen mir den Bauch aufschneiden, und ich soll wach bleiben? Da spiele ich nicht mit!« Ich verschränkte resolut die Arme vor meiner Brust.

»Wenn ich Ihnen eine Vollnarkose verpasse, Frau Birkhoff, dann geht diese Narkose voll aufs Kind. Dann schneide ich. Und zwar so schnell wie möglich. Und dann ist es mir völlig egal, ob da Bauchmuskeln im Weg sind oder nicht. Wollen Sie das?«

Ich antwortete nicht. Sah in Felix' besorgtes Gesicht. Blass war er. Fürchterlich blass.

»Lassen Sie mich raten, Frau Birkhoff: Sie hatten vor der Schwangerschaft einen straffen Bauch, richtig?«

Ich nickte: »Einen Waschbrettbauch, Herr Doktor.« Kam mir nun meine Eitelkeit zugute?

»Prima. Dann verabschieden Sie sich jetzt mal von Ihrem Waschbrettbauch. Die Bauchmuskeln muss ich durchschneiden. Die Zeit, das alles sorgsam beiseitezulegen, die haben wir nicht bei einer Vollnarkose. Bei der PDA wäre das etwas anderes. Aber bitte, Ihr Wunsch ist mir Befehl.«

»PeeeeDeeeeAaaaa«, zickte ich den Arzt an. »Wenn die so gut liegt, dann bitte schön. Dann eben mit PDA.« Ich schaute ihn an wie ein trotziges Kind.

»Braves Mädchen. Gute Entscheidung.« Wieder tätschelte er mir die Wange. Er war nett. Er sprach meine Sprache. Dieser Doktor war wirklich klasse.

Ich hatte Angst. Wirklich und wahrhaftig Angst. »Felix«, jammerte ich los, »mir wird so kalt und so komisch … gib mir die Nierenscha…«

Die Hebamme war schneller und schob mir die Nierenschale gerade noch rechtzeitig unter den Kiefer.

»Sie kollabiert. Herr Doktor! Schnell! Sie kollabiert!«

Kurz und präzise erteilte der Arzt seine Anweisungen. Ich verstand nur noch Wortfetzen, bekam aber mit, dass eine Kanüle nach der anderen in das dünne Schlauchende, das auf meiner Schulter festgeklebt war, reingejagt wurde.

Felix war noch blasser als vorher. Er stand am Fußende des Bettes und hielt sich am Bettgestänge fest. Ich hatte den Eindruck, dass man sich um ihn auch kümmern müsste, und wollte gerade etwas sagen, als das Bett in Fahrt geriet. Die Türen im Flur sausten an mir vorbei.

»Soooooo, jetzt verabschieden Sie sich bitte von Ihrer Frau, es geht jetzt los!«

Mein kreidebleicher Felix beugte sich zu mir herunter und hauchte mir einen Kuss auf die Wange. »Sei tapfer.« Mühsam hielt er die Tränen zurück. Felix war völlig am Ende. So hatte ich ihn noch nie gesehen.

Ich spürte gar nichts. Absolut gar nichts. Tausend Leute schienen in diesem OP-Raum zu sein. Eine heitere und geschäftige Stimmung herrschte. Ständig kam ein neuer grünbemützter Mensch zu mir und nuschelte: »Tach auch. Ich bin der Doktor Soundso!« Durch den Mundschutz konnte ich die Leute nicht auseinanderhalten. Es schienen so viele zu sein, die »Tach auch« sagten. Wie in einem Kasperletheater, wo wieder und wieder der Vorhang aufgeht und stets ein neues Püppchen die Bühne betritt.

Plötzlich ein Rumoren und viel Bewegung in meinem Bauch … »Och Gott, ist die süß!«, entzückte sich eine männliche Stimme aus dem OP-Team. Ich hörte die Stimme meines Chefarztes: »Die ist ja gar nicht so klein. Klasse. Das haben wir super hinbekommen.«

Dann hörte ich Mia schreien. Ich heulte sofort los. Wollte SOFORT meine Mausi sehen. Ich zappelte voller Ungeduld. Dann endlich. Eine grüne, offensichtlich weibliche OP-Mumie hielt mir Mia direkt vor mein Gesicht. Ich bekam den Ober-Giga-Hammer-Gefühls-Flash. Dieses Gefühl war sensationell. Heiße Liebe rollte wie ein unglaublich großer und niemals enden wollender Lavastrom durch meinen Körper. Mia schaute mir mit ihren Äuglein direkt in meine Augen. Sie traf – KAWUMM –

mitten in mein Herz. Ihr Gesichtchen war eine Miniaturausgabe meiner selbst. Mia hatte ein kleines, ganz rundes Köpfchen. Es erinnerte mich an eine Billiardkugel. Kaiserschnittkinder sind irgendwie niedlicher als Spontangeburten. Sie sind so schön rund und so gar nicht zerknautscht.

»Mia will jetzt zu ihrem Papa. Ihr Mann ist schon ganz aufgeregt. Ich bringe die Kleine jetzt zu ihm. Wir sehen uns gleich, Frau Birkhoff!«

Mein Mann. Mein Felix. Die Lavaflut galt auch ihm. Ich heulte und heulte.

»Was ich gedacht habe bei deiner Geburt? Scheiße, habe ich gedacht, schöne Scheiße. Für dieses Balg trägst du jetzt die nächsten zwanzig Jahre die Verantwortung. Genau das habe ich gedacht. Hast du sonst noch ein paar blöde Fragen auf Lager?«

Ich weinte und hörte gar nicht mehr auf. Mein Leben würde ich für dieses Kind opfern. Mein Leben! Ich würde mich wie eine Löwin schützend vor dieses Kind stellen. Diese Gefühle und Gedanken hauten mich um. Das also war Mutterliebe? DAS? So sah Mutterliebe aus? So fühlte sie sich an, diese Mutterliebe? *»Ich wünschte, du wärest tot. Dann hätte ich endlich meine Ruhe vor dir!«*

Mutterliebe war ein berauschendes Gefühl, und ich war so in meine Gedanken vertieft und so aufgewühlt von dieser nie gekannten und nie erahnten Liebe, dass ich völlig überrascht war, als der Arzt sagte: »So. Endlich. Das hätten wir geschafft. Die OP ist spitze verlaufen. Ihrer Tochter geht es gut.« Er riss sich die grüne Mütze vom Kopf und nahm den Mundschutz ab, und im nächsten Moment rollte mein Bett wieder irgendeinen Flur entlang. Den Rest der Fahrt legte der Chefarzt seine Hand auf meine Schulter und ging neben dem Bett her. »Wir bringen Sie jetzt auf die Wöchnerinnenstation. Ihr Mann und Ihre Tochter warten schon auf Sie.« Die Hand auf meiner Schulter tat mir gut. Es signalisierte mir, dass ich meine Sache in letzter Sekunde doch noch gut gemacht hatte.

Das Bett wurde gedreht und hin und her gerückt, bis ich endlich Felix auf meiner rechten Seite sitzen sah. Er hatte ein klitzekleines weißes Bündel in seinen großen starken Armen. Eine Schwester nahm ihm das kleine Bündel ab und legte es mir in den Arm. Mia schlief. Mia war so klein und zart. Ein hübsches Kind.

»Glückwunsch, Frau Birkhoff. Glückwunsch auch an den Vater. Eine süße Tochter haben Sie da. Ich wünsche Ihnen alles Gute. Frau Birkhoff, wir sehen uns dann morgen bei der Visite. Schlafen Sie gut.«

Dann wurden wir allein gelassen. Die nächste Generation der Birkhoff-Familie war komplett. Felix konnte nicht mehr. Ein heftiges Schluchzen bahnte sich den langersehnten Weg in die Freiheit. Es war offensichtlich, dass Felix schon seit einiger Zeit mit den Tränen kämpfte. Jetzt, wo wir allein waren, ließ er seinen Gefühlen freien Lauf. Ich liebte ihn abgöttisch dafür. Felix weinte und weinte.

»Was ein Gefühl«, stammelte er tief bewegt. »Das ist Wahnsinn. Unglaublich.« Er schüttelte den Kopf und schnäuzte sich die Nase. Ihm fehlten die Worte. Dafür stieg der nächste Tränenfluss in ihm hoch. In so einer Situation braucht man keine Worte. Da sind die Emotionen Zeichen genug. Felix lag über meinem Bauch und heulte sich die Seele aus dem Leib. Ich heulte mit. Darin waren wir beide geübt und ein prima Team.

Als wir uns so einigermaßen beruhigt hatten, lag Felix mit seinem Kopf immer noch auf meinem Bauch. Durch die PDA spürte ich ja keine Schmerzen und genoss es, meinen Mann so bei mir liegen zu haben. Während der Schwangerschaft hatte ich diese Geste schmerzlich vermisst. Umso mehr genoss ich es jetzt. Felix' Finger sah unglaublich groß aus, als er vorsichtig über Mias Näschen streichelte. »Sie ist so klein. So hübsch. Guck mal, diese winzig kleine Nase. Süß, ne?«

Ich nickte selig.

»Und diese putzigen Öhrchen. Und schau mal. So kleine Händchen. Das gibt's doch gar nicht.«

Felix studierte Mia aufmerksam und hingebungsvoll. Seine Augen waren voller Liebe, voller Dankbarkeit und voller Güte. Ich zerfloss vor Liebesgefühl. Hielt Mia im linken Arm und streichelte versonnen Felix' Haare mit der rechten Hand. Ich hatte das Gefühl, dass sich in unserer Ehe etwas Gravierendes zum Positiven verändert hatte. Dieser Mann würde ein guter Vater werden. Ein zuverlässiger Vater. Ein Vater, dem man vertrauen konnte. Ein starker Vater.

Eine riesige Hand schlug mir ins Gesicht. Immer wieder. Immer wieder. Klatsch! Klatsch! Klatsch! Es hörte nicht auf. Es hörte einfach nicht auf! Ich heulte Rotz und Wasser. Ich hatte Angst. Schreckliche Angst. Wehrte mich nicht. Versuchte, meine Hände vors Gesicht zu halten. Schläge abzuwehren. Meine Hände wurden runtergerissen. Das tat weh. Furchtbar weh. Eine unbarmherzige Faust sauste auf mich zu. Sauste direkt auf mein Gesicht zu, während meine Händchen festgehalten wurden. Es krachte. Irgendetwas in meinem Gesicht hatte geknackt. Der Boden unter meinen Füßen verschwand. Ich schlug auf. Schlug auf irgendetwas Hartes. Kantiges. Schmeckte Blut. Roch Blut. Badete im Blut. Sah nur noch Blut. Starb. Dieselben Hände zerrten mich hoch. Konnte nicht stehen. Dieselben Hände hielten mich fest. Schleiften mich irgendwohin. Irgendwohin. Dieselben Hände. Autotür. Motorgeräusch. Wieder die Hände. Dieselben Hände. Dann schmale Hände. Hände, die mich am Arm vorwärtszerrten. Kalte, schmale, harte Hände. Mutterhände. Grelles Licht. Weiße Kittel. Stechender Schmerz. Nadel. Faden. Schere. Beißender Geruch. Müde. Entsetzlich müde.

Felix war müde. Wir waren beide müde. Die Hebamme kam und nahm Mia mit den Worten »Sie brauchen jetzt erst mal Schlaf. Ich kümmere mich um Mia. Keine Sorge« mit ins Säuglingszimmer.

Felix und ich verabschiedeten uns. Zärtlich. Innig. Und äußerst ungern. »Ich rufe jetzt meine Eltern an, und dann fahre ich nach Hause. Ich bin hundemüde. Ich liebe dich. Bis morgen.«

Ich brauchte lange, um einzuschlafen. Mein Leben hatte sich verändert. Meine Liebe zu Felix hatte sich verändert. Meine Welt hatte sich verändert. Ich war jetzt Mutter. Ich war stolz. Ich war glücklich. Ich dachte an meine eigene Mutter. Mein Gott, musste diese Frau krank sein. Ich fühlte nur noch völlige Verständnislosigkeit. Gut, dass ich nicht so war wie sie.

Am nächsten Morgen kamen meine Schwiegereltern. Mutti und Papa waren aufgeregt und total gerührt. Mein Schwiegervater foppte meine Schwiegermutter mit dem Ausruf »Oma«.

»Ja, ist doch schön!«, sagte sie entwaffnend ehrlich und lachte. *Omi war gern Oma. Sie liebte mich. Sie war meine wahre Mama.* Mein Schwiegervater war der Erste von beiden, der Mia zärtlich auf den Arm nahm und es sich mit seiner Mini-Enkelin auf dem Sessel gemütlich machte. »Klappt doch!«, strahlte er stolz und siegessicher. Mit dieser Geste hatte er selbst nach über vierzig Ehejahren seine eigene Ehefrau überrascht. Mutti hatte sich nicht getraut, Mia hochzunehmen. Sie war unsicher und wollte nichts falsch machen. Meinem Schwiegervater kam in dieser Hinsicht seine pragmatische und ruhige Art entgegen. Mia und ihr Opa gaben ein herrlich selbstverständliches Bild ab. »Fühlt sich gut an.« Papa grinste breit. Das war seine Art auszudrücken, dass ihm die neue Rolle als Großvater richtig gut gefiel.

Nach meinen Schwiegereltern kam Silke zu Besuch. Sie arbeitete in dieser Klinik und ärgerte sich schwarz, dass sie den Abend auf unseren Anruf gewartet hatte, der aufgrund der Dramatik nicht kam. Tomas, der neue Mann an ihrer Seite, hatte sie gedrängt, doch einfach loszufahren. Silke und Tomas wurden die Pateneltern von Mia.

»Hätte ich doch man nur auf Tomas gehört«, schimpfte Silke mit sich selbst. Mit gekonntem Griff schnappte sie sich Mia und wiegte sie vorsichtig im Arm. »Diiiieee ist ja süß. Und wie die einen schon mit den Augen fixiert. Ist ja Wahnsinn.«

Mir war das auch schon aufgefallen, aber der Vergleich fehlte mir. Mia schaute einem direkt in die Augen, und offensichtlich war das nicht bei allen Säuglingen so. Silke war ja diesbezüglich die Fachfrau von uns beiden. Ich war heilfroh, dass sie meine Nachbarin war, und so gesehen nicht mehr böse, dass wir immer noch nicht umgezogen waren. Mit Silke als Freundin und direkt Tür an Tür konnte mir so schnell nichts passieren. Ich machte mir schon jetzt Sorgen, dass ich meine neue Rolle als Mutter nicht hinbekam. Ich war die personifizierte Unsicherheit und völlig unbeholfen. Ich hatte als Kind nie mit Puppen gespielt und bereute das jetzt. *»Christine! Was machst du denn da mit deinem Püppchen? Oh Gott!« Omi schien entsetzt zu sein. Offensichtlich war das nicht in Ordnung, wie ich Püppchen behandelt hatte. Ich war mir keiner Schuld bewusst. Am Blick von Omi sah ich, dass ich böse gewesen war. Irgendwie böse. Omi sagte gar nichts mehr. Sie starrte auf Püppchen. Püppchen. Gegen die Wand geschleudert. Angeschrien. Geschlagen. Püppchen mit verdrehten Armen. Püppchen ohne Arm. Püppchen ohne Bein. Püppchen ohne Kopf. Augen rausgepult. Blödes Püppchen. Püppchen war mir egal. Warum sollte mir Püppchen leidtun? Ich verstand Omi nicht. Ich verstand nicht, dass sie traurig war. Omi weinte. Wegen mir. Das war blöd! Das war viel blöder als Püppchen, die kaputt in der Ecke lag. Ich weinte auch. Weinte, weil Omi wegen mir weinte.* »Ich bin so froh, dass du in meiner Nähe bist, Silke!« Ich heulte schon wieder.

»Hey! Beruhige dich! Da musst du nicht gleich weinen. Ich helfe dir. Ist doch klar. Das kriegst du schon hin!« Silke streichelte meinen Arm. Das tat gut. Ich wusste auch nicht, warum ich so verdammt unsicher war. Das war doch sonst nicht meine Art! Ich beruhigte mich selbst. Ich würde es schaffen. Ich würde auch DAS schaffen!

KAPITEL 12

Ende vom Anfang

Fünf Tage nach Mias Geburt holten mich Felix und seine Eltern aus dem Krankenhaus ab. Mia schlief tief und fest in ihrer kleinen Tragetasche und war durch nichts aus der Ruhe zu bringen. Wenigstens einer von uns, dachte ich bei mir. Ich hatte Versagensängste und wusste nicht, was auf mich zukam. Als wir in unserer Wohnung standen, kroch mir die Angst förmlich den Nacken hoch. Ich würde das nicht schaffen. Eine innere Stimme sagte mir, dass hier gerade etwas eskalierte, und ich wusste dieses beängstigende Gefühl nicht einzuordnen. Mir war, als würde jemand mit einem Schlauch mein Selbstbewusstsein aus meinem Körper pumpen. Ich spürte, wie etwas ungeheuer Wichtiges sich nach und nach verabschiedete – die Zuversicht.

Mutti und Papa lachten. Sie beobachteten köstlich amüsiert, wie Felix und ich gemeinsam hektisch in der Küche hantierten. Mia war aufgewacht, und ihr Schreien steigerte sich in puncto Lautstärke und Intensität sekündlich. Es war klar, dass sie Hunger hatte, und die kleine Lady konnte verdammt ungehalten werden, wenn der Mangel in ihrem Wohlbefinden nicht unverzüglich abgestellt wurde. Wir benahmen uns wie völlig normale junge Eltern: schütteten zu viel heißes Wasser ins Fläschchen, stellten fest, dass Abkühlen länger dauerte, als uns das lieb war, prüften und testeten zum siebenundachtzigsten Mal die Temperatur des Inhaltes, und bis wir endlich so weit waren, hatte Mia schon längst zum Crescendo, einem ohrenbetäubenden Gebrüll, angesetzt. Ein einziges Fläschchen. Und unsere Nerven lagen blank. So ist das nun einmal. Rückblickend betrachtet war unsere Unbeholfenheit tatsächlich nur amüsant. Nichts Dramatisches. Für mich hingegen war es dramatisch. Felix würde morgen früh schon wieder ins Büro fahren. Ich war sauer und enttäuscht. Er ließ mich hier allein mit dem Kind, und ich fühlte mich völlig überfordert.

Als Felix' Eltern gingen, bereiteten wir einige Fläschchen mit Milchpulver vor. Sollte Mia in der Nacht Hunger bekommen, würden wir gemeinsam aufstehen. Felix versprach es mir hoch und heilig, und ich konnte mich auf ihn verlassen. Das beruhigte mich ein wenig.

Die Tage vergingen. Ich hatte einige Arbeitsabläufe automatisiert und ganze Batterien von Fläschchen mit Milchpulver zurechtgestellt. Kalter Fencheltee, im Voraus gekocht, sorgte für schnellen Temperaturausgleich der Milch. Heißes Wasser stand immer in der Thermoskanne bereit. Mia trank langsam. Viel zu langsam. Sie schrie vor Wut und Hunger. Ich stopfte einen Breisauger auf die Flasche und drehte das viel zu große Loch nach unten. Schnell hatte Mia herausgefunden, dass sie mit ihrer kleinen Zunge die Fließgeschwindigkeit der Milch allein beeinflussen konnte, ohne saugen zu müssen. Mia fand das gut, und ich fand das noch viel besser. Ich legte den Boden des Kinderwagens mit vier Schichten einer auseinandergeschnittenen Isomatte aus, packte ein Schaffell darüber, stopfte eine Wärmflasche hinein und ging bei Arscheskälte mit Mia spazieren. Mia fand's super. Ich fand's ungemütlich und fad. Ich wollte wieder reiten. Wollte ein Mal am Tag etwas für mich allein tun. Der Kinderwagen stand fortan vor der Box mit einem großen Schimmel darin. Mia konnte stundenlang fasziniert dieses Pferd betrachten, vermutlich wegen der weißen Farbe. Der Schimmel starrte unentwegt in den Kinderwagen und war sichtlich hingerissen, wenn Mia mit ihren kleinen Ärmchen wedelte. In der Zwischenzeit ritt ich Orgulloso. Eva hatte aus Frankfurt angerufen und mir mitgeteilt, dass sich ein Ärzte-Ehepaar aus Frankfurt für Orgulloso interessiere. Ich war mal wieder auf dem Trip, nun doch Turniere reiten zu wollen. Ich kannte die Interessenten aus alten Frankfurter Zeiten und wusste, dass Orgulloso es gut haben würde bei ihnen. Wie der Baron und seine Frau waren es ganz reizende Leute. Zwei Wochen später war Orgulloso verkauft. Zu meiner größten Freude sollte er noch weitere sechs Monate in meiner Obhut bleiben. Gegen Bezahlung natürlich. Papa konnte für die Box sein Geld kassieren, und ich wertete unsere Haushaltskasse auf. Mein Gehalt war inzwischen durch ein spärliches Mutterschaftsgeld ersetzt worden, und Windeln und Milchpulver verschlangen unglaubliche Beträge im Monat.

Eines Tages, ich ritt gerade in der Halle, hörte ich Mia schreien. Vermutlich hatte sie Hunger oder die Windel voll. Beides fand Mia grässlich, und binnen kürzester Zeit schrie sie aus Leibeskräften. Entnervt stieg ich vom Pferd ab und beendete die Trainingseinheit. Papa stand am Kinderwagen und schob ihn hin und her. Er war stinkig. Ich sah es ihm meilenweit an. »Das geht doch nicht«, polterte er los, »Kind und Reiten … Das geht nun mal nicht beides zusammen.« Erbost stapfte er ins Haus zurück. *»Ich würde dir gerne die Reitkarte bezahlen, Christine, aber es geht einfach nicht!« Omi weinte. »Ich habe schon versucht, mit deiner Mutter zu reden, aber du weißt ja, wie sie ist. Es tut mir so leid!«* Ich war wütend. Wütend auf meinen Schwiegervater. Packte das Pferd in die Box und wechselte Mias Windel. Mutti war nicht zu Hause. Die Stimmung im Hause Birkhoff war angespannt. Nichts für mich. Ich fühlte mich schuldig und verstand meinen Schwiegervater nicht. Er kassierte dreihundertfünfzig Mark im Monat für eine Box, die eigentlich seiner Schwiegertochter zur Verfügung stand. Also gutes Geld, das über war. Und er wusste, dass ich stolz darauf war, mit meinem Hobby Geld zu verdienen. Felix war froh, dass wir dieses Geld hatten, denn auch er hatte gemerkt, dass es mit nur einem Gehalt ganz schön eng wurde. Papa schmollte, und ich packte Mia und ging nach Hause.

Mia schrie schon wieder. In der letzten Zeit schrie sie viel. Ich las Bücher. *Jedes Kind kann schlafen lernen, Jedes Kind kann Regeln lernen, Jedes Kind kann essen lernen.* Hilfreiche Bücher. Ich kann sie nur jeder werdenden Mutter wärmstens empfehlen. Ich hatte mich exakt an die Ratschläge gehalten, die ich in *Jedes Kind kann schlafen lernen* gelesen hatte, und ab der dritten Lebenswoche schlief Mausi die Nächte durch. Mutti prophezeite zwar, dass sich das bald wieder ändern würde, aber sie lag falsch.

Überhaupt hatte sie in letzter Zeit ziemlich viele Kommentare auf Lager, und ich wurde das Gefühl nicht los, dass Mia nicht meine Tochter, sondern ihre Tochter war. Ständig kramte sie in alten Bildern herum und prüfte die Ähnlichkeit zwischen Mia und ihr selbst als Kind. Und wenn das nicht passte, dann kramte sie weiter, zupfte irgendein Kinderbild von Felix aus einer der vielen Fotoschachteln und suchte zwischen ihrem Sohn und ihrer Enkelin eine Ähnlichkeit. Ich existierte nicht. *Eine junge Nonne mit einem adretten weißen Mützchen auf dem Kopf hatte sich in das kleine Mädchen mit den großen Kulleraugen verliebt. Sie war so ein süßes Kind. Immer neugierig. Immer fröhlich. In letzter Zeit hatte sich die Kleine verändert. Sie schaute skeptischer. Fragender. Und ständig die blauen Flecken am Körper. Die junge Nonne spürte, dass etwas nicht stimmte. Sie mochte die Mutter der Kleinen nicht. Irgendwie hatte diese Frau einen kalten Blick. Sie studierte. Wollte Lehrerin werden. Kam gelegentlich an den Wochenenden und nahm die süße Maus mit. Als die junge Nonne Christine auf den Arm nahm, schrie das Mädchen auf. Sie schrie vor Schmerzen! Die junge Nonne zog das Kind aus. Was sie sah, ließ ihr das Blut in den Adern gefrieren. Dicke schwarze Hämatome auf kleinen Kinderschultern. Sie musste unverzüglich mit der Oberschwester reden. Ihr diese Verletzungen zeigen. Sie müssten dringend etwas unternehmen. Dringend!* Außerdem konnte ich bei diesen Foto-Arien nicht mithalten. Ich besaß zwei oder drei Kinderbilder von mir, und Bilder aus meiner Säuglingszeit existierten nicht. Das war unfair. Mich machten diese Vergleiche nur wütend. Und ständig dieses »Als der Junge noch klein war, da habe ich dies, da habe ich das …«, »Als Felix ein Baby war, da schaute er so und machte er so …«, »Unser Junge sprach schon im Alter von …«, »Felix war früh trocken …«, »Ich habe das einfach soundso …«. Es war wie verhext: War meine Schwiegermutter unsicher, dann kompensierte sie das mit aufgesetzter Souveränität, und war sie nicht unsicher, dann wusste sie es eben besser. *Es war egal, was ich machte. Es war sowieso falsch. Mama und Papa würden mich wieder schlagen.*

Blieb ich mit Mia allein zu Hause, dann fiel mir regelmäßig die Decke auf den Kopf. Wann immer es ging, besuchte ich Silke. Ich freute mich, wenn Tomas sein kleines Patenkind zum Lachen brachte, Hubschrauber mit ihr spielte oder den Clown mimte. Er hat eine Gabe, Kinder zum Lachen zu bringen. Felix saß den ganzen Tag im Büro und rief mehrere Male am Tag an. Meistens schrie Mia im Hintergrund, und meistens war ich entnervt. An einem Nachmittag, ich war todmüde, schrie Mia unentwegt. Sie schrie und schrie, und ich wollte nur noch schlafen. Irgendwann verlor ich die Nerven und schrie zurück. Ich schrie mein eigenes Kind an. Einen Säugling wohlgemerkt. Ich war wütend auf einen Säugling.

Tränenüberströmt rannte ich ins Badezimmer und steckte mir zitternd eine Zigarette an. Ich rauchte seit Mias Ankunft nur noch im Badezimmer. Ich war fassungslos und schockiert. Eine Studie, die ich in einer Polizei-Zeitschrift gelesen hatte, besagte, dass über achtzig Prozent aller Eltern, die als Kind geschlagen worden waren, selbst zu Tätern wurden. Wie ein Damokles-Schwert hing diese Zahl über meinem Haupt. Es schürte meine Angst vor dem Versagen. Meine Angst fraß meine Zuversicht auf. *»Aus dir wird niemals etwas werden! Niemals! Du bist genauso ein Arschloch wie dein Vater. Ich könnte kotzen, wenn ich deine Visage sehe. Kotzen! Hörst du?« Pfffftttt … Meine Mutter hatte mir ins Ge-*

sicht gespuckt. Der Speichel hing in meinen Haaren. Hing zäh in meinen Augenbrauen. In meinen Wimpern. Der Speichelgeruch hing in meiner Nase. Tagelang. Wochenlang. Lebenslang. Ich musste mich zusammenreißen. Ich war dreiunddreißig Jahre alt und Polizistin. Ich würde doch wohl noch ein Kind großziehen können. Und ob ich das würde. Mia sollte es nicht so ergehen wie mir. Sollte ich jemals noch mal diese beängstigende Wut verspüren, dann würde ich zu Silke gehen.

Ich beschloss, Silke vorzubereiten und um Hilfe zu bitten. Bevor ich Mia anschrie oder gar schlug, musste ich mich räumlich distanziert haben. Das war der einzige Weg. Ich schmiss die Zigarette in die Toilette und klingelte bei Silke. Heulte mich aus und erzählte von meiner Befürchtung. Silke war wie immer wunderbar.

»Kein Problem. Ich verstehe dich gut. Es wäre überhaupt gut, wenn du Mia mal für zwei Stunden bei mir lässt und zum Beispiel in die Sauna gehst. Sorgen zu machen brauchst du dir bei mir ja wohl nicht. Ich denke mal, dass ich etwas erfahrener und routinierter als deine Schwiegermutter bin. Dann kannst du auch wirklich mal entspannen.«

Ich umarmte Silke. Ihr Vorschlag war grandios, und ich spürte, wie innerlich eine Last von mir abfiel. Ganz so allein war ich nun doch nicht.

Mein Verhältnis zu meiner Schwiegermutter wurde merklich schlechter. Felix fuhr vom Büro aus direkt zu seinen Eltern. Er hatte seine Reitsachen bei seinen Eltern. Er hatte sein Pferd bei seinen Eltern. Er hatte seinen halben Hausstand bei seinen Eltern. Und er verbrachte mehr Zeit bei seinen Eltern als bei seiner Frau und seiner Tochter. Felix zog sich abends in Seelenruhe um. Dann studierte er ausgiebig die Tageszeitung und ließ sich von seiner Mutter bewirten. Bis Felix mit Fides sein tägliches Training absolviert hatte, waren zwei bis drei Stunden vergangen. Er hatte keine Eile. Schließlich hatte er Feierabend. Es war nie vor neun Uhr abends und selten vor zehn Uhr, bis mein Mann nach Hause kam.

Unsere Streitereien nahmen wieder zu. Sexuell tat ich mich nach der Schwangerschaft sehr schwer. Während der Schwangerschaft war ich kaum zu bremsen gewesen. Meine Frauenärztin hatte nur gelacht und meine Bedenken schnell aus dem Weg geräumt.

»Nur zu, Christine. Genießen Sie diese Zeit. Niemals wieder wird Ihr Beckenboden so gut durchblutet sein.«

Felix und ich hatten bis zur letzten Sekunde unsere Sexualität in vollen Zügen genossen. Es war auch die einzige Zeit, in der es IHM manchmal zu viel wurde, nicht MIR. Jetzt saßen wir wieder auf zwei völlig verschiedenen Planeten. Mir ging es immer schlechter, und ich kämpfte gegen meine ständig präsente Traurigkeit an. Obwohl Silke und Tomas neben meinen Schwiegereltern viel Unterstützung boten, fühlte ich mich permanent überfordert. Ich beschimpfte Felix als »Muttersöhnchen« und konnte keine sachliche Diskussion mehr führen. Ich schlug verbal wild um mich und hatte das Gefühl, mich ständig gegen alles und jeden wehren zu müssen. Meine Verletztheit saß tief. Felix lebte sein Leben weiter und tat so, als hätte sich in SEINEM Leben nichts verändert.

Mein Leben hingegen war gänzlich auf den Kopf gestellt. In wenigen Wochen würde Orgulloso abgeholt werden. Weder schmeckte mir die Vorstellung, finanziell auf meinen Mann angewiesen zu sein, noch wusste ich, was aus meinem Hobby, meiner Passion werden würde. Immer noch kümmerte sich weder mein Schwiegervater darum noch mein Mann. Ich wünschte mir einfach nur Unterstützung. Ein Gespräch vielleicht, um die eigenen Wünsche herauszuarbeiten, oder die schlichte Aufmunterung: »Komm, wir fahren mal da und da hin und schauen uns mal das und das Pferd an.« Ich fühlte mich nutzlos und überflüssig, denn für die elementaren Bedürfnisse meines Mannes (essen, trinken, reiten) reichten ihm offensichtlich seine Eltern aus. Für Felix kam ich mir erstrebens- und begehrenswert vor, wenn es um Sex ging. Ich fühlte mich auf Sexualität reduziert, denn andere Gemeinsamkeiten hatten wir nicht mehr. Selbst das Thema Wohnungswechsel schien für Felix erledigt zu sein. Aus unseren Streitereien, die mehr und mehr einseitigen Hasstiraden glichen, gingen wir stets ergebnislos heraus.

Nach und nach versank ich wieder in Depressionen. Mein Rücken versagte seinen Dienst. Kernspin, Spritzen, Kernspin, Spritzen. Eine Bandscheibenoperation wurde angedacht. Mein Gewicht sank rapide. Ich aß viel, aber nichts blieb hängen. Nachts hatte ich wieder Albträume. Diese Träume wurden schlimmer und schlimmer. Diese Träume wurden bedrohlich und raubten mir die Kraft. Phantomschmerzen tauchten auf. Ich lag im Bett, und meine Knie schmerzten, dass ich bald wahnsinnig wurde. Ich schrie vor Schmerzen und wusste nicht, was mit mir los war. In einer anderen Nacht traten unbändige Schmerzen in meinen Fußgelenken auf. Dann wieder waren es meine Schultern, dann mein Brustkorb, dann meine Handgelenke. Immer öfter wachte ich mitten in der Nacht auf, weil ich keine Luft mehr bekam. Ich stürzte zum Fenster und versuchte, die kühle Nachtluft einzuatmen. Vergeblich. Ich keuchte und schwitzte und empfand meine Situation als absolut lebensbedrohlich.

Ich rannte von Arzt zu Arzt, nichts ließ sich finden. Nichts. Alles in Ordnung, lautete jedes Mal die Diagnose. Und jede Nacht kamen sie wieder: diese grauenvollen und unerklärlichen Schmerzen. Jede Nacht. Wochenlang. Monatelang. Tagsüber heulte ich mir ständig die Seele aus dem Leib. Wegen nichts. Einfach so.

In der Zwischenzeit hatte ich wieder einmal ein Pferd gekauft. Ein wunderschönes Tier, fünf Jahre alt, gut ausgebildet und schweineteuer. Felix und mein Schwiegervater regten sich wahnsinnig auf, dass ich so viel Geld ausgegeben hatte. Ich verstand die Welt nicht mehr: Erst kümmerten sie sich nicht um mich, und wenn ich dann meine eigenen Entscheidungen traf, dann war das auch nicht richtig. Ich quälte mich mit dem Pferd ab. Der Wallach war schwierig und rannte mir buchstäblich unter dem Hintern weg. Eine junge Studentin nahm mir das Tier zweimal in der Woche ab. Sie ritt sehr ordentlich und war froh und dankbar, dass sie umsonst reiten konnte. Im Laufe der Jahre freundeten wir uns an. Oft saßen wir zusammen und rätselten, was mit dem Pferd los sein könnte. Mein erster Turnierstart war die reinste Katastrophe geworden. Eine derart schlechte Note hörte man wirklich nur selten über die Lautsprecher. Tief gekränkt und peinlich berührt machten wir uns schnell vom Acker. Ich hatte versagt. Felix hatte Recht behalten. Mein Schwiegervater hatte Recht behalten. Wir waren tatsächlich superschlecht gewesen. Ich war kurz davor, dieses blöde Hobby an den Nagel zu hängen. Eigentlich war es das Einzige in meinem Leben, das mir wirklich täglich Freude bereitete. Diese Zeiten waren lange vorbei. Felix absolvierte sein erfolgreichstes Turnierjahr. Mein Selbstwertgefühl schrumpfte immer weiter zusammen.

Anfang Oktober flüchtete ich in die Teilzeit. Ich hoffte, dass Arbeit mir guttun und ich so vielleicht wieder einen Lichtblick im Leben entdecken würde. Auch das war ein Irrtum. Als ich auf die Wache kam, empfingen mich lauter alte Kollegen. Im Praktikum war das anders gewesen. Auf dieser Wache herrschte eine Stimmung, die alle Alarmglocken in mir schrillen ließ. In einer solchen Atmosphäre kann ich keine gute Leistung bringen. Das ist im Job nicht anders als beim Reiten. Einer dieser »Kollegen« machte sich einen Spaß daraus, mich gezielt zu mobben. Bis ich diese Intrigen durchschaut hatte, war ich schon unzählige Male in die Falle des Kollegen geraten und hatte ihm dadurch ebenso unzählige Male den Nährboden für weitere intrigante Spielchen geliefert. Ich machte Fehler und wurde unsicher in meinem Agieren. Ein heftiger Streit mit meinem Vorgesetzten hatte mir im Bereich »Verhalten gegenüber Vorgesetzten« ein glattes Ungenügend beschert. Das war die Art dieses alten Dienstgruppenleiters, mir zu demonstrieren, wer hier auf der Wache das Sagen hatte. Der Behördenleiter reagierte prompt und unmissverständlich: Würde ich die um ein halbes Jahr verlängerte Probezeit nicht mit einer akzeptablen Beurteilung ablegen, so wäre meine Karriere als Polizeibeamtin unverzüglich beendet. Mit vierunddreißig Lebensjahren und fast sechzehn Jahren Berufserfahrung auf dem Buckel stand ich kurz vor der totalen Kapitulation. Tief in meinem Innersten wusste ich, dass ich keine schlechte Beamtin war. Zu Hause studierte ich die alten Zeugnisse meiner vergangenen Arbeitgeber und schüttelte den Kopf, als ich zum Vergleich das Schreiben der Behördenleitung danebenlegte.

Zum Glück änderte sich die gesamte Struktur, als mit einem neuen Inspektionsleiter und einem neuen Dienstgruppenleiter nach und nach die maroden Manifeste für ungültig erklärt wurden. Neue und jüngere Kollegen und Kolleginnen kamen zu uns in die Dienstgruppe, und einige Monate später gehörte die »alte Sauftruppe« der Minderheit an.

Silke und Tomas zogen aus. Die beiden hatten eine wunderschöne Wohnung im Grünen mit Blick auf die Felder und einem Balkon gefunden. Der Tipp für diese Wohnung kam von mir. Ich hatte es von einem alten Bauern erfahren und Silke und Tomas den Namen des Vermieters nennen können. Schon drei Tage später wedelten sie überglücklich mit dem neuen Mietvertrag in der Hand. So schnell kann das gehen, dachte ich und stürzte weiter ab. Die leere Wohnung nebenan behagte mir nicht. Ich machte Felix jeden Abend die Hölle heiß. Endlich bequemte er sich und suchte mit mir in den Tageszeitungen nach einer Eigentumswohnung. Als wir diese gefunden hatten, musste die letzte Entscheidung dann tatsächlich meine Schwiegermutter treffen. Mit dieser Geste wuchs die Verachtung für meinen Mann. Warum konnte und wollte er keine Entscheidungen mit mir gemeinsam treffen?

Darauf angesprochen stritt Felix alles ab. Selbstverständlich, so wurde er es nicht leid zu betonen, ja selbstverständlich hätte er auch dann die Wohnung gekauft, wenn Mutti »Nein« gesagt hätte. Ich glaubte ihm kein Wort. Keiner von uns war dazu in der Lage, die Gesamtsituation zu beleuchten, zu analysieren und gegebenenfalls zu ändern. Keiner konnte aus seiner Haut heraus.

Meine Mutter starrte mich hasserfüllt an. In ihrer Hand eine armdickes Büschel meiner Haare. Die Kopfhaut schmerzte, und mein Schädel drohte zu platzen. Wieder einmal war der Streit eskaliert. Ich hasste diese Frau. Hasste sie abgrundtief und wünschte ihr den Tod. »Du Mistschwein!«, keuchte sie atemlos. »Ich wünsche dir, dass du eines Tages Mutter einer Tochter wirst. Dass du eines Tages genauso ein Dreckschwein am Arsch kleben hast, wie ich das habe. Du bist das Letzte! Das Allerletzte!«

Immer wieder hielt ich mir vor Augen, dass meine Schwiegermutter ein gutherziger Mensch war. Ich informierte mich über entsprechende Fachliteratur und begriff, dass es ihr schwerfallen musste, den einzigen Sohn loszulassen. Das war vermutlich auch der Grund dafür, dass sie eines Tages völlig entrüstet in Tränen ausbrach, als sie hörte, dass ich Felix dazu verdonnert hatte, seine Wäsche selbst zu bügeln. Ihre Bitte, ihr doch wenigstens die Wäsche ihres Sohnes zu bringen, stieß bei mir nur auf Verachtung. In was für eine Familie hatte ich da eingeheiratet?

»Wenn du fertig bist mit Bügeln, dann fährst du in die Reinigung und holst Jürgens Hosen ab. Danach besorgst du Bratwurst. Jürgen möchte morgen Bratwurst mit Rotkohl. Das Bad sieht übrigens wieder aus wie Scheiße! Mach das gefälligst ordentlich, sonst knallt's!« Seufzend bügelte ich die Blusen und T-Shirts meiner Mutter zu Ende. Tränen tropften auf die Bluse. Es war nie genug. Sosehr ich mich auch anstrengte. Diese Frau war nie zufrieden. Ich rechnete nach: Noch über tausendvierhundert Tage bis zu meiner Volljährigkeit. Das war zu viel. Das hielt ich

nicht mehr durch. Ich bügelte und bügelte und die Tränen tanzten zischend auf dem heißen Baumwollstoff …

Als es um die Preisverhandlungen der neuen Wohnung ging, bat Felix mich um Hilfe. Er war kein Händler- und Feilschertyp und wusste das. Nach zähen Verhandlungen hatte ich den Preis um fünfundzwanzig Prozent runtergedrückt. Ich war zufrieden mit dem Ergebnis. Dafür war ich meinem Mann dann wieder gut genug, aber Entscheidungen hatte ich nicht zu treffen. Mir kam meine hierarchische Stellung, die Position in dieser Familie, irgendwie bekannt vor, aber ich konnte dieses Gefühl nicht zuordnen. Die Kommunikation zwischen uns Eheleuten war mittlerweile auf den Nullpunkt gesunken. Ahnungslos saß ich mit Felix beim Notar am Tisch und sah zu, wie der Kaufvertrag an mir vorbeigeschoben wurde. Herr Verkäufer unterschrieb. Frau Verkäufer unterschrieb. Mein Mann unterschrieb. Der Notar unterschrieb. Ich hatte nicht zu unterschreiben. Warum ich bei diesem Termin zugegen sein sollte, verstand ich nicht. Selbst die anschließende Szene, die ich Felix präsentierte, verschaffte mir keine Erleichterung, geschweige denn Genugtuung.

Die Renovierungsarbeiten raubten mir körperlich die Kräfte. Ich bin handwerklich recht geschickt und liebe es eigentlich, Wohnungen einen neuen Glanz zu verleihen.

Ich freute mich. Mit jedem Tag, der verging, freute ich mich. Ich blätterte in dem kleinen Kalender: Noch elf Tage, dann wäre es so weit. Ich wurde volljährig. »Christine, du faules Stück Scheiße! Hängst du wieder in deinem Zimmer ab und bohrst in der Nase? Hilf mir gefälligst!« Meine Mutter hatte einen alten Schrank aus Wurzelholz auf dem Sperrmüll gefunden. Der Geruch von Beize hing scharf in der Luft. Es passte gut zu ihrer Stimmung. Im Badezimmer lagen schon die neuen Fliesen bereit. Es hörte einfach nicht auf. Es war nie genug …

Ich tapezierte und malerte und wuselte von morgens bis abends. Felix ließ mir bei der Gestaltung der Wohnung freie

Hand. Ich interpretierte das als Schwäche. In meinem Ansehen sank Felix tiefer und tiefer.

Als wir die Wohnung beziehen konnten, war Mia über ein Jahr alt und konnte bereits laufen. Meine zeitliche Prognose während der Schwangerschaft war gar nicht so verkehrt gewesen. Mein Zustand hatte zum Zeitpunkt unseres Umzuges schon fast den Tiefpunkt erreicht. Sexuell spielte sich kaum noch etwas ab. Die Arbeit verschaffte mir keine Zufriedenheit, und reiterlich schlitterte ich von einer Katastrophe in die nächste. Ich hatte Capriola im Monat Februar verkauft. Jedes Jahr im Februar mussten seine Nachfolger aufgrund irgendeiner unheilbaren Erkrankung geschlachtet werden. So auch in diesem Jahr. Finanziell ruinierte mich das. Es war wie ein Fluch, der auf mir lastete. Das Geld, das viele Geld, das ich für meinen treuen Lipizzaner bekommen hatte, war kein gutes Geld. Vier Pferde in vier Jahren waren die spätere Bilanz meiner reiterlichen Laufbahn. Das fünfte Pferd, eine superschicke Rappstute mit enormer Ausstrahlung und wunderschönen Bewegungen, erblindete vierjährig durch tragische Umstände auf einem Auge. Danach war meine schwarze Schönheit nie wieder dieselbe. Sie hatte Vertrauen und Zuversicht verloren und war trotz aller Bemühungen für den Leistungssport nicht mehr geeignet. Rückenprobleme durch ständige Verkrampfungen setzten sie außer Gefecht. Hört sich bekannt an, denken Sie? Ich sage es immer wieder: Die Tiere sind ein Spiegelbild unserer Seele.

Nach Kauf dieses letzten Sportpferdes war ich bankrott.

Felix maulte ständig über meine Ausgaben. Fast dreißig Jahre lang konnte er sein Geld sparen. *»Ich kann dir da nicht helfen, Christine. Wenn du den Führerschein machen möchtest, musst du deine Mutter fragen, ob sie dir vielleicht etwas dazu tut. Es wäre ihre Pflicht.« Omas Stimme zitterte. Omas Stimme zitterte immer dann, wenn ihr etwas durch den Kopf ging, das sie sehr aufregte, ds sie mir aber nicht sagen wollte.*

Ich witterte etwas. Ich witterte wieder Verrat. »Sei ehrlich zu mir, Oma!« Ich sprach laut und bestimmt. »WAS ist los, verdammt noch mal?« Ich wurde ungeduldig.

Oma heulte schon wieder. Schnäuzte sich. »Ich finde, es ist die Pflicht deiner Mutter, dir den Führerschein zu bezahlen. Vor vielen Jahren hatten Uroma und ich ein Sparkonto für dich eingerichtet. Alles, was wir erübrigen konnten, haben wir aufs Sparbuch gebracht. Für dich. Für später. Für einen Moment wie diesen. Die Scheidung. Das viele Geld. Deine Mutter brauchte Geld. Und sie hatte versprochen, es wieder auf das Sparbuch zurückzuzahlen. Sie hatte es versprochen, Christine! Meinst du im Ernst, ich hätte ihr das Sparbuch gegeben, wenn ich geahnt hätte, dass sie ihr Versprechen nicht einhalten würde? Keinen Pfennig hat sie zurückbezahlt. Bis heute nicht. Und ich meine, dass dieser Jürgen genug Geld hat. Ihn hätte sie doch fragen können. Ihm hätte sie es dann doch zurückzahlen können. Es war doch dein Geld. Dein Geld, das Uroma und ich all die Jahre für dich gespart haben. Jetzt weißt du, wie ich über deine Mutter denke. Jetzt weißt du es. Es tut mir so leid, Christine.« Oma heulte schon wieder.

Ich hasste meine Mutter. Ich hasste Jürgen. Oma hatte so viel Geld für mich gespart und selbst kaum genug zum Leben. »Ich schaffe das schon, Omi. Wein bitte nicht mehr. Du kennst mich doch. Ich schaffe das auch allein. Und Mama werde ich nicht fragen. Das werde ich nicht. Und du tust es auch nicht, verstanden?« Omi nickte. Sie hatte verstanden. Ihre Enkeltochter war fleißig. Arbeitete immer. Eigentlich zu viel für ein Kind.

Felix hatte viel Geld sparen können. So viel Geld, dass wir nun davon profitierten, weil wir denkbar niedrige Monatsraten hatten, um die Restsumme unserer Wohnung zu begleichen. Mich regte bei Felix' Knauserigkeit auf, dass er jedes Mal ungläubig den Kopf schüttelte, dass ich keine Rücklagen gebildet hatte. Alles, was ich besaß, war durch den Verkauf von Capriola entstanden. Und alles, was ich vorher besaß, waren die Restbestände von Kasper. Althoff war ja mächtig großzügig gewesen. Das Geld von Kasper klebte an den Wänden und den Böden unserer alten Wohnung. Die Zeiten, in denen man ordentlich »Abstand« verlangen konnte, waren lange vorbei. Es gab leerstehenden Wohnraum zuhauf. Keinen Cent erhielt ich von dem investierten Geld zurück und akzeptierte es einfach. Sich darüber aufzuregen, hätte eh nichts genutzt.

Die Küche hatte ich auch noch selbst bezahlen können. Die Elektrogeräte. Und all das, was Felix so selbstverständlich jeden Tag benutzte: Handtücher und Haushaltswäsche, Oberbetten und Kopfkissen, Geschirr, Töpfe, Pfannen, Besteck, Kerzenhalter, Fernseher und Stereoanlage. Eben alles das, was man täglich benutzt und was man nicht umsonst bekommt. Es wurmte mich, dass ich zu der Eigentumswohnung lediglich das Inventar beisteuern konnte. Und es wurmte mich noch mehr, dass das blöde, reparierte Sofa, das Jürgen bezahlt hatte, nicht auf den Sperrmüll wandern durfte. Und dass ich das Bett, das mittlerweile dreizehn Jahre alt war, nicht kurz und klein schlagen durfte. All das wurmte mich. Ich hasste dieses Bett. Warum war mir eigentlich egal. Ich wollte es nicht mehr. Hunderte von Malen hatte ich Felix erklärt, wie teuer es war, wenn man von Grund auf jedes Fitzelchen neu anschaffte und selbst bezahlte. Kamen dann noch Pferd und Auto dazu, dann musste man mit Mitte zwanzig schon mächtig viel Geld verdienen, wollte man da noch »Rücklagen« bilden. Dieses Wort konnte ich nicht mehr hören. Ich reagierte allergisch darauf. Ich konnte Felix' Geschwafel von Eigentum und Rücklagen, seine Verständnislosigkeit und sein mangelndes Vorstellungsvermögen für MEIN Leben nicht mehr ertragen.

Felix und das liebe Geld. Nach Alfons wirkte Felix auf mich wie Dagobert Duck. Das Leben ist teuer. Ich wusste das bereits seit meinem zwölften Lebensjahr. Seit dem Tag, als ich Bierkästen stapelte und Gemüsekisten mit Blumenkohl wuchtete. Mein Leben und Arbeiten waren ausschließlich darauf ausgerichtet, den Alltag und die Passion Reiten zu finanzieren. Felix hatte gespart. Felix hatte Eltern, die ihn unterstützten. All das, wofür ich mein Geld ausgeben musste, stand ihm gratis zur Verfügung. Er war so aufgewachsen, und unsere Diskussionen wurden daher von zwei gänzlich unterschiedlichen Blickrichtungen aus geführt.

Mein Mann nervte mich in dieser Zeit so lange, bis ich letztlich auch unserer Putzfrau Adieu sagte. Als wir noch kein Kind hatten, beide arbeiteten und auf sechzig Quadratmeter wohnten, hatten wir unsere portugiesische Perle von Freunden empfohlen bekommen, und einmal pro Woche nahm sie uns den leidigen Haushalt ab und bügelte die Wäsche. Wir hatten so viel gestritten über das Thema Haushalt, dass diese Lösung die beste für uns war. Unabhängig von unserer Putzfrau schrubbte ich natürlich weiter. Hatte sie gerade alles auf Vordermann gebracht, so sah es, zumindest in meinen Augen, bereits einen Tag später wieder chaotisch aus. In mir herrschte Chaos, aber sicherlich nicht in unserer Wohnung. Ich hatte einen Putzfimmel, und der wuchs so langsam, aber sicher in Richtung Zwangsneurose.

Nun lebten wir auf über hundertzwanzig Quadratmetern, hatten Mia, unsere Arbeit und nun wieder den Haushalt am Bein. Ich war von Felix enttäuscht. Er sollte seinen Teil dazu beitragen, und alles, was ich zu hören bekam, war das Gejammer meiner Schwiegermutter, dass »ihr Junge« das nicht schaffen würde. *»Du bist zu dämlich, um ein Loch in den Schnee zu pinkeln!« Verächtlich trat meine Mutter gegen den Putzeimer. Ich kniete auf dem lindfarbenen Wohnzimmerboden und mühte mich mit Flecken ab. »Du musst den Schwamm SO halten und nicht SO.« Gedankenverloren strich meine Mutter über die Türrahmen. »Beeil dich! Die Türrahmen warten auf dich. Von alleine siehst du wohl gar nichts, he? Das sieht doch ein Blinder, dass die 's mal wieder nötig haben. Ich muss jetzt los.« Die Tür fiel ins*

Schloss, und Hund und Mutter verschwanden. Sie traf sich mit einer Freundin, die ebenfalls einen Hund hatte. Wenn ich fertig war, müsste ich noch zu Jürgen in die Firma. Jürgen war ungeduldig. Das letzte Mal war schon über eine Woche her …« Meine Putzneurose nahm abenteuerliche Formen an. Jeden Morgen stand ich um halb sieben parat, unabhängig davon, ob ich Spätdienst oder Nachtdienst hatte, bereitete das Frühstück, machte Mia fertig und wartete während des Frühstücks schon darauf, dass Felix die Wohnung endlich verlassen würde. Ich räumte den Tisch ab, parkte Mia vor dem Fernseher mit den Teletubbies und begann. Jeden gottverdammten Tag saugte ich die Wohnung, wischte den Boden, putzte den nicht vorhandenen Staub weg, schrubbte das Badezimmer, polierte die Armaturen usw. … Unsere Betten sahen aus wie mit dem Lineal gezogen, nicht ein Zettelchen lag auf der Küchenanrichte, die Fenster stets blitzblank, der Hausflur wie geleckt, die Wäsche im Schrank perfekt gefaltet und gebügelt und die Konserven nach Inhalt und Verfallsdatum ordentlich sortiert.

»Du musst lernen, ein ordentlicher Mensch zu *werden. So geht das nicht weiter.« Jürgen schüttelte mit seinem »Da-bin-ich-aber-enttäuscht«-Blick den Kopf. »Du weißt doch, wie die Mami ist. Warum provozierst du sie dann noch? Ich kann doch nicht ständig aus dem Büro kommen, nur weil ihr beiden euch die Köpfe einschlagt. Versprich mir das, Christine. Hand drauf. Ab heute wirst du ein ordentlicher Mensch, ja?«*

Verheult reichte ich Jürgen die Hand. Ich war zwölf Jahre alt, und Jürgen beschützte mich vor meiner Mutter. Wäre er nicht gekommen, hätte sie mich womöglich totgeschlagen. Jürgen war lieb. Jürgen hatte mich lieb. Ich hatte Jürgen lieb. Ich wollte ein braves Mädchen sein. Ordentlich eben.

Ich saß am Küchentisch und rauchte eine Zigarette. Schon wieder überfiel mich eine innere Unruhe. Ich durfte nicht herumsitzen. Mia schrie schon wieder. Keine zwei Stunden konnte sie aushalten. Es war zum Verzweifeln. Und es hörte nicht auf. Ich musste noch zum Einkaufen und das Abendessen kochen. Und die nächste Maschine Wäsche war auch schon wieder fällig. Eben noch alles weggebügelt, da war die Wäschetruhe voll. Es hörte nie auf.

Felix nervte mich. Wenn ich schon diesen Blick sah, den er aufsetzte, wenn ihm die sexuelle Lust aus den Augen quoll. Ekelhaft.

Ich duschte und versuchte unter der Dusche, die Flecken aus dem Bikini zu waschen. Oh Gott! Es war mir schrecklich peinlich gewesen, dass ich am Strand meine Tage bekommen hatte. Ich heulte. Der schöne Bikini. Ich hatte das Schnittmuster in Mamas Brigitte *gefunden und mit Omas Hilfe das erste Mal ein Kleidungsstück selbst genäht. Der schöne weiße Bikini. Die Flecken gingen nicht raus. Ich war unruhig. Hektisch. Nervös. Ich war nicht gern allein im Apartment. Selbst hier in Spanien war ich vor Jürgen nicht sicher. Alle waren unten am Strand. Schnell trocknete ich mich ab. Wollte gerade aus der Dusche steigen. Da stand er schon vor mir. Lüsterner Blick. Die Augen auf meinen schmalen Körper gerichtet. Es hörte nie auf. Ich würde ihm nie entkommen. Und es reichte nicht. Es war nie genug, was ich tat. Was auch immer ich tat, es war nie genug …*

Felix war einen Abend zu mir ins Bad gekommen. Ich hasste es, wenn ich meine Ruhe haben wollte, Felix aber dennoch ins Bad kam. Ich stieg gerade aus der Dusche, da stand er plötzlich vor mir. Lachte mich lüstern an und grinste. »Lecker siehst du aus«, sagte er.

Ich malochte den ganzen Tag und hatte wahnsinnig viel zu tun mit dem Haushalt, mit Mia, mit den ständig kranken Pferden, mit der Arbeit auf der Wache. Ich machte und tat, und Felix ließ mich im Stich. Wenn er Sex wollte, dann liebte er mich auf einmal. Aber bei allen anderen Sachen liebte er nur sich selbst. Ging reiten, während ich putzte. Fuhr zu seinen Turnieren, während ich den Hof fegte und die Stallungen einstreute. Nicht einer sagte Danke. Meine Schwiegermutter nicht. Mein Schwiegervater nicht. Mein Mann nicht. Nicht einer. Mia schon mal gar nicht. Die war ja auch zu klein. Und anstrengend. Das Kind raubte mir den letzten Nerv. Dass ich dünner und dünner wurde, interessierte niemanden.

»Lass mich gefälligst in Ruhe!«, schrie ich Felix im Bad an. »Wenn du im Alltag nur halb so agil wärest wie im Bett … Du kotzt mich an. Was kannst du an mir nur ›lecker‹ finden? Brüste wie Fahrradschläuche! Lecker, ne? Ist dir doch egal, was da unter dir liegt. Hauptsache, rein damit.« Das saß! Ich wusste es: DAS saß!

Felix stand erschüttert vor mir. Er kämpfte mit den Tränen. Schaute mich mit seiner unendlichen Güte traurig an.

Omi heulte. Sie legte ihre Hand auf meine Hand. Wir saßen am Küchentisch ihrer großen Wohnküche, und der Ofen bollerte seine Hitze in den Raum. Omi hatte noch schnell Briketts in den Ofen geworfen, als ich kam. Sie wusste, dass ich die Wärme liebte. »Christinchen, mein armes Mädchen. Jetzt hör doch auf zu weinen. Was ist denn los mit dir? Ich mache mir solche Sorgen um dich. Da stimmt doch was nicht. Nun sag schon.« Zärtlich drückte sie meine Hand.

Ich konnte es ihr nicht sagen. Es hätte ihr das Herz gebrochen. Vorgestern noch hatte ich im Krankenhaus gelegen. Auf der Intensivstation. Wo sich die Frau die Schläuche aus den Venen gerissen hatte. Wo der Arzt mich so lange angeschaut hatte. Wo mir der Auftritt meiner Mutter so furchtbar peinlich gewesen war. Wenn ich Omi das erzählte, wenn ich Omi das ALLES erzählte, dann wäre sie gestorben. Herzinfarkt oder so. Und Omi durfte nicht sterben. Jürgen sollte sterben. Meine Mutter sollte sterben. Ich sollte sterben.

»Ist es wieder wegen deiner Mutter?«

Ich nickte. Weinte weiter.

Omi weinte mit. Sie schnäuzte sich die Nase. »Ich habe mal gelesen, dass es da Leute gibt, die mit einem reden, wenn man ein Problem hat. Psychologen. In der Frau im Spiegel *schrieben sie, dass einem das wirklich helfen könnte. Aber es ist sehr teuer. Ich hab mich da mal erkundigt. Das ist leider viel zu teuer. Irgendetwas liegt dir schwer auf der Seele. Ich spüre das. Christinchen. Wenn ich könnte, ich würde dir sofort so eine Therapie bezahlen. Ich kann das aber nicht. Es tut mir so leid.« Wieder ein fester Händedruck.*

Omi und ich saßen am Küchentisch und heulten und heulten. *Omi tat mir leid. Ich tat mir leid. Ohne Omi war ich verloren. Alleine und verloren.*

Felix' Blick ging mir durch Mark und Bein. Ich war ordinär. Ich war verletzend. Ich war brutal. Ich verstand mich selbst nicht mehr. Wie konnte ich mich denn so benehmen? Tränen stiegen in mir hoch. Bittere, salzige, unaufhaltsame Tränen der Schuld. Es stimmte nicht, was ich gesagt hatte. Ich wusste das. Ich spürte es genau in diesem Augenblick. Es tat mir leid. Unendlich leid.

»Hör auf zu weinen, Christine. Komm doch mal zu mir.« Felix wollte mich umarmen.

Das war zu viel. Das ging nicht. »Fass mich nicht an!«, kreischte ich los.

Ich wusste nicht, wie ich mit Felix noch reden sollte. Er hatte eine Gabe, immer im falschen Moment das Falsche zu sagen und das Falsche zu machen. Oder er sagte einfach gar nichts und machte auch nichts. Unsere Ehe war am Ende. Felix und ich waren gescheitert. Ich hatte mir das alles anders vorgestellt. Die Hoffnung, in eine nette Familie einzuheiraten und mich geborgen zu fühlen, schwand dahin. Felix war ein Muttersöhnchen und kommunikativ einfach unfähig. Und er war ein ausgesprochener Egoist. Und ein Geizhals. Ein richtiger Geizhals. Dass ich mit so einem Mann eine Familie gegründet hatte, war ein Riesenfehler. Mia. Mia sollte in einer richtig schönen und harmonischen Familie aufwachsen. Das hatte ich mir geschworen. Das hatte ich ihr geschworen.

Als wir uns in der neuen Wohnung eingelebt hatten und Pferd Nummer zwei gerade sein Leben gelassen hatte, wusste ich noch nicht, dass es so weitergehen würde. Zum Glück wusste ich das nicht. Ich kämpfte immer noch gegen meinen Absturz und realisierte nicht wirklich und nicht in aller Konsequenz, dass die Schussfahrt ins Verlies schon lange begonnen hatte und unaufhaltsam war.

Das Kind im Verlies lebte. Es starb nicht. Es wartete. Es wartete. Es wartete. Die Wärter weg. Der Drache tot. Die Gefängnistür immer noch zu. Man hatte sie wohl vergessen. Damals. Als die große Schlacht tobte. Als es juchzend voller Freude in seinem Verlies tanzte. Auf Befreiung hoffte. Die große Schlacht. Das war toll gewesen … Das Mädchen hockte in der Ecke seines dunklen und modrigen Verlieses. Die Arme um die Beine geschlungen. Den Kopf auf die Knie gestützt. Sie würde warten. Sie würde nicht sterben. Auch ohne Nahrung würde sie nicht sterben. Sie würde warten. Weiter warten. Wenn es sein musste, ein Leben lang.

Außer einem guten Psychiater und Therapeuten hätte mir bereits jetzt niemand mehr helfen können. Keiner aus der Familie Birkhoff hätte auch nur ansatzweise ahnen können, welche Mechanismen bei mir in Gang gesetzt worden waren. Neulich sah ich die Domino-Weltmeisterschaften im Fernsehen. Riesige Säle gefüllt mit Millionen kleiner Dominosteinchen. Meine schicksalhafte Talfahrt als Nicht-Fachmann stoppen zu wollen wäre so erfolgreich gewesen wie die Ausrichtung der Domino-Weltmeisterschaften im Auge von Hurricane Caterina. Ich suchte mein Heil in Psychopharmaka. Die halfen ein bisschen. Aber auch nicht richtig. Die Albträume blieben. Die nächtliche Atemnot blieb. Mysteriöse Schmerzen in den Extremitäten. Immer nachts. Ich verstand mich nicht mehr. Felix nicht mehr. Meine

Schwiegereltern nicht mehr. Mein Leben nicht mehr. Meine Welt nicht mehr. Die Leere wurde größer und größer. Und Mia wurde immer aggressiver …

Mia, unser aufgewecktes Mädchen, spürte zu dieser Zeit sehr deutlich, was auch ich spürte und nicht beschreiben konnte. Mias Mutter war präsent. Aber nur als Hülle. Als Fassade. Wenn man als Mutter einem kleinen Menschenwesen Halt und Zuversicht geben möchte, dann muss man diese Attribute in seinem Innersten besitzen.

Mia war jetzt schon in der Phase der Revolte. Zu Hause schrie sie vor Wut und schlug den Kopf auf den Boden. Ihre Zerstörungswut kannte keine Grenzen und machte auch vor sich selbst nicht Halt. Immer wieder nahm ich Mia mit in den Stall und setzte sie auf einen Isländer, der uns von Einstellern für unsere Ausritte zur Verfügung gestellt worden war. Es war meine einzige Chance, meiner Tochter und mir Stunden der Harmonie, der schönen Zweisamkeit und Geborgenheit zu verschaffen. Mein Schwiegervater erklärte mich für »bekloppt« und half uns, stur wie er war, nicht ein einziges Mal auf das Pony rauf. Mia konnte noch nicht allein auf dem Isländer sitzen, und es waren andere Leute vom Hof, die mir die Kleine anreichten, wenn ich schon oben saß.

Wir flüchteten vor dem Alltag. Mia und ich erkundeten auf dem Rücken des Ponys die Natur und die Landschaft. Sie saß vor mir auf dem Pferdchen, lehnte sich an meinem Bauch an und spürte die Kraft und die Festigkeit meiner Hand an ihrer kleinen Taille. Das war es, was uns immer wieder rettete: gegenseitiges Vertrauen und die Möglichkeit für Mia, immer wieder festzustellen, dass Mama stark war. Manchmal jedenfalls. Im Alltag hatte sie genug Grund, an meiner Stärke zu zweifeln. Auch bei diesen Ausritten kam mir wieder meine Fähigkeit zu Hilfe, völlig abzuschalten und mit mir selbst zufrieden zu sein, wenn niemand an diese fragile Seele rührte.

Während unserer Ausritte sahen wir viele Tiere: Hasen, Kaninchen, Rehe, Bussarde und viele schöne Ziervögel. Ich liebte es, meiner kleinen Tochter die Welt zu zeigen, und erklärte ihr mit Begeisterung alles Neue. Es waren die wenigen Momente, in denen ich nicht nur stark auftrat, sondern auch stark war. Das kam an bei Mia. Es gibt bei uns einen Baum im Wald, dessen Baumstamm direkt in Augenhöhe eine Aushöhlung aufweist, die aussieht wie eine Vogeltränke. Diesen Baum erreicht man aber nur, wenn man vom Weg abreitet und durch das tiefe Laub direkt in den Wald hineingeht. Wir fanden das beide immer sehr spannend, und das Pony trat geschickt und sicher auf diesem unebenen Boden auf. In den Sommermonaten nutzten die Vögel tatsächlich dieses Wasserreservoir aus der natürlichen Vogeltränke. Das konnten wir unzählige Male beobachten. Als Mia in einem trockenen Sommer feststellte, dass das Regenwasser fast verdunstet war, machte sie sich schreckliche Sorgen um die Vögel. Sie hatte tatsächlich die Befürchtung, alle Vögel am Himmel könnten nun verdursten und sterben. Ihre Mama hatte die rettende Idee, und Mias Herz flog mir entgegen: Fortan ritten wir stets mit einer vollen Volvic-Flasche los, und mit strahlenden Augen schüttete Mia vom Pony aus das Wasser in die Tränke.

Zu Hause fanden die Tobsuchtsanfälle von Mia kaum noch ein Ende. Meine hingegen hatten aufgehört. Mia und Felix sahen mich die meiste Zeit nur noch heulend am Küchentisch. Ich war auf dem besten Wege, mich selbst aufzugeben. Vielleicht hatte es ein Gutes, dass ich mich damals mit Antidepressiva vollstopfte. Vielleicht. Wenn Mia »Kinder« sagen wollte, dann benutzte sie das Wort »Tetta«. Immer wieder rannte sie über den Hof meiner Schwiegereltern und rief »Tetta«, »Tetta«. Mir zerbrach es das Herz. Ich hatte den Eindruck, dass Mia instinktiv wegwollte von mir. Dass sie instinktiv den Umgang mit ihresgleichen, mit Kindern, bitter nötig hatte. Mir wurde bewusst, dass ich Mia nicht mehr guttat. Eine schmerzhafte Pille für mich. Gleichzeitig aber merkte ich auch, dass Mia, meine eigene Tochter, mir selbst nicht guttat. Und diese Erkenntnis war noch viel schmerzhafter. Ich fühlte mich, als ob ich mein eigenes Fleisch und Blut nicht mehr ertragen konnte. Ich fühlte mich wie eine Rabenmutter. *»Du kotzt mich an. Hätte ich gewusst, was aus dir geworden ist ...«* Ich kapitulierte als Mutter und versuchte zu retten, was noch zu retten war.

In der Kindertagesstätte schwang ich eine beeindruckende Rede. Der Leiter der Kita hatte mir gerade erläutert, dass ich weit hinter den alleinerziehenden Müttern auf der Warteliste rangieren würde. »Ach ja? Das ist ja interessant!«, hatte ich provokativ geantwortet. »Und was bin ich? Mein Mann verlässt morgens um halb acht das Haus und kommt abends nicht vor neun Uhr nach Hause. Ich muss arbeiten gehen. Wie stellen Sie sich das vor? Im Schichtdienst! Mein Frühdienst beginnt um halb sechs, mein Spätdienst um halb zwei und mein Nachtdienst um halb zehn abends. Meinen Sie, das ist einfacher für mich, weil ich VERHEIRATET bin? Meinen Sie das wirklich?«

Im Gegensatz zu der Dame vom Jugendamt reagierte der Leiter der Kita ausgesprochen menschlich. Die Dame vom Jugendamt hatte mir am Telefon noch vormittags schnippisch geantwortet: »Tja, so ist das nun mal. Wenn Sie verheiratet sind, dann brauchen Sie nicht arbeiten zu gehen!« Mir lag die Frage auf der Zunge, ob sie lesbisch sei oder welch anderer schrecklicher Grund SIE in die Berufstätigkeit trieb, hatte mir diese Antwort aber zum Glück verkniffen und einfach aufgelegt. Besser war's. Der Leiter der Kita erhielt vom Tage meines Besuchs an regelmäßig einen freundlich-zwitschernden Morgenanruf. Am vierten Tag hatte er die Nase voll. Bei Franz Althoff hatte das damals auch gewirkt. Probieren Sie's einmal aus: Wenn Sie Glück haben, sind die Leute es so leid, Ihren Namen zum x-ten Male zu hören, dass Sie bekommen, was Sie wollen. Wenn nicht, auch egal. Sie haben's dann wenigstens versucht. Ich unterschrieb erleichtert den Betreuungsvertrag und erhielt den Kitaplatz für Mia, als sie genau eindreiviertel Jahre alt war und »Tetta, Tetta« rufend über den Hof rannte.

Mittlerweile hatte Mia schon so viel Ungutes adaptiert, dass es höchste Zeit wurde, dass sie mehr mit Kindern spielte. Als ich sie zwei Wochen vor Kita-Beginn dabei beobachtete, wie sie mit originalgetreu nachgeäfftem schwiegermütterlichem Stöhnen schwerfällig aufstand, da wusste ich, dass meine Entscheidung goldrichtig gewesen war! Mia machte nun auch noch Probleme beim Essen. Ich weigerte mich energisch und bestimmt dagegen, dass die Regel »Man muss seinen Teller leer essen, sonst regnet's« im Hause Birkhoff auf Mia übertragen wurde. Ich wollte nicht künstlich eine ständig diäthaltende Frau heranziehen, sondern ihr beibringen, dass man so lange isst, bis man satt ist. Teller halbvoll, viertelvoll, gar nicht voll. Egal! Wir nahmen jeden Tag bei meinen Schwiegereltern das Mittagessen ein. Zu Hause fühlte ich mich einsam. Außerdem schmeckte mir die Küche meiner Schwiegermutter vorzüglich, und ich brauchte nur für den Abend zu kochen.

Wenn man aber so eng mit drei Generationen jeden Tag zusammen ist, dann ist die Gefahr, dass der Schuss nach hinten losgeht, relativ groß. Grenzen verschieben sich, alle fühlen sich für alles verantwortlich, und irgendwann diskutiert man selbst über die Entscheidungen, die einem nicht zustehen. Aus so einer Nummer kommt man nur schlecht wieder raus, und oft muss man Porzellan zerschlagen, um das eigene Revier wieder abzustecken. Mia sollte den Teller leer essen, und ständig schob meine Schwiegermutter noch ein Löffelchen, wieder ein Löffelchen und dann das vorletzte des allerletzten Löffelchens in das bereits pappsatte Kind hinein. Wenn ich dann mopperte, dann schaute mich meine Schwiegermutter mit ihrem »Was-du-schon-wieder-hast«-Gesicht an und machte weiter. So, als ob ich gar nichts gesagt hätte. So, als ob ich nicht die Mutter wäre. So, als existierte ich gar nicht. Irgendwie war ich überflüssig. Das kam mir alles bekannt vor, und wie eine Morgendämmerung schoben sich Erinnerungsfetzen unaufhaltsam in mein Bewusstsein. Mia bekam diesen täglich wiederkehrenden Streit mit, verband Essen mit Disharmonie und ... jetzt aß sie gar nicht mehr. Das Problem hörte zum Glück binnen kürzester Zeit auf, als Mia in die Kita kam.

Drei Monate vor Beginn der Kitazeit erzählte ich meinem Mann und meinen Schwiegereltern von meinem Vorhaben, die Kleine in Betreuung zu geben. Ich hatte auf ihre Zustimmung gehofft, spätestens nach meiner Überzeugungsarbeit. Felix quälte sich nur widerwillig zwecks Besichtigung der Kitaräume dorthin und hatte Angst, dass sein kleines Mädchen inmitten der Kinderschar untergehen könnte. Stundenlang hatte ich auf ihn eingeredet, sämtliche Bedenken vom Tisch gefegt, und als wir endlich inmitten der Kitakinder standen und er gerade anfangen wollte, das Ganze doch ein wenig gut zu finden, da drückte ein etwa dreijähriger Junge einem jüngeren Kind die Gurgel zu. Das beherzte Einschreiten der Erzieherinnen konnte dieses traumatische Bild auch nicht wiedergutmachen. Mit weit aufgerissenen Augen stand Felix zwischen den lärmenden Kindern und starrte mich ungläubig an. »Das ist doch nicht dein Ernst?«, war alles, was er noch rausbrachte. Ich begrub, wie schon so oft, meinen Traum von Loyalität und Unterstützung. Ich rief Dana an. Heulend und völlig verzweifelt. Dana hatte mittlerweile vier Kinder. Kitakinder. Hübsche, nette, normale, sympathische und ihre Mutter liebende Kitakinder. Sie gab mir die Kraft, durchzuhalten und mich entgegen aller Widerstände ein letztes Mal durchzusetzen.

Meine Schwiegereltern sprachen ab sofort kein Wort mehr mit mir. Der tägliche Gang zum Pferd wurde ein schwerer Gang. Wenn ich zum Dienst musste, brachte ich Mia nur widerwillig zum Hof. Mutti, in ihrer Verzweiflung und mit ihren ganz eigenen Verlustängsten und Sehnsüchten, verwöhnte Mia immer mehr, je näher der Tag der Kita rückte. Es war eine bedrückende Atmosphäre, so als hätte ich das Kind für das Schafott angemeldet, nicht für die Kita.

In meiner Fantasie lief ein Film ab. Eine Mischung aus einem Gemälde von Brueghel und einem Bild vom sterbenden Jesus: Ich, in einem mittelalterlichen Gewand, zerre herzlos meine barfuß laufende, in Lumpen gekleidete und sich heftig wehrende Tochter die Stufen zum Schafott hoch und drücke ihr Köpfchen unter das Fallmesser einer Guillotine. Meine Schwiegermutter, in ein bäuerliches Kleid mit abgewetzter Schürze gehüllt, krallt sich mit letzter Kraft und völlig hilflos wirkend an meinem Bein fest und wird bei jedem Schritt von mir die Stufen mit hochgeschleppt. Sie schluchzt bitterlich und fleht um Gnade. »Habt Erbarmen, Frau! So habt doch Erbarmen. Es ist doch nur ein Kind. Habt ein Einsehen.« Flehender Blick von unten nach oben.

Am Fuße des Schafotts tobt die skandierende Masse und schreit mir hasserfüllt entgegen: »Steinigt sie! Steinigt sie! Rabenmutter! Rabenmutter!« Schnitt.

In einem bösen Streitgespräch schleuderte Mutti mir eines Tages entgegen: »Was kostet diese Kita? Was? Siebenhundert Mark im Monat? Dann gib MIR das Geld! Ich kann das besser! Und eines sage ich dir: Wenn du das Kind in die Kita gibst, dann werden sich für dich hier einige Dinge ändern. Merk dir das gut!«

Mein Schwiegervater setzte dem noch eins drauf: »Und glaub man ja nicht, dass ich einen Fuß in diese Kita setze. Nicht einen. Kannste mal zusehen, wer die Kurze da abholt. WIR nicht!« Sprach's und blätterte weiter in seinem *Landwirtschaftlichen Wochenblatt.*

Unser Verhältnis war zerrüttet.

Menschen, die mir drohen, egal ob Vorgesetzte, Freunde oder meine Familie, verspielen meinen Respekt. Ich meine damit nicht das Aufzeigen von Konsequenzen. Ich meine diese Formulierungen wie »Dann lernen Sie mich kennen« oder »Dann wirst du schon sehen, was passiert!« oder »Das wirst du bitter bereuen!« oder eben »Dann werden sich für dich einige Dinge ändern!«. Ich gehöre nicht zu den »Untertanen«, die devot in die Knie gehen, wenn insbesondere Vorgesetzte, also Führungskräfte, mir mit solchen Machtspielchen kommen. Bei Machtspielchen setzen wichtige Kontrollmechanismen in meinem Verstand aus. Das Beste ist dann, wenn ich gar nichts mehr sage. Alles, was mir an Äußerungen noch provokativ entlockt wird, ist hochgradig destruktiv.

Als meine Schwiegermutter damals Wind davon bekam, dass ich mir unbedingt wieder einen Hund zulegen wollte, stellte sie kurz und knapp klar, wie sie darüber dachte: »Du weißt ja, dass fremde Hunde nicht auf den Hof dürfen.« Thema erledigt. FREMDE Hunde. SO war das also. In meinem damaligen Zustand traf das tief und zog mich weiter nach unten. Wieder eine Stufe tiefer auf der Hierarchieleiter. Und auch das Thema »zweites Kind« ließen wir nicht aus. Mutti stellte energisch den Topf auf die Herdplatte und wies mich zurecht: »Glaub man ja nicht, dass du dann zwei Kinder hier abliefern kannst.« Mia war da bereits in der Kita, und zu keinem Zeitpunkt hatten wir Mia zuvor bei meinen Schwiegereltern »abgeliefert«. Meine Schwiegereltern schlugen sich um ihr Enkelkind, da konnte von »abliefern« keine Rede sein. Ich weiß nicht, warum Mutti damals so etwas gesagt hat. Ich bin mir sicher, dass sie sich diese Frage selbst nicht beantworten kann. Aber vielleicht strahlte ich schon so viel Kraftlosigkeit aus, dass sie das Gefühl hatte, noch eine Person mehr schultern zu müssen. Ein solches Gefühl kann einen erdrücken. Es ist diffus, aber es ist da. Vielleicht hatte sie auch nur Angst um ihren Sohn. Es war unübersehbar, dass unsere Ehe den Bach runterging.

Als ich Felix um ein zweites Kind anflehte, stritten wir wieder wochenlang. Die Atmosphäre war genauso wie kurz vor unserer standesamtlichen Hochzeit. Ja, nein, ja, nein, jein, nein, nein,

nein! Dazwischen ein Meer von Tränen. Felix' Nein brach mir endgültig das Genick. Alle Frauen schienen ihren Job besser zu machen als ich. Ich, die ich die Wohnung so vorbildlich sauber hielt, die ich Felix' Unterhosen ganz gerade faltete, die einkaufte, kochte, putzte und Haushalt, Job, Hobby und Kind prima managte. Ich erhielt mit Felix' Nein einen Gehaltsauszug der letzten zwei Jahre unter die Nase gehalten. Einen Gehaltsauszug, auf dem in großen Lettern stand: NULL! Ich war eine Null. Hatte offensichtlich nicht zu seiner Zufriedenheit gearbeitet. Hatte es nicht verdient, Mutter eines zweiten Kindes zu werden. Ich hatte es MIR nicht verdient, mich noch einmal fortzupflanzen. Nicht MEINE Gene. Bloß nicht noch mal.

»Wolltest du nie ein zweites Kind?« Ein angeekelter Blick traf mich. Falsche Frage. Mama war doch nicht so gut drauf. Ich hatte einfach nur schwatzen wollen. Allgemeines Geplänkel. Vielleicht ein klein wenig meinen Stellenwert ausloten wollen. Vielleicht einfach mal etwas Nettes hören. Wie konnte man nur so gemein gucken? Es war mir unerklärlich.

Als Mama den Mund aufmachte, sah sie aus, als müsse sie sich jeden Moment übergeben. »Um Gottes willen! Dann hätte ich ja zwei von deiner beschissenen Sorte. Nee! Danke! Du Blag hast mir schon bei der Geburt völlig gelangt. Völlig!«

Felix hatte es mir gerade präsentiert. Ungenügend. Setzen. Ein Kind reicht. Der Stachel saß tief. Bohrte sich unaufhaltsam in meine Seele. Es tat so weh. So entsetzlich weh. Ich musste weg von diesem Mann. Dieser Mann liebte mich nicht. Dieser Mann hatte mich belogen und betrogen. Er war zu mir gezogen, weil ich ihn gezwungen hatte. Er hatte mich geheiratet, weil ich ihn gezwungen hatte. Er hatte mir ein Kind gemacht, weil ich ihn gezwungen hatte. Er hatte die Eigentumswohnung gekauft, weil ich ihn gezwungen hatte. Er hatte noch nie etwas selbst gemacht. Noch nie. War da irgendwann einmal Eigeninitiative? Ich konnte mich nicht erinnern! Oh! Doch! Klar! Wenn Felix Sex wollte, dann, aber auch nur dann, zeigte er Eigeninitiative. Sein ganzes Geschwafel von wegen »Magst du dies gerne? Magst du das gerne? Wie hättest du es denn gerne?«. Alles gelogen. Geheuchelt. Damit ich zu Diensten war. Damit ER auf seine Kosten kommt. Damit ER sich gut fühlt. Mein Höhepunkt? Den gab es doch nur, damit ER sich als Held fühlte: Ich, der große Felix Birkhoff. Ich habe es ihr das erste Mal besorgt.

Wie hatte ich nur so einen Egozentriker heiraten können? Ich schlug die Hände vors Gesicht. Heulte. Weinte salzige Tränen. Ich hielt das nicht mehr aus. Warum? Unzählige Male heulte und bettelte ich. Sag mir wenigstens den Grund. Warum nicht? WAS habe ich falsch gemacht? Bitte, WAS?

Eine düstere Zeit brach an. Noch düsterer als jemals zuvor. Ich sah die Sonne nicht mehr. Felix war außerstande, mir meine Frage nach dem »Warum nicht?« zu beantworten. Zuckte immer unwissend mit den Schultern. Ich fragte immer wieder danach. Jeden Tag. Jede Woche. Jeden Monat. Jedes Jahr. Ich fing immer wieder mit diesem Thema an. Immer wieder. Es ließ mir keine Ruhe. Es ließ auch Felix keine Ruhe. Selbst Jahre später, als wir uns wieder annäherten, kam immer wieder dieses Thema auf den Tisch. Ich würde so lange keine Ruhe geben, bis ich den Grund kannte. Den Grund für sein »Nein«. Nein zur Hochzeit und viel, viel, viel schlimmer, Nein zu einem zweiten Kind.

Felix konnte mir seine Gefühle damals nicht erklären. Sich selbst konnte er diese Gefühle nicht erklären. Aber sie waren da. Gefühle von Angst. Felix hatte panische Angst, dass etwas kaputtgehen könnte, das außerhalb seines Einflussbereiches stand. Er ist Bauingenieur. Und mir fällt ein, wie Felix von einem Brückeneinsturz hörte, der auf einen Konstruktionsfehler zurückzuführen war. »Das ist der GAU!«, kommentierte er diese Schlagzeile. »Wenn dir das passiert, dann ist alles vorbei. Dann kannst du einpacken.« Felix setzt sich Tag für Tag mit irgendwelchen Brückenkonstruktionen auseinander.

UNKALKULIERBARKEIT ist das Panikwort des Bauingenieurs.

UNKALKULIERBARKEIT ist Felix' Panikwort.

UNKALKULIERBARKEIT ist auch mein Panikwort.

Felix liebte mich schon damals für die schönen Seiten der Unkalkulierbarkeit: mein Temperament, meinen Ideenreichtum, meine Ziele, meine Träume, meine Leidenschaften, meine Fantasie, meine Spontanität, meine Kreativität, meine Impulsivität, meine Schlagfertigkeit. Er liebte mich so, wie ich bin. Aber er spürte auch die andere Seite dieser Unkalkulierbarkeit. Und er zögerte. Er zauderte. Er verharrte. Er hielt aus. Er hielt stand. Ich hielt meinen Mann für schwach. Ich war der pazifische Sturm gegen ihn. Ich frage mich: Was ist stärker? Der pazifische Sturm oder die westfälische Eiche?

Seine ständige Zurückhaltung wirkte auf mich wie Schwäche. Verwurzeltsein mit der Heimat, das ganze Gesülze von »Heimatgefühl«, die Verbundenheit mit dem elterlichen Haus, das Sichverpflichtetfühlen dem landwirtschaftlichen Betrieb gegenüber, diese Attribute rangen mir höchstens ein geringschätziges Lächeln ab. Ich kannte so etwas nicht. Ich litt. Wartete auf Anerkennung. Wartete auf Initiative. Wartete darauf, dass Felix sich erklärte. Offenbarte. Preisgab. Ich konnte es nicht. Er konnte es nicht. Wir saßen im selben Boot. Nicht auf zwei verschiedenen Planeten.

Mein Absturz war heftig und plötzlich wie ein Monsunregen. Von heute auf morgen ging gar nichts mehr. Ich schluckte vier, fünf, sechs Fluoxethin, aber auch das hielt diesen Niedergang nicht auf.

Es begann an einem Morgen, an dem ich Spätdienst hatte. Völlig erschöpft fuhr ich wie ein Roboter Mia in die Kita. Froh, dass ich sie los wurde. Ich fuhr zum Stall und wollte reiten. Mir war das Pferd gleichgültig, und mir war das Reiten gleichgültig. Es war mir einfach alles gleichgültig! Unverrichteter Dinge schleppte ich mich nach Hause. Ich fand alles schmutzig und unordentlich, aber auch das war mir egal. Ich würde krank werden, dachte ich noch. Kein Wunder! Ich wog nur noch sechsundvierzig Kilo, und diese immer wiederkehrenden Schmerzen in der Nacht waren sicher nicht normal. Vielleicht hatte ich ja Krebs. Irgendein krankhaftes Gewächs im Körper. Ich fühlte mich so. Im Dienst war ich vergesslich geworden. Kaum hatte ich über Funk den Einsatzort, Einsatzgrund und Anrufernamen gehört, dann war's auch schon wieder weg. Die Kollegen hatten auch schon gefragt, was mit mir los sei. Manchmal bretterte ich mit dem Streifenwagen los, um an der nächsten Kreuzung fragen zu müssen, wo die Reise überhaupt hinging. Und wenn wir dann angekommen waren, dann wusste ich nicht mehr, wozu wir überhaupt ausgerückt waren. Das war das Fluoxethin. Mein Polizeiarzt wäre in Ohnmacht gefallen, wenn er das gewusst hätte. Es war wichtig, dass man bei der Polizei davon nichts mitbekam. Ich hatte Angst vor einer Kündigung. Ich saß am Küchentisch, schaute auf die Uhr und stellte fest, dass ich mich schnellstens duschen müsste, wollte ich nicht zu spät zum Dienst kommen. Das tat ich ungern. Ich wollte immer sehr korrekt sein und las deshalb meine geschriebenen Anzeigen genauestens Korrektur.

Ich starrte auf die Packung. Mit dem Zeug ging es mir schlecht. Ohne das Zeug ging es mir auch schlecht. Aber die Kollegen würden stutzig werden. Es war auffällig geworden. Besser weg mit dem Zeug. Ich stand auf und schmiss die ganze Packung weg. Und wieder schaute ich auf die Uhr. Das Wichtigste hatte ich geschafft. Das Fluoxethin lag im Abfalleimer, und da konnte es gern bleiben. Ich rief auf der Wache an. Murmelte was von Migräne. Dann legte ich mich ins Bett. Ich wollte nur noch schlafen. Am liebsten immer. Und ewig. Sterben. Das wäre das Beste. Sterben. Gar nicht mehr aufwachen. Vielleicht hatte ich ja Glück und würde nicht mehr aufwachen.

KAPITEL 13

Helfen statt hilflos

Bei uns zu Hause, hinter geschlossenen Türen, spielten sich Dinge ab, von denen niemand aus unserem Umfeld etwas ahnte oder wusste. Selbst engste Freunde nicht. Ich schaffte es nicht mehr, aufzustehen. Aufzustehen. Im wahrsten Sinne des Wortes. Felix, niemals in seinem Leben mit solch einer Situation konfrontiert, ahnungslos, naiv, unerfahren, zog mich morgens verzweifelt aus dem Bett. »Christine. Bitte. Ich flehe dich an. So steh doch auf.« Felix zog mich aus dem Bett, stellte mich hin, schaute mich an, nahm mich in den Arm. Er hielt ein schlaffes Schlenkerpüppchen in seinen großen starken Armen.

Ich lag mit meinem Kopf auf Omas Schoß. Sie kraulte mich. Gern und viel. Unermüdlich. Unter der Decke war es herrlich warm. Und so gemütlich. Ich schlief ein. Spürte, dass mich Hände ins Bett trugen. Sichere Hände. Sicheres Bett. Ein riesiges Oberbett aus Federn. Oma schüttelte es groß. Darunter war es kalt. Aber dann … diese herrliche Wärme. Schlafen. Nur noch schlafen.

Felix wusste nicht mehr weiter. Setzte mich an den Küchentisch. Machte Mia fertig. Beruhigte das Kind. Nahm sie mit. Übernahm ihr Leben. »Ich rufe dich gleich an. Hörst du, Christine.« Fester Griff an beiden Schultern. »Ich rufe dich gleich an.« Diese Güte in seinen Augen. Diese nicht enden wollende, unendliche Güte. *Messer in der Hand. Ein Brotmesser. Güte. Unendliche Güte. Messer wieder weg. Schuld. Große Schuld.* Die Tür schlug zu. Frieden. Ich ging wieder ins Bett. Schlief. Weinte. Schlief. Träumte schlecht. Schwitzte. Beißender Geruch von Schweiß. Ich wachte auf. Ging zur Toilette, wechselte das T-Shirt und weinte. Diese Träume. Diese schrecklichen Träume. Ich war so schlecht. Ich war unglaublich schlecht. Ich war das Schlechteste auf dieser weiten Welt.

Den Satz »Ich liebe dich« hatte ich Oma nie gesagt. Ich hatte ihr nie gesagt, wie sehr ich sie liebte. Oma. Wusste sie, wie sehr ich sie liebte? Panik überfiel mich. Ich hatte es versäumt, ihr zu sagen, wie sehr, wie aufrichtig, wie tief ich sie liebte. Oma. Ich wollte zu Oma. Jetzt war es zu spät. Ihr Sarg. Schön war er. Oma hatte einen guten Geschmack. Schöne Blumen auf dem Sarg. Oma hatte sie sich selbst ausgesucht. »Asche zu Asche. Staub zu Staub.« Da stand ich nun. Vor mir der Abgrund.

»Christine. Wach auf. Ich habe uns Pommes geholt. Lass uns essen. Gemeinsam essen. Mia wartet auf dich. Mia wartet auf ihre Mama. Steh auf!« Starke Hände zogen mich aus dem Bett. Wir saßen am Küchentisch. Mia plapperte fröhlich. Machte Blödsinn und hörte gar nicht mehr auf, Blödsinn zu machen. Ständig schlug dieses Kind über die Stränge. Wusste nie, wann es endlich reichte. Wann es Zeit war, aufzuhören. Nie. Hörte nie auf. Es hörte nie auf. … Mir fiel der Kopf auf die Tischplatte. Vor Müdigkeit. Vor Erschöpfung. Schlafen. Ich wollte nur noch schlafen. Felix räumte ab. Spülte. Warf die Pommes-Schälchen, das Knisterpapier und die Alufolie mit den Ketchupresten in den Müll. Ließ mich am Tisch sitzen und badete Mia. Spielte mit Mia. Herzte Mia. Brachte Mia ins Bett. Brachte mich ins Bett. Trug mich ins Bett und legte mich sanft nieder. Deckte mich zu. Schaute mich lange an. Unendlich lange. Weinte und streichelte mein Haar. Wie Oma.

Eine freundliche Hand auf meiner Schulter. »Hier, bitte. Sie müssen jetzt Abschied nehmen, Frau Al-Farziz. Nehmen Sie Abschied. Bitte.« Ich schaute den Pastor an. Ein netter Mensch. Freundliche Augen. Mitfühlender Blick. Ich hatte eine kleine Schaufel in der Hand. Wie früher. Schäufelchen. »Christine!

Nein, nein, mein Kind.« Oma versetzte mir einen freundlichen Nasenstüber. »Das sind die Tulpenzwiebeln. Du brauchst die Tulpenzwiebeln nicht aus der Erde zu graben. Die wollen doch wachsen. Hier. Das da. Das grüne Gestrüpp. Das ist Unkraut. Das muss da raus. Dann haben die Tulpen Platz und können wachsen.«

Am nächsten Tag fuhr ich zum Polizeiarzt. Keine Ahnung, warum. Ich wollte zu IHM. Zu keinem anderen Arzt wollte ich. Nur zu ihm. Er gehört zum PTSD-Team. Das sind speziell geschulte Polizeiärzte, die in ganz Nordrhein-Westfalen parat stehen, wenn Kollegen ein schreckliches Erlebnis hatten. Nach Schusswaffengebrauch. Nach tödlichen Verkehrsunfällen. Nach allem, was uns Polizisten schwer zusetzt. Was auch wir, bei aller Routine, nicht einfach verkraften. Was uns belastet. Was uns verfolgt. Im ganzen Land gibt es sie. Wenn die Zentrale ruft, dann erhebt sich »Hummel«, der Polizeihubschrauber, binnen weniger Minuten in die Luft. »Hummel« sammelt einen dieser Polizeiärzte ein, und »Hummel« düst zum Einsatzort. Egal wohin. In ganz Nordrhein-Westfalen. Man lässt uns nicht allein.

»Wie geht es Ihnen, Frau Birkhoff? Sie wollten dringend einen Termin? Schießen Sie los. Was kann ich für Sie tun?« Der Doc schaute hoch. Ich nenne ihn hier »den Doc«. Er wird wissen, wer gemeint ist. Der Doc schaute mir in die Augen. Große braune, unendlich traurige Augen. »Wissen Sie was?« Eine kurze Geste. Seine Hand auf meiner Schulter. »Ich mache mal die Tür zu. Ich glaube, wir brauchen länger. Ich habe alle Zeit der Welt.« Er stand auf. Er war stark. »Frau Grüne? Frau Grüne, sagen Sie bitte alle Termine ab. Jaja. ALLE. Nein. Ich habe jetzt keine Zeit mehr. Ich bin jetzt nur noch für die Kollegin Birkhoff zu sprechen. Danke, Frau Grüne.«

Mein Doc. Schloss die Tür, kam zurück, setzte sich vor mich. Genau vor mich. Legte seine Hand auf mein Knie. Nette Geste. Beruhigend. Nah. Vertraut. Ich flennte. Ich heulte. Ich erzählte und erzählte und erzählte. Froh, dass ich hier war. Froh, dass ich bei der Polizei war. Froh, dass ich Polizistin geworden war. Polizistin. Jürgen hatte das bezahlt. Ausgerechnet Jürgen. Aber noch nicht genug. Er hatte noch nicht genug bezahlt. Da täuschte er sich. Ich war froh, dass ich endlich bei diesem Doc war. Ich erzählte, was mir zu erzählen möglich war. Von Jürgen. Von meinem Vater. Von meiner Mutter. Vom Geschlagenwerden. Vom Getretenwerden. Vom Benutzt- und Missbrauchtwerden. Von Felix. Von Mia. Von den Pferden.Von den vielen toten Pferden. Dass alles umsonst war. Die ganze Arbeit. Die ganze Hoffnung. Ich erzählte von dem blöden Kollegen, der mir zugesetzt hatte, und von den lieben anderen Kollegen. Von denen, die sich Sorgen machten um mich. Von den vielen Kollegen, die mich mochten, die mich gernhatten und die endlich wieder mit mir lachen wollten. Es waren überraschend viele Kollegen. Ich stellte es fest, damals, als ich dem Doc so viel erzählte. Seine geschickten Fragen, die mich immer wieder behutsam dazu brachten, auch die positiven, die gegenwärtigen, schönen Dinge zu erzählen. MEINE Kollegen. MEINE Polizistenkollegen. MEINE Jungs. MEINE starke Truppe.

»Sie müssen mir helfen. Bitte Doc, Sie müssen mir helfen. Ich schaffe das nicht. Nicht alleine. Wo soll ich anfangen? Was soll ich tun? Ich habe das Fluoxethin weggeworfen. Ich will das Zeug nicht mehr.«

Der Doc, MEIN Doc, er gab mir Kraft. Er gab mir ungeheuerlich viel Kraft. In den zweieinhalb Stunden dieses Gespräches war mir, als hätte jemand wieder einen Schlauch an mich angedockt. Doch dieses Mal, da wurde Kraft in meinen Körper gepumpt.

»Sie sind Kollegin, Frau Birkhoff! Polizistin! SIE wissen doch, was man mit solchen Tätern macht? WERDEN Sie Polizistin. In eigener Sache. Ziehen Sie diese Leute zur Rechenschaft. Sie können das. Ich weiß das.«

Ich weinte. Ich beweinte mich selbst. Beweinte mein Schicksal. Beweinte meinen Weg. Meinen Weg bis hierher und meinen Weg, der noch vor mir lag. Ein Weg, der schwierig, dornig, mühsam sein würde. Sehr mühsam. Ich spürte das. Ich ahnte das. Erzählte wieder. Von meinem Gefühl. Von der Leere. Ich war nicht mehr Ich. Ich war nicht mehr Mensch. Ich war nicht mehr Frau. Mein Doc verabschiedete mich. Schickte mich los. Ins Kriminalkommissariat. Zu den Kollegen und Kolleginnen, die wussten, wie das ging. Zu den Fachleuten. Zu den Spezialisten. Die letzten Sätze meines Docs. Ich hatte sie tief inhaliert und versuchte, mich an ihnen festzukrallen.

Der Doc hatte mich an beiden Schultern gehalten. »So mein Mädchen. Jetzt hören Sie mir mal gut zu: Ich höchstpersönlich, ich ›der Doc‹, werde dafür sorgen, dass Sie sich wieder so fühlen, wie Sie es verdient haben. Dass Sie sich so fühlen, wie Sie sind: eine schöne, attraktive und starke Frau. Eine, die man gern anschaut. Gern. Merken Sie sich das gut! Ich gebe Ihnen mein Wort. Ich verspreche es Ihnen hier und heute! Verlassen Sie sich darauf!«

Ich nickte. Ich ging. Schleppte mich nach oben. Ins Präsidium.

Der Kommissariatsleiter war schon vorbereitet. Empfing mich nett. Ich wurde schon erwartet. Ein schönes Gefühl. Und wieder weinte ich. Weinte und weinte und erzählte. Der Kommissariatsleiter. Ein Kerl wie ein Baum. Ein Mann wie ein Bär. Jeans. Cowboystiefel. Schaustellertyp. Einer, dem man nicht im Dunklen begegnen möchte. Ein Mann, der es locker mit Jürgen aufnehmen konnte. Ein Mann, vor dem selbst Jürgen in die Knie gehen würde. Vor dem meine Mutter Angst bekommen würde. Den mein feiger Vater eher um Gnade anflehen würde.

»Ich hole für dich mein bestes Pferdchen aus dem Stall. Warte ab, bis du sie kennen lernst. Die Kollegin ist spitze. Unschlagbar! Sie kommt gleich!«

Diese Sprache verstand ich. Diese Sprache kam gut bei mir an. Motivierte mich. Gab mir wieder Kraft. Die Schlacht hatte begonnen. Sie hatte endlich begonnen.

Felix war erleichtert. Merkte, dass sich da etwas tat. Dass Bewegung in die Sache gekommen war. Dass ich mich bewegte. Und Felix hoffte. Hoffte auf bessere Zeiten und hoffte, dass nun alles gut werden würde. Mein unwissender Felix. Und ich, seine unwissende Frau. Wir beide waren ahnungslos, wussten nicht, dass das SO einfach nicht war. Dass das viel schwieriger werden würde. Kaum zu schaffen.

Ich arbeitete weiter. Ich bestand darauf. Der Doc zierte sich. Ich setzte mich durch. In fünf Wochen würde ich in die Klinik fahren. In eine psychosomatische Klinik. Eine Rehaklinik. Eine Spitzenklinik. Der Doc hatte mir von dieser Klinik vorgeschwärmt. Nein, nein, so hatte er mich beruhigt. Keine Klinik mit lauter Durchgeknallten. Keine »geschlossene Klinik«. Keine Psychiatrie. Das war mir wichtig. Das war mir ungeheuerlich wichtig. In meinen Gedanken verband ich »Psychiatrie« immer mit »Das war's!«. Wenn du da hinkommst, Christine, dann ist Feierabend, hatte ich mir immer gesagt. Das wäre der GAU! Mein GAU! Das Auffanglager der Unkalkulierbarkeit. Der nicht mehr Zurechnungsfähigen. Der Leute, die nicht mehr fähig waren, sich selbst Grenzen zu setzen. Ab in die Klapsmühle!

Nein, nein, hatte mich der Doc beruhigt. Ich würde überraschend viele Kollegen dort treffen. Leute wie ich. Die nicht durchgedreht waren, sondern die wie ich am Ende ihrer Kräfte waren. Die in irgendeiner beschissenen Lebenssituation in die Knie gegangen waren. Wie ich. Die einfach mal eine helfende Hand brauchten. Wie ich. Polizisten. Helfer. Helfer, denen geholfen werden musste. »Es ist keine Schande, wenn man irgendwann in seinem Leben mal an einen Punkt kommt, an dem man nicht mehr weiterkann. Aber es ist eine Schande, wenn man das erkennt und dann liegen bleibt!« Mein weiser Doc.

Ich musste ihm hoch und heilig versprechen, dass ich mir sofort eine Therapeutin suchte. Sofort. Dass ich die Wochen bis zur Klinik überbrückte. Dass ich nach der Klinik sofort weitermachte mit der Therapie. Dass ich ihn anrufen würde, wenn es zu schwierig würde. Sofort und unverzüglich. Meine Jammerei hatte ihn überzeugt. Ich wollte nicht zu Hause bleiben. Ich wollte nicht bei Mia bleiben. Ich wollte nicht bei Felix bleiben. Ich wollte arbeiten. Ich wollte die Uniform anziehen. Sehen und fühlen, dass ich Polizistin war. Wollte meine Kollegen. Meine starken Jungs. Wollte die, die beherzt zupackten, die Entscheidungen trafen, die agierten und nötigenfalls zuschlugen, die wollte ich an meiner Seite spüren. Nicht Felix. Nicht diesen Schwächling. Der nichts tat. Der mich immer nur belämmert ansah. Der auch Schuld hatte. Der mich bitten und flehen ließ. Der nie wirklich zu mir stand. Der illoyal war. Unzuverlässig. Nichtstuend.

Die Vernehmungen waren grauenvoll. Patrizia gab sich Mühe. Unglaubliche Mühe. War lieb. Einfühlsam. Machte ihren Job professionell. Gewissenhaft. Bis ins Detail. Jedes noch so schreckliche Detail. Patrizia trocknete meine Tränen. Machte Pausen mit mir, wenn ich nicht mehr konnte. Ich qualmte ihr die Bude voll. Sie war Nichtraucherin. Die Arme. Ich hatte Tagebuch geschrieben. Seit meinem zwölften Lebensjahr. Bis Afrika. Also genug Stoff. Genügend Beweise. Stundenlang saß ich bei Patrizia im Büro. Ihre Professionalität half mir. Sie machte aus ihrem Herzen keine Mördergrube. Wann immer sie Zusammenhänge erkannte, die mir völlig zusammenhangslos erschienen, schüttelte sie energisch den Kopf: »Hast du wirklich niemals geschnallt, dass Jürgen dein Tagebuch ständig gelesen hat? Nicht ein Mal. Ständig. Täglich. Da hat es dir auch nix genutzt, dass du es versteckt hast. Irgendwann hat er es wiedergefunden. Ich zeig dir die Stellen, die ich meine.«

Wir blätterten und blätterten. Schlugen Seiten zurück und wieder vor. Patrizia hatte Recht. Mit meinen Tagebüchern hatte ich Jürgen die »Gebrauchsanweisung« geliefert. Er konnte lesen, wann, wie, wo und mit wem ich meine ersten sexuellen Fantasien hatte. Konnte in Ruhe abwarten, bis er meinte, dass »sein Früchtchen reif war«. Konnte im passenden Moment zuschlagen, nämlich dann, als ich den mir verhängnisvollen Satz in mein Tagebuch geschrieben hatte: »Ich träume in letzter Zeit öfters, wie ich mit einem Jungen schlafen möchte.«

Jürgen setzte meine kindlich-naiven *Bravo*-Fantasien, meine ersten zarten erotischen Träumchen, brutal, rücksichtslos, gezielt und unausweichlich in die Realität um. Ich war vierzehn, hatte noch zwei Milchzähne, keinen Busen, keine Periode, keine nennenswerten Erfahrungen und, das Schlimmste: KEINE WAHL. Ich hatte einfach nur geträumt. Nicht mehr und nicht weniger. Einfach nur geträumt. Als Kind wunderte ich mich immer, dass dieser Mann so viel wusste. Dass er zum perfekten Zeitpunkt, wenn ich gerade von Greg geträumt hatte, über Greg herzog und mich verletzte. Dass er genau im richtigen Moment im selben Wortlaut über meine Mutter schimpfte, wie ich es am Abend zuvor in mein Tagebuch geschrieben hatte. Dass er wusste, wann ich mit wem meine erste verbotene Zigarette geraucht hatte und welche Partys mir besonders am Herzen lagen. Welche Jungs ich nett fand, und warum ich sie nett fand. Er kannte meine geheimsten Wünsche und erfuhr so auch, wann ER in Gefahr war, wann ER wieder nett und lieb sein musste. Wie verhext war das damals.

Ich schrieb in mein Tagebuch: »Auch Jürgen versteht mich nicht mehr«, und schon mimte er den verständnisvollen Zuhörer. Er hatte gelesen, dass Dana, Anka, Gitta und Carla offenbar meine Zuhörerinnen waren, und zog meine Freundinnen gezielt in den Dreck. Bei meiner Mutter lästerte er über die Mütter meiner Freundinnen ab, obwohl er diese gar nicht kannte. Aber selten war das, was er informell als Fakten schilderte, die Unwahrheit.

Die Informationen dafür hatte er auch aus meinem Tagebuch. Jürgen war mir als Übermacht erschienen. Als eine Übermacht, die alles wusste, alles kannte, alles regelte.

Ich war fünfunddreißig Jahre alt, Polizistin und Mutter, als ich begriff, dass Jürgen damals eine Übermacht war. Dass er mir nicht nur so erschien als Kind, sondern dass er es tatsächlich war. In maliziöser Absicht hatte er manipuliert. Nicht nur die Personen, sondern auch die Geschehnisse. Manipulieren heißt »steuern«. Wir benutzen dieses Wort dann, wenn wir von einer nichtsichtbaren, nichterkennbaren, nichtdurchschaubaren Steuerung sprechen. Zur Manipulation gehört, dass nur einer das Ziel kennt. Der, der manipuliert, kennt das Ziel. Die anderen latschen mit. Haben keine Ahnung, dass ihre Denkart, ihr Handeln, ihr Reden, ihre Gefühle von anderen Kräften gesteuert werden. Man schlägt die Richtung ein, die einem vorgegeben wird, und meint, dass man die Richtung selbst bestimmt hat. Merken Sie sich das gut: Nur der Täter kennt das Ziel. Nur der Täter.

Patrizia tat mir gut. Ihre Art der Vernehmung tat mir gut. Wir waren Kolleginnen. Kannten uns beide aus mit Ermittlungen. Patrizia band mich ein in die Ermittlungen. Munterte mich auf, zu recherchieren, Fragen zu klären, Knoten zu entwirren. Und irgendwann musste auch ich erkennen, dass alles das kein Zufall war. Dass es auf dieselbe Weise gelaufen war, wie wir es zigfach in der Fachliteratur nachlesen können. Wie es Ärzte, Therapeuten, Ermittlungsbeamte, Frauenhäuser und Institutionen wie Wildwasser schon seit Jahren der Öffentlichkeit beizubringen versuchen: KEINE ZUFÄLLE. Jürgen kannte meine Mutter seit ihrem dreiundzwanzigsten Lebensjahr. Er gehörte zum Bekanntenkreis meiner Eltern. Fuhr damals schon Jaguar, verdiente ein Schweinegeld, baute ein Imperium auf. Er war verheiratet, hatte zwei Söhne. Er hatte Macht. Er beobachtete den Werdegang meiner Mutter genau. Sah zu, wie sie unterdrückt wurde. Sah genau zu, wie sie die brutalen Übergriffe des Vaters auf die eigene

Tochter duldete, sah zu, wie sie schlimmste Verletzungen ihres Kindes kaschierte, Taten verdeckte, meinen Vater deckte. Er analysierte, dachte nach, begriff. Der Hass dieser Frau auf ihre eigene Tochter. Die Tochter als Opferlamm. Die Tochter als Preis. Er testete an. Prüfte sorgfältig. War diese Frau beeinflussbar? Waren da Stärken, von denen er nichts wusste? Begehrte sie auf? Hatte sie Rückgrat? Loyalität zu sich selbst? Zu anderen Personen? Zu ihrem Kind? Die wichtigste Frage aber war: Konnte er diese Frau steuern? Konnte er diese Frau manipulieren?

»Wenn du deine eigene Geschichte mal von außen beleuchtest, dann siehst du das, was ich sehe. Der Kerl hinterlässt nur Leichen. Pass auf: Der kennt deine Eltern, kriegt das ganze Theater mit. Irgendwas stimmt da auch mit der Ehefrau nicht. Keine Ahnung. Halten wir uns an die Fakten. Also, der kriegt mit, dass deine Mutter abhauen will. Verständlicherweise. Dann schaltet er sich ein. Spielt den Retter. Beginnt ein Verhältnis mit deiner Mutter. Du bist hier, an dieser Stelle schon, mitten drin in der Manipulation.« Patrizia warf sich die langen Haare zurück. Sie war völlig in ihrem Element. Kriminalhauptkommissarin. Wahnsinn. Drei silberne Sternchen. Ich hatte zwei grüne. »Hörst du mir zu? Kannst du folgen?«

»Ja sicher kann ich folgen. Mach weiter. Ich will das begreifen.«

Hektisch blätterte Patrizia in meinen Tagebüchern. Sie zerrte Textpassagen heran, die ich völlig unwichtig fand, die aber wichtige Puzzleteilchen darstellten. Ohne Patrizia hätte ich überhaupt nichts begriffen. »Hier. Diese Stelle zum Beispiel. Ich habe mich die ganze Zeit gefragt, warum er nicht eher an dich rangegangen ist. Immerhin warst du in seiner unmittelbaren Nähe. Und jetzt kommt's. Hier steht's:

»›Jürgen ist gestern wieder nach Wiesbaden gefahren. Immer wenn er nach Wiesbaden fährt, kauft er ohne Ende Geschenke. Für Simone. Seine Nichte ist das wohl. Mama hat ihm eine Szene gemacht, weil sie wieder nicht mitdurfte …‹

Verstehst du, Christine. Er hätte doch eigentlich deine Mutter mitnehmen können, oder?«

Das stimmte. Patrizia hatte wieder mal Recht. Es würde interessant sein, herauszufinden, was diese Simone so machte.

»Hör mal, Patrizia. Sollten wir nicht mal nach Simone forschen? Ich meine, wenn ich nicht die Einzige war, dann müsste sie doch auch vernommen werden, oder?«

»Hab ich schon angeleiert. Die Kollegen in Wiesbaden wissen Bescheid. Die rufen an, sobald sie was wissen.«

Wir dröselten auf und ermittelten. Die Polizeiberichte aus Düsseldorf waren angekommen. Es stimmte, was ich über Norbert erzählt hatte. Er war immer wieder in der Psychiatrie. Schizophren. Manisch. Psychotisch. Wenn er wieder draußen war, rannte er über die Düsseldorfer Königsallee und drückte den verdutzten Passanten Tausendmarkscheine in die Hand. Nackt hielt er den Verkehr auf der dreispurigen Straße an und schrie: »Ich bin Jesus. Der Heiland. Euer Retter. Haltet an. Kehrt ab von diesem Weg. Nehmt dies zu meinem Gedächtnis!« Und wieder verteilte er die Geldscheine. Die Berichte dokumentierten einen Leidensweg mit verheerenden Folgen. »Der is nicht mehr. Hier. Sieh selbst. '94 abgemeldet. Vermerk: Verstorben. Das WIE werden wir nicht erfahren. Jedenfalls gibt's keinen Polizeibericht.« Patrizia zuckte mit den Schultern.

»Und die anderen? Was ist mit der Tochter von Norbert? Oder mit der Ehefrau?«

Patrizia seufzte. »Auch nichts Besonderes: Tochter laut Einwohnermeldeamt '94 nach unbekannt verzogen; ist sofort weg, als der Vater starb; Mutter immer noch wohnhaft in Waldstadt, keine Einträge. Absolut unauffällig.«

»Und Julia? Meine Nachfolgerin. Die, mit der er beim Konzert der Kelly Family war?«

»Auch schon überprüft. Ich hab sie gefunden. Aber ich hab ein blödes Gefühl. Was ist, wenn sie ihn warnt? Sie studiert. Wer weiß, vielleicht finanziert er ihr Studium? Dann wird sie bestimmt nicht den Mund aufmachen. Ich halte das für zu gefährlich. Im Moment jedenfalls. Später kann man das immer noch nachholen. Die läuft uns nicht weg. Aber jetzt mal im Ernst, Christine: Julia war nicht deine Nachfolgerin. Jedenfalls nicht direkt. Du glaubst doch nicht, dass der Kerl von 1983 bis 1995 die Füße stillgehalten hat? Zwölf Jahre lang? Der? Niemals. Das ist 'ne lange Zeit. Viel zu lange für so einen. Mal schauen. Vielleicht kann uns diese Simone aus Wiesbaden weiterhelfen.«

Als ich das nächste Mal zu Patrizia kam, war ich gespannt.

»Eine Menge Neuigkeiten habe ich für dich«, hatte sie gesagt. »Ich hab da zwei Nachrichten, die aber ganz schön heftig sind. Bist du startklar?«

»Jaja. Nun mach schon.«

Patrizia holte tief Luft. »Aaaaalsoooo: Fangen wir mit dieser Simone an. Vater: Kriminalbeamter a. D. Suizid im Jahr 1990. Mutter: Laut Einwohnermeldeamt gestorben im Jahr darauf. Und Simone … Tja … Simone, 1966er Jahrgang, ab 1981 dann die ersten Einträge. Wann hat er bei dir angefangen?«

»Weihnachten 1979. Wieso fragst du? Steht doch alles im Protokoll.«

»Warte. Ich muss nachdenken. Das macht Sinn. Das macht verdammt viel Sinn. Mit dir hat er angefangen und Simone fallen gelassen. Das hat die nicht geregelt bekommen. Ist heftig. Hör's dir an: 1981 Verstoß BtmG; Zusatz: BtmK; wieder 1981 Körperverletzung; dann 1983 Widerstand gegen Vollstreckungsbeamte; 1984 Suizidversuch; Zwangseinweisung nach Psych KG; wieder 1984 neuer Zusatz: Prosti; 1985 Opfer einer gefährlichen Körperverletzung; 1986 Suizidversuch, Verstoß BtmG, Zwangseinweisung nach PsychKG; seit 1987 in einer Nervenheilanstalt. Ich hab da schon angerufen. Ist zwecklos. Die kommt da nie wieder raus. Völlig neben der Kappe. Damit wären wir am Ende.«

Ich war sprachlos. Völlig verstört saß ich auf meinem Stuhl in Patrizias Büro. »Ich glaub's nicht. Ich fasse es einfach nicht. Dieses Schwein.«

Patrizia nickte. »Da ist ein ganz großer Kelch an dir vorübergegangen, findest du nicht auch? Wie ich schon sagte, der Kerl zieht eine ganze Spur von Leichen hinter sich her. Und findet sich vermutlich noch toll dabei.«

Wir machten eine Pause. Ich brauchte dringend einen Kaffee. Und wieder eine Zigarette. Das Puzzle fügte sich zusammen. Norbert, Margot, die Schwester von Jürgen, der Kriminalbeamte, Simone, Julia … und ich. Christine Birkhoff. Die Polizistin. »Er hat meine Ausbildung mitfinanziert, Patrizia. Ich hab's dir nicht erzählt. Ich schäme mich dafür. Und ich bin mir sicher, dass er auch Julias Studium finanziert. Die Mutter ist Kollegin von meiner Mutter. Lehrerin an der Realschule gleich neben der Grundschule. Die hatte seit der Scheidung keine Kohle mehr. Bestimmt zahlt er es. Er zahlt gern Schweigegeld. Was meinst du, wie viel seine Ehefrau jeden Monat bekam? Meine Mutter hat sich immer tierisch darüber aufgeregt.«

Patrizia schlürfte ihren Kaffee und schaute nachdenklich über den Rand ihres Kaffeebechers. »Genau SO wird es sein. Ich frage mich, wie man mit einer Firma so viel Geld machen kann. Ist schon komisch. Übrigens, das mit dem Schämen lass mal sein. Das war noch viel zu wenig. Aber selbst wenn er dir Millionen gegeben hätte … Du siehst ja, was mit den anderen passiert ist. Bezahlen muss er eh noch. Da werden wir für sorgen. Und verlass dich drauf! DER bückt sich im Knast nicht nach der Seife.«

Ich lachte. Musste unwillkürlich lachen.

»Ich habe da noch etwas für dich. Und dann machen wir Schluss für heute. Das langt dann. Das Krankenhaus hat geschrieben. Ich habe lange überlegt, ob ich 's dir sagen soll. Aber vielleicht hilft es dir weiter. Für die Therapie. Deshalb erzähle ich dir das. Die haben nicht nur geschrieben, sondern auch noch Mikrofiche-Dateien mit deinen Röntgenbildern geschickt. Da hatten wir gar nicht mehr mit gerechnet. Über dreißig Jahre alt. Die Aufbewahrungsfristen sind gar nicht so lange. Naja. Jedenfalls haben sich die Kollegen vom Kommissariat Tötungsdelikte deinen Fall gekrallt. Die wollten gegen deinen alten Herrn Anzeige erstatten und ermitteln. Wegen versuchten Totschlags. Wird aber leider nix draus. Verjährt nach fünfundzwanzig Jahren, gerechnet vom Zeitpunkt der Tat an. Im Gegensatz zu Mord. Der verjährt nie. Aber dann wärste ja jetzt nicht hier!«

Wir lachten. Polizeihumor. Typisch.

»Die Auswertungen der Röntgenbilder, willst du die wissen?«

Mir wurde schlecht. Ich hatte ein flaues Gefühl im Magen. »Doch, doch. Wenn, dann will ich alles hören!«

»Ich habe noch mal im Protokoll geblättert. Du erzählst da, dass du drei oder vier Jahre alt warst, als du das erste Mal ins Krankenhaus musstest. Das stimmt nur insofern, als dass du in dem Alter tatsächlich dort warst. Ist aber nicht alles. Es fing schon früher an. Die ersten Röntgenbilder sind vom März 1967, da warst du anderthalb Jahre alt. Die Diagnose erzähle ich dir nicht. Ich habe im Krankenhaus angerufen. Der Typ von der Aktenhaltung war völlig fertig und fragte mich, ob du noch lebst. Ich musste ihn erst mal beruhigen.«

Mir dämmerte etwas. Die Schmerzen. Die unerträglichen Schmerzen. Nachts. »Patrizia!« Meine Stimme klang schrill. »Patrizia, steht da drin ... ich meine ... weißt du, WAS alles geröntgt wurde?«

»Und ob. Willst du das wirklich sooo genau wissen?«

»Ich MUSS! Aber warte. Ich zähle es dir auf. Sag mir nur, ob's stimmt! Bitte. Es ist wichtig für mich!«

Patrizia nickte, und ich zählte auf: »Mein Kopf, mein Brustkorb, meine Schultern, meine Handgelenke, meine Kniegelenke, meine Fußgelenke. Das war's. Oder?« Patrizia schüttelte den Kopf: »Das Nasenbein fehlt noch. Ist hier extra aufgeführt. Ansonsten perfekt. Du hast alles aufgezählt. Hier steht's: Schädel, Thorax, Schultern und so weiter ... Alles aus dem März 1967. Unglaublich! Woher weißt du das? Kein Mensch könnte sich daran erinnern. Geht doch gar nicht. Das Erinnerungsvermögen fängt frühestens mit drei, vier Jahren an.«

Ich erzählte Patrizia von meinen Schmerzen in der Nacht.

Gespannt hörte sie zu. »Unglaublich!«, sagte sie. »Phantomschmerzen! Ich habe neulich noch einen Bericht gelesen, da stand drin, dass das Schmerzgedächtnis das erste ist, das sich zu Wort meldet. Der Köper kann sich das merken und jederzeit abrufen. Bei traumatischen Geschichten zum Beispiel. Ist ja echt Wahnsinn. Und jetzt sitzt du hier vor mir und erzählst mir genau DAS. Man lernt nie aus.« Patrizia war sichtlich beeindruckt. Fachfrau durch und durch. Eine tolle Kollegin. Manchmal vergaßen wir, dass es um mich ging. Aber das war gut so. Für die Vernehmungen und die ersten Ermittlungen war es wirklich gut so. Wir waren am Ende angekommen. Hatten für die gesamte Vernehmung zweiundvierzig Stunden zusammengesessen. Auf sechsundfünfzig Seiten war mein Schicksal dokumentiert. Bis zu den heutigen Auswirkungen. Sechsundfünfzig Seiten, die nun zur Staatsanwaltschaft gehen würden.

Zwei Sitzungen hatte ich währenddessen bei der Therapeutin. Sie war Verhaltenstherapeutin. Ob ich mit ihr dauerhaft zusammenarbeiten konnte, wusste ich noch nicht so genau. Es ging mir nicht sonderlich gut. Meine Kräfte verließen mich. Ich stürzte wieder ab. Langsam und unaufhaltsam. Mit jeder Woche und jeder neuen Erkenntnis ein Stückchen mehr. Felix war für mich gestorben. Ich konnte ihm nichts, aber auch wirklich gar nichts mehr abgewinnen. Wir sprachen nicht mehr miteinander. Und Mia? Ich war froh, wenn sie in der Kita war. Auch ihr, meiner eigenen Tochter, konnte ich nichts mehr abgewinnen. Noch zwei Tage, dann würde ich ohnehin in die Klinik fahren. In drei Wochen würden wir dann weitersehen. Bevor ich meine

Koffer packte, musste ich noch zur Rechtsanwältin. Kollegen hatten sie empfohlen. In dieser Kanzlei wurden beide Seiten verteidigt. Die Missbraucher. Und die Opfer. Die Rechtsanwälte in dieser Kanzlei wussten, wie es läuft. Makaber. Aber gar nicht mal schlecht. Um zwanzig Uhr sollte ich da sein und sämtliche Unterlagen mitbringen, die ich hatte. Insbesondere die Tagebücher. Die Rechtsanwältin war eine sympathische, lebhafte Frau in meinem Alter. Herzlich begrüßte sie mich. »Haben Sie alles mit? Prima. Wir verstauen das Ganze im Safe. Hier ist es sicher aufgehoben!« Sie erklärte, dass ich nicht der erste Fall wäre, bei dem unter mysteriösen Umständen solche Beweismittel verschwinden würden.

»Und ich dachte, das gibt's nur im Fernsehen?« Ich staunte nicht schlecht.

»Ein plötzlicher Einbruch, und schon ist alles weg. So einfach ist das. Aber das soll nicht passieren.« Sie zwinkerte mir zu. »Hauptsache, die Verfahren werden nicht getrennt. Die Tat an ihrem dreißigsten Geburtstag wäre ohne die ersten Taten aus Ihrer Kindheit und Jugend so nicht möglich gewesen. Ich hoffe, dass unsere Staatsanwaltschaft das begreift. Wenn die das Verfahren auseinanderreißen, wegen der zwei Tatortzuständigkeiten, sehe ich schwarz. Dann käme erst die Erzwingungsklage auf Zusammenlegung beider Verfahren. Vor der Generalstaatsanwaltschaft. Gewinnen wir das, wären wir schneller vorm OLG. Was wiederum gar nicht so schlecht wäre. Mal schauen.«

Verständnislos schaute ich meine Rechtsanwältin an. Ich war selten begriffsstutzig, aber jetzt verließ mich meine Auffassungsgabe.

»Ich erklär's Ihnen nächstes Mal. Die Unterlagen sind hier, das war jetzt das Wichtigste, und Sie fahren jetzt zur Therapie. Kopf hoch! Sie schaffen das schon! Ich zähle auf Sie. Sie MÜSSEN das schaffen!« Ein herzlicher Händedruck, dann war ich auch schon wieder weg.

Die psychosomatische Klinik erwartete mich. Ich bezog ein wunderschönes Apartment mit eigenem Bad und fühlte mich wie in einem Hotel der guten Mittelklasse. Hier konnte man es aushalten. Sehr gut sogar. Ich würde sieben Wochen bleiben. Als ich ankam, hatte ich mit drei Wochen gerechnet. Die Therapien waren unterschiedlich. Gestaltungstherapie. Einzelgespräche. Qigong. Atemgymnastik. Gruppengespräche. Sogar Sport. Und das nicht zu knapp. Ich war in der Triathlongruppe eingeteilt. Laufen, Schwimmen, Kraftsport, Sauna. Ich wog gerade mal fünfundvierzig Kilo, fühlte mich kraftlos und hatte seit Monaten keinen Sport mehr gemacht. Es wurde höchste Zeit mit mir! Es gab viele prägende Momente. Sie alle aufzuzählen, würde den Rahmen dieses Buches sprengen. Aber es gab zwei Sitzungen, die mir mehr Kraft abverlangten, als ich zunächst zu leisten imstande war. Daher war es lebensrettend und wichtig, dass einem hier auch etwas anderes gegeben wurde: Zeit!

Es passierte gleich in meiner ersten Stunde Gestaltungstherapie. Zuvor hatte ich noch mit einem Kollegen von der Justiz über »unseren kleinen Malkurs« gewitzelt. »Wenn ich da töpfern soll oder Bildchen malen, dann gehe ich da nicht hin«, hatte ich großspurig getönt. Wir sollten uns gegenseitig vorstellen. Tenor der Vorstellungsrunde war, ohne Buchstaben und ohne Zahlen MALEND dem Gegenüber den eigenen Grund für diesen Klinikaufenthalt mitzuteilen. Nacheinander. »Also doch malen«, hatte ich innerlich gestöhnt. Einem solchen Kinderkram konnte ich nun wirklich nichts abgewinnen. Ich muss arrogant gewirkt haben. Ich wurde einer Frau zugeteilt, die etwas älter war als ich, rundlich und mit einer lebhaften Mimik. Sie hatte große braune Augen, mit denen sie reden konnte. Diesbezüglich waren wir uns sehr ähnlich. Kein Wort durfte gesprochen werden. Wir sollten uns immer abwechseln mit dem Malen, uns ein Blatt Papier und einen Stift teilen. Nach Möglichkeit sollte es dann ein Bild von der persönlichen Situation ergeben. Ich malte ein Strichmännchen. Gab den Stift ab. Sie malte ein größeres Strichmännchen. Gab mir den Stift wieder. Und so weiter. Auf dem Bild waren nun zwei große Strichmännchen, ein kleines und ein klitzekleines. Es wurde schwierig für mich. Ich malte ein gebrochenes Herz. Und erhielt ein Fragezeichen. Ich malte Tränen. Und erhielt wieder ein Fragezeichen. Mit großen fragenden Augen schaute mich die Mitpatientin an. Warum ein gebrochenes Herz? Warum Tränen? Da war offensichtlich eine Familie mit zwei Kindern. Ein älteres Kind und ein ganz kleines. Und nun dieses gebrochene Herz? Und warum diese Tränen? Warum? Meine Mitpatientin verstand mich nicht. Ich war entnervt. Ich kann es nicht leiden, wenn man mich nicht versteht. Ich wollte nicht mehr. Ich wollte reden, nicht malen. Rabiat nahm ich ihr den Stift aus der Hand, strich das große Männchen und das klitzekleine Männchen durch, malte ein fettes Kreuzzeichen über das durchgestrichene große Männchen und ein fettes Kreuzzeichen über das durchgestrichene klitzekleine Männchen. Basta. Ich war fertig. Schmiss den Stift auf den Tisch. Lehnte mich zurück und verschränkte bockig die Hände vor der Brust.

Die Augen der Mitpatientin weiteten sich vor Schreck. Tränen stiegen ihr in die Augen. Ich starrte auf das Bild. Starrte wie hypnotisiert auf das Bild. Auf mein Bild, das ich gerade mit der Mitpatientin gemalt hatte. Es sah furchtbar aus. Es sah aus, als wären mein Mann und mein kleinstes Kind gestorben. Auf schreckliche Weise gestorben. An dieser Stelle war die Stunde für mich beendet. Ich war völlig fertig. Aufgelöst in Tränen. Zitternd. Heftigst schluchzend. Es schüttelte meinen Körper, und der Schmerz raste durch meine Seele wie eine tobende Brandung. So war das also. So tief saß der Stachel. Felix war für mich gestorben. Gestorben an dem Tag, an dem er Nein sagte, Nein zu einem zweiten Kind. An dem Tag, an dem mir mein Mann die Sinnlosigkeit und Nutzlosigkeit meines Tuns seit Mias Geburt bescheinigt hatte. Die Quittung mit der NULL. Es war zu früh, um das bis ins letzte Detail zu durchdenken. Viel zu früh, um es zu erklären und transparent zu machen. Ich hatte einen Faden in der Hand und dachte, DAS sei es nun. Dass an dem Faden noch ein dickes Knäuel hing, konnte ich nicht begreifen. Das kam später. Viel später.

Eine zweite Sitzung, die mir vermutlich das Überleben gesichert hat, war die Imaginationstherapie. Ich kann sehr gut in Bildern denken und habe eine blühende Fantasie. In der Imaginationstherapie ist das eine wichtige Voraussetzung. Wenn Sie mit innerlichen Bildern nichts anfangen können, dann bringt Sie diese Therapieform nicht weiter. Bei mir katapultierte sie mich in Schallgeschwindigkeit um Lichtjahre nach vorn. Schneller, als wenn ich diese Problematik sprechend angegangen wäre. Aber auch gefährlicher. Existentiell extrem gefährlich. Wir hatten seicht begonnen: »Stellen Sie sich vor, Sie säßen mitten in einem Wald unter einem Baum … Können Sie sich vorstellen, wie sich das weiche Moos unter Ihnen anfühlt? … Fühlen Sie es richtig? … Können Sie es unter Ihren Händen spüren?«

Seicht. Sehr seicht …

In der dritten Woche kam dann der Flash: Ich sollte mir ein Bild vorstellen. Von mir selbst. Als kleines Kind. Das ist schwer, wenn man kaum ein Bild von sich hat. Im wahrsten Sinne des Wortes kaum ein Bild von sich selbst hat. Noch nicht einmal auf Zelluloid … Ich überlegte. Kramte in meiner Erinnerung. Plötzlich war es da. Keine Ahnung, wo es herkam, aber da war es!

Das Mädchen war aufgestanden. Da war doch etwas? Ein Geräusch? Ein Mensch? Kam da jemand? Hatte man sie endlich gefunden? Hatte doch noch jemand das Verlies gefunden? Aufgeregt lief sie zur Gefängnistür. Krallte die Händchen um die Gitter und reckte den Hals. Doch, doch. Sie hatte sich nicht getäuscht. Da kam jemand. Nach so langer Zeit kam endlich jemand hier runter. Sie hielt das nicht mehr aus. Rüttelte hektisch an der Tür. Und schrie. Schrie mit ungeahnter Kraft: »Hoooooolt miiiiiich hiiiiiiier raaaaaauuuuuuuus!« Dann lauschte sie. Die Schritte kamen näher. Sie durften nicht wieder weggehen. Sie mussten sie hier rausholen. Sie wollte nicht umsonst gewartet haben!

Das Bild war präsent. So präsent, als hätte ich es schon seit Jahren in einem Fotorahmen an der Wand hängen. Ich staunte nicht schlecht. Meine Fantasie ließ mich nicht im Stich. Es konnte weitergehen.

»Was sehen Sie, Frau Birkhoff? Beschreiben Sie mir genau, was Sie sehen.« Die Stimme der Therapeutin war warm und sanft. Ich blickte in mich hinein. »Ein hübsches Mädchen sehe ich. Vielleicht so fünf, maximal sechs Jahre alt. Schlank. Eher zart. Hübsch. Sympathisch. Große Kulleraugen. Dunkle Augen. Neugierige Augen. Erwartungsfroh. Freudig. Intelligent. Das Mädchen guckt unheimlich wissend. Kann ich schlecht erklären. Dunkle Haare. Locken. Ein Kind, nach dem man sich umschaut. Das einen anspricht. Mich jedenfalls. Ich finde sie putzig. Richtig niedlich.«

Das Mädchen war gespannt. Freute sich. Endlich. Da stand sie: ihre Retterin, ihre Erlöserin. Mit einer Polizistin hatte sie nicht gerechnet. Aber eine Polizistin war toll. Die war stark. Die würde die Tür hier schon aufkriegen. Alles würde jetzt gut.

»So, Frau Birkhoff. Dann möchte ich Sie bitten, auf das Kind zuzugehen. Fassen Sie es noch nicht an. Schauen Sie einfach nur hin. Okay?«

Ich nickte. Ging auf das Kind zu und merkte, wie sich innerlich etwas tat. Ich würde heulen. Ich würde schon wieder heulen. Das konnte nicht gut gehen. Ich bekam Angst. Atmete tief durch. Das hatte ich bei der Atemgymnastik gelernt. Länger ausatmen als einatmen. Den Puls runterfahren.

»Was machen Sie gerade, Frau Birkhoff?«

»Ich hocke mich vor das Kind hin. Ich möchte auf einer Augenhöhe sein. Ich möchte dem Mädchen direkt in die Augen schauen. Ich möchte in den Augen lesen.«

Die Polizistin hatte sich vor die Gitter gehockt. Sie hatte einen mitfühlenden Blick. Bestimmt war diese Frau gutherzig. Warum schaute sie sie so an? So fragend? So lieb? So traurig?

»Gut, dann fassen Sie das Mädchen an den Schultern an. Ich möchte nicht, dass Sie es umarmen, auch wenn SIE das möchten. Nur die Schultern, verstanden?«

»Verstanden.«

Ich berührte das Mädchen vorsichtig. Wärme floss durch meinen Körper. Hitze. Eine nie gekannte Hitze. Mein Puls. Nun raste er doch.

»Und nun?«, fragte ich ungeduldig.

»Umarmen Sie das Kind. Drücken Sie es fest an sich.«

Diese Polizistin war unglaublich. Sie konnte zaubern. Sie musste sehr, sehr stark sein, und unglaubliche Fähigkeiten hatte diese Frau. Das Gitter löste sich plötzlich in Luft auf. Einfach weg. Dann fasste sie sie an den Schultern an.

»Da habe ich dich endlich. Mein Kind. Hier unten im Verlies warst du? Die ganze Zeit? Mein Gott, du armes Kind. Dass du noch lebst. Dass du noch lebst, bei allem, was geschehen ist. Ich bin so froh.«

Die Polizistin umarmte sie. Endlich. Endlich umarmt werden. Es tat so gut. Es tat so unglaublich gut. Es durfte nie wieder aufhören. Nie wieder. Nie wieder würde sie weggehen von dieser Frau. Sie weinte. Lag zart und schwach in den Armen der Polizistin und weinte. Unentwegt.

»Frau Birkhoff! Frau Birkhoff! Ich bitte Sie! Antworten Sie mir!«

Ein markerschütternder Schrei entfuhr meiner Kehle. Ich umarmte mich selbst und schrie und schrie. Ich schrie mir die Seele aus dem Leib. All die Jahre. Diese entsetzlichen Jahre. Niemals getröstet dieses arme Kind. Keiner. Keiner hatte dieses kleine Mädchen wirklich trösten können. Es tat so weh. Ich schrie. Lange. Immer wieder. Weinte. Schluchzte. Die Sitzung drohte außer Kontrolle zu geraten.

»Frau Birkhoff! Lassen Sie jetzt das Kind los! Lassen Sie es los.«

»Ich kann nicht. Ich kann es nicht loslassen. Es ist noch so klein. Ich weiß doch, was die noch mit der Kleinen machen. Ich kann sie doch nicht einfach alleinlassen! Das schafft sie nicht. Die Schläge! Die Mutter! Jürgen! Das schafft sie doch nicht. Sie stirbt. Sie hat keine Ahnung, was da noch auf sie zukommt. Keine Ahnung, wie schrecklich das noch wird. Sie hat doch schon so viel hinter sich. Bitte. Biiiiiiitttteeeee!«

»Sie MÜSSEN sie loslassen, Frau Birkhoff! Sie MÜSSEN! Beantworten Sie mir eine Frage. Nur eine Frage. Frau Birkhoff: Wird dieses Mädchen es schaffen? Wird sie das schaffen?«

Ich brach zusammen. Fiel einfach auf die Knie. Umarmte mich immer noch. Dieser unbändige Schmerz. Diese abgrundtiefe Trauer. »Neeeiiiinnn!« Ich schrie es heraus. »Wie denn? Wie denn? Ich muss ihr das ersparen. Sie da rausholen.«

»Haben SIE, SIE, Frau Birkhoff, haben SIE das alles überlebt? SIE, Christine! Antworten Sie!« Die Therapeutin schrie mich an. Ihr Gesicht direkt vor meinem Gesicht. »Schauen Sie mich an, Christine Birkhoff! Schauen Sie mich an! Haben SIE das alles überlebt?«

»Jaaaajaaaa … ich habe es überlebt. Ich musste ja. Ich konnte nichts ändern. Ich konnte nichts daran ändern. Ich war doch noch so klein. So furchtbar klein.«

Ich hörte auf mich zu umarmen. Aber ich hörte nicht auf zu weinen. Mein kleines Mädchen. Ganz da unten in mir drin. Mein Mädchen. Sie konnte nichts dafür. Sie war unschuldig. »Sprechen Sie mit mir, Frau Birkhoff. Sprechen Sie. Was für Gedanken kommen Ihnen?« »Sie war unschuldig. Dieses Mädchen war unschuldig. Sie hat niemandem etwas getan. Sie war einfach nur da. Einfach in diese Welt hineingeworfen. Ohne Schuld. Und dann haben sie ihr das alles angetan. Ich fasse es nicht. Ich kann es nicht fassen!« *Das Mädchen verstand die Polizistin nicht. Wa-*

rum sollte sie zurück ins Gefängnis? Warum erzählte diese Frau Sachen wie »Wir passen nicht zu zweit in diese Welt da oben«? Wieso denn nicht? Und was meinte sie mit »Das da oben ist die Welt der Erwachsenen«? Das Mädchen verstand das nicht. Es war aber nicht wichtig. Man hatte sie gefunden. Das war wichtig. Und noch wichtiger war, dass die Polizistin gesagt hatte »Ich komme wieder«. »Ich hole dich hier raus.« »Ich muss erst noch eine Bleibe für dich finden, hier kannst du auf keinen Fall bleiben.« Der Abschied war nicht leicht gefallen. Aber dieser Frau konnte das Mädchen vertrauen. Sie war stark. Sie war zuverlässig. Sie würde wiederkommen. Wenn sie es versprochen hatte, dann würde sie dieses Versprechen auch halten. »Warte« hatte sie gesagt und »Keine Angst. Es dauert nicht lange. Nie wieder musst du so lange warten. Nie wieder. Ich weiß jetzt, wo du die ganzen Jahre warst. Jetzt finde ich dich wieder.«

»Das war ein hartes Stück Arbeit, Frau Birkhoff. Verdammt hart. Aber Sie haben das super gemacht. Wie geht es Ihnen heute?«

»Geht wieder. Danke. Ich habe das Gefühl, dass es schlimmer nicht mehr wird. Der Berg liegt hinter mir. So fühle ich es jedenfalls.«

»Da stimme ich Ihnen zu. Wir werden jetzt weiterüben. Sie müssen lernen, Ihr kleines Mädchen regelmäßig zu trösten. Und wir müssen ein schönes Plätzchen für Ihr Mädchen finden. Denn eines sage ich Ihnen jetzt schon: Wenn Sie im Prozess sitzen, dann lassen Sie die kleine Christine zu Hause und schließen ausnahmsweise mal die Tür ab. Die Kleine hat im Gerichtssaal nichts zu suchen. Nur Sie alleine. Die erwachsene Christine, okay?«

Heute rüttelt niemand mehr an Gitterstäben. Die kleine Christine hat damals ein neues Zuhause bekommen. Ein richtig schönes Kinderzimmer. Als Felix und ich Mias Zimmer renoviert haben, hatte ich insgeheim das Zimmer der kleinen Christine mittapeziert. Dieselbe niedliche Tapete, wie Mia sie hat. Während der Therapie und noch lange Zeit danach musste ich Christinchen öfters trösten. Musste mit meiner Therapeutin immer wieder zu ihr hingehen und sie in meine Arme schließen. Sie brauchte das. Konnte schwer loslassen. Bis uns beiden die Trennung immer leichter fiel. Mittlerweile will sie das gar nicht mehr so oft. Ganz selten mal, dass ich was von ihr höre. Was sie macht, den ganzen Tag? Hm … Keine Ahnung … Vielleicht Gameboy spielen oder fernsehen … Was Kinder so machen in dem Alter … Ist auch nicht so wichtig, oder? Sie hat ein schönes, warmes Zuhause, darf ganz nah bei mir wohnen und ist völlig zufrieden mit sich selbst. Richtig autark ist sie geworden. Braucht mich nicht mehr. Wenn sie nicht ruft, dann ist auch alles okay. Ihr Zimmer ist ja gleich nebenan. Das würde ich sofort hören. Damals, im Verlies, da war das anders. Sie findet es völlig in Ordnung, dass ich mich auf Mia konzentriere. Völlig in Ordnung.

Der Mensch meidet von Haus aus, was ihm nicht guttut. Nicht bei allen Dingen, da gebe ich Ihnen Recht. Ich meide immer noch keine Zigaretten. Und weiß genau, dass die Dinger mir nicht guttun. Andere trinken. Schütten sich mit Alkohol zu oder pumpen sich mit Drogen voll. Ich rauche. Das ist meine Sucht. In der Therapie lernte ich, was Traumata sind. Warum sie gefährlich sind. Was sie auslösen können. Mias Geburt löste alle Erinnerungen aus, die ich glaubte, nicht zu haben. Schmerzerinnerungen zum Beispiel. Körperliche Schmerzen. Seelische Schmerzen. Ich mied, was mir nicht guttat. Mia. Ich mied meine eigene Tochter, weil sie Lawinen von Erinnerungen lostrat, die mein Gedächtnis mit gutem Grund verdrängt hatte. Wenn ein Kind, das erst anderthalb ist, realisieren könnte, also richtig begreifen könnte, dass Mama und Papa es gerade totschlagen möchten, dann würde diese Erkenntnis das Kind sicher umbringen. Also wird die Erinnerung in einer hintersten Ecke im Gehirn abgespeichert. Der Weg durch das Bewusstsein, der Weg des Verstehens, wird umgangen. Irgendwo liegt diese Erinnerung. Sie wurde unverarbeitet an einen Platz gelegt, wo sie gar nicht hingehört.

Nach der Therapie hatte ich sehr viel über mich gelernt. Ich wusste eines ganz genau: was mir NICHT guttut. Dazu gehörte Felix. Dazu gehörten meine Schwiegereltern. Dazu gehörte die herrschende familiäre Situation. Und auch die vielen toten Pferde und meine Reiterei. »Sie haben Ihre Kindheitsbühne nachgestellt.« Eine wichtige Erkenntnis während meines Klinikaufenthaltes. Mia gehörte nicht dazu. Mia gehörte zu mir, und ich wollte sie bei mir haben und ihr eine starke Mutter sein. Ich zog aus. Schnell. Sehr schnell. Vier Wochen nach der Therapie saß ich in meiner neuen Wohnung. Felix und ich hatten gestritten und gestritten. Ums Geld. Um die Möbel. Meine Möbel. Wir hatten uns nichts geschenkt. Wir kämpften mit harten Bandagen. Verbissen. Stur. Uneinsichtig. Jeder zutiefst verletzt und seiner Träume beraubt. Ich kämpfte um meine Existenz. Ich wollte nicht schon wieder von vorn anfangen. Nicht schon wieder einen kompletten Hausstand aus dem Boden stampfen und von Brot und Wasser leben. Das sah ich absolut nicht ein. Felix behielt die Wohnung. Die meisten Möbel. Und ich? Keinen Pfennig würde er mir geben, so hatte er gedroht. Auf Apfelsinenkisten könnte ich leben, so waren seine Worte.

Ich war wütend auf Felix, dass er Mia und mir keine Unterstützung für die Wohnungseinrichtung geben wollte. Er würde Mia eine kuschelige Eigentumswohnung bieten, die ich renoviert und eingerichtet hatte, und ich sollte mir Apfelsinenkisten besorgen. Was blieb mir übrig? Ich habe ihn ausgetrickst. Sollte er doch mit dem von Jürgen gesponserten Sofa leben. ICH nicht! Felix war sauer. Richtig sauer. Und er war beleidigt. Beleidigt, dass er, der kluge Kopf, auf meinen Schachzug reingefallen war. Zu guter Letzt hatten wir beide unsere eingerichteten Wohnungen. Und beide keine finanziellen Rücklagen mehr. Ich fand das fair. Er nicht.

Schon beim ersten Mal, als Felix vor meiner Tür stand, zerriss es mir das Herz. Ich sah diese Traurigkeit in seinen Augen und entdeckte seine Güte wieder. Wir waren beide nicht nachtragend. Verletzt, enttäuscht, gedemütigt, traurig. Das waren wir beide. Aber nicht nachtragend und nicht hassend. Beim Notar hatte ich meinem Mann versprochen, dreißig Stunden die Woche zu arbeiten. Ich wollte nicht, dass er jeden Monat ein Vermögen zahlte. Ich wollte, dass er seine Wohnung behielt, dass Mia ihren tollen Papi behielt und ihre wundervollen Großeltern. Ich wollte, dass Mia weiterhin unbeschwert auf dem Bauernhof spielte, Omas Hund ärgerte, die Pferde putzte und bei ihrem Opa auf dem Trecker saß. So, wie ihr eigener Vater, als er ein kleiner Junge war. Felix holte Mia ab, wenn ich am nächsten Tag Dienst hatte. Trank in meiner gemütlichen Küche noch einen Kaffee und hörte sich meine »Bedingungen« an. Würde ich feststellen müssen, dass er oder meine Schwiegermutter Mia gegen mich aufhetzten, wäre das friedliche Leben vorbei. Würde meine Schwiegermutter ihren eigenen Schmerz über diese Situation auf Mia projizieren, wäre es auch vorbei. Wir waren uns einig. Die Trennung war schlecht für Mia, und es würde nur funktionieren, wenn alle an einem Strang zogen. Die Wochen plätscherten dahin. Ich schlief viel. Stellte fest, dass ich mehr Schlaf brauchte, als ich mir früher gegönnt hatte. Stellte fest, dass ich mir gar nichts gegönnt hatte, und änderte eine Menge. Ich trieb wieder Sport. Ein Kollege hatte mich zum Schwimmverein geschleppt und mich der »Seniorenmannschaft« vorgestellt. Ich spielte Badminton, ging mit Freundinnen in die Sauna, in Kneipen und kümmerte mich an »meinen« Tagen endlich richtig um Mia. Hörte ihr zu, kuschelte mit ihr, setzte Grenzen. Ruhig. Bestimmt. Unerschütterlich.

Ann-Kathrin wurde mir eine sehr enge Freundin. Wenn sie meine Nägel machte, mussten wir immer wieder daran denken, was meine Mutter gesagt hatte: »Du mit deinen hässlichen Wurstfingern.« Wir schütteten uns aus vor Lachen. Ich erfuhr viel von Ann-Kathrin. Auch, dass Felix und ich ein ganz anderes Bild präsentiert hatten, als das tatsächlich der Fall war. Ann-Kathrin war Single. Für sie hatte die äußere Fassade von der heilen Familienwelt gezählt. Erst nach meinem plötzlichen Heulkrampf bei ihr zu Hause, vor der Therapie, stellte sie fest, dass es ein Trugbild war. Nach und nach erzählte ich ihr die ganze Geschichte. Wir waren uns verdammt nahe. Wir hatten viele Gemeinsamkeiten in unserer Historie. Auch Ann-Kathrin war klinik- und therapieerfahren. Sie war eine Kämpfernatur und hatte den Schalk im Nacken sitzen. Diese Gemeinsamkeiten führten dazu, dass wir zusammen für zwei Wochen nach Mexiko flogen und mächtig auf den Putz hauten. Wir, die wir uns oft an den eigenen Haaren aus dem Dreck ziehen mussten und trotzig immer wieder aufstanden. Felix flog in derselben Zeit mit Mia nach Mallorca und sorgte bei den vielen alleinreisenden Müttern für reges Interesse. Mit Argusaugen, so erzählte er mir später, wurde er von den Frauen am Strand beobachtet, insbesondere dann, wenn Mia einen ihrer berüchtigten Wutanfälle bekam. »Offensichtlich ist mir das gut gelungen«, scherzte er gern, »über Kontakte konnte ich jedenfalls nicht klagen.«

Eines Tages setzte ich eine Annonce in die Zeitung. Eine Telefon-Chiffre-Annonce, bei der man in der Samstagsausgabe einen Text abdrucken lässt und dann ein Tonband mit einer Botschaft für die Interessenten bequatscht. Die Interessenten können sich dann ihrerseits anhören, was man da so vom Stapel lässt, und danach auch eine Nachricht hinterlassen. Oder auflegen ... Das Schöne daran ist, dass die Zeitung über die Telefonkosten steinreich wird. Ich fand es ungeheuerlich spannend, WAS die Männer alles so erzählten, WIE sie es erzählten und was für eine Stimme sie hatten. Eine Stimme kann unglaublich sympathisch sein, aber auch unheimlich abstoßen. Während meiner Frankfurter Zeit hatte ich oft die Erfahrung gemacht, dass Männer mit einer attraktiven Telefonstimme leider oft nur unscheinbare Typen waren. Ich war gespannt, was ich »live und in Farbe« alles entdecken würde, und traf mich mit allen, die ich übers Telefon sympathisch fand. Ich wollte die Männerwelt erforschen, mal sehen, wie die Marktlage war, und den eigenen Marktwert abchecken. Felix hatte ich wohlweislich nichts erzählt. Mir lag es fern, ihn zu verletzen oder zu demütigen. Dafür mochten wir uns zu sehr.

Was soll ich Ihnen sagen? Mein persönliches Resümee ist bis heute, dass Männer entweder über die Gabe der völligen Fehleinschätzung verfügen oder aber das Attribut »attraktiv« sehr frei interpretieren. Es war wirklich unglaublich, was sich da präsentierte. Quasimodos. Und nicht einer. Nein, nein. Viele Quasimodos, die sich als »tageslichttauglich«, »vorzeigbar«, »attraktiv« und »präsentable Erscheinungen« verkauften. Bei dem siebten und letzten »Mann im passenden Alter«, der greisenhaft und vor Gram und Senilität gebeugt auf einem Parkplatz am Münsteraner Schloss vor seiner »Großraum-Limousine«, einem schrottreifen Opel Senator, auf mich wartete, bin ich gar nicht mehr ausgestiegen. Ich betrachtete ihn nur völlig entsetzt aus dem Autofenster und fuhr einfach an ihm vorbei, zurück auf die Autobahn nach Ruhrstadt. Dieser Mann war wirklich die Nummer eins auf meiner Hitliste der Top fünf. Ich gab nicht auf. Nicht ich, Christine Birkhoff. Kaum zu Hause hörte ich wieder in die Sprachaufzeichnungen hinein und kippte plötzlich fast vom Küchenstuhl.

»Hallo. Ich heiße Felix, bin vierunddreißig Jahre alt und ein schneidiges Kerlchen. Ich entspreche voll und ganz Ihren Anforderungen. Ich bin sehr humorvoll, sehr geistreich, liebe Pferde und Hunde und glaube, dass ich Ihr Leben bereichern kann. Ihre Nachricht hat mir sehr gut gefallen, weil Sie sich als temperamentvoll und witzig beschreiben. Gern würde ich mit Ihnen gemeinsam lachen und schlage Ihnen daher vor, mit mir essen zu gehen. Ich freue mich auf Ihren Rückruf unter …«

Ich war beeindruckt. Echt beeindruckt. DAS war souverän! Hut ab! Chapeau! Tiefe Verbeugung! Felix! Mein Felix! Ich lachte. Ich lachte und lachte und lachte. DER Mann war gut.

DER war richtig gut. Ich beschloss, mich darauf einzulassen. Mich auf meinen Immer-noch-Ehemann einzulassen. Es einfach zu wagen und ihm einfach diese Chance zu lassen. Und Felix spielte mit. Schlug ein Treffen vor, brachte Mia zu seinen Eltern, holte mich galant ab und führte mich in ein Restaurant. Dasselbe Restaurant, in dem wir bei unserem ersten Date Spargel geschlemmt hatten. Und wieder vergnügten wir uns köstlich. Es war ein wunderschöner Abend mit Felix. Wir ließen uns Zeit. Sehr viel Zeit für Annäherung. Ein sehr schönes und zugleich wichtiges Erlebnis rührte uns beide, und wir sind dankbar, dass wir es gemeinsam erleben durften. Es schweißte uns noch ein Stückchen zusammen und ließ wieder einen Schritt mehr einander verstehen:

Der Baron hatte mich eines Abends angerufen. Ihm und seiner Frau ging es gesundheitlich leider gar nicht gut. Er bat uns, ihn in der Schweiz zu besuchen, und wollte etwas Wichtiges besprechen. Ich war ungeheuer aufgeregt, nach nunmehr fünf Jahren meinen Capriola zu sehen. Mit meiner Aufregung steckte ich Felix an, und die ganze Fahrt über sprachen wir über nichts anderes. In den Zeiten meiner Depressionen hatte ich um dieses Tier oft geweint und ihm jeden Tag hinterhergetrauert. Gerd hatte Recht behalten mit seiner Befürchtung. Ich bedauere es heute noch, meinen alten Kumpel verkauft zu haben. Wir übernachteten in einem wunderschönen Chalet mit einem traumhaften Ausblick auf die Berge. Schön war es hier. Richtig schön. Nach dem Frühstück war ich nicht mehr zu bremsen. Als wir das Anwesen erreicht hatten, sahen wir den Baron am Tor stehen. Man sah ihm an, dass Krankheiten an ihm gezehrt hatten. Ich dachte im ersten Moment der Begegnung, dass dieser Verkauf keiner Seite wirklich gutgetan hatte.

Der Baron führte uns zum Stall, der hell, luftig und friedlich war. Capriola hatte es gut getroffen. Und dann sah ich ihn auf einmal: In der letzten Box, ganz hinten am Ende der Stallgasse, stand er und hatte den Kopf aufgeregt nach oben gerissen. Die Augen geweitet, die Nüstern gebläht, starrte er wie hypnotisiert in unsere Richtung.

Ich rief ihn. Wie früher. »Capriola! Mein Junge!«

Ein Ruck ging durch das Pferd. Er fuhr herum, drehte sich hektisch und völlig aufgebracht in seiner Box um sich selbst, stampfte mit den Hufen auf den Boden und war nicht mehr zu beruhigen. Ein Schauspiel sondergleichen. Emotional bewegend, umwerfend. Als ich die Boxentür aufmachte, schoss er auf mich zu, stupste mich an, wirbelte erneut durch das Stroh, schoss wieder auf mich zu und beroch mich. Es war, als wollte er sagen: »Echt? Wirklich? Bist du das? Kann ich gar nicht glauben! Was freue ich mich. Du? Hier? Toll!« Er brauchte Zeit, um sich wieder zu beruhigen. Wir alle brauchten einen Moment. Ich stand gerührt und weinend in der Box und wartete geduldig ab, bis Capriola ruhiger wurde. Früher, nach der Arbeit, machte ich mir einen Spaß daraus, ihn zu fragen: »Willst du noch arbeiten?« Wenn Capriola dann mit dem Kopf schüttelte, dann holte ich ihm zur Belohnung ein Stück Zucker aus meiner rechten Hosentasche. Und was machte er heute? Fünf Jahre später? Er stupste mit der Nase an meine rechte Hosentasche, ging vor mir ein Stück zurück, schüttelte den Kopf und schaute mich an. »Hey du«, schien er zu sagen, »mein Stück Zucker! Schon vergessen?«

MEIN Capriola! All die Jahre hatte ich gespürt, dass auch er mich nicht vergessen würde. Als ich mich umdrehte zu Felix und dem Baron, standen die beiden nebeneinander ehrfürchtig vor der Box. Verlegen wischten sie sich die Tränen aus dem Gesicht. Die Stimme des Barons zitterte, als er sprach. Er, einer der größten Lipizzaner-Liebhaber und Experte dieser ganz speziellen Rasse, erklärte bewegt und gerührt: »DAS habe ich testen wollen. Ich wollte wissen, wie Capriola auf Sie reagiert. Und ich hatte es mir gedacht, all die Jahre: dass dieses Pferd Sie nie vergessen würde! Wissen Sie, Frau Birkhoff, Herr Birkhoff, wissen Sie, dass Capriola sich nie wieder reiten ließ? In der zweiten Woche hat er meine Frau abgeworfen, da wussten wir, dass er nur einen Menschen richtig akzeptiert, und das sind Sie, Frau Birkhoff. Nur Sie.«

Capriola hatte mich NIE abgeworfen. Er war kein Pferd von der Sorte, die ihren Reiter abwarfen. Das war so weit entfernt, wie ein chinesischer Nackthund niemals ein Polizeihund wird. Unmöglich und gänzlich ausgeschlossen.

»Er war nicht böse, Frau Birkhoff. Das war er nicht, und das haben wir gleich gemerkt. Wir reiten ihn seit fünf Jahren nicht mehr. Wir erfreuen uns an seiner Schönheit, und er ist jeden Tag mit den anderen Pferden draußen auf der Weide. Möchten Sie ihn mal rausholen? Arbeiten Sie doch mit ihm. Ich bin gespannt, was er uns präsentiert.«

DAS musste man mir nicht zweimal sagen. Als ich mit dem Pferd die Reithalle betrat, setzte sich Capriola in Bewegung. An der Longe. Ich wollte ihm zunächst vom Boden aus zuschauen und ihn beobachten. Capriola spulte sein Programm ab, als sei kein Tag vergangen. Das Tier war nicht mehr zu bremsen: piaffierte und passagierte sich die Seele aus dem Leib, und ich stand daneben und fand den Knopf zum Abschalten nicht mehr. Das Pferd war so übereifrig und verrückt nach Arbeit, dass es Lektionen zeigte, für die es nach so vielen Jahren ohne Training kaum noch Kraft hatte.

In der Halle ließ ich ihn frei laufen. Mein alter Junge war schweißgebadet und wirkte selig und zufrieden. Wie früher klebte er an meiner Seite und folgte mir. Ich wollte ihn wiederhaben, verstehen Sie das? Ich wollte ihn am liebsten gleich mitnehmen und wieder nach Hause holen, aber der Baron gab das Pferd nicht her. Er lud uns zum Essen ein und erklärte, dass er dieses Pferd so lange bewundern und betrachten wolle, bis er und seine Frau gesundheitlich zu schwach seien. Seine Frau war derzeit in den Staaten und unterzog sich einer Therapie. Sie hatte

Multiple Sklerose. Der Baron hatte mit Herzinfarkten zu kämpfen und war schwach auf den Beinen. Er war voller Hingabe für Capriola, sodass ich mich schämte, überhaupt mein Anliegen vorgebracht zu haben. Wir, so klärte uns der Baron auf, wir seien heute hier, weil er prüfen wollte, ob das Tier im Falle eines Falles wieder zu uns zurückkehren könne. Und diese Prüfung hätten wir eindrucksvoll bestanden. Der Baron hat Felix und mir versprochen, dass Capriola eines Tages wieder nach Ruhrstadt kommt. Dass er eines Tages wieder bei mir leben darf. Drei Jahre liegt dieser Besuch nun zurück. Ich warte. Ich wünsche diesen unglaublich liebenswerten Menschen nur das Beste. Aber ich gebe zu, dass ich warte. Jeden Tag warte.

Felix und ich hatten viel zu besprechen, und immer noch trafen wir auf gegenseitige wunde Punkte. Ich war voller Zweifel und hatte Angst. Felix war loyal seinen Eltern gegenüber, aber mir war es ein wenig zu viel des Guten. Ich wollte einen Mann, der eigene Entscheidungen traf, der eigene Wege ging und sein Pferd nicht bei Mama und Papa im Stall stehen hatte. Ich wollte die wenige gemeinsame Zeit mit meinem Mann verbringen und nicht mit ihm UND seinen Eltern. Ich wollte die Freiheit haben, meine Schwiegereltern dann zu besuchen, wenn ich das wollte, und nicht, weil ich es täglich musste. Zu dieser Zeit ritt Felix nicht mehr Fides, sondern ein junges Pferd, das seinem Vater gehörte. Wieder einmal gehörte es seinem Vater und nicht ihm selbst. Dieses junge Pferd hieß ausgerechnet Bubi, und die ganze Konstellation löste in mir große Bedenken aus.

Ich bekam wieder Träume. Ganz andere Träume als früher. Träume, die Felix und mich immer näher zusammenbrachten. Keine Träume, die uns auseinanderrissen. Meine Großmutter sprach mit mir, leidend, mitfühlend, gütig. »Musst brechen. Musst bekennen.« Worte, die ich nicht zuordnen konnte und mir Angst machten. Mit meiner Therapeutin konnte ich über solche

Seltsamkeiten nicht sprechen. Aber mit Ann-Kathrin. Und Ann-Kathrin war es auch, die mir die Angst vor diesen Botschaften nahm. Ann-Kathrin war es, die mir Mut machte und immer wieder betonte, dass ich weit davon entfernt war, den Verstand zu verlieren. Dass ich, ganz im Gegenteil, diese Botschaften sehr ernst nehmen sollte. Ich erzählte auch meinen alten Freundinnen von meinen nächtlichen »Treffen« mit meiner Großmutter. Diese Begegnungen mit ihr waren im Traum beängstigend real. In dieser Zeit habe ich sehr viele dieser Geschichten gehört, die man sich nur unter guten Freundinnen erzählt, weil man befürchten muss, als bescheuert abgestempelt zu werden.

Als ich gedankenverloren das Hochzeitsbild meiner Großmutter anschaute, fiel mir etwas auf: Felix hatte mich stets an meine Großmutter erinnert. An ihre gütigen Augen. Ich hatte meinen Großvater nie kennen gelernt. Ich hatte das Hochzeitsbild von meiner Oma bekommen, kurz bevor sie starb. Es lag in einer Fotoschachtel. Unbeachtet. Uninteressant. Wenn ich meine Oma anschauen wollte, dann schaute ich ihr Porträtfoto an. Auch so eine vergilbte Aufnahme, die ich seit zwanzig Jahren immer auf meinen Schreibtischen stehen habe. Und während ich dasaß und gedankenverloren auf dieses in Vergessenheit geratene Foto schaute, da stellte ich es fest:

Mein Großvater sah in jungen Jahren, auf dem Hochzeitsbild, in der Uniform, genauso aus wie Felix. Die beiden könnten als Brüder durchgehen. Mein Mann und mein Großvater.

Ich sprach sehr viel mit Felix über meine Recherchen und über die nächtlichen Begegnungen mit meiner Oma. Als wir uns kennen lernten, lachte Felix noch über meine Träume und meine Vorahnungen. Das tut er schon lange nicht mehr. Vielmehr hat er Respekt davor, und es ist ihm ein wenig unheimlich. Meine Oma und mein Großvater. Sie hatten zusammengehört wie Pech und Schwefel. Zusammengehört und sich doch getrennt. Ich hatte einen Mann an meiner Seite, der diese beiden Menschen in einer

Person vereinte. Felix: Optisch mein Großvater mit dem gütigen Charakter meiner Großmutter. Ich schlage in die Richtung meines Großvaters, bin kreativ, immer agil, innovativ, freigeistig. Mein Großvater wurde »der Freigeist« genannt. Er hasste es, gedanklich beschränkt zu werden. Wurde depressiv, als er eines Tages seine Leidenschaft, seine Kunst nicht mehr frei ausüben konnte. Als seine eigene Schwiegermutter, die alle nur »der Drachen« nannten, ihm die Luft für die schöpferischen Fähigkeiten abdrückte. Ich kann das wunderbar nachfühlen. Mein Großvater, der Künstler, hätte vermutlich meine Trauer um mein Kunstwerk, mein Erstlingswerk, Capriola, bestens verstehen können.

Gerd ist auch Künstler und hatte mich gewarnt.

»Lauter Leichen«, sagte Felix eines Tages und starrte konzentriert auf mein zwischenzeitlich entstandenes Familiendiagramm. »Und der Drachen da oben ist schuld.«

Er tippte auf den Namen meiner Urgroßmutter. »Deine Mutter hat auch so einen Drachen an ihrer Seite. Wenn du mich fragst, dann ist Jürgen der Nachfolger von dem Drachen. Wenn du dessen Familien-Diagramm machen würdest, stünde er auch ganz oben. Die haben beide gleich viele Leichen hinterlassen. Die tragen beide gleichermaßen Schuld!«

Ich nickte und murmelte wie weggetreten:

»Der Drache. Der Drache, der sich immer auf meine Brust setzte, der mir die Luft zum Atmen raubte. Immer dann, wenn Jürgen sich auf mich legte und mich küsste, bis ich keine Luft mehr bekam. Jürgen. Der Drache.«

»Wie war die Botschaft von deiner Oma?« Felix schaute mich an.

»Brechen. Musst brechen. Musst bekennen. Ich werd nicht schlau daraus.«

Felix' Miene erhellte sich. »Ich aber. Ich hab's! Du sollst mit der Familientradition brechen. Die, die gegangen sind, die alles hinter sich gelassen haben, die haben's überlebt. Die, die geblieben sind, deine Oma, deine Mutter, die hat der Drachen kaputtgemacht. Ergo: Du musst alles hinter dir lassen. Schließ mit deiner Vergangenheit ab. Dann wird alles gut.« Felix triumphierte. Lachte und freute sich.

Unwillkürlich musste auch ich lachen.

»Stell Bubi bei deinen Eltern weg, ich möchte jetzt meine Zeit mit dir verbringen. Mit dir allein. Es ist nicht gesund für uns. Vielleicht in ein paar Jahren. Nicht jetzt. Das wäre zu früh. Das könnte alte Wunden aufreißen, bei mir jedenfalls. Und bei deinen Eltern vielleicht auch. Dann zoffst du dich wieder nur mit deinem Vater. Wäre doch blöd!«

Felix nickte. »Wir müssen beide loslassen. Du hast Recht. Deine Oma hat Recht.«

Wir wollten es versuchen. Noch mal versuchen. Wir hatten so lange gekämpft und uns wirklich angestrengt. Ich honorierte es sehr, dass Felix schon seit einigen Monaten ebenfalls zu einem Therapeuten ging. Der Mann musste gut sein. Richtig gut. Ich spürte es an Felix. Unserem Umgang miteinander und an der Art, wie wir redeten und uns zuhörten. Wir hatten gelernt, wichtige Fragen zu klären, ohne uns dabei an die Wand zu nageln, ohne uns anzuschreien, ohne uns Vorwürfe zu machen und ohne uns dabei angegriffen zu fühlen.

Die Träume hörten auf. So schnell, wie sie gekommen waren, hatten sie sich auch wieder verabschiedet. Geblieben war ein anderer Traum. Unser Traum von Liebe.

Nach anderthalb Jahren zog ich zurück. Nach Hause. Wir renovierten die ganze Wohnung. Gemeinsam. Gemeinsam und mit viel Spaß! Und wir hatten Rückfälle. Viele Rückfälle. Angst, dass es doch wieder schiefgehen könnte. Meine Rückfälle wurden durch Situationen ausgelöst, die Erinnerungen wach werden ließen. Da war die Episode mit meinem leiblichen Vater. Eines Tages stand er auf der Wache und flennte. Er war alt und grau geworden und forderte Vergebung. Eine ganze Nacht lang hatte er vor der Wache gesessen und gewartet. Meine Kollegen warnten mich telefonisch vor, sodass ich Bescheid wusste, dass er hier irgendwo war. Als er sich dann aber in suizidaler Manier vor den Streifenwagen warf, den ich steuerte, da war es vorbei mit meiner Fassung. Nur eine Vollbremsung hatte den Unfall verhindert. Ich holte mir Hilfe. Es gibt bei der Polizei in Nordrhein-Westfalen so genannte Soziale Ansprechpartner. Kollegen, die eine dreijährige Ausbildung absolvieren. Eine nebenberufliche Ausbildung, die auf psychologisch fundierten Erkenntnissen aus der Suchttherapie und Krisenintervention beruht. Das Motto ist: »Kollegen helfen Kollegen«. Einer dieser Ansprechpartner kam mir zu Hilfe. Ich musste mit meinem Vater sprechen, denn sein plötzliches Auftauchen war Gift für mich. Wir vereinbarten einen Gesprächstermin auf der Wache. In der Anwesenheit meines Vaters fühlte ich mich mehr als nur unwohl. Die kleine Christine in mir rannte hektisch in ihrem Zimmer auf und ab. Sie hatte panische Angst vor diesem Kerl! Es hätte nicht viel gefehlt, und sie wäre wieder abgehauen. Nach unten ins Verlies. Gerade jetzt, wo sie ein so schönes Zimmer hatte.

Im Beisein meines Vaters nahmen mir die Kollegen meine Waffe ab. Ich war in Uniform und fühlte mich darin sehr gut aufgehoben. Mit dieser Klientel hatte ich zur Genüge dienstlich zu tun. Mein Vater fragte mich provokativ: »Haben die Angst, dass ich dir etwas tun könnte?«

»Nein«, antwortete die erwachsene Polizisten-Frau, »die haben Angst, dass ich DIR etwas tun könnte!«

Die Weichen waren gestellt und die Fronten schnell geklärt. Die Polizeiwache war MEIN Revier, da hatte mein Vater nichts zu suchen. Was ich ihm gesagt habe, damals, möchten Sie wissen? Ich habe meinem Vater regelrecht einen Platzverweis erteilt: für die Wache, für mein Leben, für Felix' Leben, für Mias Leben. Einen Platzverweis mit allen Konsequenzen. Ich habe ihm die Konsequenzen aufgezeigt, die unweigerlich folgen, wenn man nicht hören will: die Ingewahrsamnahme, das kostenfreie Logis in der Zelle im Präsidium. Immer wieder und immer wieder, so lange, bis er brav ist und auf mich hört. Auf mich und meine Jungs.

Mein Vater ging und kam zum Glück nie wieder. Er hat Angst vor der Polizei. Und er hat Angst vor mir. Damit rechnen Täter nicht, wenn sie ihre Taten begehen. Dass auch Opfer eines Tages groß werden. Felix hat mir das gesagt. Nicht etwa ein Kollege. Und noch weniger rechnen sie damit, dass diese Opfer eines Tages stärker sein könnten. Mein Vater ging, und der Ansprechpartner blieb. Er sprach noch lange mit mir. Wir mussten Christinchen beruhigen, die völlig aufgelöst, zitternd und schluchzend in der Ecke saß. Die kaum glauben konnte, dass ER weg war und dass ER jetzt Angst hatte. Angst vor der starken Polizistin. Als Christinchen endlich begriffen hatte, dass sie keine Angst mehr vor IHM zu haben brauchte und dass die große Polizistin tatsächlich gewonnen hatte, da feierte sie mich. Und glauben Sie mir: Ich ließ mich gern von ihr feiern. Diese Begegnung mit meinem Vater prägte mich. Ich begann mit Mia und meinen Ende dreißig einen ganz neuen Sport: Taekwondo. Als Kind wollte ich immer Judo machen. Lernen, wie man wirft und fällt. Jetzt wollte ich lernen, wie man tritt und boxt. Man weiß nie, wann man das nächste Mal angegriffen wird. Und ich halte es für meine Verpflichtung, meiner Tochter mit auf den Lebensweg zu geben, wie man sich verteidigt: mental und körperlich. Zwei Mal pro Woche trainieren wir seitdem gemeinsam. Mia macht bald ihren nächsten Gurt und hat mich dann überholt. Das ist gut so. Die nächste Generation muss immer ein bisschen besser sein, sonst gibt's keinen Fortschritt.

Auch wenn man so gekämpft hat wie mein Mann und ich, ist man trotzdem nie gefeit vor Rückschlägen. Ich sagte es bereits. Das Leben hört nicht einfach auf, einen zu triezen oder zu piesacken. Leben, das ist nichts Statisches, sondern es geht immer weiter. Und immer wieder gibt es Situationen, die einen fast umhauen. »Das Leben geht immer weiter.« Althoff hatte es mir gesagt.

»Es ist keine Schande, wenn man in seinem Leben an einen Punkt gelangt, an dem man nicht mehr weiterkann. Aber es ist eine Schande, wenn man das erkennt und dann liegen bleibt!« Mein Doc hatte diesen Satz gesagt.

In der Realität muss man das erst mal schlucken. Das geht quer runter. Weil es schon wieder an den Hoffnungen, den Kräften und den Erinnerungen zehrt. Weil man nun nicht mehr blind ist, sondern dieses ganze Theater schon kennt. Und weil man Angst bekommt, dass man doch noch scheitert. Ich kämpfte gegen bedrohlich anrückende Depressionen. Wieder einmal.

Den Rest verpasste mir dann das Schreiben vom Gericht. Ein Schreiben, das in knappen acht Sätzen sechsundfünfzig Seiten und zweiundvierzig Stunden zunichtemachte. Das Gericht hatte entschieden, meinen Fall erst gar nicht zur Anklage zu bringen, sondern aufgrund eines »Formfehlers« einzustellen. Mir war, als hätte man mit diesem Schreiben mein Leben beendet, bevor es überhaupt begann. Verstehen Sie das? Meine ganze Hoffnung, dass Jürgen eingesperrt werden würde und dass die Justiz mit erhobenem Finger aufstehen und es rausschreien würde vor der Öffentlichkeit: »SIE TRAGEN SCHULD! SIE SIND SCHULD!«, all das passierte nicht. Jürgen wusste noch nicht einmal, dass ein Verfahren gegen ihn lief. Es wurde eingestellt, bevor es begann. Wegen eines Formfehlers, den kein Rechtsanwalt in dieser Kanzlei nachvollziehen konnte. Die Fassungslosigkeit war groß. Die Kanzlei verzichtete auf das Honorar.

Mein Zustand verschlechterte sich wieder. Dieses Mal wollte ich nicht tatenlos zuschauen, wie ich unterging und in Depressionen versank. Ich warte prinzipiell nicht mehr lange. Das ist Zeitverschwendung. Ich habe nur dieses eine Leben. Nur dieses eine. Ich konnte mit Felix sprechen. Felix, der mir seinen Therapeuten empfahl, mit dem ich einen Volltreffer landete.

Der Mann ist gut. Richtig gut. »Andere müssen täglich Medikamente nehmen, andere sitzen im Rollstuhl und Sie? Sie sitzen ein Mal die Woche bei mir. Und wenn Sie dann wieder laufen können, dann gehen Sie wieder.« So die Worte meines Therapeuten, als ich ihm heulend erklärte, dass dies nun schon meine vierte Therapie war. Kluge Worte.

Ich bin Polizistin. Eine von denen, die Sie tagtäglich auf der Straße sehen. Eine von denen, über die Sie sich ärgern oder die Ihnen »den Arsch« rettet. Ganz, wie Sie es brauchen. Aber etwas hat sich verändert:

Heute bin auch ich Soziale Ansprechpartnerin der Polizei des Landes Nordrhein-Westfalen. Ich bin stolz darauf, das hören Sie vielleicht. Ich helfe Kollegen und Kolleginnen. Ich tue das gern. Sehr gern sogar. Ob ich das bis an mein Lebensende machen möchte, wollen Sie wissen? Mal sehen. Ich habe einen langen Weg hinter mir. Und vor mir liegt auch noch ein hoffentlich langer Weg. Da weiß man nie, was auf einen zukommt. Aber HELFEN, das tue ich vermutlich noch in dreißig Jahren. Es gibt so viele, denen geholfen werden muss. Leider überleben nicht alle. Nicht jede Frau ziehe ich aus dem Dreck oder der Bahnhofstoilette. Zum Glück nicht jede. Bei vielen übertünchen andere Dinge das, was sie ertragen mussten. Ich sehe sie täglich: als Mütter, die ihre Kinder schlagen; als Frauen, die sich zusammenschlagen lassen; als Mütter, die ihre Kinder psychisch quälen; als Frauen, die beziehungsunfähig geworden sind; an den vielen Frauen, die sich still und leise die Erinnerungen wegsaufen, die laut und aggressiv sind oder leise und zurückgezogen; Frauen, die psychosomatische Kliniken füllen und geschlossene Abteilungen; die auf dem Strich oder als Gynäkologin arbeiten, die sich selbst verraten und verkaufen und dann ihre Töchter; Frauen, die wegschauen, zulassen und aufgeben; die liegen bleiben, die einfach liegen bleiben …

Und ich höre meinen Mann reden, der in seiner ganzen Hilflosigkeit und Ohnmacht damals den wichtigsten und entscheidensten Satz in mein Herz brannte.

Damals, als ich schreiend und weinend auf einer Matratze auf dem Dachboden unseres Hauses lag, Schaum erbrach und nach meiner Oma schrie.

Damals, als ich glaubte, ich könnte diesen Schmerz nicht überleben, ihn nicht ertragen und ihn nie wieder in meinem Leben loswerden.

Damals, als ich noch nicht spürte, geschweige denn ahnte, dass ich wieder stark werden würde, wieder Lust und Erotik genießen und die Liebe entdecken würde.

Damals, als ich noch nicht wusste, dass es einen wahren und einen falschen Traum von Liebe gibt.

Damals, als ich mich selbst noch nicht liebte.

Wenn du jetzt liegen bleibst,
dann haben DIE gewonnen!
Willst du das?

ANHANG

Rückblicke meiner Freundinnen

Gitta, 42 Jahre alt, 1 Sohn, Polizeibeamtin
Ich lernte Christine in der achten Klasse kennen, da muss sie circa zwölf Jahre alt gewesen sein. Wir haben zusammen unsere Gedanken über Jungen und Beziehungen im Allgemeinen gesponnen, ihre häusliche Situation war mir damals erst nicht so bewusst.

Als sie mir später, ich glaube, sie war vierzehn, von ihrem Verhältnis mit Jürgen erzählte, empfand ich diese Eröffnung als nicht so schlimm. Natürlich war Jürgen ein Schwein, weil er die Mutter und die Tochter wollte, aber Christine hatte so Gelegenheit, ihrer Mutter eins auszuwischen. So dachte ich damals. Aus heutiger Sicht weiß ich, dass selbst dies nicht so war, da Christines Mutter ihre Tochter als willkommene Ablenkung für Jürgen betrachtete, sodass sie selbst nicht so oft »ranmusste«.

Am schlimmsten habe ich die Macht der Mutter über die Tochter empfunden. Die Mutter war tatsächlich imstande, Christine einen Freund zu verbieten. Und Christine hielt sich, für mich vollkommen unverständlich, an dieses Verbot. So freute mich manchmal sogar Christines Verhältnis zu Jürgen. Ich habe damals nicht erkannt, dass Christine von einem alten Mann verführt, manipuliert und missbraucht worden ist, ehe sie überhaupt geschlechtsreif war.

Dana, 43 Jahre, 4 Kinder, Germanistin und Physiotherapeutin
Als ich Christine kennen lernte, befand sie sich gerade im Übergang aus einer grauenvollen Kindheit in eine nicht minder angst-

besetzte Jugend. Sie war damals circa zehn Jahre alt. Etwas später sind sie und ihre Mutter vor Christines gewalttätigem Vater geflohen.

Ich war zwar selber ein Scheidungskind, aber wohlbehütet aufgewachsen, und fand es faszinierend, dass man Christine und ihre Mutter telefonisch nur erreichen konnte, wenn man ein bestimmtes Klingelzeichen benutzte. Aus Angst vor dem Vater gingen die beiden sonst gar nicht erst ans Telefon.

Als ich Christine ein paar Monate kannte, habe ich ihren Vater zum ersten Mal gesehen. Wir gingen durch die Fußgängerzone der Stadt, als sie mir plötzlich etwas geschockt und freudig überrascht einen fremdländisch aussehenden Mann zeigte, der aus einiger Entfernung auf uns zukam. Sie erzählte mir aufgeregt, dass dies ihr Vater sei, den sie seit der Trennung nicht mehr gesehen hatte. Er war ein ganzes Stück kleiner als ich (so wie fast alle anderen Männer damals auch) und machte auf mich einen harmlosen Eindruck. Als er endlich auf unserer Höhe war, begrüßte Christine ihn total aufgeregt mit einem lauten »Hallo, Papa!«.

Der Mann verlangsamte noch nicht mal seinen Schritt, während er mit einem kurzen, gleichgültigen »Hallo Christine« an uns vorbeiging. Christine brach fast in Tränen aus, und ich war völlig entsetzt.

Von Christines Mutter habe ich leider mehr mitbekommen:

Ich weiß nicht, wie oft ich zu Christine nach Hause kam, weil wir eigentlich verabredet waren, und Christine schrubbend im Badezimmer auf den Knien lag oder gerade das Essen gekocht hatte und jetzt noch die Küche putzen musste, oder ihre Mutter stand Anweisungen gebend im Flur, und ich hörte von ihr nur Sätze wie »Christine, du musst noch zum Metzger«, » Christine, die Schuhe müssen noch abgeholt werden« , »Christine, wenn du einkaufen warst, kannst du noch die Stiefmütterchen aus der Gärtnerei abholen. Ich hab dir hier noch eine Liste gemacht.«

Ich selbst schrie schon »Kinderarbeit ist verboten«, wenn ich einmal die Woche zu Hause den Flur wischen sollte.

Besonders prägnant ist mir folgende Szene im Gedächtnis geblieben: Wieder mal ging ich zu Christine in der Hoffnung, sie habe aus Sicht ihrer Mutter schon genug gearbeitet, um mit mir rauskommen zu dürfen.

Als ich ins Wohnzimmer kam, saß Christine mit einem Stapel Schulhefte vor sich am Wohnzimmertisch. Sie war dabei, die Arbeiten der Schulklasse ihrer Mutter zu korrigieren. Ihre Mutter saß daneben und lackierte sich konzentriert die Fingernägel.

Christine musste immer mit Bleistift arbeiten, wenn sie fertig war, schrieb ihre Mutter dann die Korrektur mit rotem Füller nach.

Besonders widerwärtig fand ich schon damals, und heute aus Sicht als Mutter ist es mir noch unverständlicher, wie diese Frau ihre Prioritäten nach dem Suizidversuch ihres einzigen Kindes setzte.

Die Tür zu Christines Zimmer musste eingetreten werden, um sie von der Vollendung ihres Selbstmordversuches abzuhalten. Bei meinem nächsten Besuch sprach mich Christines Mutter an, ob ich nicht meiner Haftpflichtversicherung melden könne, ich wäre im Vollrausch während einer Party gegen die Tür gestolpert beziehungsweise gefallen und hätte sie so komplett demoliert. Kein Wort über Christines Verzweiflung, Gründe oder Ähnliches. Die einzige Sorge dieser Frau schien die Tür zu sein.

Mal abgesehen davon, dass die Vorstellung einer Party mit Christine als Gastgeberin mehr als absurd war.

Insgesamt empfand ich Christines Dasein damals als eine besonders üble Form der Sklavenhaltung seitens ihrer Mutter. Mit Jürgen als »kleinem Lichtblick«, solange Christine »nett genug« zu ihm war.

Gitta und ich sind mittlerweile beide über vierzig Jahre alt und selbst Mütter. Ich arbeite beruflich unter anderem mit missbrauchten Kindern, und Gitta ist wie Christine Polizeibeamtin.

Damals wussten wir zwar, dass Christines Familienstruktur mehr als krank und anormal war, hatten aber nicht den Überblick, zu erkennen, welche Mechanismen Jürgen in Gang gesetzt hatte. Selbst wir waren so weit manipuliert, dass wir in Jürgen auch eine Chance für Christine sahen, dem Psychoterror ihrer Mutter einigermaßen unbeschadet zu entkommen. Jedoch ohne dabei zu erkennen, dass Jürgen Christine auch terrorisiert und ausgenutzt hat. Wie ihre Mutter, wie ihr Vater.

Hilfe zum Beispiel vom Jugendamt oder unseren Eltern zu erlangen, schien uns damals nicht möglich. Es wäre letztendlich immer darauf hinausgelaufen, Christines und unsere eigene Glaubwürdigkeit auf einen Prüfstand, der von den Erwachsenen definiert wurde, zu stellen. Damit wären wir immer chancenlos gewesen. Insbesondere, weil wir nur Kinder waren, die gegen etablierte, in dieser städtischen Gesellschaft geachtete Honoratioren (Lehrerin/Fabrikant) vorgegangen wären.

Selbst mit diesen Hilfsangeboten halten wir es nach wie vor für schwierig, Kindern wie Christine zu helfen, ohne das Opfer noch einmal zu opfern.

Auch wenn wir jetzt die psychische Abhängigkeit erkennen, in der sich Christine damals gegenüber ihrem Missbraucher befand, geht es auch heute noch fast nur um die Glaubwürdigkeit des Opfers und um die Frage, gibt es überhaupt ein Opfer, oder hat »das Luder« das alles provoziert?

Regelmäßig wird ohne gegenständliche Beweise eher gegen das Opfer vorgegangen oder einfach nur stillgehalten. Wer das nicht glauben will, lese die Tageszeitung einer beliebigen Stadt.

Carla, 41 Jahre, Diplom-Betriebswirtin und selbstständige Schmuckdesignerin

Ich lernte Christine und die anderen Mädchen der Clique kennen, als ich vierzehnjährig mit meinen Eltern aus dem Berlin der Endsiebziger in das für mich kleinbürgerliche, spießige Waldstadt zog. Meine ersten sexuellen Erfahrungen hatte ich schon mit zwölf Jahren gemacht und kam auf eine katholische, konservative Mädchenschule.

Christine war damals in ihrer geschlechtlichen Entwicklung noch nicht so weit wie die anderen Mädchen. Sie wirkte immer etwas burschikos mit ihren kurzen Haaren und ihrer knabenhaften Figur, kompensierte dies jedoch durch ein extrovertiertes, pausenclownartiges Verhalten. Auffällig war, dass Christine nie dabei sein durfte, wenn die ersten Feten gefeiert wurden oder wir uns zum sonntäglichen Tanztee in der Tanzschule Krämer trafen, um hoffnungsfroh und zugleich bangend darauf zu warten, vom Auserwählten zum Bluestanzen aufgefordert zu werden. Es war – gerade für die anderen Mädchen – die Zeit der ersten zaghaften Annäherung an das andere Geschlecht, die Zeit der ersten Küsse, die Zeit der Träume und Illusionen.

Von Christines grauenvoller Kindheit wusste ich zu dieser Zeit so gut wie gar nichts. Ich kannte nur ihre damals aktuelle Familiensituation. Da war zum einen die Mutter, immer sportlich gekleidet, eine attraktive Frau, jünger als die meisten anderen unserer Mütter, in der Außenwirkung immer souverän und freundlich. Auf mich wirkte sie jedoch schon damals kalt und ohne Herzenswärme. Ich spürte wohl instinktiv die Diskrepanz zwischen dem äußeren Schein, der perfekten Fassade, und ihrem wahren Wesenskern. So war ich nur selten bei Christine zu Besuch, zum einen, weil es nicht gern gesehen war, zum anderen, weil man sich dort als Besucher auch nicht wohl fühlte. Ich wusste, dass Christine die Liebe und Fürsorge ihrer Mutter vermisste und mich umso mehr um meine Mutter und meine behütete Kindheit beneidete.

Und dann gab es da diesen Jürgen Karnasch, den Lebensgefährten von Christines Mutter. In meinen Augen damals ein aalglatter Typ. Er hatte einen Schnauzer, trug Goldkettchen, war immer edel gekleidet und mit einem Jaguar unterwegs. Es erschien mir zunächst, als ob er ermöglichte, wovon Christine immer geträumt hatte. Sie wurde von ihm von Kopf bis Fuß zum Motocrossfahren ausgestattet, eine Maschine selbstverständlich inklusive. Er schenkte ihr ihren Bobby, einen herzallerliebsten Pudel, der zu ihrem treuen Begleiter und Freund wurde.

Ich kannte Christine gerade etwas mehr als ein Jahr, da vertraute sie sich mir als Erster an – wohl weil ich sexuell schon erfahrener war als die anderen Mädels. Sie erzählte mir, wie Jürgen sie zur Weihnachtszeit mit Glühwein betrunken gemacht und sie dann »verführt« habe. Das Wort »sexueller Missbrauch« stand damals nicht im Raum. Ich fühlte mich einerseits geehrt für das Vertrauen, das sie mir mit dieser Offenbarung zuteilwerden ließ, andererseits war ich mit diesem Wissen auch überfordert. War das in Ordnung, was da geschehen war? Dass die Mutter von all dem nichts mitbekommen hatte, war auch für mich eine Genugtuung, denn so konnte Christine es ihrer Mutter »heimzahlen«. Ich wusste, dass Christine sich immer nach einem Freund gesehnt hatte, immer auf der Suche nach Liebe, Bestätigung, Zuneigung und Anerkennung war. Warum sollte Jürgen ihr das nicht geben können?

So führte Jürgen dieses geschickte Spiel der Manipulation und des sexuellen Missbrauchs weiter. Mittlerweile wussten auch die anderen Mädels aus der Clique davon, aber keine – mich eingeschlossen – konnte die damalige Situation in ihrem Ausmaß und ihrer Wirkung auf Christines Seele abschätzen. Außerdem machte Christine dieses Spiel ja weiterhin »freiwillig« mit, so dachte ich zumindest. Heute weiß ich, dass sie keine andere Wahl hatte, dass der Nährboden für den späteren sexuellen Missbrauch und dessen Duldung schon in ihrer frühesten Kindheit bereitet wurde.

In der Zeit bis zum Abitur war dann auffällig, dass Christine zu exzessiven Verhaltensweisen neigte. Sie schindete und trainierte ihren Körper durch extremes Bodybuilding, nahm innerhalb kürzester Zeit etliche Kilos ab. Während der Abiturarbeiten fing sie plötzlich – für alle unverständlich – an zu fasten (so sagte sie zumindest) und fiel natürlich prompt durch die schriftlichen Prüfungen, obwohl sie sonst immer eine sehr gute, intelligente Schülerin gewesen war. Erst später erfuhr ich, dass sie schon zu dieser Zeit an Bulimie erkrankt war.

Auf den Tag genau mit achtzehn Jahren zog Christine von zu Hause aus. Ich half ihr beim Renovieren ihrer neuen Einzimmerwohnung. Ich bewunderte sie für ihren Mut und ihre Entschlossenheit, anderseits tat sie mir auch leid, so alleine auf sich gestellt zu sein und nie die Liebe und Geborgenheit erfahren zu haben, nach der sie sich immer gesehnt hatte. So war es denn auch nicht verwunderlich, dass sie sich kurze Zeit später Hals über Kopf mit diesem spießigen Tomas verlobte, ein weiterer verzweifelter Versuch auf der Suche nach Liebe.

Nach dem Abitur trennten sich unsere Wege, ich zog wieder zurück nach Berlin, hielt aber sporadischen Kontakt zu Christine und konnte so ihre weitere Entwicklung am Rande mitverfolgen. Ich erfuhr, dass sie ihre Banklehre abgebrochen hatte und einem Typen nach Afrika gefolgt war, dass sie dann bei der Lufthansa Fuß gefasst hatte und nun mit einem Franzosen zusammen war. Nach zehn Jahren sahen wir uns zum zehnjährigen Abitreffen wieder. Aus Christine war eine äußerst attraktive Frau geworden, die zumindest nach außen hin mit beiden Beinen im Leben zu stehen schien. Sie hatte mittlerweile wieder Kontakt mit ihrer Mutter und Jürgen aufgenommen, und es sah so aus, als ob Normalität in Christines Leben eingekehrt sei.

Später erfuhr ich von ihr, dass Jürgen noch einmal versucht hatte, sie sexuell zu missbrauchen. Fast hätte es dieser Typ wieder geschafft, die alten Mechanismen wirken zu lassen, wenn Christine nicht so entschlossen und geistesgegenwärtig reagiert hätte.

Es freute mich sehr, als ich erfuhr, dass Christine ihren jetzigen Mann Felix kennen gelernt hatte. Endlich ein Mann, der nicht zwanzig oder dreißig Jahre älter als Christine war und der aus einer gutbürgerlichen Familie stammte. Fast ein bisschen zu »normal« für Christine, so dachte ich. Ich erlebte die vielen Ups und Downs mit, die sie in der Folgezeit erfuhr, bis es ihr schließlich gelang, Felix vor den Altar zu schleifen. Ich erlebte Christine als die strahlendste Braut, die ich je gesehen hatte. Sollte Christine nicht zumindest jetzt ihren Frieden gefunden haben? Aber ich erfuhr, dass mit der Geburt ihrer Tochter Mia die alten Wunden wieder aufrissen und das Trauma ihrer Kindheit und Jugend präsent wurde und mit aller Macht danach drängte, aufgearbeitet zu werden. Es schien, als ob Christine all die Jahre nur verdrängt hatte, obwohl ihr Körper es ihr immer wieder nach außen hin signalisierte.

Ich bin eine Leidensgenossin von Christine.

Auch ich habe über Jahre körperliche und seelische Misshandlungen erfahren, wenn auch auf einer anderen Ebene, in einer langjährigen Beziehung zu einem Mann, aus der ich mich nur schwer lösen konnte. Auch ich kenne das Phänomen, dem Täter immer wieder verzeihen zu wollen, wenn er mit vermeintlicher Liebe lockt. Auch meine Seele hat später über meinen Körper nach Hilfe geschrien.

Ich sehe einige Parallelen zu meinem und Christines Leben. Auch ich war immer auf der Suche nach der wahren Liebe und habe dabei so oft den falschen Traum von Liebe geträumt. Auch mein Leben war nach außen turbulent und schillernd, und so habe ich mich Christine immer sehr verbunden gefühlt. Wir beide haben nicht der bürgerlichen Norm entsprochen. Es ist nicht allzu lange her, da lagen wir uns weinend in den Armen und haben erkannt, dass wir ein ähnliches Schicksal hatten.

Als ich Christines Manuskript zu diesem Buch gelesen habe, habe ich viele Tränen weinen müssen. Es hat mich betroffen gemacht, dass ich damals nicht mehr von ihr wusste, den Leidensweg ihrer Kindheit nicht kannte, und dass ich und auch die anderen Mädels nicht in der Lage waren und die geistige Reife hatten, ihr zu helfen.

Ich bewundere, dass sie nach all den Jahren den Mut und die Kraft hatte, das kleine Mädchen aus dem Verlies zu holen und sein Schreien zu erhören.

Die Narben an ihrem Körper und ihrer Seele werden bleiben, aber sie wird durch das Aufarbeiten, letztendlich auch durch das Schreiben dieses Buches, ein großes Stück auf dem Weg zur Heilung vorankommen. Ich wünsche ihr dabei weiterhin die Entschlossenheit und die Kraft und den Mut.

NACHWORT

Ich habe dieses Buch in der Gewissheit geschrieben, mit meinem Schicksal nicht allein auf dieser Welt zu sein. Viele Frauen haben Ähnliches erlebt und viele Frauen gar Schlimmeres. Auch darf nicht vergessen werden, dass körperliche und/oder seelische Misshandlungen sowie sexueller Missbrauch bei der Wahl der Opfer am anderen Geschlecht nicht vorbeigeht. Für missbrauchte oder misshandelte Männer scheint eine Offenbarung der eigenen Erlebnisse noch schwieriger zu sein als für Frauen. Oft hüten sie ihr schreckliches Geheimnis ein Leben lang.

Es macht mich persönlich besonders wütend, dass in den Medien auf geradezu fahrlässige Weise die Begrifflichkeiten »Vergewaltigung« und »sexueller Missbrauch« unkontrolliert und unzutreffend verwendet werden. In den Köpfen der meisten Menschen ist die körperliche Gewaltanwendung gegenüber den Opfern so sehr manifestiert, dass es unvorstellbar erscheint, OHNE diese physische Gewalt Straftaten verheerenden Ausmaßes begehen zu können.

Schnell drängt sich bei Missbrauch auch die Frage auf, warum die Opfer zum Zeitpunkt der Übergriffe nicht NEIN gesagt haben und diese zum Teil jahrelang erduldeten. Manipulation und Machtspiele sind hier der Nährboden für solch ein angstvolles und selbstverleugnendes Verhalten, das den Täter noch schützt.

Die bescheiden anmutende Aufklärung der Öffentlichkeit zu diesen komplexen Themenbereichen hat bislang nur Oberflächliches und zum Teil gefährliches Halbwissen produziert: Jedem mitfühlenden und vernünftigen Menschen ist bewusst, dass es keine Rechtfertigung für sexuelle Vergehen an Kindern gibt. Ebenso verwerflich ist die pornografische Ausbeutung Minderjähriger, die auf die Kommerzialisierung der kindlichen Virginität abzielt und dabei Mädchen wie Knaben als »sexgierige Luder« abstempelt, auch um das eigene Fehlverhalten zu verdunkeln. Ausbeutung kindlicher Sexualität ist immer strikt zu ahnden. Sie hat mit Liebe nichts zu tun, und es profitieren ausschließlich die Täter.

Wo aber ist die Grenze zu ziehen zwischen Missbrauch und frei gewählter Sexualität? Wer bestimmt, ob es strafbar ist, wenn sich ein zwölfjähriges Mädchen in einen achtzehnjährigen jungen Mann verliebt und mit ihm intim wird? In welchem Alter ist ein Mädchen noch ein Kind? Selbstverständlich unmoralisch ist es, eine Achtjährige zu sexuellen Praktiken anzuhalten, bei einer Vierzehnjährigen sieht das anders aus. Oftmals wird von Laien zuerst danach gefragt, ob das Mädchen nicht durch das eigene Verhalten den Lusttrieb des erwachsenen Mannes überfordert hat? Oder ob der Mann den Reizen und Verführungskünsten des Mädchens »erlag«?

Meine Meinung hierzu ist klar und deutlich: Weder der eigene Vater noch der Stiefvater, der Lebensgefährte der Mutter, und auch nicht der Onkel, der Opa oder der gute Freund der Familie haben sich sexuell anzupreisen. Kinder entdecken Sexualität erst noch. Dies ist ein Aspekt der menschlichen Entfaltung und des Heranwachsens, der von den Erziehungsberechtigten verantwortungsvoll zu begleiten ist. Selbst eines Tages »gesunde« Grenzen setzen zu können, ist nur möglich, wenn einem dies auch vorgelebt wurde. Nicht umsonst äußern unbeschwerte Kinder frühzeitig den Wunsch, allein im Bad sein zu wollen oder beim Toilettengang keine Zuschauer zu dulden! Sie fordern diese Freiräume, um sich frei entwickeln zu können.

Bei sexuellem Missbrauch geht es immer um Manipulation der Gedanken und Gefühle. Es geht, wohlgemerkt, nicht um

»Umwerben«! Die Manipulation ist dadurch gekennzeichnet, dass nur der Täter das spätere Ziel kennt. Manipulation des Geistes bedeutet Macht. Macht über das Opfer, das das perfide Manipulationsspiel des Missbrauchers viel zu spät erkennt. Perfide schon allein deshalb, weil das Opfer weder die Reife noch die nötige Lebenserfahrung besitzt, diese an ihm ausgeführte Manipulation durchschauen zu können. Von Freiwilligkeit kann daher keine Rede sein. Freien Willens kann ich nur sein, wenn ich den jeweiligen Sachverhalt und die Geschehensabläufe verstehe und überschaue. Dass selbst erwachsene Menschen auf eine Manipulation der Gefühle hereinfallen können, dürfte außer Frage stehen. Nicht umsonst gilt der Heiratsschwindel als Straftat. Auch hier wird Liebe vorgegaukelt und das Ziel, in diesem Fall die materielle Bereicherung des Heiratsschwindlers und die finanzielle Ausbeutung des Opfers, kennt einzig und allein nur der Täter.

Das klassische Umwerben ist von Freiwilligkeit geprägt. Beide Seiten wissen, worum es geht, und wissen, worauf sie sich einlassen. Wird durch das Umwerben die eine Seite schwach und »erliegt der Kunst der Verführung«, geschieht dies im Einvernehmen und gewollt. Ich war mit zweiundzwanzig Jahren freiwillig mit einem fast achtundzwanzig Jahre älteren Mann zusammen. Die psychologischen Hintergründe für das Warum mögen nach Lesen der Lektüre dem Leser deutlich geworden sein. Daran trug Alfons keine Schuld. Er umwarb mich. Er manipulierte nicht. Ich war frei, und er spielte nicht mit Macht. Zu jedem Zeitpunkt war ich unabhängig und konnte selbstbestimmt entscheiden, ob ich diese Partnerschaft fortführen oder beenden wollte. DAS konnte ich als vom Elternhaus abhängiges Mädchen mit vierzehn Jahren nicht.

Das Ergebnis des sexuellen Missbrauchs war das latent existierende Schuldgefühl, nicht Nein gesagt zu haben. Das Unverständnis über das eigene Reagieren. Das »schmutzige Gefühl«, benutzt worden zu sein und nicht aufrichtige Liebe erfahren zu haben. Ein diffuses, kaum zu greifendes Gewirr scheinbarer Widersprüchlichkeiten beherrschte mein Leben. Es bedurfte professioneller Hilfe von außen, um die langjährige Manipulation und die Machtspielchen zu begreifen und zu erkennen, dass ein Nein schier unmöglich war.

NEIN sagen hieß, mit Liebesentzug bestraft zu werden und vielleicht daran zu sterben. Dulden bis zur Selbstaufgabe, um zu überleben und vermeintlich auch geliebt zu werden. Grenzen setzen bedeutete, nicht mehr geliebt zu werden und existentielle Ängste ertragen zu müssen. Das so manifest gewordene Verhaltensschema prägte das Erwachsenenalter. Erst die Therapien korrigierten Denkstrukturen und führten langfristig zu einem autarken und positiven Lebensgefühl. Ein ganzes Jahrzehnt habe ich gebraucht, um aus Depressionen Lebensfreude zu machen und Sexualität wirklich genießen zu können. Es war ein langer und steiniger Weg, an dessen Ende ich stets meine persönliche Freiheit gesehen habe.

Der Weg hat sich gelohnt!

Ohne ungestraft Grenzen setzen zu dürfen, gehen wir unter. Ohne Grenzen setzen zu können, sind wir beziehungsunfähig. Aber ohne Beziehung erfahren wir keine wahre Liebe. DAS wäre der sichere Tod. Das wäre der falsche Traum von Liebe.

Die eigene Kapitulation vor dem Erlebten darf kein Niedergang sein. Zu kapitulieren heißt daher hier auch, zu erkennen. Zu erkennen, dass niemand allein ist auf dieser Welt und dass es Hilfe gibt. Zu erkennen, dass kein Mensch das Recht dazu hat, ein Leben zu zerstören. Zu erkennen, dass »DIE« nicht gewinnen dürfen!

Sonja, Andreas, Lukas, Dennis
24.10. 29.7.71 24.7.02 20.8.2003